# 新約研究透視

▼

聖經研究叢書

# 新約研究透視

## An Introduction to the New Testament

作者

黃錫木 Wong, Simon S. M.

責任編輯

伍美詩

裝幀設計

郭曉勤

■

出版／發行

基道出版社

香港沙田火炭坳背灣街 26 號富騰工業中心 10 樓 1011 室

LOGOS PUBLISHERS

Unit 1011, 10/F, Fo Tan Ind. Centre, 26 Au Pui Wan St., Shatin, Hong Kong

電話：(852) 2687-0331　傳真：(852) 2687-0281

網址：https://www.logos.com.hk

承印

陽光（彩美）印刷有限公司

●



1/1999 初版　11/2000 二版　2/2005 三版

Cat. No. LP129-3B

ISBN: 978-962-457-144-8



Printed in Hong Kong

| 刷次 | 15 | 14 | 13 | 12 | 11 | 10 | 9 | 8 | 7 | 6 |
|---|---|---|---|---|---|---|---|---|---|---|
| 年份 | 2032 | 2031 | 2030 | 2029 | 2028 | 2027 | 2026 | 2025 | 2024 | 2023 |

# 念

**湘麒（1963~1988）**

## 作者簡介

**黃錫木**

一九六二年生於香港

加拿大亞伯達大學(University of Alberta)古典文學文學士(B.A., 1985)

美國惠斯敏特神學院(Westminster Theological Seminary)
聖經研究碩士(M.A.R., 1987)及神學碩士(M.Th., 1988)

南非普勒陀利亞大學(University of Pretoria)文學博士(D.Litt., 1990)，主修新約希臘文

曾任香港建道神學院新約講師（1990~96）、聯合聖經公會（亞太區）繙譯顧問（1993~96）和美國俄利根大學語言系到訪學者（1996~97）

現任中國宣道神學院新約講師、香港中文大學崇基神學組榮譽副研究員及兼任講師

編著書目包括《主題彙析聖經》、《四福音合參》、新約希臘文研究系列之《新約詞形變化指南》、《新約詞彙指南》、《原文新約輔讀》、《新約希臘文創意入門》、《新約經文鑑別學概論》及 *A Classification of Semantic Case-Relation in the Pauline Epistles* (Studies in Biblical Greek)。

# 鮑會園序

近年來，有幾本「聖經概論」一類的書出版，使有追求的弟兄姊妹可以較容易的得著幫助，去學習聖經書卷的內容，這是教會的一大祝福。但一般說來，這類的書多半是介紹聖經書卷的主要內容、不同書卷的一些特徵、寫作的背景、一些分析經文的方法和某些方面的結構等。這些資料確能幫助我們明白一些書卷的內容，但很多時候所明白的，仍只是書的內容，使人有呆板的感覺，因此，在開始時激勵人讀聖經的動力減弱了。

黃錫木博士的新作《新約研究透視》，在這方面給了我們很大的幫助。這本書的一個顯著的特色，是作者在敍述時不單介紹了書卷的內容等資料，而且用生動的文筆，將不同書卷的「精神」……「感覺」描繪出來，使讀者覺得所讀的不單是「書」，而是一些活的事實，使書的內容有了一種真實的動力。我們相信這本書能使許多讀者對新約產生新的興趣，也會得著新的亮光。

黃錫木博士對新約聖經的語文、背景等有深入的領受，且已著手主編一系列的著作，將近代華人聖經學者的研究成果繼續發表出來。從他已經出版的著作所見，我們深深的相信，他的著作一定對教會及神學研究有很大的貢獻。願神使用這本書造就多人。

**鮑會園**

一九九八年十一月．加州

# 張慕皚序

《新約研究透視》並非一般的新約概覽或導論，而是一本內容豐富，探討範圍全面的新約研究資料庫，適合傳道人、神學生、主日學教師和帶領查經者使用。

作者黃錫木博士對新約，特別是新約原文，有精深之研究，是一位有理想而認真的年輕聖經學者。令我們驚喜的是，黃博士不但能夠做深入的聖經研究，更樂意以深入淺出的筆法，寫出一本迎合一般讀者需要的好書。我們深盼黃博士的事奉能繼續這種雙線的發展——學術的研究和普及的著作。

深信這樣的一本手冊式的新約導論，將大大提高一般信徒和研讀聖經者對研究聖經的樂趣。

**張慕皚**

一九九八年十二月．香港

# 周功和序

新約聖經是幾位作者，在聖靈感動與引導之下，用希臘文寫的，解釋基督的生、死與復活的意義。我們處身在二十世紀末，要解釋與應用新約的信息，需要跨越一個約兩千年的語言、文化和環境的多層次鴻溝。黃錫木博士的《新約研究透視》正是要協助我們跨越此鴻溝。

華語信徒的人數，在我們半生短短的年日裏，由數以百萬計暴增至數以千萬計，成為世界最大的信仰族羣之一。華語神學教育是教會遵行大使命（太二十八 18~20）關鍵的一環。華語新約學者，一方面要參考西方的學術成果，另一方面，應有志願作出一些獨特的貢獻。按近代的詮釋學，解讀新約時必須進入一「詮釋循環」，而這循環應包含詮釋者的「存在經歷」(參第十五章）。筆者相信，華語神學家因觀點與經歷不同，具有某些特殊條件，能夠處理一些困惑西方神學家的難題，例如，在近幾十年教會增長的過程中，華語信徒經歷了許多神蹟奇事。筆者期盼華語神學家，把這些神蹟奇事的「存在經歷」，也納入詮釋循環，把西方的新約研究，從貶低聖經權威的某些鑑別法死胡同中，挽救出來。

這本書從頭到尾，都彰顯嚴謹的活學與精密的思考。有幾部分令筆者格外振奮。第二章「新約的語言」和第十三章「聖經的繙譯」均能突顯錫木在語言學與聖經繙譯上的專長。第十四章討論學習原文與原文釋經的價值與困局，對神學院的原文教育理念與方法，有一定的貢獻。第十五章討論詮釋學與各種鑑別學，深入淺出，靈巧地在欣賞與批判之間，保持平衡，有如走過地雷陣地，全身而出，令人敬佩。書後的附錄「歷史耶穌的探索」，精闢地總結與批判西方學者三次的探索，大開讀者的眼界。

本書記念去世十年的梁湘麒弟兄。湘麒與錫木在 1980 年代同在美國費城求學，並在中華基督教會暨服務中心聚會，而筆者當時為該教會的牧師。湘麒遇難死亡的事件，震撼了全教會，也顯著地影響了許多人的生命。從湘麒的為人，與他所留下的寫作，可清楚看見他是一位被聖經的信息所改造過的人，盡心愛基督，並追求在中國農村經濟研究的領域裏，落實自己的召命。錫木的召命，雖與湘麒不甚相同，但二者均有一顆熱切的心，給人家解釋聖經和信仰，而這本書也許可以代表同感於二人的事主心。

本書是一流的新約研究入門的著作；從黃錫木博士所出版的書籍，顯明他是一位真材實料、富有創意的新約學者。筆者極力推崇，並深信它將成為眾華語神學院新約概論課程的主要教材之一。

**周功和**

一九九八年十一月．台北

# 周健文序

經過二百年的討論，新約聖經研究已經派生出多個相關而不盡相同的科目，主要的科目計有文本分析、歷史研究（如歷史、文化和宗教背景，以及正典、古卷流傳和聖經繙譯等課題）、以及聖經鑑別學和詮釋學。要讀通數之不盡的有關資料，已不容易，遑論以簡明的方式介紹給現代讀者。年輕有為、盡心教學、不避挑戰的黃錫木博士，眼見現代華人信徒需要一本簡明全面的新約導讀，於是提筆作書，寫成《新約研究透視》。黃博士的關注、心志和魄力，實在值得稱許！以有限篇幅，黃博士已成功為讀者繪畫出一幅新約研究大觀園圖，使有志深入勝景的讀者有路可尋。

黃錫木博士認為，「學術並不一定是曲高和寡」，且應與「人羣、平民百姓溝通」。希望黃博士繼續努力打通平信徒與學者之間的隔閡，使平信徒欣賞學者們的工作目標，學者們可以明白平信徒的關注！

**周健文**

一九九八年十二月．柴灣

# 自序

《新約研究透視》是為那些有志進深了解新約研究的信徒而寫的書。既是與新約聖經有關，書中固然包括各新約書卷的介紹，亦討論了聖經學者所關注的課題。本書嘗試以深入淺出的文字和表達方式，務求讓讀者（無論是平信徒或神學生）能對聖經，特別是新約聖經，有更深一層的理解。本書旨在提供一個較完整的「新約入門」或「新約概論」的讀本。

在內容鋪排方面，筆者仿效一些西方傳統和新出版的概論書籍，把全書分為四大部分；這四部分可以反映一位平信徒的讀經或研經生活的歷程，由淺進深，由較輕省到繁複的學習。

第一部分是「新約聖經巡禮」，目的是介紹新約聖經每卷書的主要內容。在討論方面，筆者嘗試以較為生動、活潑的討論，帶出每卷書和每類書的信息和研究課題。在討論保羅的書信時，筆者更以保羅生平為骨幹，把在他名下的十三封書函串連在一起，為要給每卷書回復原有的生命！然而，篇幅有限，對每卷書的討論介紹亦只能較為簡短。新約的27卷書既是寫於約二千年前，要深入了解它們，我們就必須對當時的歷史、宗教、文化和風俗背景有所認識，這正正是第二部分的主旨。在歷史方面，我們討論的主要時期是由馬加比的興起（公元前168年）至第二次猶太人叛亂（公元135年）這段可歌可泣的歷史；鮮為人知、但又非常重要的拉比時期，我們亦有介紹。聖經固然是信仰的中心，但要深入認識我們的信仰，我們不單要熟悉聖經，也要對我們的聖經的歷史有一定的理解。因此，在第三部分，我嘗試以「甚麼是聖經？」這問題，從歷史的角度，帶出信徒對「聖經」在認知上的三個課題：正典、古卷流傳和聖經譯本。認識這三個課題，讀者會更了解自己的傳統的來由，亦知道傳統雖不能撇掉，但卻需要更新；因此，每課題的結尾部分均為神學反省。本書的第四部分名為「從讀經到研經」。讀書的最終目的不是要吸取更多資料，而是知道讀書是怎麼樣一回事，又如何可以自己讀得好。同樣，讀聖經不單要對經文的文字有所認識，還要認識「從讀經到研經」是怎麼一回事。以這部分為本書的總結，意味著其內容是較為複雜的，而一般讀者確實需要先有前面三部分的認識才能了解當中所討論的。「從讀經到研經」確實不是簡單的一回事，可以討論的，是沒有窮盡的。筆者先從釋經的緒論開始，討論「讀經」的本質、聖經的語言與文本分析，和譯本在釋經中的限制，然後進入介紹不同的釋經方法。

本書不是甚麼學術鉅著，所討論的，亦不是甚麼新發現或研究成果，但卻是筆者在過去教學、整理和研究的認知，務求深入淺出，點到即止；也許有些學者更會覺得有些討論過分簡單，不夠學術——但這也許正正是筆者的出發點。因此，本書的寫作，是以淺白的表達方式，避免過分多和不必要的註腳（雖然仍有不少！），嘗試讓一般讀者能對「聖經研究」這門學問有多一點認識，從而多作深入的信仰反省。這是我的理想，成功與否，留待讀者評價。

從事寫作和出版的日子短、經驗淺，所以，要談寫作的喜與樂便只可從這幾年的簡短歷史說起。本書所涉獵的範圍廣泛，有很多課題亦頗為複雜，要以三幾頁的篇幅向平信徒解釋，對我來說，是好不容易的事；然而，寫這本書的過程，是我生命中最感快慰和喜樂的。

在本書的起草期間，正值離開了服事多年的建道神學院，回美進修的一年（1996~1997 年）；這可算是上帝在我多年忙碌的生活中所賜予的一個休止符。除進修語言學外，上帝給我很多空間反省、重整、定位和思想新方向。就在工餘期間，我把以前的教學筆記搜集、歸類和整理，然後再修訂和重寫。本來只是以很輕省的心態去寫，但越發感到享受和有意義，亦成為主要的寫作企劃之一。享受在於，這書可算是代表自己對聖經研究的認信——不單在內容和立場上，更是在態度和出發點方面。過去幾年來，慢慢認同和深信，學術並不一定是曲高和寡的，在象牙塔以外也可有學術。我亦體驗，學術不單需要交流，還要向人羣、平民百姓溝通——「道」，不單在天上，還要在人中！身為一位華人的聖經學者，我深感有義務把學者們在聖經研究的得著轉告平信徒，讓教會的弟兄姊妹能多認識聖經。對我而言，最令我感到興奮的是，不單是自己的書有人可以看懂，更是一些「非知識」或「非專業」人士都可以看懂。

在翻閱讀者對去年出版的《新約經文鑑別學概論》的意見表時，讀到有一位郵差先生（中五程度），竟然能享受閱讀該書。我自以為這對很多人來說是很不切實際的課題，但實際上又幫助他能更深入明白聖經和自己的信仰；這是給我最大的回報，「可能就是你給我最大的動力去完成這本書」。這也許可以印證我在短短幾年在聖經繙譯的參與中一個很寶貴的領受：概念無分深淺，關鍵的是如何以不同的文字表達包裝這些概念。

本書的寫成，實在有賴很多好友、同道的幫忙和提點。首先要特別多謝盧龍光牧師在百忙之中抽空細閱「保羅生平」、「使徒行傳」和「羅馬書」部分（還是兩次，因為第一次的稿子被那惡者丟棄了！），他很多意見都是不可多得的；此外，又得到崇基神學組教牧事工部的「聖經研究及出版事工」鼎力支持（包括其研究編輯黃鳳賢和部分同工許寶瑩的支持），多謝聯合聖經公會繙譯顧問洪放博士閱讀「聖經繙譯」一章，又多謝幾間院校的學生和很多同道，為第四部分給予很多寶貴意見和批評，特別是郭鴻標博士和蘇遠泰先生。另有那精通新約研究內外的張達民博士（現任美國基督工人神學院教授）慷慨地幫忙，閱讀全書；張達民博士很多的意見實在修正不少筆者的盲點和不較嚴謹的地方。

要多謝幾位長者、兄者特別題序：未有幸受教於他，但卻是非常敬仰的鮑會園牧師；在我第一份工（建道神學院），經常提醒我，學術與教會之間的重要關係的張慕皚牧師；在我念神學的時候，以身教我如何做一個踏實的「傳道」者的周功和牧師；還有那位滿有牧者心腸的新約學者周健文博士（現任柴灣浸信會傳道）。

最後，多謝 Vatican Library 的 Special Collections 提供《梵諦岡抄本》（*Codex Vaticanus*）的陽片，並准許刊登在本書中。另外，麥吳望華姊妹以平信徒角度給筆者許多意見，都是寶貴的。

此外，寫作這書感到快慰的另一原因是，本書是要記念去世剛有十載的好弟兄梁湘麒先生。與湘麒在美國費城相識不久，確實傾慕他的才氣，又被他那事奉主的熱誠所吸引。他是昔日的「小狀元」，以近於滿分的成績大學畢業，對他來說，「念博士」只是程序而已，然而，他又具有謙厚的品格。最重要的，是他那顆愛中國、愛靈魂、愛上帝的心。就是這樣美好的年輕人，竟要慘死於幾位少年人的毒手之中。

唉，恐怕這只是眾多不明白的事情之一件吧！他不是甚麼「英年早逝」，而是因為上帝要藉著他，喚醒在他周圍還在沈睡的人；是因為上帝太愛他，希望留他在自己的身邊；是因為他在世的工作，已圓滿結束！

我雖未有幸分享他學術上的成果，但卻深感榮幸為他獻上小小的勞苦。

## 閱讀本書所需留意的……

洋洋四百頁的書，想要求信徒閱讀，大概只屬作者的夢想罷，還要是那麼「硬」的討論。綜覽全書的內容，我要承認本書恐怕不是一般人可以坐下來，一口氣念完的書，而是一本研讀、甚至是參考的課本。我深信，本書可以作為教會的聖經課程的課本，或作為神學院的參考書。在閱讀之時，要知道第一和第二部分，以及第三和第四部分，各自連在一起；前一組較為直述，後一組較為議論。在讀第一部分的時候，讀者有時需要同時進行第二部分。例如，讀到福音書時，讀者可能需要知道新約時代的歷史背景、猶太教的教派和猶太人的生活；在閱讀使徒行傳、保羅生平和書信時，讀者亦應該同時閱讀希律家族和凱撒家族的歷史。總言之，第二部分是為配合第一部分而寫的，而這兩部分都是為配合閱讀聖經而寫的，因此，讀者切記要配合新約聖經的內文，一同閱讀。

雖然第三和第四部分的內容與第一、二有不同，但若讀者能認識首兩部分，將會對了解其後兩部分有很大的幫助。第四部分可謂是較為困難的，筆者期盼讀者能在細讀中，領略筆者有限的文字表達。

**黃錫木**

# 目錄

## 附錄：歷史耶穌的探索 394



## 索引

第一部分

# 新約聖經巡禮

新約聖經裏27本書卷現有的排列是如何分類呢？很明顯，排列的原則不是按寫作時期來分類，否則，排列次序便應以保羅十三卷書信為首；新約聖經的分類乃是綜合神學的理解和文學的體裁而成的。

按神學的理解，新約聖經以福音書為首，是因為在「新」約的啟示裏，上帝對人的啟示是始於主耶穌基督在世那33年裏的事迹。但主的去世並非是這福音的終局，因此，使徒行傳就記述了使徒教會把主耶穌的福音開始向地極傳開的經過，而其他使徒（如保羅、彼得和約翰）和信徒（如路加、雅各和猶大）的教訓亦以這由耶穌帶來的福音為基礎，對應著不同羣體、不同需要而加以闡釋和給予勸導。最後，新約聖經的啟示就以那位得勝的主耶穌再臨的景象為主題的啟示錄作結，鼓勵信徒懷著等候主來的盼望和儆醒的心情，度過在世的年日。如此，新約聖經的起始點和終結點，焦點人物都是主耶穌基督。

從文學體裁的角度來看，福音書和使徒行傳均屬敍事體的歷史文獻，故可歸為一類。然後是21卷書信體的書卷，其中又以有具體受眾的保羅書信先排，大公書信則放於後，因後者只是借書信的形式來表達神學課題的作品，往往沒有特定的羣體對象。最後是啟示文學，即啟示錄，雖以敍事體為主，但在描繪具體圖象的同時，又隱含很多神怪和象徵性的意象，信息的表達在平實的敍述中又見喻意的深奧。

無論採取上述哪一種觀念來分類，排列的次序都是一樣的。這亦是所謂西教會（Western Church）[1] 的傳統，這排列

1 早在第二世紀，早期教會基本上已基於地理因素和語言差異而分為東教會和西教會。西教會主要包括羅馬、非洲北部的迦太基（Carthage）等地方，溝通（和書寫）的語言主要以拉丁語為主；東教會則主要包括亞歷山太（Alexandria）、安提阿（Antioch）等地方，溝通（和書寫）的語言主要以希臘語為主。參11.3。

自拉丁語的《武加大聖經》(*Vulgate*)和英語的《英王欽定本》(*King James Version*)採用以來，就更幾乎為全世界各種語言(包括漢語)的譯本所沿用。此外，又有文獻顯示，這次序在某程度上，也反映著新約書卷在早期教會[2]中得以確認為正典的次序(參 11.3 的「新約正典的成立過程」)；換言之，所謂普通書信和啟示錄最後才被確認為正典。不過，很多東教會(Eastern Church)教父[3]的著作和源自東教會的抄卷卻顯示，保羅的十三卷書信連同希伯來書乃排行於大公書信之後。

在本部分，我們會很精簡地介紹新約聖經每卷書的特色和信息，但首先，我們先來了解「新約」這名詞的意思是甚麼，以及有關新約的語言。

## 參考書

這部分的主要參考書可有很多，在英語方面，最經典的學術概論可算是 W.G. Kümmel, *Introduction to the New Testament* (rev. enlarged ed.; Nashville, TN: Abingdon, 1986；源自德語)，此外，還有剛出版的 Raymond E. Brown, S.S., *An Introduction to the New Testament* (New York, NY: Doubleday, 1996)。較為可讀易明的有 O. Cullmann, *The New Testament: An Introduction for the General Reader* (Philadelphia, PA: Westminster, 1968) 和D. Stone, *New Testament* (England: Hodder & Stoughton, 1996)。筆者撰寫「保羅生平」這節時，主要以 Cullmann 的書為起草本，再配合其他材料，如Jerome Murphy-

[2]「早期教會」指緊接著「使徒教會」的教會時期，即公元二世紀至四世紀期間。

[3]「教父」一詞是指在公元一至八世紀裏的教會領袖或神學家。

O'Connor OP, *Paul: A Critical Life* (New York: Oxford University, 1996)。

漢語著作方面，吳慧儀博士的《談情說理話新約》(香港：更新資源，1998）在書卷內容方面確是非常詳盡，可讀性高。此外，特別要留意是在未來日子陸續出版，由筆者和多位聖經學者主編，雲集華人聖經學者原著的「基道聖經研究課本」。

# 第一章·「新約」何解？

基督教的聖經一般可分為兩部分，即舊約（Old Testament）和新約（New Testament）。「約」這字，是繙自希臘語 *diathēkē*。這希臘語原來的意思主要是「遺囑」，乃指人對自己身後所遺留下來的財物預先作出分配，但又可指人與人之間所立的「盟約」(主要是用於希臘語舊約聖經，即《七十士譯本》，參 10.2.4）。一般漢語聖經把這字繙成「約」，頗能譯出這字用於聖經的精粹；反觀英語的「testament」(源自拉丁語 *testamentum*）卻往往只表達「遺囑」這意思，故容易惹來誤解。

## 盟約

盟約是雙方面的協議，因此，聖經作者常引用盟約的觀念來表達上帝與人之間的關係，這亦成為聖經中一個非常重要的主題。在舊約聖經裏，上帝往往是那主動提出立約的一方，而以色列民則是應約的一方，亦往往是受惠的一方：上帝主動向以色列民伸出拯救和保護的手，而以色列民要做的只是要向上帝忠心，不偏離祂的道。可惜，在這盟約裏，我們發現以色列民往往不能忠於這承諾。事實上，舊約歷史書（例如列王紀或歷代志等）一個非常重要的信息，是藉著以色列人的歷史，展示一個經常重複的循環關係：即以色列民的背約、上帝的懲罰，以及因為這「舊」約已經破裂而導致上帝要主動修補這關係。正因以色列人無法遵守這約，上帝和以色列民之間需要一個「新」約，好終止這循環關係。在這

「新」約裏，上帝的子民不再單憑自己的能力和律法式賞罰制度的規範來守約，而是靠賴上帝給予屬祂的人一顆能順從祂的心（耶三十一 31~34）。

因此，這「新」約是「舊」約的延續，對猶太裔基督徒來說，這是一個更美好的約。希伯來書是特別為有猶太背景的信徒而寫的，其目的是要指出這新約與舊約的關連；事實上，新約乃要成就舊約的教訓，而舊約所預表的都在新約應驗了。不過，另一方面，這「新」約並不如舊約那樣只為以色列民而立，而是藉著主耶穌基督的來臨，和祂在十字架上所成就的救恩，與全人類而立的。這正是主耶穌設立聖餐一個非常重要的原因：「這杯是上帝的新約，是用我為你們流出的血設立的。」（路二十二 20）

總括來說，我們所謂的「舊約聖經」，對於猶太教的信徒來說，是惟一的聖經，是上帝給以色列民族的聖諭。但對於基督徒來說，舊約聖經卻只是聖經的一部分，當中述說上帝如何用那「舊」約與以色列人交往。「新約聖經」就是以主耶穌基督——全人類的救主——為中心，不信主的猶太人並不承認這經典的權威性，基督徒卻認為這是上帝直接給全人類的經書，是祂與所有人立約的憑藉。

## 新約的組合

雖然我們一般稱這聖經的第二部分為「新約聖經」，但讀者要切記的，是這並非單一本書，而是由 27 本不同的書所組成的「書集」，當中至少有十位不同的作者，寫作年期跨越半個世紀之多。新約聖經先有四本「福音書」，分別是馬太、馬可、路加和約翰福音，各對耶穌的生平事迹和言訓作不同角度的寫照；然後是使徒行傳，可謂是一本載錄使徒教會[4]發展的歷史書，特別是集中在保羅開展的福音工作；然後是超過二十本的書信，當中有些是以半私人的方式寫給教會的書信（如哥林多前、後書），但也有一些是純屬私人的書信（如腓利門書）。這些書信之所以被教會接納在新約聖經　，是因為當中的信息能使普遍教會同得造就。最後是屬末世性啟示文學的啟示錄，其主要信息是要為受苦中的信徒帶來得勝的盼望。

這27卷書，既是由不同作者寫成，內容和信息自有出入，儘管主題相同，但角度和見解亦可大異。不過，我們既然相信這些書卷並非一般出於人意的撰述，而是上帝藉著不同人、在不同的處境下，說出上帝的信息，所以，我們在解釋上，一方面既要承認其中的差異，但另一方面仍可合理地假設，認定每位作者都是在同一個信仰的基礎上，在聖靈的帶領下，表達出深度默契與和諧的信息。然而在了解聖經時，要兼顧「在變化中一致」確實並非一件容易的事。

4 指教會歷史最初期的時段，即公元一世紀期間，當使徒還在生時的教會時期。

# 第二章・新約的語言

「新約」的語言是甚麼？這問題可有兩方面的答案。一、在新約聖經所涉及的地理和人物裏，我們知道有三種主要通行的語言：即羅馬帝國的官方語言「拉丁語」（Latin），在巴勒斯坦一帶猶太人的日常用語「亞蘭語」（Aramaic），和通行於整個羅馬帝國（甚至比拉丁語更普遍）的「通用希臘語」（Koine Greek）。約翰福音十九章20節提及彼拉多把「猶太人的王，拿撒勒人耶穌」這名號寫在木牌上，安在十字架上。這名號是用三種語言寫的，即「希伯來、羅馬、希臘三樣文字」，彼拉多用這三種文字，因為這三種文字在當時是最通行的。「希臘文字」是當時的「通用希臘語」，「羅馬文字」是指羅馬人的文字，即「拉丁語」。而「希伯來語字」，由於原文（*Hebraisti*）可指「希伯來語」或「亞蘭語」（因為兩種語言的字母是一樣的），一般學者認為這裏不是指「希伯來語」，而是「亞蘭語」（《呂》譯作「希伯來土話」），因為「希伯來語」在當時並不普遍，不是一般平民百姓所認識的。較詳細的介紹，參 10.1.6。

二、倘若「新約」的語言是指用以書寫新約聖經的文字，答案則是前面提及的「通用希臘語」。

## 2.1. 通用希臘語

以下是希臘語的字母表。讀者可發現，當中有不少的名字是很熟悉的。新約時期的希臘語共有 24 個字母，分別有大楷（第一欄）和小楷（第二欄）。小楷的字母 sigma 可有兩種寫法：σ出現在字首和字中間，而ς只出現在字尾，因此，希臘語的字母共有25個不同的形式。第三、四欄分別列出希臘語字母的名稱和該字母以羅馬拼音寫法的音譯（transliteration或transcription）；第五欄則以英語字來表示希臘語讀音的範例，以橫線和粗體標示的字母表示與相對希臘語字母有相同音質。這字母與第四欄所代表的音譯大致相同，亦與第三欄希臘語字母名稱的開首字母（phi、chi和psi則以首兩個字母）相同。在讀音方面，一般通行於英、美的系統，其主要原則是以英語拼音的方式拼讀希臘語。

| 大楷 | 小楷 | 名稱 | 音譯 | 拼音 |
|---|---|---|---|---|
| Α | α | alpha | a | abroad |
| Β | β | beta | b | boy |
| Γ | γ | gamma | g | get |
| Δ | δ | delta | d | dog |
| Ε | ε | epsilon | e | editor |
| Ζ | ζ | zeta | z | zoo |
| Η | η | eta | ē | ate（或 eh） |
| Θ | θ | theta | th | thief |
| Ι | ι | iota | i | idiom |
| Κ | κ | kappa | k | kite |
| Λ | λ | lambda | l | ladder |
| Μ | μ | mu | m | man |
| Ν | ν | nu | n | no |
| Ξ | ξ | xi | x | xerox, box |
| Ο | ο | omicron | o | opera |
| Π | π | pi | p | pray |
| Ρ | ρ | rho | r | ray |
| Σ | σ/ς | sigma | s | say |
| Τ | τ | tau | t | tie |
| Υ | υ | upsilon | u | boot |
| Φ | φ | phi | ph | philosophy |
| Χ | χ | chi | ch | Christ |
| Ψ | ψ | psi | ps | psyche, tips |
| Ω | ω | omega | ō | obey |

### 2.1.1. 新約希臘語的祖先

希臘語與德語、拉丁語和意大利語同屬印歐語系（Indo-European）的西支語族；漢語則屬漢藏語系（Sino-Tibetan）。現在我們所學的希臘語字母（類似的形狀），大概可以追溯至公元前1250年的著名「米斯尼亞文明期」（Mycenaean Civilization），與希伯來語一樣，這些字母同出自「腓尼基語」（Phoenicians）。在這個時候，所謂的「希臘語」其實是包括當時在愛琴海一帶（Aegean area）十多個不同區域的方言。在這多種方言裏，不是每一種方言都有其文學作品，而其中普遍流通、又有廣泛文學記錄的方言，很自然就擁有較為人尊崇的主流地位。在希臘語的文學歷史裏，最早而又有較完整作品的，莫過於詩人荷馬（Homer；約公元前八世紀）的兩本史詩巨著《伊利亞特》（*Iliad*）和《奧狄西斯》（*Odyssey*），這些作品都是用希臘方言愛奧尼語（Ionic）寫成的。其實，愛奧尼語一直都是公元前六世紀前大多數希臘語文學家和歷史學家所採用的語言，直至公元前五世紀左右，因為雅典城在經濟和學術上的稱霸，亦自然影響到整個地區的語言運用。自此，雅典的主要方言，「阿提喀語」（Attic），便成為當時一帶地區的主要用語；今天我們所稱為「古典希臘語」（Classical Greek），其實就是阿提喀語，通行時期主要是公元前500至300年。

### 2.1.2. 新約希臘語的誕生

演變自這阿提喀語的是「希臘化運動時期的希臘語」（Hellenistic Greek），可稱為「後古典希臘語」[5]。這方言可

---

5 在學術書籍裏常出現「Hellenistic」一字，意思其實與「Greek」相同，即指「希臘語」：前者乃源自希臘語 *hellēniskos*，而後者則源自拉丁語 *Graeca*。在這裏，「Hellenistic Greek」一詞特指亞歷山大所推行的「希臘化運動」時期（Hellenization）的希臘語。

以說是一個新時代的新方言，由不同的希臘語方言，經過長期接觸，自然演變而成。從結構方面來說，這方言的主導語當然是阿提喀語，但亦有其他方言的成分；因此，在詞形變化上，「後古典希臘語」與「古典希臘語」十分相似，只是在語法和表達上，差別較大。不過，從社會語言學（Sociolinguistics）的研究來說，這語言的起源，很可能與當時馬其頓的兩位帝王息息相關，在腓力和其兒子亞歷山大大帝所帥領的長征戰役中，來自不同地方、說不同方言的僱傭兵，因著長期的接觸共處，語言自然產生變異和同化的現象。

由於這新方言廣泛被採用，無論在政治外交事務、商業或文學寫作上，均成為國際通用的主要語言，因此「Hellenistic Greek」亦可稱為「Koine Greek」，即「通用希臘語」（*koinē*，意即「普通，通用」），通行時期主要是公元前 300 至公元 300 年。因為其通行性，在一些民族意識特別強的地區，人們不滿這希臘語混合了其他語言，故提出抗衡運動，主張要保留傳統希臘語文學的特色和用詞，稱為「阿提喀運動」（Atticistic Movement）。一些新約書卷和不少早期教父的著作均反映這傾向。

經過千多年的演變，今天希臘人所說的現代希臘語（Modern Greek），已經與古典希臘語或通用希臘語很不相同。字母雖然還是一樣（在讀音方面，一般學者認為，新約時代的通用希臘語的發音較近於現代希臘語），但語法結構卻是簡化得多了。一個很概括的比較，現代與古典希臘語之不同程度，就好比現代與古代漢語[6]。

---

6 還記得，筆者在大學修讀「古典希臘語」一科時，也有一位操得一口流利現代希臘語的希臘籍同學，然而，她斷言要花在這科的時間，比她原先想像的要多很多。

## 2.2. 不同書卷的語文特色

在新約聖經和希臘語舊約聖經（特別是其欽定譯本《七十士譯本》）所反映的希臘語，可算是帶有地區（猶大省）色彩的希臘語。然而我們不要以為這兩本重要聖典的語文風格是一致的，因為無論是新約或舊約，均不是一人的著作，而是由多位作者跨越一段很長的時間才寫成。就以新約而言，新約聖經差不多就有十位作者，花了至少半個世紀寫成，而《七十士譯本》也是一本組合自不同時代不同譯者的繙譯，跨越的時間更差不多達兩個世紀。

新約聖經的語言風格可按作者而定。有些作者可說是規規矩矩的寫希臘語，如約翰的作品和保羅的書信。約翰的文筆喜愛重複，又擅於利用簡單的字句表達深奧的觀念，是學習希臘語的常讀入門書卷。保羅書信的長句子和緊密的結構正好反映作者的語文能力，在行文中遇有需要補充說明的地方，他又常會打岔，以插入語的方式加以補述，然後才回到原來的主線內容上，雖然申述的內容涵蓋不同層面，但銜接仍相當自然流暢，於此可見作者的筆力（以弗所書有很多這類例子，如二 1~4）。

還有一些作者既能寫得一手好希臘語，卻又刻意模仿《七十士譯本》的文筆，如路加福音和使徒行傳。由於《七十士譯本》是當時猶太人的希臘語舊約聖經的欽定譯本（舊約聖經原是以希伯來語寫成的），路加刻意模仿這譯本（主要是五經部分），企圖以語言風格來表達神學。一般猶太人均把這聖典內容的權威和價值投射到文筆本身；因此，路加借用《七十士譯本》的文筆，是要在耶穌一生的描述中配上「聖經」的味道。要記載主耶穌基督的言行，以這傳統五經格調來寫路加福音，實在是最得體的。使徒行傳卻不然，因為內容不是以巴勒斯坦為背景，而是主要記載保羅如何把這福音帶至羅馬帝國其他地方，因此，書中的古典風格，與保羅的書信相比，有過之而無不及（有關路加福音和使徒行傳的風格，參 3.8.2 和 4.1）。

另外，有些作者則保留閃語（包括希伯來語和亞蘭語）的表達方式，甚至有時在希臘語裏流露亞蘭語或希伯來語的語法，如馬可福音和馬太福音，這可能暗示希臘語並非作者的母語（大概這情況有如有些華人寫英語吧），而且，更多少反映當時巴勒斯坦一帶的語言狀況。有一些作者的希臘語更有如古典希臘語一般，例如某些保羅書信、希伯來書和猶大書等，文筆比較古雅，大概是反映作者的語文修養。但另外有一兩卷書可能受當時的「阿提喀運動」所影響，作者的文筆故意諸多修飾，如彼得後書的文筆就有刻意雕琢的痕迹，反映作者未盡自如的語文表達，反而給人咬文嚼字的感覺；這種書生氣的文筆，就有如有些人想用很艱深和複雜的結構來寫英語罷。

由於新約聖經的課題有別於其他文學著作，故在用詞表達上，自有其獨特含義，或有新的字誕生，或將舊的字換上新意。因此，研讀新約聖經，免不了要對早期基督教有些微的認識，否則，有時確實會有摸不著頭腦的感覺[7]。

7 參筆者的《新約希臘文創意入門》（香港：基道，1998），第一部分之簡介「新約聖經希臘語：簡介」和第一章。

# 第三章・四福音書

「福音」或「好消息」一詞是源自希臘語字 *euangelion*，很恰當地把原意繙出來；英語字「Gospel」是源自古英語 *godspel*，亦帶有相同的意思。以「好消息」這觀念來形容有關耶穌的生平言行，反映初期信徒如何理解耶穌基督與人的關係。新約聖經以馬太、馬可、路加及約翰四卷福音書為首，正好代表新約信息基礎的所在。

福音只有一個，但表達這福音的書卷卻有四卷，因此，約源於公元二世紀，很多手抄卷裏的福音書標題均在每卷福音書的標題上加上一介詞短語，即 *kata*「按」（意即「按……的福音書」）和作者（或著書者）名稱；如此，馬太福音實質是「按馬太記錄（或理解）的福音」。自二世紀的里昂主教愛任紐（Irenaeus of Lyons，公元 130~200 年）以來（載於 *Against Heresies* 3.11.8），傳統都以以西結書（一 1）或啟示錄（四 7）的四個活物的像來代表每位福音書作者，這正好配合每本福音書的開首意象：「人」代表馬太（因為馬太福音是以家譜開首），「獅子」代表馬可（因為馬可福音的第一句說話是施洗約翰嚴峻的呼喊聲），「牛」代表路加（因為路加福音的開首是聖殿的獻祭），「鷹」代表約翰（因為約翰福音的開首已經展示一套很高昂的神學）；見筆者《四福音合參》（香港：基道，1995）的封面。

### 3.0.1. 四本福音書的排列

現有四本福音書的排列方法，可能基於兩個並存的原則：

一是因為馬太福音有很濃厚的猶太人味道，所以有一種承上接下的作用；二是按四本福音書在內容上的相似程度而排列(也有說，這次序反映早期教父對四本福音書寫作次序的排列，認為馬太福音是首部完成的福音書）。無論如何，馬太、馬可和路加福音在內容上相似是明顯的，亦因而有「符類福音」或「對觀福音」（Synoptic Gospels）之稱。這名稱緣自希臘語字 *synopsis*，意思是「一起觀察」，即三本福音書的作者均以同一類的記載方式或以同一角度來各自寫作。相較之下，約翰福音則顯得頗不相同；對於其他福音書已交代的資料，它多沒有重複記載，就算再有記載，亦往往有重要的差異。約翰對事件的重要性有較深入的思考，故其描述亦帶有較多的反省。

### 3.0.2. 福音書的體裁

「福音書」在第一世紀的文學著作中可謂是自成一類，它混合了多種文體，包括戲劇性的歷史記錄、人物傳記和神學講論。按一般文體的分類，超過百分之七十五的內容均是事件的敍述，內容主要涉及基督的生平，包括祂的出生及早年事迹、行程、所行的神蹟奇事、死亡與復活等。另外一大部分（大約有250節經文），是有關耶穌的言訓，其中有比喻、箴言、寓言和謎語；另一小部分，是末世啟示式（參第七章）的資料，主要出現在馬太福音二十四章、馬可福音十三章、路加福音十七章20~37節和二十一章。

這多元化的混合文體表明每位作者都嘗試用五花八門的方式來介紹那位中心人物——耶穌。福音書之所以寫成，目的不僅是為了收錄耶穌的言行，或表揚祂所施行的神蹟奇事而已，而是更為了信仰的緣故：一是為信徒而寫，要挑旺信徒的信心，堅固所信；二是為作者自己在神學上的心得而寫，為要與人分享個人從上帝所領受的信息和宗教體驗。

在介紹每本福音書的特色之前，讓我們先討論一些與福音書研讀有密切關係的問題。3.1 和 3.2 主要是討論兩個與福音書的歷史背景有關的問題，3.3~3.5 則集中討論福音書對耶穌生平的塑造、耶穌的出生年份，以及符類福音的異同等問題。

## 3.1. 福音書的背景總論

為要把焦點集中在所記載的內容——即主耶穌身上，福音書的作者均不透露自己的身分，除路加福音外，其他的福音書更沒有交代寫作的對象、目的等。因此，在理解福音書的背景，諸如作者、寫作日期或地點等，我們便只能依賴早期教父所提供的資料，而這些意見亦往往成為教會的傳統理解。雖然，提供這些資料的教父們並不是每一位都經過深入的研究，有些甚至只是人云亦云，且不時反映著所屬地域的傳統，然而，這些見解仍有一定程度的可信性。

### 3.1.1. 作者問題

一般來說，學者處理福音書作者的問題時，都是以教父所提供的見解為出發點，再鑑別其可信性；這可從內、外證兩方面入手：前者指從內文的特色推測作者的背景，後者指從不同教父的討論，判斷作者的身分。

本章的開首已略為介紹每卷福音書的標題，把當時教會對福音書作者身分的見解指明出來。雖然這標題起源於早期（約為公元二世紀），但我們仍要記住，「*kata*（即『按』）＋某人的名字」這短語可以指「作者」（author），但亦可指「著書者」(writer)；後者是名副其實的執筆的人，而前者可以是著書者或代表該書內容的來源或所屬的學統。這情況就如今天有些（名）人，聘請某些「著書者」為代筆人，寫自傳等書籍；書的作者是該名人，但「著書者」實質是另有其人。因此，儘管有些學者認為某福音書作者有別於傳統所認為的，亦不一定與早期教會傳統的作者觀相違背。參 5.0.1 有關冒名的問題。

### 3.1.2. 寫作日期

在寫作日期方面，一般在教父的討論裏都不會刻意提及，因此，便要依靠內證來作指引。但問題是：福音書的內容既是記載主耶穌的生平言行（那是發生於公元前 5 年至公元 29 年期間的事）為主，作者既不明顯指出其寫作的年期或時段，我們又如何得知作者的寫作日期呢？

一般學者都以公元 70 年耶路撒冷聖殿被毀一事（這是發生於公元 66~73/74 年的「第一次猶太人叛亂」，參 8.3.4）作為界線。除耶穌的誕生之外，聖殿被毀可謂是第一世紀最重要的歷史大事。對猶太人來說，聖殿被毀固然是民族的大悲劇，而對當時很多信徒來說，這暗示上帝的審判或末日的來臨；因此，學者便認為，倘若福音書是寫成於公元 70 年之後，其中必會提及或暗示這些歷史大事，換言之，若沒有提及，便可能表示該書是寫於公元 70 年之前。不過，這樣的印證仍不是十分明確有力，只能從字裏行間大約觀察出來。

### 3.1.3. 福音書的「時差」

無論我們對福音書的寫作日期是如何不肯定，我們可以確實地說，四本福音書是新約聖經書卷中較後期的作品；

既是如此，福音書作者在編寫其作品時，主要的對象（或讀者）便不是與耶穌同時代的人，而只是作者當時的信徒。換言之，正如一般的歷史書一樣，福音書所記載的內容與作者當時所處身的情況是有時間上的距離的，無論在年代或處境上都不盡相同。

這一點有別於新約的其他書信；以哥林多前書為例。按一章11節所記，因為來自哥林多教會的革來氏家裏的人來探訪保羅，與他分享教會內的一些問題，導致保羅就教會的諸多問題寫了這封信回應；在時間的差距上，前後相差不到幾個月。但就福音書而言，自主耶穌升天後，使徒教會的第一代信徒均沒有馬上編寫福音書；事實上，福音書的內容與作者撰寫的年代相差約有一個世代（三、四十年）之久。假設馬可福音是第一本面世的福音書，那麼這第一本福音書與主耶穌基督升天一事相距至少有三十年。這段日子相當重要，因為很多重要的教義和爭論（如保羅對救恩的看法和猶太人割禮等課題）、教會的基本制度都在這段日子慢慢成形。要了解福音書的由來，必須從這段時間說起。

## 3.2. 福音書的需要

在書刊普遍流通的今日，我們很難想像寫作和出版在古時社會是何等困難的事情。這不僅因為寫作本身已是非常昂貴的事，而所謂的出版也只可全賴人手抄寫（可想而知是數量有限而價值昂貴的），而且更因有學識的人（無論寫的和讀的）不多，市場的需求不大，其流播亦自然相當有限。因此，我們實在要問，有甚麼因素導致福音書的面世，且還不是一本，而是四本！

我們可能會說：「因為福音書是關於耶穌的嘛，早期的信徒當然希望學習祂的言行啦！」但這答案不能完全解答這問題。按前節所說，福音書並非新約聖經書卷中最早期的作品（反之，甚至是最後期的作品），倘若信徒很渴望多了解耶穌的言行，福音書豈不應該是最早誕生的作品嗎？

因此，要解答福音書的需求問題，便必須先捕捉使徒教會信徒自耶穌升天以後至第一本福音書面世這三十年間的信仰生活和心態。我們需要從保羅的書信開始，因為他的書信大多數都是寫於福音書之前，其中可能包括新約書卷最早的一本——帖撒羅尼迦前書（參 5.9），寫於大約公元 50 年。

### 3.2.1. 初期信徒的心態

帖撒羅尼迦前、後書給我們最大的啟迪，是可以藉此了解初期信徒的心態——單純地以為主耶穌基督回來的日子快到。表面上，耶穌在世所說的話，如「等不多時，你們就不得見我；再等不多時，你們還要見我。」（約十六 16）或「耶穌對他（彼得）說：『我若要他（約翰）等到我來的時候，與你何干？』」（約二十一 22）的確會給信徒一個錯覺，以為耶穌很快便回來。於是，有些人甚至曲解這教訓，以為信主後便不需要作工（帖前四 11；帖後三 7~12），又有些人走向另一極端，因為其親屬過世，以為他們錯失了與主相遇的機會而感到傷心（帖前四 13~18），更有些人甚至利用「主再來」的教訓誘惑別人，說主不會來或說主已經回來（帖前五 1~11，帖後二 1~12）。

由於當時的信徒大多以為主耶穌果真很快（可能只是幾年或十幾年間）就要回來，他們從沒有想到要把耶穌的言行完整地寫下，直至他們察覺到這些與主同時代的見證人一個一個離開世界，才會想到整理載錄的必要。

### 3.2.2. 福音資料的出現

在這段所謂「福音書前」的日子裏（包括耶穌還在世的日子），儘管見證人還在世，但為方便，或基於個人（或羣體）興趣起見，我們相信有很多人也曾把耶穌的一些事迹和教訓記錄下來。例如，聖餐的設立便是一個好例子。聖餐是主耶穌吩咐每位信徒所要遵守的，為的是記念祂代贖的死，因此，教會在施行聖餐時也希望誦讀耶穌的説話[8]，亦希望不是每一次誦讀都不同（若是單憑記憶），而是有規有律的；寫下來便是最好的辦法。

這些獨立和主題式的單元選段（pericope），在很早期可能已經有不少，其中亦可包括神蹟、比喻或其他事迹等。起初（包括耶穌還在世的期間），這些單元選段可能是以口傳為主，但為了更準確流傳，在很早期間，已有不少有關耶穌事迹的口傳資料被記載下來，而當中不少可能是以當時巴勒斯坦地猶太人的母語亞蘭語寫成的。這些選段，可能只是零零碎碎的記載，亦可能是一些屬某類體裁的資料如耶穌的言論或神蹟等，成為日後馬太、馬可、路加和約翰編寫其福音書的重要材料。研究福音書不同選段的形式或影響，一般稱為「形式鑑別學」。（參 15.3.2）

路加福音一章 1~4 節可能是最能清楚地讓我們看到福音書形成過程的一段經文，當中提到「有好些人從事寫作，報導在我們當中所發生的事」《現》；這些「寫作」並不一定指一些很全面周詳的著作（如《和》譯的「書」一詞就帶有這

8 有趣的是，今天大多數教會在施行聖餐時，都會誦讀林前十一 23~26 而不是福音書（例如路二十二 17~20），這或許可避免四本福音書在記載上用字不同的問題。

含義），那可能只包括一些主題式的選段。正因為四卷福音書的內容，可能是來自不同來源（source），因此，福音書作者的角色並不單是撰寫，也包括編輯。亦因這緣故，在學術的著作上，有時學者會以「編寫」一詞來形容正典福音書形成過程中最後成書的階段（即路加或馬可的福音書），其中所強調的，是他們在福音書成書時所作的工夫；這詞並沒有帶任何貶意。

### 3.2.3. 福音書的誕生

為了便於教會實務的運作，口傳的資料都被記載下來，年復年，教會對較完備福音資料的需要愈來愈明顯，而福音書亦因此誕生了。我們可從三個層面來看福音書的寫成：

1. 教會擴展：在教會不斷擴展之下，外邦人教會的數目愈來愈多（特別是透過保羅的努力），很多人根本不認識主耶穌的生平和言行。雖然這些外邦信徒可能有機會接觸一些選段的記錄，但由於大多數選段是以當時一般猶太人所講的亞蘭語寫的，且以猶太人為主要對象，故實在需要以希臘語向外邦人交代事件較詳盡的始末；馬可福音和路加福音的成書便是很好的例子；
2. 護教和教導之用：誦讀上帝的話語可說是教會聚會中一項非常重要的環節，因此，福音書的面世明顯帶來了不少方便；前面提及的聖餐，便是一個好例子。早期使徒教會的領袖大多數是猶太人，向自己的同胞傳福音，一方面是教會的負擔，另一方面亦是護教的工作，例如當向猶太人傳福音時，馬太福音中的應驗式經文（即以「這是應驗經上所記的⋯⋯」方式表達的經文）便可加強不少的說服力。同樣，約翰福音的寫作目的亦有如福音單張：「叫你們信耶穌是基督，是上帝的兒子，並且叫你們信了祂，就可以因祂的名得生命。」（約二十 30~31）；

3. 作者個人的領受：倘若福音書的寫成只是要因應教會一些實務性的需求，根本不需要四本福音書。因此，筆者深信，福音書寫成的另一個重要因素正是要反映不同作者對同一個福音事迹的不同演繹、對同一位耶穌的不同憶述、對同一個信仰的不同理解；四本福音書正流露和代表了早期聖賢的四種獨特的神學。四本福音書的作者，馬太、馬可、路加和約翰，並不單為教會的需求而撰寫個別的福音書，更是基於自己的信仰、經歷和神學的緣故，因為這四個福音演譯，不單是上帝給世人的信息，亦是上帝在他們四人的宗教經驗中向他們宣講的信息。 有關「歷史耶穌探索」的問題，參書末的附錄。

## 3.3. 福音書的共同信息：以信仰為中心的耶穌歷史

福音書既是以耶穌這人為中心，我們就嘗試先來探討，在整體上，福音書所介紹的耶穌是怎樣的人，以了解四卷福音書的共同信息。

### 3.3.1. 耶穌生平的記述

按耶穌的生平，我們把福音書的內容大概分為幾個重要的階段：

1. 從出生（不包括施洗約翰的出生）到大概兩歲為止：太一18~二 23，路一 26~56、二 1~39（共 103 節）；
2. 從兩歲到十二歲：路二 40~51（共 12 節）；
3. 從十二歲到三十歲：路二 52（只有一節）；
4. 從耶穌開始傳道（即三十歲）到耶穌被釘前一週進入耶路

撒冷：這顯然佔福音書絕大部分的篇幅，太三 1~ 二十 34，可一 1~ 十 52，路三 1~ 十九 27，約一 19~ 十二 11；

5. 從進入耶路撒冷後到升天這段日子可再分為三個段落：
   a. 從進入耶路撒冷後到最後晚餐的前夕：太二十一 1~ 二十六 16，可十一 1~ 十四 16，路十九 28~ 二十二 13，約十二 12~50；
   b. 從最後晚餐到十字架的死：太二十六 17~ 二十七 56，可十四 17~ 十五 41，路二十二 14~ 二十三 49，約十三 1~ 十九 37；
   c. 從埋葬到升天：太二十七 57~ 二十八 20，可十五 42~ 十六 20，路二十三 50~ 二十四 53，約十九 38~ 二十一 23。

從這粗略的分段，我們發現四本福音書的內容架構大致相同：四本書（參 4~5）都是先記載有關施洗約翰的事迹和其與耶穌的接觸，然後才帶出耶穌的傳道生活，最後是耶穌進入耶路撒冷，並受苦、被釘，死而復活；只是馬可和約翰福音對耶穌三十歲前的事迹（即 1~3）全無記錄。

### 3.3.2. 四福音的不同

基本的架構固然是相同，但若仔細再看，在第 4 階段的日子裏，首三本福音書和約翰福音的記載也很不相同。馬太、馬可和路加福音（或「符類福音」）主要記載耶穌在加利利省的工作，只有一段短時期在猶大省和比利亞（Perea）省工作，且對耶穌進入耶路撒冷過逾越節的事只記載一次（亦即最後一次）。但約翰福音所記述的耶穌，卻是馬不停蹄地來往猶大省、撒馬利亞省和加利利省；且清楚記錄了祂度過四個每年舉行一次的大節日（或逾越節[9]）。一般人以為路加福音是較按時間順序的記錄，但單就福音書所記載有關耶穌那三年半事迹的歷史架構來説，我們發現只有約翰福音清楚地指出了這段日子的時段。

約翰福音雖與其他三本符類福音書確有明顯的分別，但這並不代表符類福音書的內容架構就完全相同。

馬太福音把耶穌的事迹和教訓各分為五大選段，互相穿插；馬可福音則較少記載耶穌的講論，卻集中記錄耶穌的傳道旅程，以「連續不斷的敍述」帶出奔波緊湊的氣氛；而路加福音則把耶穌的主要言論集中在九 51~ 十九 27 這十章的經文裏。此外，在耶穌事迹的敍述中，各人所強調的地方亦不相同。加利利省對於馬太和馬可福音是非常重要的，馬太福音更在耶穌傳道生涯開始之先，指出耶穌在加利利的傳道工作是要應驗舊約先知的話（太四 14~17）：「……外邦人的加利利地——那坐在黑暗裏的百姓看見了大光；坐在死蔭之地的人有光發現照著他們。從那時候，耶穌就傳起道來，説：『天國近了，你們應當悔改！』」。路加福音則強調耶路撒冷為耶穌救贖人類事迹的終點（路九 31 、 51 ，十九 37~48），亦是教會把福音傳到地極的起點（路二十四 52；徒一 4 、 8）。

### 3.3.3. 非「耶穌傳」的耶穌生平

總括來説，若我們並列四本福音書的內容一起來看，我

---

9 參二 23，五 1，六 4，十二 1；留意五 1 只指出「一個猶太人的節日」，雖不一定是逾越節，但大概是一個重要的節日。

們會發現，四位福音書的作者並非對耶穌生平的每一件事迹均顯出相同程度的興趣。若我們以傳記文學（描繪人物的一般方式和準則）的角度來看，甚至會覺得福音書作者在記載耶穌的生平事迹上，簡直是不太像樣，就連耶穌這個「凡人」的普遍資料，諸如祂的年歲（只有路加福音才有頗清楚的記載，如三 23）、身材（大概會比撒該高！）、相貌、喜好（參路二 49），甚至性情（大概耶穌不太喜歡人家吵醒祂的好夢，參太八 23~27 及平行經文）等等的資料，四福音的作者均保持異常的沈默。我們不要以為，這情況可歸咎於資料的缺乏，事實上，我們很難想像，竟然沒有人搜羅耶穌成長過程的事迹，包括家庭生活和學習生活的逸事等。

在這裏，我們看見福音書的作者顯出了頗為獨特的取材原則，他們的主要關懷並不是一切有關耶穌的生平逸事，因為他們原非旨在撰寫一本人物傳記式的《耶穌傳》，相反，只有那些直接關係於我們的信仰，且與作者當時教會的教訓相關的事迹和講論，才被選錄下來。

### 3.3.4. 福音書的焦點

在主耶穌在世的三十三個年頭裏，四本福音書作者合共只花了百多節的經文篇幅來記載首三十年的事，相反，卻對主耶穌在世上最後一星期（即第 5 階段）的經過加以詳細的描繪，尤其集中在最後晚餐後到釘十架這不到十二個小時（即第 5 階段的 b 部分）的事件。這週的記載所佔的篇幅遠遠超過任何其他的時段，明顯是四本福音書所共有的焦點和高潮：馬太福音有整整八章的經文，馬可福音有逾三分之一的篇幅（十一 ~ 十六章），路加福音有四分之一（十九 28~ 二十四 53），約翰福音有一半篇幅。

這焦點不單是為了記述一件歷史事迹（這固然是），而是從信仰和神學的角度來看，主耶穌被釘十架是祂來世的目的，亦是基督信仰的核心。因此，若論四本福音書的內容，那當然是有關主耶穌的事迹和言論，但透過這些事迹的取材和鋪排，更要帶出作者對主耶穌基督的理解，那是他們從上帝所領受的宗教體驗。

在這方面，我們可以找到福音書作者與保羅共通的寫作目的，那就是要突出耶穌基督的十字架和復活。華人新約學者盧龍光博士曾這樣寫到：

> （保羅）講及耶穌時，目的不是要描寫祂作了甚麼事或説過甚麼話。在保羅書信中，保羅所關心的最核心的事件，是耶穌的十字架和祂的復活。至於有關耶穌施行神蹟或是所講的比喻，並沒有在保羅書信中被提及。甚至，在一些經文中保羅所講的與耶穌一樣，但他也沒有訴諸權威。[10]

## 3.4. 有關耶穌的出生

古時的曆法多數以王帝立國起計算，但今天的計算卻是以主耶穌的誕生為分界，分為兩個紀元。這個計算方式源於公元 525 年，按當時一位修士丟尼修．埃塞古厄斯（Dionysius Exiguus）所計算的結果而定。他在研究古代曆法時，指出耶穌的出生日期是公元一年，因此便把耶穌的出生年份作為舊紀元和新紀元的分界線。

---

10 盧龍光，「耶穌基督 ——歷史、保羅、我們」，史懷識等著《耶穌，你是誰？》（香港：卓越書樓，1997），頁 139；另參同書的史懷識，「耶穌 ——被釘、復活的基督」，頁 61~78。

### 3.4.1. 將錯就錯的計算法

英語的簡稱「A.D.」是源自拉丁語 *Anno Domini*，意即「由主（出生）的年份開始」，與此相對的是「B.C.」，源自英語「Before Christ」。可惜這計算的方式顯然有錯誤，雖然今天我們已經不能改變這常規；然而，在觀念上，為避免繼續承襲此錯誤的信念，現時一般聖經研究學術書籍和絕大多數非基督教書籍均採用另一套簡稱：「C.E.」，源自「Common Era」，意即「共同紀元」，或一般稱為「公紀元」或簡稱「公元」，指我們現在的紀元，而這「共同紀元」之前的紀元，便稱為「Before Common Era」，即「B.C.E.」，意即「公元前」[11]。

### 3.4.2. 耶穌的出生日期

那麼，耶穌是哪一年出生的呢？回答這問題，主要是從聖經的內容入手，找出一些有關耶穌出生、離世的資料，然後再從其中提及的某些事件，配合歷史的研究，定出耶穌的出生和離世日期；主要有三點：

1. 耶穌的傳道生活是始於三十歲（路三 23）；按約翰福音提及的四個年度的節日（參約二 23，五 1，六 4，十二 1），耶穌的傳道生涯大概有三年半左右。
2. 約翰福音二章 14~22 節所提及的聖殿，是於公元前 20/19 年左右開始建造和擴張的工程，而文中又提及這殿的工程

---

11 舊約學者有時候會以以色列人的「第一聖殿」和「第二聖殿」為分期的標示：「第一聖殿時期」（First Temple Period）指所羅門所建的聖殿至聖殿被毀（即公元前 950~587 年），而「第二聖殿時期」（Second Temple Period）指所羅巴伯重建聖殿至其聖殿被毀（即公元前 521/515~ 公元 70 年）。由公元 70 年開始至六世紀，一般稱為「拉比時期」。

已經花了 46 年的時間，由於猶太人計算的方式，一般都會包括所計算的限度（即開首和結尾兩年），因此，這對話所發生的年份大概是公元 26 年左右。按約翰福音的記載，這段對話是發生於耶穌出來傳道第一次上耶路撒冷時；既然耶穌當時是三十歲（路三 23），因此耶穌出生的年份大概是公元前五或四年期間，而離世則是大概公元 29~30 年左右。

3. 馬太福音二章 19 節記載了著名的希律大帝去世的事迹，一般歷史指出這事發生於公元前四年（大概是三、四月期間）；這時候耶穌和祂父母正在埃及。經文沒有指出耶穌的年歲，但明顯是發生於希律命令屠殺嬰孩一事之後。馬太福音二章 16 節指出這些嬰孩的年齡是兩歲或以下，因為幾位東方的星象家指出那星出現在「大約」兩年前（即不到兩年）。因此，大概希律便以「寧殺錯，莫放過」的心態來下令是次的屠殺行動，所以，耶穌在那個時候應該還不到兩歲。如此計算，耶穌的出生可能是公元前五年。

這三點其實已經足夠指出耶穌的出生時段，但福音書中亦有提供其他資料是需要考慮的。

首先，路加福音二章 1~7 節提及的戶籍登記，是羅馬政府的政策，通常每十四年才做一次。我們從其他的歷史文獻得知，第二次登記是在公元六年舉行，因此，首次的登記應該在公元前八年展開的。這點也許與前面的結論略有出入，不過，要協調二者亦並非太牽強：羅馬帝國版圖之大，人口統計絕不是一年半載可完成的事，況且，還有很多因素可影響其進度，例如猶太人希望返回自己的城鄉進行戶籍統計，再加上當時加利利和猶大省一帶發生不少動亂，必然使是次登記受阻拖延，甚至全面押後，因此約瑟的族人可能要到公元前五年才進行戶籍登記。

此外，路加亦指明當時敍利亞的巡撫是居里流，從歷史的考證和有關碑文的記錄指出，居里流曾兩度出任此職務，第二次是在公元六年，與第一次相隔好幾年，故居里流初次出任巡撫的年間（即耶穌出生之年）很可能是公元前數年的事。

### 3.4.3. 普遍的誤解

最後略為澄清一些普遍的誤解，是有關幾位東方星象家的。大概是受很多聖誕卡、甚至是詩歌的誤導，更可惜的是連教會（如教會的聖誕節佈置）也是這樣教導，以致一般人都對星象家有錯誤的印象。首先，經文並沒有指出星象家的數目是「三位」，而是「幾位」；這傳統理解可能是按所送上的三樣禮物而推定。第二，星象家到達伯利恆探訪小孩耶穌（太二 1~11）時，祂已經不是躺臥在馬槽的嬰孩耶穌，而是住在「房子」（不是客店，而是自己的房子）裏的「小孩子」（參太二 11）。這時期明顯與牧羊人到訪時有別；若比較路加福音第二章的記載，星象家的到訪是在耶穌受割禮之後。因此，按福音書的資料，耶穌首兩年生活的重整如下：

1. 耶穌的誕生（路二 1~7）
2. 牧羊人到訪（路二 8~20）
3. 耶穌受割禮並在聖殿奉獻（路二 21~38）
4. 耶穌與父母返回拿撒勒、他們的原居地暫住（路二 39）
5. 他們後來返回伯利恆，打算在那裏定居（因為那裏非常接近耶路撒冷）
6. 幾位星象家到伯利恆探訪小孩耶穌（太二 1~11）

7. 逃到埃及（太二 13~21）
8. 最後再返回拿撒勒（太二 22~23），在那裏定居。

## 3.5. 符類福音問題的初探

前面幾節已經略提及，無論在記述的架構或記述的方式上，馬太、馬可、路加福音三本符類福音書與約翰福音都呈現很不相同的面貌。然而，符類福音之間內容的相近之處卻又是顯而易見的；而相似的程度更不單涉及基本架構而已，甚至在敘事次序和對同一件事件描述的用字上，亦多有相同之處，這現象便不能單以「巧合」來解釋。以下是一些選段的例子，有些事件只載錄於其中兩本的福音書中：

| 《和合本》 | 馬太 | 馬可 | 路加 |
|---|---|---|---|
| 耶穌呼召眾門徒 | 四 18~22 | 一 16~20 | 五 1~11 |
| 耶穌潔淨長大痲瘋的人 | 八 1~4 | 一 40~45 | 五 12~14 |
| 耶穌治癒癱子 | 九 1~8 | 二 1~12 | 五 17~26 |
| 關於論斷人 | 七 1~5 | 四 24~25 | 六 37~42 |
| 耶穌騎驢進耶路撒冷 | 二十一 1~9 | 十一 1~10 | 十九 28~38 |
| 質問耶穌的權柄 | 二十一 23~27 | 十一 27~33 | 二十 1~8 |
| 約翰傳悔改的道 | 三 7~10 | | 三 7~9 |
| 耶穌為耶路撒冷哀哭 | 二十三 37~39 | | 十三 34~35 |
| 寡婦的兩個小錢 | | 十二 41~44 | 二十一 1~4 |
| 耶穌受兵丁戲弄 | 二十七 27~31 | 十五 16~20 | |

### 3.5.1. 既是相同又有矛盾

仔細比較三卷福音書的內容，馬太福音和路加福音所包含的資料，已經包羅絕大部分馬可福音的內容。按一般的統計，馬可福音（在現時最通行的希臘語新約聖經版本約佔1500行）中百分之九十一的內容可以在馬太福音（約佔2400行）找到，而馬可福音百分之五十三的內容可在路加福音（約佔2600行）找到。

也許相同之處並不構成甚麼問題，然而，符類福音中對同一事件的記述亦多有出入，甚至是矛盾、衝突的地方。例如，耶穌受試探一事中主要包括耶穌與魔鬼的三次對話：「石頭變食物」、「從殿頂跳下」和「俯伏敬拜魔鬼」，這是馬太福音的次序，但路加福音卻將第二和第三次對話的次序倒轉了；又如睚魯在見耶穌的時候，他的女兒是「快要死了」（可五23；路八42），還是「剛才死了」（太九18）呢？此外，對同一事件發生的時期，不同福音書透過其敍事次序可有不同的暗示，例如，按馬可福音六章1至6節和馬太福音十三章53至58節的記載，「拿撒勒人厭棄耶穌」這事是發生於三年傳道生活的中期，但按路加福音四章16~30節，這事卻是發生於傳道生活的早期。再看耶穌的出生，馬太福音和路加福音同樣記載這事件，但兩個記錄的角度卻完全不同。當然，最能反映這三本福音書的特色就是各自獨有的資料了[12]。

### 3.5.2. 符類福音的問題

這三本福音書的異同現象，便構成所謂「符類福音的問

12 屬馬太的有：五17~20，十一28~30，十三24~30、36~43，二十1~16，二十五1~13，二十七3~10；屬路加的有：五1~11，七11~17，十25~37、38~42，十五8~10、11~32，十六19~31，十八9~14；而屬馬可的只有：四26~29和八22~26。

題」。這問題之複雜，不能在這裏詳細討論，有興趣的讀者可參閱即將出版的《符類福音、歷史耶穌探索和馬可福音》（暫名；潘仕楷和黃錫木合著）中第二章。這裏只作一簡單的交代。

這三本福音書，既在相同的事件上有非常近似的載錄，但同時又有不少獨特的記載和資料，我們便會問：三者的關係如何？研究符類福音的學者指出，最可能發生的是：馬可福音最先寫成，而當馬太和路加準備寫各自的福音書時，二者同時參閱馬可福音，甚至以此書的敍述為基本的藍本；這稱為「馬可為先」論說。但因為馬太和路加均要編寫一本較為詳盡的福音書，在採納馬可福音時，各自縮短馬可福音在某些選段的篇幅。至於其餘馬太福音和路加福音所共有而不見於馬可福音的經文，我們並沒有現存的文獻可作為其藍本的證據，因此，學者便起了一名號，稱為「Q來源」（「Q」是德語 *Quelle* 的簡寫，意即「來源」；參附錄「歷史耶穌探索」之 3.）。另外，還有一些個別獨家的資料，這些獨家資料可能只是早期流傳下來的選段或口傳資料，或只是見證人的說話。

無論如何，這種種的來源對作者來說，都是非常重要的。在編寫的過程中，各福音書作者均按手上所有的資料，進行鑑別，從而編寫自己的福音書。實際發生的情況，真的如是嗎？大概已沒有人能對這問題給予一個肯定的答案，但按我們所有的資料，福音書所呈現的情況已是非常可靠的了。有關這課題所牽涉的「來源鑑別學」，可參 15.3.1.。

### 3.5.3. 四福音書的總覽

| | **馬太** | **馬可** | **路加** | **約翰** |
|---|---|---|---|---|
| **耶穌是** | 所應許的王 | 上帝的僕人 | 人子 | 上帝的兒子 |
| **原來的讀者** | 猶太人 | (羅馬的) 外邦人；外僑 (在羅馬的猶太人) | 一般的外邦人 | 普世的信徒 |
| **顯著的主題** | 耶穌是彌賽亞，因為祂應驗了舊約的預言 | 耶穌的言和行是相輔相成的 | 耶穌是完全的神亦是完全的人 | 信耶穌是救恩的必須條件 |
| **作者的角色** | 教師 | 講故事者 | 歷史家 | 神學家 |
| **特色和重點** | 耶穌的講道和教訓 | 耶穌的神蹟和行事 | 表達耶穌的人性的事迹 | 耶穌教導的原則 |

## 3.6. 馬太福音

早期傳統多數認為，馬太福音是稅吏馬太（亦稱利未）所著；在此福音書中，他的名字只曾於九章 9 節和十章 3 節兩次被提及。由於大多數學者都認為本書曾參考馬可福音，因此，此書著成日期必然在馬可福音之後[13]，約在公元 80 至 90 年

13 讀者可能會問：為何一位身為「親眼見證人」的使徒馬太需要用一位只有與主耶穌有間接接觸的馬可的作品，並且他的資料又只是依賴另一位見證人（即彼得）所提供的（參 3.7）？在這問題之上，有不少教父如希拉波立主教帕皮厄斯、愛任紐和俄利根指出，使徒馬太其實也編寫了一本有關耶穌的言論集，並且是用亞蘭語（亦可能是希伯來語）寫的，目的是為證明耶穌是彌賽亞。若此記述屬實，由於這言論集並無敍述部分，因此，當馬可福音完成後，馬太便把自己在這方面的資料連同馬可福音拼合起來，成為馬太福音。

間；有些學者更認為，二十二章7節「王就大怒，發兵除滅那些兇手，燒燬他們的城」乃暗示耶路撒冷聖殿被毀一事（參二十三38和二十四15）。雖然如此，馬太福音在四福音中排行最先，仍是非常恰當的，因為它能最有效地把新、舊兩約連貫起來，且亦是帶有最濃厚猶太人色彩的福音書；例如，其他福音書都暢論「上帝的國」，但馬太理解猶太人避諱直呼上帝的名字，故改以「天國」代替（比較太四17和可一15）。不少學者都認為馬太福音寫於以色列以北的敍利亞一帶。

### 3.6.1. 從「猶太人」出來的彌賽亞

馬太福音雖帶濃厚的猶太文化氣息，更有些地方反映著作者對本族的側重：例如在十章5~6節，耶穌差遣十二使徒出去傳道，特意吩咐「外邦人的路，你們不要走；撒馬利亞人的城，你們不要進」。不過，書中又有不少內容記載耶穌嚴厲地斥責猶太人領袖，參三章7節和二十一章43節，特別是第二十三章，作者對文士和法利賽人所宣告的禍，又可反映不少當時基督教會信徒對猶太教的不滿。

綜觀全書，馬太始終希望讀者明白，耶穌不單是其自身民族的彌賽亞，而更是全人類的彌賽亞，因此，他刻意突出耶穌的族譜中包括外邦女子這事實（一1~16），和耶穌幾番讚賞外邦人比猶太人更有信心等事件（八10，十五21~28），更以耶穌吩咐門徒把福音信息傳遍世界作結（二十八18~20）。馬太是惟一有明確提及「教會」的福音書（十六18，十八17），書卷的內證亦顯示它的寫作背景是個猶太人與外邦人混合的教會，而其中又以猶太人佔大多數。

### 3.6.2. 主要目的

馬太的寫作目的之一，是要指出這個新的基督信仰，不是要廢掉猶太背景人士一向所持守的，相反的是要使他們所持守的得以成全。在他的記述當中，多次引用舊約聖經，以證明耶穌應驗了舊約對彌賽亞、亦即是「基督」或「受膏者」的預言。（參一18~23，二1~6、14~15、16~18，四12~16，八16~17 ，十三34~35 ，二十一1~9和二十七6~10的所謂「應驗經文」。）如此，舊約先知書中對彌賽亞的期望，正好在主耶穌基督的身上應驗出來。很多耶穌時代的猶太人，都盼望彌賽亞的來臨，將他們從當時羅馬帝國的統治中拯救出來，因此，馬太的部分信息在於表明耶穌所言「天國」的真正意義，及祂怎樣拒絕把「天國」限制在純粹政治的層面上。

馬太福音口中的耶穌，一方面認同舊約的教訓，但另一方面又經常向猶太教對舊約理解的傳統作出挑戰。這種弔詭性的信息在著名的登山寶訓中表露無遺。耶穌在五章17~18節這樣說：「莫想我來要廢掉律法和先知（意即指舊約聖經）。我來不是要廢掉，乃是要成全。我實在告訴你們，就是到天地都廢去了，律法的一點一畫也不能廢去，都要成全。」但隨後，耶穌又對猶太律法的傳統演繹逐一加以駁斥：「你們聽見有吩咐古人的話……，只是我告訴你們」。耶穌的挑戰，是針對猶太人對舊約的傳統解釋，而不是針對舊約聖經本身。我們不難想像，於當時還有很多猶太信徒的教會，馬太的信息必定在猶太和外邦信徒之間，有助建立一個協調的關係。

### 3.6.3. 一個重要的主題：天國

全書最突出的主題可能就是「天國」這觀念，這字出現共51次之多。這觀念在符類福音中都有出現，但在馬太福音中，卻明顯帶有一種「既是屬將來，但又已展開」的含義。例如八章11節「從東從西，將有許多人來，在天國裏與亞伯拉罕……一同坐席」；十六章28節「我實在告訴你們，站在這裏的，有人在沒嘗死味以前必看見人子降臨在祂的國裏。」（另參七21，十三43，二十五34）。

對於信徒來說，天國就如在曠野中的以色列人要進入迦南地，是將來要承受的「地土」。但另一方面，這「天國」亦是現在的，在信徒的生命中彰顯出來的能力，例如十二章28節「我若靠著上帝的靈趕鬼，這就是上帝的國臨到你們了。」（參四17，五3、10，十一12）。

### 3.6.4. 結構大綱

馬太福音的結構，難以單憑閱讀而立即掌握得到，但若能以鳥瞰的方式來看，我們就會看見，大部分耶穌的教導都分佈在五個大段落中，每段均以「耶穌說完了……」或類似字眼作結束（五1~七28，十1~十一1，十三1~53，十八1~十九1，二十三1~二十六1）；因此，在結構上，仿如五經的分類；有些學者亦以為，馬太有意將耶穌與猶太人的偉大領袖摩西並列。

1. 序言：耶穌的先祖、出生及早期生活（一1~二23）
2. 第一個段落（三1~七29）
   a. 敘述：施洗約翰、耶穌的洗禮、受試探及公開事奉的開始（三1~四25）
   b. 教導：登山寶訓（五1~七29）
3. 第二個段落（八1~十一1）
   a. 敘述：耶穌於加利利的工作（八1~九38）

b. 教導：給門徒的指示（十 1~42）

4. 第三個段落（十一 1~ 十三 52）

a. 敘述：有人接納亦有人拒絕耶穌（十一 1~ 十二 50）

b. 教導：有關天國的比喻（十三 1~52）

5. 第四個段落（十三 53~ 十八 35）

a. 敘述：與法利賽人積怨日深（十三 54~ 十七 27）

b. 教導：門徒應如何彼此相待（十八 1~35）

6. 第五個段落（十九 1~ 二十五 46）

a. 敘述：耶穌從加利利往耶路撒冷去（十九 1~ 二十三 39）

b. 教導：將來的日子（二十四 1~ 二十五 46）

7. 結語：耶穌的受死與復活（二十六 1~ 二十八 20）

## 3.7. 馬可福音

早於第二世紀初葉，已有教父指出馬可福音的作者是約翰·馬可（徒十二 12；西四 10；彼前五 13）。小亞細亞希拉波立的監督帕皮厄斯（Papias of Hierapolis，公元 60~130 年）在這方面最常被引用的話是：「馬可是彼得的傳譯人，他把彼得所憶述有關耶穌的言行一一都記載下來。」幾十年後的里昂主教愛任紐也有提及馬可與彼得的關係，而且更指出馬可是在彼得去世後，在羅馬寫下他的福音書的。

馬可的文筆富有閃語的色彩是毋庸置疑的，這可能是受其母語巴勒斯坦的亞蘭語所影響；另一方面，馬可福音亦採用了一些很明顯的拉丁語字眼，這就更可印證該書的寫作地點是以拉丁語為主的地區，例如羅馬。馬可福音可能是第一卷寫成的福音書（書成於 65 至 70 年間），而馬太與路加在撰寫他們的書卷時亦以此書為藍本。

### 3.7.1. 馬可是誰？

承認馬可的資料來源出自彼得，並不表示馬可只是彼得的代筆人；倘若彼得果真是原來的作者，這事實必定可以流傳下來。按聖經內證，這位約翰．馬可是住在耶路撒冷的猶太人，他母親有一所頗大的房子，能供耶穌的最後晚餐之用。他又是保羅的同伴、巴拿巴的表弟，而在保羅和巴拿巴第一次傳道旅程中，馬可也曾與他倆同行。與保羅和巴拿巴相比，馬可對傳福音給外邦人的事上，立場會較為保守，亦可能是基於這因素，在第一次傳道旅程的早期，他決定退出（徒十三 13）；後來更轉移專注於猶太人的福音工作，亦因此與彼得結伴（參 5.1.8.1「保羅、巴拿巴和馬可」）。

馬可是否耶穌生平的見證人？馬可雖然沒有親身表白，卻透過一件很有趣的記錄來回答這問題。十四章 51~52 節：「有一個少年人，赤身披著一塊麻布，跟隨耶穌，眾人就捉拿他。他卻丟了麻布，赤身逃走了。」在整個耶穌受難的記述中，這插曲是完全沒有意思的，亦沒有任何神學的意義，反而覺得有點醜怪。但有很多學者認為，作者以此極為突出的逸事來指出他當時是在場的，證明他亦是耶穌的見證人。

### 3.7.2. 寫作對象

馬可福音的對象有別於馬太福音，它似乎專為非猶太讀者而寫的；正因這緣故，作者並沒有引用舊約的經文，又經常解釋猶太人的習俗（例如：二 26，七 2~4，十四 12，十五 42）；此外，在引用一些亞蘭語的字詞時，馬可更一一繙出來，幫助讀者（非猶太人）明白其意（例如：五 41，七 11、34，十四 36〔*Abba patēr*，兩字分別為亞蘭語或希臘語字，意思相同，即「爸爸」〕，十五 22、34）。

這點是值得留意的，正如前文提及，馬可早期對傳福音給外邦人的立場是頗為保守的，雖不至於反對向非猶太人傳福音，但這肯定不是他的負擔，然而，如今竟專為非猶太人而撰寫了這本福音書，可見其事奉方向的改變。不過，也有些學者認為猶太色彩的淡化，並不足以印證馬可福音的寫作對象就只是非猶太人，不要忽略的是，那些多年來散居於巴勒斯坦以外地區（如羅馬）、且已日漸與傳統猶太文化脫節的猶太人，亦很可能是馬可福音的寫作對象。

### 3.7.3. 馬可的結尾問題

值得一提的是，兩卷最早和最齊全（即包括全部新約聖經）的抄卷——《西乃抄本》（*Codex Sinaiticus*）和《梵諦岡抄本》（*Codex Vaticanus*；參 12.2.1），均沒有十六章 9~20 節這結尾。很多學者（福音書和經文鑑別學者）均認為本福音書原稿（autograph）的結尾應在十六章 8 節：「她們（指婦女）就出來，從墳墓那裏逃跑，又發抖又驚奇，甚麼也不告訴人，因為她們害怕。」全書的結尾是要突出門徒（並非單指婦女）對主耶穌復活一事，還未存心理準備去接受；如此，這結尾可能是要回應書中作者不時指出「門徒的失敗」這主題；比較馬太福音十六章 5~12 節和馬可福音八章 14~21 節（參 15.3.3）。 至於十六章 9~20 節這所謂「較長結尾」（longer ending），可能是後來的信徒加上的，目的是要把原來不甚自然的結尾顯得較為圓滿得體。留意這「較長結尾」的內容，也見於其他福音書，而其記錄往往是更詳細的。（比較可十六 9~11 與約二十 11~18，可十六 12~13 與路二十四 13~35，可十六 14~18 與太二十八 16~20、路二十四 36~49 和約二十 19~23。）

### 3.7.4. 整體信息

在信息方面，馬可福音開宗明義指出該福音書的目的：「上帝的兒子，耶穌基督的福音是這樣開始的。」（一 1；《現》）；這裏的意思大概是：「要談論（或介紹）上帝的兒子，耶穌基督所傳的福音，我是如此開始記述的。」

全福音書旨在介紹耶穌基督作為神子的身分。雖然「上帝的兒子」這稱謂在本福音書不是經常出現，但每次出現都往往帶出宣認的含義。例如，在耶穌受洗時，天上來的聲音：「你是我親愛的兒子」（一 11）；在山上改變形象中，雲裏來的聲音：「這是我親愛的兒子」（九 7）；以及在書末（十五 39），百夫長的宣認：「這個人真是上帝的兒子」。

與這稱謂相似的是「人子」。這稱謂的特別之處是主要出現在福音書（另參徒七 56），且只是主耶穌用來自稱的名號。這可反映福音書作者很刻意保留這耶穌所獨有的自稱，換言之，這稱謂大可能是耶穌所用的字眼。耶穌以這名號自稱，固然是要借用但以理書七章 13 節人子從天降下的意象，但亦要結合以賽亞書五十三章「受苦僕人」的形象：主耶穌的來臨是全人類的典範，但祂並非以軍事家或革命者的身分出現，而是徹底成為一個受苦的僕人，去完成救贖的使命。

正因這緣故，耶穌經常阻止別人揭露祂真正的神子身分，無論是被趕走的鬼魔（一 34，三 12）、被醫治的人（一 44，五 43，七 36，八 26）和那些確認耶穌身分的門徒（八 30，九 9），因為當時的人對彌賽亞的錯誤期望，正是耶穌所要避免的。祂來的目的，不是要拯救猶太人脫離羅馬帝國的統治，而是要救贖世人脫離罪的捆綁、撒但的統治。為此，祂向人示範了一條卑微受苦而順服的路，要人體悟、跟隨而得生命。

### 3.7.5. 結構大綱

按馬可的記載方式，全書可分為兩部分：「加利利的傳道日子」和「走向十字架的傳道日子」。第一部分始於耶穌的受洗，然後記載一連串在加利利所施行的神蹟（一 4~ 八 26）。第二部分始於彼得在凱撒利亞．腓立比對耶穌的認信（八 27~31），這亦可謂是這卷書的轉捩點。繼而是改變形象，然後是一些教導，如謙虛、婚姻、離婚和財富等問題（八 27~ 十 52）；最後由第十一至十六章，作者逐日式記述耶穌在世時最後一星期的言行。

馬可對耶穌講論的記載較少，卻集中記錄耶穌的傳道旅程，以「連續不斷的敍述」帶出奔波緊湊的氣氛（留意經文多次用「立即」等字眼）；馬可福音中的敍述一般都比其他符類福音書的平行經文更為生動活潑。他的希臘語文采較少潤飾。馬太的焦點指出耶穌是教師，而馬可的重點則在於指出耶穌是個坐言起行的人。

1. 引言：施洗約翰、耶穌受洗與試探（一 1~13）
2. 加利利的傳道日子（一 14~ 十 52）
    a. 耶穌於加利利和附近地方的工作（一 14~ 九 50）
    b. 耶穌於猶太地的工作和上耶路撒冷的旅程（第十章）
3. 走向十字架的傳道日子（第十一 ~ 十六章）
    a. 耶穌於耶路撒冷的工作及往伯大尼之旅（第十一 ~ 十三章）
    b. 耶穌受審與受死（第十四 ~ 十五章）
    c. 耶穌的復活（第十六章）

## 3.8. 路加福音

路加福音是篇幅最長的福音書，共 1151 節。它也是惟一有續集的福音書，那就是使徒行傳。兩書的寫作目的都一樣，務使一位名叫提阿非羅（一3，參徒一1）的人能更認識耶穌的生平和早期教會的事迹。雖然有人認為提阿非羅這名字（意思是「上帝的朋友」）是指一般基督徒受眾而言，但一般學者都認為「大人」的尊稱，確實顯示他是一名具有相當地位的羅馬官員。有些早期教父認為這是寫作時期，羅馬王帝維斯帕先（Vespasian ）的姪兒提多．革利免（Titus Clement）。無論這位高官是誰，寫這福音書的目的，除講述有關耶穌的生平事迹外，亦可能為要平息恐慌，這些恐慌乃由於基督教會在當時政治上所帶來的震盪及挑戰所致。

### 3.8.1. 路加是誰

按傳統說法，此書作者是保羅的友好路加；而保羅亦是他的資料來源之一。從歌羅西書四章14節（另參提後四11；門24）得知：路加是位醫生，也是一位外邦信徒（因為在西四10~11所提到的亞里達古、馬可和猶士都是惟一三位與保羅一同作工的猶太人，按推論，路加便為外邦人）。從他傑出的文筆（如一1~4和使徒行傳第十三章以後的篇幅，參4.1）、對日期和王帝任期的詳細考查，毫無疑問，路加是一位很有學識的人。他曾在第二次傳道旅程與保羅同工（參徒十六9後「我們」的合稱），亦是保羅身邊一位很忠心的伙伴。使徒行傳以保羅於羅馬遭軟禁（約公元62年）匆匆作結，路加的著作亦沒有提及耶路撒冷城於公元70年淪陷的事迹，很多學者由這兩點推論，認為路加福音寫成於公元70年前，約為60至70年間[14]。

14 相反，亦有學者引用十九43~44和二十一20、24的經文，證明作者很清楚、活生生地描述耶路撒冷被攻陷的情景。

### 3.8.2. 文學味道

路加福音是福音書中最具文學味道的一本。它是以當時盛行的「旅行報告」的方式來撰述耶穌的一生：耶穌的一生就有如一漫長的旅程，從加利利直至耶路撒冷；加利利是祂一生事奉的起點，而耶路撒冷則是祂事奉的終局（至於使徒行傳，萬事的起頭是在耶路撒冷，而終局卻是在羅馬）。路加福音是最符合一般人所認識的「傳記」模式，這亦反映當時文學的風格。在開首，路加先交代該書的贊助人和作者的寫作目的，然後是焦點人物耶穌的出生，其中附上不少在位的君王和政客的名字，作為史實的參照。但另一方面，他亦按猶太人的傳統，把耶穌的家譜和試探置在祂事奉記錄之前，目的是要帶出祂的血統和資格。

此外，路加福音的文學性，亦帶有相當重的神學味道。雖然路加可以寫得一手好希臘語，卻又刻意模仿《七十士譯本》的文筆。這是因為《七十士譯本》是當時猶太人希臘語舊約聖經的欽定譯本（參 10.2.4），路加刻意模仿這譯本（主要是五經部分），是要藉「文筆」帶出「宗教味道」，因為一般猶太人均把這聖典內容的權威和價值投射到文筆本身；這可謂是一種「美文學」（belles-lettristic）的現象。因此，路加借用這《七十士譯本》的文筆，是要在耶穌一生的描述中配上「聖經」的味道。要記載主耶穌基督的言行，以這傳統五經格調來寫路加福音，實在是最得體的了（參 2.2）[15]。有關使徒行傳的文筆，參 4.1。

---

15 最原先的讀者提阿非羅，在閱讀路加福音時，起初確實會感覺到有點兒莫名奇妙：「為甚麼這位醫生寫成這樣？」但在閱讀更多猶太人的文獻、特別是《七十士譯本》時，他又必定能體會路加文筆的巧妙了。

### 3.8.3. 普世性的救恩

在內容方面，路加福音是四本福音中最普遍受落的，其內容最少牽涉「地方主義」的基督信仰，這福音書確是名副其實的大公教會福音書；這亦與續集使徒行傳所帶出的「普世性的救恩」有著相當一致的動機。由於受眾是外邦人，所以在內容上，作者也有所調校，例如在提及日期時，路加先提及羅馬君王，然後才是猶太人的君王（二 1，三 1）。至於「加利利海」，路加稱之為「革尼撒勒湖」，乃住在巴勒斯坦以外的人較常用的名稱；而列出耶穌的家譜時，作者則追溯至人類的先祖亞當（比較太一 1~16）。此外，作者在不少的記述裏往往提及外邦人，如「好撒馬利亞人的比喻」、「十個長大痲瘋的人」、在拿撒勒的講道（四 18~19）、「最大的使命」（二十四 46~49）。還有，作者並沒有使用一般巴勒斯坦地區猶太人對「拉比」和「法律教師」慣用的專稱，卻採用一般人所用的「老師」（*didaskalos*）和「律師」（*nomikos*）。

### 3.8.4. 關懷受欺壓的貧窮人和女人

路加不單關注到外邦人，在他的撰述裏，更不時提到貧窮人和社會上常被蔑視的人。單看耶穌的出生，已處處顯出作者有意把耶穌作為貧窮人的身分刻劃出來，例如：耶穌出生在馬槽裏，貧窮的牧羊人竟是第一羣探望嬰孩耶穌的人；耶穌的父母沒有能力獻上牛羊，只可以獻上斑鳩、鴿子。在四章 18 節和七章 22 節，作者更藉耶穌的話帶出這福音書是特別給貧窮人的，留意路加福音獨有的兩個比喻（十四 16~24「大筵席的比喻」和十六 19~31「財主和拉撒路」）都非常重視貧窮人。

此外，書中更有一些非常反傳統的描述，諸如自義的法利賽人蔑視稅吏而遭的評價（十八 9~14，十九 2~10）、與主同釘而悔改的犯人蒙主悅納的記載（二十三 39~43）和有罪的女人得蒙赦免的故事（七 37~50）等，在在與傳統對妓女、犯人、稅吏一類的人予以歧視的作風大異。在第十五章更一連記載三個描述上帝對罪人悔改重視的比喻，反複表達「放下所有，去尋找失落的」乃是有價值的，是不可以計算的。在古代社會裏，女性往往是被忽視的一羣，在著作中提及的更是少之又少。然而，路加在這方面可謂相當反傳統，書中提及不少女性：拿因城的婦人，跟從耶穌的婦女們，如抹大拉的馬利亞、希律的家宰苦撒的妻子約亞拿和蘇撒拿（八 2~3），以及一直追隨耶穌走上各各他山上的一羣婦女；不論記名與否，在路加的筆下，對這些婦女都予以相當的尊重。

### 3.8.5. 聖靈的工作和其他

如使徒行傳一樣，路加福音也具有相同的神學特色，就是強調聖靈的重要性，如記述耶穌出生前後的事迹（一 15、35、41、67，二 25~27）、受洗（三 22）、受試探（四 1）、出來傳道（四 18~21）、講論（十一 13），以至一般的描述（十 21）等，每每都特別提到聖靈的充滿、同在、引領和感動等工作；就連全書的尾聲（二十四 49）也特別強調門徒將要等候「從上頭來的能力」。

此外，路加福音所提及的祈禱遠較其他福音書為多（如三 21，六 12，九 18、29，十一 1，二十二 32，二十三 34、46）；書中又獨有三個教導恆切禱告的比喻：「半夜借餅的比喻」（十一 5~8），「切求的寡婦和不義之官的比喻」（十八 1~8）和「法利賽人和稅吏的禱告」（十八 9~14）。與這些祈求的場面分不開的是經歷上帝大能而來的由衷頌讚（如二

20、28、38，七16，十三13，十七15~16，二十四52）；至於那四首獨有的頌歌：「馬利亞的尊主頌」（一46~55）、「撒迦利亞的祝頌」（一68~79），「頌讚至高者」（二14）和「西面的祝頌」（二29~32），就更可見路加著筆的獨特心意。

### 3.8.6. 結構大綱

1. 作者序言（一1~4）
2. 施洗約翰和耶穌的出生、童年敘述（一5~二52）
3. 施洗約翰、耶穌受洗、先祖及試探（三1~四13）
4. 耶穌於加利利的工作（四14~九50）
   a. 工作的開始（四14~44）
   b. 耶穌呼召門徒（五1~六16）
   c. 耶穌教導門徒及羣眾（六1~七49）
   d. 在迦百農的工作（第七~八章）
   e. 十二門徒的事迹（九1~50）
5. 耶穌由加利利到耶路撒冷之旅（九51~十九44）
   a. 在撒馬利亞的工作（九51~十37）
   b. 關於禱告的教導（十38~十一13）
   c. 與法利賽人的衝突（十一14~54）
   d. 其他的教導及醫治（十二1~十九44）
6. 耶穌在耶路撒冷（十九45~二十一38）
7. 耶穌的受審與受死（第二十二~二十三章）
8. 耶穌的復活與升天（第二十四章）

## 3.9. 約翰福音

約翰福音可謂是另一類的福音書，無論在體裁和內容方面，都與符類福音顯著不同。約翰福音的特色（或與符類福音的不同之處），正可補足符類福音在記載方面的單調，令四本福音書更完整地呈現出主耶穌基督的生平和言訓。

約翰福音二十一章20~24節指出本書乃出於「耶穌所愛的那門徒」的手筆，他亦往往是所載之事的目擊證人（一14，十三26，二十一7、20~21），書中又反映作者對猶太習俗（七37~39，十八28）和巴勒斯坦地理（一44、46，五2，十九13）非常熟悉。自第二世紀始，教會傳統一致認為本書的作者就是使徒約翰（西庇太兒子）。在符類福音書中，約翰、彼得和雅各是耶穌的密友，亦可以說是最親信的門徒（可五37，九2；路二十二8）。在早期耶路撒冷的教會中，約翰亦扮演重要的角色（徒三1，八14；加二9），後來可能被充軍至拔摩海島（啟一9）。按早期教父所記，約翰在所有使徒中活到最老，後在以弗所逝世；而本福音書亦可能寫於以弗所（按教父愛任紐的意見）。由於本書似乎是要在已經面世的符類福音書上補充一些資料，故屬於較後期的作品，寫作日期大概是第一世紀末。

### 3.9.1. 作者的取材

約翰本可在其福音書內包羅更多的史實資料，只因限於篇幅（參二十30和二十一25），他就只載錄那些與主旨：「要叫你們信耶穌是基督，上帝的兒子，並且叫你們信了祂，就可以因祂的名得生命」（二十31）相關的事迹。雖然我們仍難確定約翰曾否採用或參考符類福音的內容，或有否徵用很多見證人（包括自己）的資料，但約翰福音與符類福音之間相輔相成、互相補充的關係倒是值得留意的。例如馬可福音十四章58節和馬太福音二十六章61節（亦見可十五29和太二十七 40）描述耶穌在受審時被控曾恐嚇拆毀聖殿，這事件的背景本來很模糊，但約翰福音二章 19~21 節卻能清楚地解釋引起這項指控的原因。

另一例子在馬可福音八章 27 節，記載耶穌查問門徒對祂身分的了解，而約翰福音六章 66~68 節則明顯有助於解釋祂這樣查問的原因（亦見太十六 13 及路九 18 對同一件事件的記載）。同樣，當外邦人要求腓力為他們引見耶穌時（約十二 21~22），腓力表現得猶疑不決，其原因可追溯至馬太福音十章 5 節，耶穌曾明言禁止門徒進入外邦人處傳福音。

### 3.9.2. 特色

約翰福音的特色可有多方面。首先，在內容取材上，約翰明顯略去耶穌生平中許多「經典」的事迹，諸如耶穌的降生、受試探、登山變像、主餐的設立，以至許多在加利利的事工，卻只集中記載了七個耶穌所行的神蹟，分別是「水變酒」（二 1~11）、「遙距醫治大臣之子」（四 46~54）、「醫治久病不癒者」（五 1~18）、「餵飽五千人」（六 1~14）、「履海」（六 16~21）、「醫治先天的瞎子」（九 1~7）和「使拉撒路復活」（十一 1~44），以這七個神蹟作為「記號」，來證明耶穌的神性。

至於有關耶穌的言訓，約翰福音的鋪排亦與符類福音不同。符類福音書中的耶穌是一位非常平易近人的老師，祂用很簡單具體的表達方式，把深奧的道理說明出來，著重比喻及簡句片語。約翰福音的耶穌卻是充滿奧祕、威嚴的人，祂較喜愛長篇的言論，又使用一些很特別的詞藻，且將講論的焦點集中在祂個人身上。其中最為矚目的是祂七個「我是」的宣言，生動地繪畫出祂的身分及工作：「生命的糧」（六 35）、

「世界的光」（八 12）、「羊的門」（十 7）、「好牧人」（十 11~14）、「復活、生命」（十一 25）、「道路、真理、生命」（十四 6）、「真葡萄樹」（十五 1）。

約翰福音還有一些獨特的詞匯，如「光」、「生命」、「真理」、「愛」、「見證」、「父」、「子」等，另有一些主題是很特別的，如「保惠師」（十四～十六章）、「撒但」和「世界」（八 44，十二 31，十七 15）、「重生」（三 1~12）等。這些字眼，令到不少學者認為約翰深受諾斯底派（Gnosticism；參 10.2.5）的影響。

### 3.9.3. 耶穌的話、約翰的信息

耶穌在書中較長篇的講論，不時是引發自耶穌的神蹟，例如，當祂餵飽超過五千人後（六 1~14），就宣告祂是「生命的糧」（六 35）；祂又透過使瞎子重見光明（九 1~7）來表明祂是「世界的光」（八 12）；且藉叫拉撒路從死裏復活（十一 38~44）來證明「祂是復活與生命」的宣告（十一 25）。

這一種把神學講論配合歷史事迹的手法，正好反映作者的歷史觀和神學：歷史的進程並非只是一連串偶然發生的事情，而是有著上帝的安排、為要彰顯救恩的歷史；而神學亦並非只是一些抽象的真理，而是很實在彰顯在活生生的歷史事迹裏的。

換言之，約翰福音是要綜合歷史上的耶穌和教會（或神學）中的基督。如此，在聖靈的默示之下，作者將耶穌的教訓，以自己的言語和神學架構表達出來。因此，在說話內容方面，說話的是歷史上的耶穌，但實質上，卻是聖靈默示作者的信息。這一點，對於初期教會，是極為珍貴的；但對於我們這一羣極受客觀辯證主義洗禮的現代人來說，非常困難，

因為我們都會認為，歷史文獻上所記錄的話和事迹必須是像攝錄機那樣忠於原著。在這種世界觀的衝突之中，我們得作出適當的調適。

約翰福音所記的事迹，按我們歷史觀的尺度，可能是較語錄為詳盡、全面的。事實上，在幾處重要的地方，約翰福音所記的歷史資料要比符類福音更為準確。例如，符類福音只提及耶穌最後一次（亦是惟一一次）到耶路撒冷過逾越節，換言之，耶穌的傳道旅程似乎只有一年；但約翰福音卻清楚記載有三年半的時段（約二 23，五 1，六 4，十二 1；參 3.4）[16]。另外是有關耶穌釘十字架的記載，按符類福音的記載，特別是馬可福音十四章 12 節和路加福音二十二章 7 節（馬太可能知道馬可的記載不太準確，因此略為修改，參太二十六 17），最後晚餐是在「宰逾越羊羔的那一天」，逾越節正日之前（又稱逾越節的預備日），即尼散月（Nisan，約三、四月左右）十四日，這樣，耶穌釘十架則是在逾越節正日，即尼散月十五日。但在約翰福音裏，耶穌是在逾越節的預備日被釘死的（約十八 28，十九 14、31）。留意路加在記載耶穌被埋葬時，某程度上亦略為修訂之前的資料，參路加福音二十三章 54 節：「那日是預備日」。約翰的記載明顯地較清楚，因為按猶太人的規矩，處死或接觸死人等事會令執行者在禮儀上變成不潔淨，因而不能守逾越節；我們很難想像，猶太人領袖會因為耶穌的事而誤了一年一度的逾越節晚宴。

基本上，作者把歷史記載和神學講論配搭在一起，正好

---

16 正如前面已經說過，福音書的主旨並非要記錄每項歷史事迹的細節，但相對來說，約翰仍然能讓我們看到較大的歷史架構，而在符類福音中，這三年的架構已經在作者的描述手筆之下融化了。

對應書中所載有關耶穌神人二性的特點。作者開首的序言已清楚把這點介紹出來。「道」既在太初就存在，又與這位上帝有二合一之關係，祂就是帶有「上帝性」的神子，但這「道」又成了肉身，住在人當中。正如書中的主旨所言：「要叫你們信耶穌是基督，上帝的兒子，並且叫你們信了祂，就可以因祂的名得生命。」（二十 32）

### 3.9.4. 結構大綱

1. 導言（一 1~18）
2. 耶穌傳道之始（一 19~51）
   a. 施洗者約翰的事工（一 19~34）
   b. 耶穌首先呼召的幾個門徒（一 35~51）
3. 耶穌的公開事工（二 1~ 十二 50）
4. 最後一週在耶路撒冷及鄰近地區（十三 1~ 十九 42）
   a. 耶穌對門徒最後的教導（十三 1~ 十七 26）
   b. 耶穌遭害和埋葬（十八 1~ 十九 42）
5. 耶穌的復活和顯現（二十 1~31）
6. 結尾：加利利的另一次顯現（二十一 1~25）

# 第四章
# 使徒教會短史：使徒行傳

在路加福音中，作者論到「耶穌開頭一切所行所教訓的」（徒一 1）。而在使徒行傳這第二部著作中，路加則以早期教會事迹作為故事的延續。作者以耶穌升天為敍述的開始，在升天前耶穌應許門徒將要領受聖靈的大能，並要在耶路撒冷、猶太全地和撒馬利亞，直到地極，作主的見證（徒一 8）。

使徒行傳之得名，或許沿於這書在拉丁語《武加大聖經》的標題 *Actus Apostolorum*；漢英聖經亦沿用這名字。事實上，使徒行傳並非記述每個使徒的事迹，全書的焦點人物主要是彼得和保羅。嚴格來說，路加也沒有如實記錄使徒作了甚麼（儘管拉丁語 *actus* 確實具這含義），只是記述使徒在聖靈的帶領下，將福音從耶路撒冷開始直傳至羅馬的故事。路加不但著意於寫作早期教會的歷史，他更從救恩歷史神學的觀點出發，記述使徒教會怎樣履行耶穌頒下的宣教使命。

## 4.1. 作者的寫作

正如福音書一樣，書中並沒有告訴我們作者是誰。可是，早期教會傳統卻廣泛相信，使徒行傳的作者也是第三卷福音書的作者——路加。其中一個內證是使徒行傳和路加福音的受書人均為一位名叫提阿非羅的人；此外，兩書無論在遣詞用字、文筆風格及神學思想上，都頗為相似。有學者更認為路加的原意可能也想將兩部書合寫成一卷，只因篇幅過長，難以一卷處理[17]；事實上，路加福音與使徒行傳的篇幅，加起來要比保羅書信的總和還要長。在眾多可供路加作為撰寫使徒行傳的參考材料中，不少學者相信路加擁有一本「日誌」；作為保羅的同伴，路加在這部旅行日誌的若干段落中，可能以逐字逐句式來記載，這部分是以第一身的經歷去記載的，故稱為「『我們』段落」（十六 10~17，二十 5~ 二十一 25，二十七 1~ 二十八 16）。

由於使徒行傳成書應晚於路加福音，所以不少人相信使徒行傳的成書日期應介乎公元 80~90 年間。

雖然使徒行傳與路加福音在文筆上頗為相似，但仔細比較下，路加福音是滿有《七十士譯本》的風格（參 3.8.2），但使徒行傳卻不是那麼單純。由於使徒行傳的主旨是福音如何由耶路撒冷傳到外邦，路加的文筆亦隨著這個方向而改變。首十二章經文的焦點仍是耶路撒冷的教會，因此作者仍舊保留其模仿《七十士譯本》的文筆（就如路加福音），但從十三章開始，作者的焦點隨著保羅傳道旅程的開始轉移到外邦教會的成立，字裏行間亦反映一位有學識的羅馬人的文筆。因此，書中的古典風格較濃厚；若與保羅的書信相比，有過之而無不及。有關路加在路加福音的文筆，參 3.8.2。

## 4.2. 結構主題

仔細閱讀使徒行傳，便會發現當中記載了不同種類的事

17 若按當時紙軸卷的長度計算，路加福音和使徒行傳各佔 31 至 32 呎長的蒲草紙頁，而一般希臘語的手卷的長度不多於 35 呎。既不能完全把兩卷書放入一紙軸捲起，就把原來可能是一卷書的分為兩紙軸。參筆者的《新約經文鑑別學概論》（香港：基道，1997），頁 19。

迹，如悔改（九 1~20，十六 13~15、24~34）、醫治（三 1~11，九 33~35，十四 8~10）、早期教會生活的記錄（二 42~47，四 32~37，五 1~11），還有那些具神學意義的講章，包括彼得（二 14~36，三 12~26，十一 5~17）、司提反（七 2~53）和保羅（十三 16~41，十七 22~31，二十二 1~21）的講論。然而，綜覽全書的結構，路加在鋪排上明顯要突出若干重要的主題。

首先，最明顯的主題就是以一章 8 節的「大使命」為全書的中心主題。路加描述早期教會在公元 30 至 65 年這 35 年間，怎樣履行耶穌所頒下的「大使命」。所以，作者帶領讀者走過耶路撒冷、猶太、撒馬利亞、敍利亞、塞浦路斯，以及中亞細亞的若干城市，如馬其頓、希臘，直至最後的羅馬為止。作者在一章 15 節至八章 3 節集中描述耶城信徒，八章 4 節至十一章 18 節論到撒馬利亞和其他沿海城市，十一章 19 節至二十八章 31 節則以外邦地方為主。為了保持本書的主調，即教會怎樣將福音從猶太人起直傳至外邦世界，路加更以一繼續不斷發展的筆觸：「放膽傳講神國的道，將主耶穌基督的事教導人，並沒有人禁止。」來作為全書的總結。

其次，在記述這段三十多年的歷史中，儘管當中牽涉不少人物和事迹，但作者卻只集中著墨於數位主要人物，他們都在「大使命」的實踐上，擔當異常重要的角色。依次說來，整卷書可分作兩大部分：第一至十二章記載彼得；而十三至二十八章則論到保羅。在路加筆下的彼得和保羅，二人所經歷的事迹出奇地相似。（可比較三 2~8 和十四 8~10、五 1~5 和十三 11、五 15 和十九 12、九 34 和二十八 8、十 1~44〔彼得與百夫長哥尼流〕和十三 4~12〔保羅與羅馬方百士求．保羅〕、十 9~20 和二十二 17~21、十 25 和十六 29、十 44 和十九6、十二7和十六26。）作為猶太人使徒的彼得和作為外邦人使徒的保羅，卻在經歷上如此對等，多少意味著猶太人和外邦人之間的平等關係。

第三，作者刻意藉著五句鑰句，把全書分成六段，藉以表明這一連串的事件均帶來上帝的道和教會的興旺：

1. 一章1節～六章7節描述耶路撒冷教會的情況：「上帝的道興旺起來；在耶路撒冷門徒數目加增的甚多，也有許多祭司信從了這道」（六7）；
2. 六章8節～九章31節記述教會自耶路撒冷傳到撒馬利亞的經過：「那時，猶太、加利利、撒馬利亞各處的教會都得平安，被建立……人數就增多了」（九31）；
3. 九章32節～十二章24節記載有關彼得和第一位歸主的外邦人的事迹：「上帝的道日見興旺，越發廣傳」（十二24）；
4. 十二章25節～十六章5節展開保羅向外邦人傳福音的宣教旅程：「於是眾教會信心越發堅固，人數天天加增」（十六5）；
5. 十六章6節～二十八章31節則記述保羅將福音帶到羅馬教會的歷程：「放膽傳講上帝的道，將主耶穌基督的事教導人，並沒有人禁止」（二十八31）。

## 4.3. 兩個分水嶺

透過路加如此有心思的鋪排，使徒行傳所帶出的信息就更見清晰：為要回應大使命，早期教會的歷史就是一段將福音從耶路撒冷直傳開去的歷史，由猶太人而及於外邦人；其中以猶太人的使徒彼得和作為外邦人使徒的保羅的事迹為代表。在這過程中，彼得對保羅的支持和引薦是十分重要的，若缺了當時耶城教會領袖的認可，保羅最終只會淪為早期教會的一小派別而已。因此，路加著力描繪使徒從向猶太人傳道（猶太和撒馬利亞），轉而向外邦人宣教（希羅世界）的歷程，且顯出這轉移過程甚是平穩，當中有兩個重要的分水嶺。

第一個分水嶺：彼得在凱撒利亞造訪哥尼流。可是，為甚麼彼得會去到凱撒利亞呢？在路加筆下，所有看來是偶然的事，其實均屬於上帝的計劃。「彼得周流四方的時候，也到了居住呂大的聖徒那裏。」（九 32）路加就此揭開了序幕；他彷彿告訴讀者，彼得到呂大原出於偶然而已。後來，彼得因著向別人施援手而下到約帕（與呂大毗鄰），又因百夫長哥尼流的緣故，下到凱撒利亞（與約帕毗鄰）；在這過程中，路加未忘交代聖靈在事件背後的帥領。[18]就在凱撒利亞，彼得首次親身經歷到「上帝是不偏待人。原來，各國中那敬畏主、行義的人都為主所悅納」（十 34~35）的事實。當彼得將這經歷向耶路撒冷教會匯報後，「眾人聽見這話，就不言語了，只歸榮耀予上帝，說：『這樣看來，上帝也賜恩給外邦

18 從故事的鋪排來看，還有一點是不可忽略的，就是彼得在約帕住在一個硝皮匠（即製革工）的家。這本來是不相干的事，但對整卷書的結構便有一很具體的意義。按家主的名稱（西門），這人應是猶太人，但製革的工作是一般猶太人所憎惡的。按H. Stegemann（參*The Library of Qumran* [Grand Rapids, MI: Eerdmans, 1993],頁 53）指出，製革的工序是非常污穢和「不潔的」：一方面需要經常接觸動物屍的皮，另方面，傳統製革會用上狗或鳥的糞便。因此，硝皮這工作是猶太人所鄙視的，而硝皮的工場，因為所發出的異味，也往往是設於遠離人煙的地方。在拉比文獻指出，作妻子只可以在某些特殊的情況之下向丈夫提出離婚，其中的情況，就是當丈夫是一位硝皮匠——儘管在結婚時，妻子已經知道丈夫的工作。在使徒行傳第十章這非常重要的一章裏，記載彼得所見異夢一事發生於一位硝皮匠家中，確實是最好不過的鋪排。

人，叫他們悔改得生命了。』」（十一 1~18）接著，路加隨即告訴我們在安提阿教會的外邦人事工。

至於第二個分水嶺則見於使徒行傳第十五章「耶路撒冷會議」。會議討論的焦點，集中於保羅所傳的福音，即從猶太教的律法觀念中得釋放的福音，能否獲得耶城母會的完全接納；又外邦信徒可否得救（徒十五 1 、 11），而毋須將舊約對猶太人的要求（尤其是受割禮）加於外邦人身上。經過一番激烈的討論後（使徒行傳十五章略去討論的過程），保羅的主張獲得使徒們的認同，而外邦信徒羣體亦得到無條件的接納。這裏值得注意的是，路加並沒有記錄保羅的片言隻字，根據徒十五章 6~29 節，開首與結尾的兩篇重要演說，分別由彼得及雅各代表發言，而巴拿巴和保羅的分享或辯解卻只一句帶過（徒十五 12），路加在這裏剪裁資料的工夫是相當明顯的，藉此給人的印象是，仗賴著兩位耶城教會的領袖——彼得的起草，繼而雅各的著手興辦，整個紛爭得以圓滿解決。而在這過程中，保羅和巴拿巴則似乎只有觀戰的分兒。（詳細的討論，參 5.1.5~5.1.7）

## 4.4. 路加眼中的保羅

路加對保羅的了解和對其使命的認同，以及兩二者的親密關係，在本書中可見一斑。我們可從作者的寫作動機來窺探作者如何說保羅這人。以下只提出幾點。

保羅與猶太教和猶太傳統的關係，可能是他一生中最感矛盾的，那種愛恨的交集，在羅馬書九至十一章中可說是表露無遺。雖然對當時很多猶太人（特別是領袖）來說，他是一位背叛祖宗訓誨的猶太人，但對他來說，他是愛律法、敬祖宗的。路加亦嘗試在書中為保羅提出申辯，不時強調保羅並沒有背叛猶太人的傳統。例如在保羅的傳道旅程中，他每每先往猶太人的會堂（參徒十三5，十四1，十七1、10等），在講道時，提及以色列人的歷史（徒十三16~25），他亦非常遵守猶太人的傳統；他也有施行割禮（徒十六1~3）和許願還願等習俗（徒二十一24~26）等。也許，這可解釋在耶路撒冷的會議中，路加並未有記述保羅為福音（特別是外邦人不需要行割禮）爭辯的情況。路加不單在保羅與猶太人的關係上為他申辯，亦就猶太人對保羅的控告作出回應：從第二十一章至二十六章，作者經常指出猶太人的不是，常要暗殺保羅、又賄賂官長（無論是外邦的官長或猶太人的官長，如亞基帕；徒二十六32），路加要指出，保羅是清白的。我們甚至可以進一步的說，路加所維護的，不單是保羅，而是早期教會：若本書確實寫於公元80~90年期間，則路加寫作時，即「第一次猶太人叛亂」之後，猶太人叛亂的事處處可見（參8.3.4~8.3.5），但可惜一般羅馬人誤以為所有早期的基督徒都是猶太人或與猶太人有關，因此，很多基督徒亦被受牽連；路加寫此書的目的，也許是要澄清這段早期的歷史。

如此看來，路加寫使徒行傳，並不純是「年鑑式」的歷史，而是有選擇性的取材，並配合自己的神學洞見。這情況，就如福音書作者記載耶穌基督生平時，也不是純事迹的記載，而是有作者自己的神學反省（參3.3，3.5）。

不過，路加亦並非處處維護保羅的，因為保羅眼中的自己與路加眼中的「保羅」也有不同。最重要的例子是，在保羅書信中，除腓利門書這封非常個人的書信外，保羅均以「耶穌基督的使徒」自稱，但在使徒行傳中，路加從未以此稱號來指保羅。

對保羅來說，他「使徒的身分」是極其重要的，亦是他在早期的書信中（例如加拉太書）經常為自己爭辯的一項。當時有些猶太裔的信徒（大概來自耶路撒冷的教會）認為保羅不是耶穌所揀選的，所以保羅對福音的理解，即因信稱義這教訓和向外邦人傳福音這宣教方向，是沒有根據、亦沒有權威的。然而，保羅仍然覺得自己也是「使徒」，是基於兩個原因：一、保羅相信，耶穌在大馬士革向他顯現、呼召和揀選他，在實質上，這經歷就等同耶穌揀選了十二使徒一樣（加一 11~14、17）；二、保羅相信，作主耶穌的使徒，並不在於名分，而是在其功能上，因此，保羅便按其宣教工作所展示的能力（如「神蹟、奇事、異能」，參林後十二 11~12）和果效，特別是建立教會這方面（林前九 1~2），亦認為自己是「耶穌基督的使徒」。

然而，路加對「使徒」的定義卻是有所不同的。在使徒行傳裏，除了十四章 4 節這節較含糊的經文外，路加從未以「使徒」（*apostolos*）這稱呼來指保羅，卻只用來指原來的十二位使徒；很明顯，路加這種較為狹窄和傳統的定義，可能是源自四福音書（除約十三 16 外，福音書只用此字來指十二使徒），而路加在使徒行傳的開首（一 12~26），亦再次重新闡明這定義。使徒行傳一章 12~26 節與全書的信息沒有甚麼關係，但卻表明路加對「使徒」這名詞的理解。當中清楚指出，早期教會感到需要有一位能取替猶大使徒身分的人，條件是：他必須是「主耶穌在我們中間始終出入的時候，就是從約翰施洗起，直到主離開我們被接上升的日子為止……與我們同作耶穌復活的見證。」（21~22 節）按這定義，保羅明顯不被包括在內了。保羅和路加對「使徒」的定義有如此的分歧，反映二者的不同角度：後者是從歷史的角度，而前者則從神學的角度。我們不難相信，保羅和路加可能也曾就這身分的定義，討論過或爭辯過，而雙方也能明白大家的立場。從路加三次（九 1~19，二十二 3~16，二十六 12~18）記載保羅在不同的場合中，申明自己在大馬士革的經歷，也許能暗示路加對保羅的執著深表同情。

## 4.5. 結構大綱

1. 前言：教會的誕生（一 1~ 六 7）
   a. 耶穌升天（一 1 ～ 26）
   b. 聖靈降臨；耶城教會的增長（二 1~ 六 7）
2. 逼害開始（六 8~ 九 31）
   a. 司提反的殉道（六 8~ 八 3）
   b. 教會分散、上帝的道傳開（八 4~40）
   c. 掃羅歸信（九 1~31）
3. 福音始傳於外邦（九 32~ 十二 24）
4. 保羅首兩次展開向外邦的宣教旅程（十二 25~ 十六 5）
   a. 第一次旅程（十二 25~ 十四 28）
   b. 耶路撒冷會議（十五 1~25）
   c. 第二次旅程的展開（十五 36~ 十六 5）
5. 保羅展開馬其頓的宣教旅程（十六 6~ 十九 20）
   a. 第二次旅程的結束（十六 6~ 十八 22）
   b. 第三次旅程的展開（十八 23~ 十九 20）
6. 保羅於耶城被捕受審，羅馬之旅（十九 21~ 二十八 31）
   a. 第三次旅程的結束（十九 21~ 二十一 17）
   b. 保羅在耶城被捕及下監（二十一 18~ 二十三 35）
   c. 保羅在凱撒利亞下監（二十四 ~ 二十六章）
   d. 保羅抵達羅馬（二十七 ~ 二十八 16）
   e. 保羅被政府軟禁家中（二十八 17~30）

# 第五章・保羅書信

早期基督教文獻的歷史是始於信函的，這些私函或公函的對象往往是一個小羣體或某一地區的讀者。在新約中，保羅算是第一位常用書函牧養各區教會的使徒。

有些學者跟從著名的十九世紀新約學者阿道夫・戴斯曼（Adolf Deissman）的傳統方法，把「信函」和「書信」加以區分：「信函」乃非文學性的作品，只是針對某具體需要，寫信給某一個體或羣體，涉及的內容是較為私人的，而「書信」則採用文學上書信體的形式，寫信給較為公開的受眾，亦即近乎專文。

在西方傳統中，保羅的十三卷書通常被稱為「書信」（epistle），但根據上述傳統對信件的分類方法，這些著作稱為「信函」（letter）會更恰當。因為所有保羅的信都是為了某個特定的原因而寫給某些特定的羣體的（或多個羣體，就如以弗所書便是一例），好讓人們聚集一起崇拜時，朗讀出來。縱然教牧書信（提摩太前書、提摩太後書和提多書）是寫給個人的（提摩太和提多），但實際上是要給予一般教會明確的指示。惟一可能的例外是腓利門書。原本這是一卷用作處理私人問題的私人信件，但漸漸地被公眾採用，成為處理早期教會備受爭議的奴隸制度問題的典範。

我們相信這些信函大多數仍然保存「半私人」的性質，只流傳於某些地區（西四16）。直至大約第一世紀末，有些信徒或教會把保羅所寫的信函收集在一起，成為「保羅全集」（Pauline Corpus），這十三卷信函才廣泛流傳開來。至於保羅全集各卷書的排列次序，按現在的新約編排是以羅馬書為首，以腓利門書作結，這反映其按內文篇幅由長至短地順次排列的模式。

以整部新約全書來看，保羅的十三卷信函構成了相當可觀的部分；而他以信件來牧養各地信眾的做法，也成了使徒教會的趨勢。新約 27 卷書中有 21 卷是信件；甚至啟示錄也如同信件一樣（至少它的開頭和結束仿如一封信件）。然而，有些信件如希伯來書和雅各書，若與保羅信函比較，我們會發現其內容和表達都與保羅的信函有別，那似乎更近於「書信體」的論文，是借文學上書信的體裁來闡述個人的議論。

### 5.0.1. 有關保羅信函之作者問題

當我們以「保羅的十三卷信函」這名稱來介紹保羅的著作，就已反映傳統對這些書卷作者的理解。這種傳統的理解可以追溯至早期教會的教父，但今天也有不少學者並不完全接受這種理解。讓我們先來談談保羅信函中的作者問題；此外，讀者亦可參考 3.1.1 有關福音書作者的討論。

上一輩學者對某些問題的評論，往往對現代學者的立場有很大的影響。這一方面固然因為前輩學者的學養和造詣深深地塑造著新一代的學者，但同時反映出學術界，特別是聖經研究和神學方面，是頗著重某課題的歷史發展。在今天，美國和歐洲大陸（包括英國）的學術研究可謂不相伯仲，但十九世紀之前，歐洲大陸可能是惟一學術研究的中心。 1517 年馬丁．路德所引發之改革運動，即時影響了德國和鄰近的國家；隨之而來的啟蒙時期，在歐洲也孕育了很多哲學家，就如英國的霍布斯（Thomas Hobbes ，1588~1679 年）、荷蘭的斯平魯沙（Baruch Spinoza ， 1632~1677 年）和德國的康德

(Immanuel Kant，1724~1804年)，他們對聖經研究也有深遠的影響。德國的學者更是代表著第一批從純理性角度去研究聖經的人。

在保羅書卷研究方面，費迪納德・鮑爾（Ferdinard C. Baur，1792~1860年）便是一位十分重要的人物，他創立了著名的杜平根學派（Tübingen School）。他研究所得的結論是，在十三卷信函中，真正出自保羅的只有四卷，即羅馬書，哥林多前、後書和加拉太書，故稱為保羅的「主要書信／信函」。而其餘的九卷便是保羅的跟隨者冒保羅之名所寫的，所以稱為「次類書信／信函」。鮑爾的理解差不多已成了一個傳統，在日後有關保羅的研究裏也經常被人引用。時至今日，雖然絕大多數學者都認為保羅所寫的信函當不只四卷，但大部分學者仍然認為他只寫了九卷信函，以弗所書和三封教牧書信（提摩太前、後書和提多書）乃出於其他人的手筆。

對於學者否定保羅為某些信函之原作者，讀者無須過分詫異。因為古代著作當中，常有不加掩飾的冒名[19]個案，一些人借用著名人物（如使徒）之名來寫作，那並非是罕見之事，就如舊約一些次經和偽經（參第十一章）便是很好的例子。我們不能以現代所謂知識產權、版權等觀念來評價冒名的人的行為，又或以今日的道德觀來蔑視他們的人格，因為在古代的社會裏，這樣的冒名寫作是社會所接納的。使徒的名字代表著啟示、教導和傳統的某些權威，而著書者選擇冒

19 讀者必須分辨「冒名」（pseudonymity）和「佚名」（anonymity）之不同，前者是指著書者以別人的名字為他／她作品的作者名字，而後者則是指著書者沒有在作品中提及作者的名字。在新約聖經裏，屬「佚名」的例子有四福音書、使徒行傳、希伯來書和約翰壹書，屬「冒名」的，按某些學者的意見，有帖撒羅尼迦後書、歌羅西書、以弗所書和教牧書信。

認某位使徒之名來寫作，是要表明該著書者所屬的傳統，又或是藉此闡述或理解該書在內容上真正作者（如使徒）的某些教訓，其中並不一定有惡意和謀私的動機[20]。不過，一般冒名而寫的書卷的寫作日期都是距離那著名人物有一段頗長的日子，但這情況與保羅的書信（及至新約書卷）大不相同。倘若有些書卷真的不是保羅寫的，其寫作日期也不過是在保羅死後十年八載而寫，那麼，我們必須問，為甚麼早期教父會完全沒有提及原來的作者呢？此外，新約的正典與偽經最明確的分別是，後者都是冒名而寫的，但倘若新約中有些書卷都是冒名的，這樣我們必須問，早期的教父們又如何分辨「正典的冒名書卷」與那些「被教父們視為非正典的冒名書卷」呢？因此，我們不能隨便決定某卷書是冒名而寫的。

無論如何，作為信徒，我們亦不應把傳統的作者觀定為分辨所謂「新」、「舊」派的尺度；例如一位學者不相信提多書是保羅寫，並不等於該學者不認同該書的權威或其正典地位。

### 5.0.2.「信函」——一個切合保羅的途徑

其實，對於保羅這位肩負獨特使命的使徒而言，以書信／信函去傳遞信息是十分恰當的。一如很多使徒教會的信徒，保羅也是秉持著「臨近的末世觀」（imminent eschatology），

20 有關作者和著書者的分別，參 3.1.1。此外，讀者亦應留意福音書和保羅書信二者的情況不盡相同：在福音書中，由於著書者／作者並未有清楚指明自己是誰，而是後世人的確認而已，因此，若然傳統的作者與確實的作者有出入，也只是出錯於後世的人，但在保羅書信或某些大公書信裏，由於著書者／作者清楚指明自己是誰，冒名便是著書者很著意的作為了。

認為耶穌很快就會回到這個世界。為了要完成他宣教的抱負，使福音的信息（即基督是全人類的主和救主）得以傳到整個外邦世界，寫信於當時而言，可能是最好的途徑。有證據顯示，現今得以存留的保羅書函僅是保羅所寫的一部分而已；例如，哥林多後書二章3~4節清楚顯示保羅在寫哥林多前書和後書之間確是寫了另一封信給哥林多教會。雖然如此，但今日我們所能讀到的保羅全集已足以反映保羅對福音和其使命的理解。

由於保羅的使命是普世性的，而時間又無多，所以在他建立一個地區教會後，就經常不再久留。他必須盡快再上征途，讓那些羣體自行發展，並且會託付別人去繼續他所開展的工作。為了要幫助幼小的教會（如帖撒羅尼迦教會）和有諸般掙扎的教會（如哥林多教會），他也經常派遣同工到他們當中，有時也親自作短暫的探訪，但他主要還是以信函來作恆常的屬靈餵養和教導。

當然，收信的羣體只是佔當時基督教會的小數。他們身處的環境完全是受外邦世界所懾服，但又脫離了猶太會堂的蔭下，甚至被他們逼迫，正所謂裏外受敵。然而，對保羅而言，每個個別的羣體都是整個地區的前方守衛。這些羣體位於加拉太、馬其頓、亞該亞（版圖大約相等於古典希臘的範圍，但在新約時代卻只是羅馬的一個行省）和亞細亞（這地區包括小亞細亞沿海一帶的城市）等地，還有較遠的羅馬城本身，它不單是羅馬帝國的首都，更是福音西征的據點（如西班牙）。

### 5.0.3. 保羅信函的性質

保羅信函的格式和風格揉合了古典和猶太（或東方）信

函的特色，尤其特出於卷首和結尾的部分。

### 5.0.3.1. 信函的結尾

在信函的開頭，作者通常會提到自己和收信人的名字，並在信函的結尾寫下祝福語。我們先看結尾部分，以祝福語作結；這本來與我們現代的信件沒有太大分別，只是保羅有時候會加上很長的問候名單，那主要是為了強調彼此熟稔的關係，又或加強建立新的交情，例如羅馬書十六章所提及的一些人，是保羅從未謀面的。

### 5.0.3.2. 信函的開頭

至於信的開頭部分，可談論的特色就較多。在這十三卷信函當中，保羅都是以上帝所呼召之使徒（希臘語：*apostolos*）和耶穌基督之奴僕（希臘語：*doulos*）的身分寫的。「使徒」通常只用於十二使徒身上，但保羅以此稱呼自己是因為他對此專稱有不同的定義（參 4.4）。「奴僕」這詞不一定指地位低微的奴僕，就如某大君王的「奴僕」往往是帶有很尊榮的含義，並非自貶之詞。在實際功能上，使徒教會中「耶穌基督的僕人」這稱號，大概相等於今天我們所謂「全職事奉者」的尊稱。保羅除了提及自己和收信人之外，還喜歡提及其他同工（就如提摩太和西拉）與他一同發信（雖然我們肯定保羅才是寫信人）；很明顯，這不過是保羅著重表明他和同工之間的隊工精神而已。

在這開頭部分的結尾，便是他特有的祝福語，當中結合了流行於希羅時代的問安語「恩典」（希臘語：*charis*）和猶太傳統的問安語「平安」（希伯來語：*shalom*）。「平安」的意思，大概與猶太人原來的用法相同，即指上帝所賜的平安，但「恩典」這譯詞卻顯然是保羅的觀念，原來的意思可能是「好遭遇」，作動詞用時，其意則是「願你好運！」，但保羅卻以此字表達「上帝的恩慈」，並經常與上帝的救贖有關。

上述這些特色使保羅的信函與其他古典的書信體文獻大相逕庭。同時也為其他新約時代「寫信」的作者定下了可資依循的典範。諸如希伯來書、雅各書和啟示錄本身並非真正的信函，但都取用了這「信函」的形式。事實上，今天在我們教會中的長者，有時候都會模仿保羅這種信函模式。

### 5.0.3.3. 信函的內容

至於內容方面，保羅的信函雖是針對具體需要，有具體受眾，但其內容仍有別於私人信件。因為他的信包含了很多教義方面的教導、聖經的闡釋（例如：羅四章；林前十 1~22；加三～四章），和全面的神學論證（羅九～十一章），還有那幾成定式的福音信息，言簡意賅地將以耶穌基督為中心的福音表明出來（羅一 3~6；林前十五 3~8），更有對末世的說明（林前十五 20~34、51~57；帖前四 15~17）和格式化的道德勸誡（*paraenesis*）；後者一般沒有指明具體的情況，只是一些德行或惡習的綱目和人倫的規範。

正如前述，保羅的信函都是寫給具體的信眾，故內容都是針對明確的處境而言，雖然在寫作中，或會在主要話題外插入一些插段（例如在腓三 2~17 中極明顯的話題轉變），但這正是保羅信函吸引之處，縱使這會令後來的讀者（好像你和我）增加理解上的困難。事實上，這些信函可謂與當時社會的處境息息相關；不論是作者或收信人的經驗、難題、語言、見解、和思想模式，都是他們所處身的世代的產物，那自然與我們今日所處的光景存在很大的距離。對於當時的讀者來說，很多的暗示和所論及的人事，甚至對其他黨派的責難，都是非常切身而無需多加解釋的，但若要叫今日的我們明白，便要多費脣舌了。

當我們正確地了解到這些信函乃受制於時間的特性時，便可體會兩重意義：首先，這些信函並非在靜止不變的時空中空談基督信仰的信息，相反，那是與當時日常生活的經驗息息相關，且直接針對當事人的行徑，以當時受眾所能理解和認同的語言來表達；第二，一卷針對某一時空需要的信函，若透過聖靈的使用，仍能作為以後眾教會的範例，可以向每個世代的信徒說話。

為避免太多專門術語，本書仍以「保羅的書信」為一統稱，而非保羅的「信函」。

## 5.1. 保羅的生平

由於大多數的保羅書信都是因應當時處境的需要而寫成的，故信徒若能以保羅生平為骨幹和其身處的背景來閱讀各書信，也許能較容易理解每封書信的信息。對每卷書背景的詳盡介紹，讀者可閱讀 5.2~5.12 各書卷的簡介。本節主要介紹保羅的生平，並嘗試以其生平為骨幹，給每封書信復還原來的歷史生氣；此外，在討論之中不得不提的是，保羅的使命、對福音的熱中，和其神學等，都是使保羅的一生沾上基督福音之香氣的原因。

對現代很多聖經讀者而言，保羅只是彩畫玻璃或油畫上芸芸聖人中的一位，以致聖人們所留下的事迹和音容都可以彼此對調，毫無個性和特色。然而，除主耶穌外，新約聖經提及最多的人物便是保羅。一方面他的著作多，且又在早期教會的發展史上扮演舉足輕重的角色，另一方面，他的一生確是富傳奇性的，就如今天一位黑道中人悔改、奉獻、忠心至死的故事一樣引人入勝。因此，筆者嘗試從云云眾聖的平面中，重新突顯保羅的面貌。

### 5.1.1. 資料來源

在討論保羅生平時，保羅個人的書信和路加的使徒行傳是兩個主要的資料來源。雖然保羅絕大多數的書信，都是在他人生中最後十五至十七年內寫成的（約公元 50~67 年），然而，從這些書信的字裏行間所獲得有關保羅早期經歷和訓練的資料，卻又是令人鼓舞的。當二者的記述有衝突時（參註 33），這些來自保羅第一身的資料，對我們認識保羅的事迹來說，其準確性也許較使徒行傳的資料為高（參 4.4）。

有關保羅生平事迹的年份問題，保羅的書信一般只能提供一個相對性的年表，只能表達不同事件的先後次序，卻不是確實的日期。為了重構新約的歷史，我們要經常在歷史文獻裏，追溯某些劃時代的標記（諸如在位的列王或官員的名字）作為座標。在這方面，路加於我們有莫大的幫助，這可能是基於他在醫學上要求精確的訓練，促使他以非常審慎的態度來處理這方面的歷史資料；單是他在福音書上的貢獻已是有目共睹的了！至於他在使徒行傳裏所提供的兩個重要座標，就更為勾劃保羅生平、以至重構使徒教會的歷史發揮了關鍵性的作用。

首先，使徒行傳十八章 12~17 節記載保羅探訪哥林多時，亞該亞省的方伯（proconsul）[21] 是迦流（Gallio）。根據在亞

---

21 「Proconsul」源自兩個拉丁語的組合 *pro consule*，分別是「代表」和「執政官」（參 8.3），因此，此名稱是指某官員代表執政官在某地方執行統治。《和合本》的「方伯」一詞在古時原指諸侯之長，是《和合本》繙譯時代的用法，大概相等於今天的布政司。《現》譯作「總督」，而《呂》則譯作「院省長」。

該亞主要城市特爾斐（Delphi）發現的一塊碑文所記載，這位迦流是在革老丟王（Claudius）在位第26年（即公元51~52年）任職的。由此看來，我們可準確地估計，保羅在哥林多逗留的十八個月是介乎於公元49年底至51年初夏的日子。第二，使徒行傳二十四章27節記載巡撫安東尼厄斯．腓力斯（Antonius Felix）被調回羅馬，保羅就是在他面前為自己申辯的。當波求．非斯都（Porcius Festus）接任時，保羅仍然被囚禁於凱撒利亞。雖然這歷史標記不及前一個清楚，但配合歷史的考證，這事可能是在57至60年間發生。若連同之前的標記一併考慮（即保羅在哥林多城十八個月，然後到以弗所，又去耶路撒冷等地，最後才在腓力斯面前申訴），則非斯都大概於59年接替腓力斯。

然而，這些直接的資料實不足以重構保羅的生平，因為保羅在他的書信中往往只在談及福音和他的使命時，才會憶述自己的生平；同樣，路加若不是要論及保羅與早期教會（猶太人或外邦人）的關係，也不會提及保羅的生平。若我們只「複述」聖經已明明記載的保羅生平，一方面固然不夠周全，另方面，如此的重建又有何趣味呢？所以，為使保羅的生平重建得更全面而逼真傳神，我們必須從經文的字裏行間尋找線索，以及參考聖經以外的資料和有關學者的意見。

### 5.1.2. 保羅的早期生活和訓練

保羅出生於大數（Tarsus）城的一個猶太家庭，是散居於希羅文化社會（hellenistic diaspora）的猶太人。他早年的生活和訓練，顯然是夾雜著希羅文化和傳統猶太信仰的影響。

究竟保羅是在何時出生的呢？新約中有兩個希臘語字可為我們的估計定下兩限。在腓利門書第9節，保羅用「一把年紀」（*presbutēs*）來形容自己，而在使徒行傳七章58節，保羅目睹、並對司提反之死表示贊同時，路加以「少年人」（*neanias*）一詞來形容保羅。在希臘語中 *presbutēs* 一詞通常是指超過56歲的人；而 *neanias* 一詞則是指24至40歲的人[22]。這兩個年歲剛好代表保羅的工作履歷表的早期和末期兩個時間。

按本文的推論和重構，保羅的出生年份與主耶穌的很相近，大約為公元前六年。由於現有的歷史資料有限，我們得容許前後五年的差別；換言之，保羅出生於公元前十一年至公元前一年期間。

### 5.1.2.1. 保羅的希羅背景

大數是羅馬行省基利家（Cilicia）的首府。著名的第一世紀羅馬地理學家斯特拉博（Strabo）指出，這城市是學習哲學、修辭學和通識教育一個重要的中心，大概相等於今天的一些大學城[23]。任何人閱讀保羅書信或使徒行傳，都會清楚地發現，保羅的希羅文化，包括對當時的宗教和一些流行文學的認識是頗深的，以致他在雅典時，懂得（亦有膽量）與那些伊壁鳩魯（Epicurean）和斯多亞學派（Stoicism，參10.2.5）學

---

22 雖然保羅在這時候似乎在猶太人議會中有某程度的參與權，並獲得大祭司的賞識，特派到大馬士革捉拿猶太籍的基督徒。但在這時候，稱為「年輕人」的保羅，斷不會是議會中的成員。

23 保羅描述大數城為「並非一無名小城」（《和》；「著名城市」《現》）（徒二十一39）。

者爭論，又能在亞略．巴古山（Areopagus）[24]上，從基督信仰的角度比較這信仰和希臘的神觀（徒十七16~32），及至在以弗所居住的兩年中，「天天」在推喇奴學房（Hall of Tyrannus）[25]辯論（徒十九9~10），又在寫作中引用那位不算很有名的埃皮梅尼德斯（Epimenides；公元前六世紀的古希臘作家）的作品（多一12）。還有，在保羅書信中大多數的舊約經文，是源自《七十士譯本》的。保羅的希羅背景是肯定的，但比較同時代的猶太哲學家斐羅（Philo）[26]，保羅不見得深受希臘哲學的影響。

保羅生來已是羅馬公民（徒十六37~39，二十二28），換言之，他父親（或祖先）必是公民。古時社會絕少有移民法例，在羅馬社會，要取得公民身分的一個流行途徑是參軍，而通常要服役25年以上才能得到這身分。若保羅的家族確以此途徑取得公民的身分，就讓我們對保羅家族在該地區的歷史有多一點的認識。

正如今天我們很多人同時有漢語名字和英語名字，當時

---

24 「巴古」（*pagos*）意思是指一個山的高峯，「亞略」（*Arēs*）是代表有戰鬥精神（一般不是指打仗）的神名。在古希臘社會，亞略．巴古山有一所議會，讓貴族能在政治、法制和宗教事宜上給雅典政府提供意見，甚至有相當程度的決策權，但在羅馬政府統治之下，這方面的角色顯然是失去了。使徒行傳十七章21節描述住在這山上的雅典人或旅客「都不顧別的事，只將新聞說說聽聽。」大概是指當時一些知識分子而言；保羅在亞略．巴古山演說（22節）的地方，相信不是在這議會（雖然在保羅的講道後，亞略．巴古的負責人丟尼修也信了主），而是山上的一個露天廣場，供思想交流。

25 這「推喇奴的學房」沒有明確出現在希臘的文學裏，因此這學房可能並非一個馳名今古的學術研究重點；「推喇奴」可能是這學房的主管。

26 公元前20年～公元50年；埃及亞歷山太的猶太釋經家，擅於用寓意釋經法來解釋舊約聖經。

居住在巴勒斯坦以外的猶太人也有同樣的情況。雖然出生時他是以「掃羅」為名（取自以色列的第一位君王之名），但「保羅」理應不是希臘文名字，而是拉丁語字 *Paulus*，意即「細小」。這名字可能是他早期生活在大數，日後開始承擔傳福音使命時使用的。傳統對使徒行傳十三章 9 節（「掃羅又名保羅……」）的解釋，指他信主後把名字由「掃羅」改為「保羅」，無論就經文分析或從我們所認識的當時社會背景看來，都很難成立。

### 5.1.2.2. 保羅的法利賽人背景

保羅特別的地方，在於他並非單純的「希臘化猶太人」（hellenistic Jews），而是他混雜濃厚的傳統法利賽派的思想；這一點我們必須從保羅的教育說起。

在羅馬的統治之下，很多人都享有受教育的機會，一般的學校稱為「運動院」（拉丁語：*gumnasium*[27]）；古代的教育名副其實的重視德、智、體、羣、美五大方向。最重要的教育場所是家庭；有很多經濟環境好的家庭會特別僱用老師教導孩子，例如，公元前三世紀著名的亞歷山大大帝，幼年的老師是哲學大師亞里士多德。猶太人對教育的看法，除了要藉此融入羅馬社會外，更是要藉教育維繫猶太人的根。所以在有很多猶太人聚居的地方的會堂，規模較大，其角色不單是宗教信仰的中心，且是孩童學習希伯來語、聖經（即舊約）以及猶太歷史和宗教的學院。

27 英語的「gymnasium」便源自這字。這可反映在希臘教育哲學裏，體育是相當重要的環節。德國和歐洲一些國家，還用「gymnasium」此字來指準備進大學的高中班。

對於當時傳統的猶太人家庭，從學習走路至十二、三歲的孩童都會被送到會堂辦的「閱讀院」（*Beth Sefer*）學習閱讀（甚至書寫）希伯來語聖經，且特別學習巴勒斯坦地通行的亞蘭語。可能有很多家庭（大概保羅的家庭也屬這類）會要求自己的子女，一方面接受這類猶太人的教育（再加私人補習），另一方面又要就讀當地的「運動院」；這情況可與60、70年代（甚至今天）生長於國外的中國人，一方面要就讀當地的學校，另一方面又要苦讀漢語（包括講和寫）和中國文化的情形相類。當孩童年滿十八歲，進入所謂「口傳院」或「米大示院」（*Beth Midrash*）開始詳細學習「口傳律法」（Oral Law；參8.3.7「規範式猶太教」）的時候，他們大概已經讀完大部分的五經和先知書了（參10.1.2）。

從保羅的自我介紹（徒二十二3~4，二十六4）來看，他很可能在完成「閱讀院」後不久，便遷到耶路撒冷城居住（大概是與他姊姊一起，參徒二十三16），先繼續基本的教育，然後才開始其拉比的訓練[28]，這時候他可能是二十歲或以上，因為那些從小升學的孩童，大概在這年齡開始接受拉比教育。路加在使徒行傳二十六章4節也告訴我們保羅「自幼」（*ek neotētos*）便在耶路撒冷，這可指二十至三十歲左右。有一點或許可以間接證明以上的推測：當保羅在耶路撒冷面對暴亂時（徒二十二1~21），他可以在毫無事前準備下，井井有條地以希伯來語演說。這當然可以證明他自小在語言和修辭

28 換言之，保羅在耶路撒冷住了一段時間，才開始正式的拉比訓練，這可從使徒行傳二十二章3節所提及的五個階段而推敲出來：「我原是猶太人」，「生在基利家的大數」，「長在這城裏」，「在迦瑪列門下，按著我們祖宗嚴謹的律法受教」，「熱心事奉上帝，像你們眾人今日一樣」。

上有良好的訓練，亦可證明保羅在早年已有一個良好的環境來學習一個當時沒有多少人能操的語言——希伯來語。別忘記暴亂一事發生時，他已在一個完全不使用希伯來語的社會中住上超過十年的日子！

毫無疑問，保羅是在耶路撒冷接受大部分的猶太教訓練和「織帳棚」的手藝（學習一門手藝是當時拉比的傳統，參10.1.2）。保羅不單是敬虔的猶太人，而且據他自己的描述，他是「希伯來人所生的希伯來人」（大概等同於一位對民族或文化意識非常強烈的人）、「法利賽人」（腓三5）和「在迦瑪列門下成長的」（徒二十二3）。在接受拉比訓練期間，他也可能從師傅迦瑪列的教導中，接受了不少與希羅文化有關的學習。

### 5.1.3. 保羅早期對耶穌的跟隨者的逼迫活動

直至耶穌死後和基督教會成立的初期，保羅仍然是一位忠心的法利賽人（腓三5~6；加一13~14）。正如他曾多次指出，按著法利賽派中某些人的想法，他逼迫耶穌的跟隨者是既合邏輯、又是天經地義的（加一23；腓三6；林前十五9），而逼迫基督徒亦是他對整個律法制度（甚至是猶太教）的熱誠和忠心的表現。但究竟「逼迫基督徒」和「對律法熱心」二者有何關係呢？

#### 5.1.3.1. 在耶路撒冷的猶太基督徒

首先，我們必須知道，保羅並非逼迫所有基督徒，即使路加在描述司提反殉道後，「耶路撒冷大遭逼迫」（徒八1），路加也特別聲明受逼迫的不包括這些猶太人的使徒。此外，我們也可以肯定，保羅沒有逼迫外邦基督徒，因為他亦根本不可能有權柄做這樣的事情。保羅也從未視那些仍留在耶路撒冷的基督徒為猶太教的敵人或褻瀆上帝的人。對很多猶太人而言，早期的基督徒大概與撒都該派或法利賽派的成員類同，只是另一個派別的宗教羣體。事實上，在早期使徒的領導下，基督徒羣體仍然是忠於聖殿崇祀[29]和律法（包括五經和口傳）的。這可從早期基督徒的生活習慣得知，他們「天天」都上聖殿去（徒二 46，三 1~10，五 32）——怪不得大祭司可以確定在何處捉拿他們了（徒五 17~26）。耶路撒冷的信徒從未想過要與其他上帝的子民斷絕來往或摒棄猶太教一切的教訓。正因這緣故，耶路撒冷的教會吸引了很多的猶太信徒。在使徒行傳第一個大段落的總結裏，路加這樣說：「上帝的道興旺起來；在耶路撒冷門徒數目加增的甚多，也有許多祭司信從了這道。」（六 7）在二十多年後的耶路撒冷，雅各向保羅如此說：「兄台，你看猶太人中信主的有多少萬，並且都為律法熱心。」（徒二十一 20）

然而，倘若我們因這些基督徒仍保留猶太宗教文化的一些規條和習慣，而認為這些猶太基督徒是比我們今天的信徒在「基督徒身分」上遜色，又或以為他們有以「行為稱義」之嫌，那便錯了。因為作為猶太教柱石的整個律法體系，並非屬於猶太教這宗教的產物，而是猶太人文化的核心。早期很多猶太人參加教會的原因，毫無疑問是相信耶穌基督為其個人救主。至於這信仰（包括耶穌和使徒的教導）對他們作為猶太人在生活上（例如在遵守猶太人習俗或禮儀）影響之程度，則視乎他們個人的認信和信仰經歷，那是需要時間去消化、經歷，並非一朝一夕的改變。

---

29 所謂「聖殿崇祀」，是指以聖殿為中心的崇拜和獻祭生活。

### 5.1.3.2. 司提反之死

對當時大多數人而言，要分辨基督徒和猶太教信徒，大概的分別是前者相信耶穌在十架上死後復活、又將會以上帝的身分再回來。但這信念，只會被視為古怪的誤信，而肯定不會導致基督徒被帶上法庭或被逐出他們的社羣。就連耶穌自我宣稱為彌賽亞，當時猶太人的反應也正如迦瑪列自己所說（徒五35~39），認為那只是眾多末世思潮的狂熱者之一，並不足為患。然而，當有些使徒教會的人，質疑猶太人那種「上帝子民」的觀念或獨享上帝救恩的宣稱，並企圖孕育某種普世救法式的希臘化猶太教（Hellenistic Judaism），直接威脅猶太教的基礎時，任何保守、傳統的猶太人就都難以容忍了。

因此，對於猶太教的領袖來說，那位剛上任的教會執事司提反，在這方面就很可能成為他們的死敵（徒六～七章）。關於司提反的罪名，路加在使徒行傳六章13~14節的記述，令我們聯想起發生於一年前，那些猶太人如何類似地誣告耶穌的情景。路加在記述時，已經告訴我們控告者是「設下假見證的」。因此，筆者並不相信司提反有如那些控告者所言：「這個人說話，不住的蹧踐聖所和律法」，但卻相信，司提反必定說了些非常前衞和大膽的話（會否像今天教會中的一些知識分子，指著傳統的問題諸多批評？！），以致他們說：「我們曾聽見他說，這拿撒勒人耶穌，要毀壞此地，也要改變摩西所交給我們的規條。」這明顯是使控訴成立最基本的原因。後期拉比文獻（Rabbinic Literature）[30]中有一句話很精

30 指在拉比時期（公元70年至六世紀），由不同拉比所編著的書籍，主要是包括對舊約聖經的釋經書、後期拉比對早期拉比釋經詮釋和某些律例（專題）的討論；參8.3.7。

簡地總括了猶太教的三樣精髓：「這世界的存在是建基在三樣東西上的，就是律法、聖殿崇祀和善事。」在這裏，司提反是因為企圖破壞其中兩項而被檢控的。事實上，這豈不是同樣導致耶穌被處死的真正原因嗎？

這點是非常重要、亦是多被誤解的：就如猶太人領袖要殺害司提反，並非因為他是基督徒，而是因為他企圖要拆毀猶太教的信仰傳統。同樣，猶太人要殺害耶穌，並非因祂自稱為彌賽亞或宣稱與上帝的獨一關係；極其量，這種種自稱只給人家看成是一個瘋子。猶太人領袖固然會對這種人氣憤難平，也許想要殺他，但這種殺機與那種基於受威脅的殺機便有明顯的不同。重點是，按猶太人的理解，耶穌的宣講正挑戰著律法和聖殿崇祀的重要地位，直接威脅了猶太教的存在。同樣，受希臘文化薰陶的司提反也正逐漸陷入這矛盾中。雖然按路加的記載，司提反明顯是否認這些控罪的，因為對他來說，聖殿不過是在以色列人歷史的後期才出現，那並不代表甚麼。從司提反的角度看來，他藉著訴諸於以色列的歷史，實際上更是肯定律法的精神。然而，對於像保羅一般熱心的法利賽人而言，司提反（或耶穌）這樣的罪行是不可容忍的。

在腓立比書三章6節和加拉太書一章13~14節，保羅把他的「熱心」和「逼迫教會」扯上關係，是因為他將「熱心」化成行動時，自覺是在潔淨和保護猶太傳統。這可能是一個很典型的心態，甚至在一些較後期拉比的教導裏，反映出殺叛教者跟獻祭是有等同的價值的。這可從他們對那位為耶和華大發熱心而把犯罪的人刺死的非尼哈（民二十五10~13）大加稱讚，且評斷為：「……流惡人的血的，就有如獻了祭一樣」，便可見一斑了。這亦正是耶穌在約翰福音十六章2節所指「人要把你們趕出會堂，並且時候將到，凡殺你們的，就以為是事奉上帝」的景況。雖然保羅並非這次逼迫的策動者（可能基於他的階級），但他卻是站在旁邊，拍手和應的一分子，路加在使徒行傳七章60節所記載的：「保羅也喜悅他被害」。

### 5.1.3.3. 保羅對基督徒的逼迫

因司提反之死而引發的逼迫，所帶來的深遠影響是外邦基督徒社羣於敍利亞（大馬士革和安提阿）和其他地方（徒八～九，十一 19~21）相繼建立。在思想保羅對基督徒的逼迫時，我們一般的印象是，保羅以耶路撒冷為他逼迫基督徒的基地，然後到處拘捕基督徒，但根據加拉太書一章22節所載，當時猶大地的教會尚未見過保羅。儘管這句話可能有點誇張，但很多學者都認為，保羅的逼迫工作乃主要針對散居於猶大省以外，但仍是巴勒斯坦地區的猶太人。

至於「逼迫」的具體內容包括甚麼呢？據路加所載（徒九 1~2，二十二 4~5，二十六 9~11），保羅得著大祭司授予權柄，引渡散居在猶大省外的猶太裔基督徒返回耶路撒冷收監。雖然有些學者質疑大祭司的權柄是否可以延伸到猶大地以外（如大馬士革）的地方。猶太基督徒被捉拿後，會被判收監、鞭打和逐出會堂等刑罰（參徒二十二 19），後來保羅亦經常受到類似的對待（林後十一 24）。所以所謂逼迫，只是在社羣生活方面排斥某人，把他趕離猶太社羣中，並非有血腥的場面。大概很多人會把後期羅馬政府向教會的逼迫投射入保羅前半生的逼迫生活中，把保羅塑造成一個「敵基督」的樣貌，這顯然不是實際所發生的。無論如何，由於當時的大馬士革是一個獨立的城市（即不在羅馬的管轄之下），所以，頗適合作為保羅大發熱心逼迫教會的起始點。

就是在保羅竭力逼迫基督徒之時，這段往大馬士革的路就成為他生命的轉捩點。

### 5.1.4. 保羅的悔改和蒙召

有關保羅悔改的心路歷程，很多問題都很值得討論，例如：他曾否與在世的耶穌有接觸呢？若然有（參林前九1），這又怎樣在他的生命中起了撒種的作用？在目睹司提反被殺時，司提反的臨終之言有否為保羅的悔改作準備呢？整體上，保羅對基督徒的逼迫，會否同樣把自己逼到生命的邊緣呢？正如保羅在亞基帕王面前重述這經驗時，提到主向他說的話：「掃羅！掃羅！為甚麼逼迫我？你用腳踢刺是難的！」（徒二十六14），他愈大發熱心地逼迫（「用腳踢刺」），就只會令自己苦上加苦！

這些問題都很有趣，亦對我們了解保羅的內心世界非常重要，可惜我們的資料來源並不足為我們提供答案。不過，我們肯定的是，保羅的悔改和奉獻是極快而劇烈的，在同一時間內發生。筆者認為，保羅的前半生（包括很努力逼迫基督徒的生活）就是為預備這一刻吧。

#### 5.1.4.1. 悔改

對於保羅的悔改和蒙召，大概不是直接因為耶穌在世時所講的道（縱然他可能曾見過耶穌），也不是漸進的。保羅不是逐漸發現試圖嚴守五經和口傳律法規條的努力歸於徒然，因而步向屬靈的轉機。雖然有些人根據羅馬書七章7~25節或有這樣的見解，不過，從保羅在其書信的憶述中（加一14，腓三6），可見當年他仍相當自負於一己嚴守律法的成績，並未見羅馬書七章所流露的心境。所以，羅馬書七章所言的，很可能只是他就基督的救贖來論及人類整體無能克勝罪的實況。當然，這也可能是建基於他信主後漸有的醒悟，正如我們在信主後，往往對罪的體悟愈加深刻敏銳一樣。因此，筆者認為他的悔改全是由於那位復活且升天的主，在大馬士革路上向他突然顯現，明確地彰顯了耶穌基督（就是保羅試圖打敗的那一位）可畏和偉大的恩典。

使徒行傳記載了三次有關保羅那戲劇性悔改的經過（九1~19，二十二3~16，二十六12~18），第一次是路加的敘述，第二、三次是路加筆中保羅的自述。這有時會令我們以為那在大馬士革路上所見的異象，是保羅宣教講道的主題，但事實上，這只不過有如我們的得救見證而已，保羅從來沒有以此作為他講道或神學的主題（也許林後三6~18有暗示這經歷）。三段記載中，有關主在異象中說話的記錄以二十六章12~18節的為最長、最富戲劇性。保羅在這裏的自述，一方面刻意強調他從主所領受的異象，另方面也表明他如今所遭受的逼害也正如主所言，只是他並沒有退避，仍坦然忠於所託，一如主所吩咐的。在二十六章16~18節，保羅詳盡交代了耶穌向他顯現的原因：

> 要派你作執事，作見證，將你所看見的事，和我將要指示你的事，證明出來。我也要救你脫離百姓和外邦人的手。我差你到他們那裏去，要叫他們的眼睛得開，從黑暗中歸向光明，從撒但權下歸向上帝；又因信我，得蒙赦罪，和一切成聖的人同得基業。

任何人都會留意到耶穌的話與保羅的使命之間的密切吻合；換言之，這番話大概不全是耶穌的，而是保羅藉著自己的領受，演繹耶穌在大馬士革路上的話。此外，藉著這番傳神的表白，保羅也許想打動那位對基督信仰原已曉得一二的亞基帕王（二十六 26~27）。

對保羅而言，這次與復活主的相遇，構成了他生命轉捩點中兩點不能分割的要素（林前九 1，十五 8）：首先，這使保羅有資格成為耶穌復活的見證人；第二，這使保羅能像其他十二位被耶穌揀選的門徒一樣，得以稱為使徒（參 4.4）。至於計算保羅悔改歸主的日子，乃要考慮很多因素。根據上述的記載，應該大約是公元 32 或 33 年之間；如果保羅是出生於公元前六年，那時，他便大約是 39 歲了。

### 5.1.4.2. 保羅作使徒的呼召

我們不能肯定，保羅如何孕育出他對福音那獨到的見解，例如那堪稱為保羅神學核心的「稱義觀」，即帶出基督救贖工作的普世性。這種對福音的革命性理解，必定有別於早期的教會羣體。在這段期間，就連在耶路撒冷的使徒們，也未必能有此洞見。無論如何，保羅神學形成之整個過程，必然比我們所能想像的還要複雜。

就如先前所提及的，耶穌可能確有如使徒行傳二十六章 16~18 節所記載，曾對保羅未來的事工方向作出詳細的解說。那麼保羅在信主後所接觸的第一位基督徒亞拿尼亞，也可能是透過上帝的啟示而為保羅擬出了使命的範疇：「他是我所揀選的器皿，要在外邦人和君王，並以色列人面前，宣揚我的名。」（徒九 15；比較二十六 15~18）面對如此使命，毫無疑問，保羅的訓練和對希羅世界的接觸，必然讓他看到較一般巴勒斯坦信徒更大的世界。但筆者深信，保羅的使命和對福音的理解，也是基於他具體的佈道經驗，這些經驗讓保羅確實看到聖靈在整體人類當中工作的大能。以亞拿尼亞的話和與大馬士革信徒相交作起點（徒九19），保羅漸漸明白猶太人和外邦人原沒有分別，每一個人都要從罪的綑綁中得釋放。保羅亦體驗到，有些「上帝選民」確實如亞拿尼亞一般的敬虔（徒二十二11），但有些（那怕是大祭司）也可以比「沒有上帝的人民」更加邪惡、兇殘、虛偽。整個世界是何等需要上帝，而作為慈愛和善良的上帝，又怎會因為種族的不同而撇棄他們呢？

縱然我們很難明確地知道甚麼因素促成保羅那普世救恩的觀念，但他與人的接觸，又是那麼真實。就如當我們放眼世界，著實地與有需要的人分享福音時，我們總能經驗到上帝的愛和保羅那出自主耶穌的心腸。畢竟，我們的信仰是建基於歷史經驗，並非單是形而上的抽象建構。

### 5.1.5. 保羅在耶路撒冷會議之前的事工

根據保羅在加拉太書一章15~17節所言，他在悔改之後並沒有立刻上耶路撒冷，而是直接回應主對他的呼召，立刻踏上佈道的征途，他直接到外邦人當中向他們傳救恩的福音（徒九20~22）。事實上，他的佈道相當成功，悔改後不消數星期已吸引了一些「跟隨者」（徒九25）。令人詫異和有趣的是，在數星期前保羅還是用聖經（即舊約），去駁斥基督的信仰，但在悔改之後，卻隨即宣講耶穌起來：「祂是上帝的兒子。」（徒九20）

#### 5.1.5.1. 從亞拉伯到第一次到訪耶路撒冷

保羅信主後的第一個目的地是亞拉伯，就是拿巴提王國（大概相等於今天的約旦）。有學者認為保羅退到該地的曠野靜修，為自己重新定位；但另有學者認為（亦是筆者的立場），他可能往該地繼續傳道，就如在大馬士革所作的一樣。因此，當他返回大馬士革後，管理猶太人事務的提督（亞哩達王的手下）可能聽到有關保羅傳福音的事，以及他那種嚇人的護教口才，便想要捉拿他（林後十一 32~33）。他逗留在亞拉伯地有三年之久（即公元 34~37 年）。然後，約在公元 35~36 年，他一度前往耶路撒冷（這是他信主後首次到耶城），在那裏住了大概十四天，並曾經見過彼得（加一 18~24）。根據使徒行傳二十二章 17~21 節（及九 26~30）的記載，保羅首次到訪耶城時，可能沒有得到很好的款待。雖然幾位主要的使徒和巴拿巴都相信保羅的悔改是真誠的，但大多數的信徒都很可能並不予以信任。結果，他被逼離開。接著，他用了約十年的時間在大數（Tarsus）和基利家（Cilicia）地區去實踐他的宣教抱負；同時，亦是相當重要的一點，他與故鄉的人同住，好解釋他過去幾年所作的一切。就在這階段的最後一年，他被巴拿巴邀請一同到安提阿事奉（徒十一 19~26），而基督徒這名字亦源自安提阿城[31]。

### 5.1.5.2. 第二次到訪耶路撒冷

在保羅生命的最後十年中，安提阿成為保羅的宣教基地。正當巴拿巴和保羅在安提阿工作時，他們被委派把捐款送到耶路撒冷，以應猶大地饑荒的需要。

31 「基督徒」這名稱的希臘語 *Christianos* 是組自 *Christos* 和表達屬於某人或一種成員關係的後綴 *-ianos*，意即「屬於基督／彌賽亞的人」。在巴勒斯坦（特別是猶太地），由於很多猶太信徒仍然視基督信仰為猶太教的派系，他們對這字可能會有所保留，但對於外邦人，承認耶穌為「基督」不比承認耶穌為「主」困難。因此，路加記載這字是起用於安提阿這外邦城市，而不是耶路撒冷，意思是很明顯的。

這第二次到訪耶路撒冷是在哪個時段發生呢？學者的意見不一。按華人學者馮蔭坤博士的意見，加拉太書二章 1~12 節的記載正是保羅第二次到訪耶路撒冷的情形（但有些學者卻認為，加二 1~12 和徒十五章的記載同樣指到耶路撒冷會議，換言之，是在為猶大地饑荒一事到訪之後）。據此，巴拿巴和保羅藉這機會與信徒和領袖們分享他們在外邦人中的福音事工。結果，他們向外邦人傳道的使命就在此時被確認[32]。還有一點，加拉太書二章 1 節所記的「十四年」應該由他悔改時開始計算，而並非由一章 18 節他第一次到訪耶路撒冷後（那已是他悔改後第三年）開始計算。因此，保羅第二次到訪耶路撒冷的時間就約於公元 46 年（留意年份的計算是包括首尾兩年的）。

在加拉太書中，保羅特別提及他身在耶路撒冷時，刻意避免與教會領袖們接觸，這一點對於保羅來說是極為重要的。證明他的使命及他個人對福音的理解，並非源自耶路撒冷的使徒，而是直接從上帝領受的。在加拉太書一章 20 節，保羅更特別強調「我寫給你們的，不是謊話，這是我在上帝面前說的」，這似乎暗示，當中確實有些人為的因素阻礙保羅即時到訪耶路撒冷教會，不論那是基於保羅個人的性格，或是耶路撒冷教會中各領袖們意見的不同，甚至是涉及權術角力的問題。

驟眼看來，使徒教會好像有很多權力鬥爭。事實上，今

32 加拉太書二章 9 節交代最終的決議：「叫我們往外邦人那裏去，他們往受割禮的人那裏去。」文中所強調的「分工」，並非單指不同的傳福音對象，而是不同的地域。事實上，在保羅的傳道旅程中，他是經常先向猶太人傳福音的，雖然保羅明確自稱為外邦人的使徒（羅十一 13）。

天的教會有權力鬥爭，同樣的情況也可以發生在使徒教會，尤其是當時信徒對福音的整全理解，仍呈現著相當紛紜的局面。我們不要以為使徒時代教會是至聖、至完美的教會；在那一個時候，還有很多「哥林多教會」呢！

### 5.1.5.3. 第一次宣教旅程

隨著外邦福音工作獲確認，保羅和巴拿巴更放膽推展其宣教事工，積極向安提阿以外的地方擴展。第一次宣教旅程（徒十三～十四；約公元46~48年）所涉及的地區包括塞浦路斯、旁非利亞（馬可就是在這裏離開宣教隊伍，折回耶路撒冷的）和南加拉太的幾個城市。按照保羅一貫的做法，他和巴拿巴每到達一處地方時，必先到猶太人的會堂傳道，及至猶太人抗拒福音時，他們便轉向外邦人傳道。在總結第一次宣教旅程時，他們有如此的評估：「上帝已經為外邦人開了福音的門」（徒十四27）。這番話，不單是他們自我的評估，也是作為保羅親密夥伴的路加在使徒行傳中所作的客觀評斷，以此作為保羅傳道的合法基礎，且為其所傳的福音內容辯護。事實上，這個結論也是日後的宣教旅程所要肯定和緊握的，上帝的確為外邦人開了福音的門，使一切的宣教行動顯得有意義。

保羅和巴拿巴回到安提阿不久，就面對一件事情，按照路加所載：「他們起了大大的紛爭辯論」（徒十五1~2）。保羅在加拉太書二章11~14節把這事記載得較為詳細。按這記載，彼得當時從耶路撒冷下到安提阿，初時他與當地的外邦信徒一起用膳和有美好的溝通。無論在猶太人或羅馬文化裏，「一起用膳」是非常重要的交誼活動，而重要人物一般只會與適當的人同枱共膳的。彼得既與外邦人用膳，已表示他接納和願意與他們交往。及至有幾個十分保守的猶太籍基督徒出現時，彼得頓時顯得不自在，更有意避開外邦的信徒。因此，保羅感到憤憤不平，即時當面責備他；也許最氣憤的是，因為這位領袖的行為，「其餘的猶太人也都隨著他裝假，甚至連巴拿巴也隨伙裝假。」[33]。

這些保守信徒是來自「雅各」那裏的（加二 12；大概是指他們屬同一個聚會羣體，並非指他們有共同的立場），即有時稱為「猶太主義者」（Judaizers）。他們認為外邦人必須先行割禮（即是成為猶太人或猶太教信徒），然後才能成為基督徒。在新約時代，除猶太人外，有些皈依猶太教的外邦人也會接受割禮。因此，這些猶太主義者的「基督徒」所要求的是，一個外邦人信了基督，也必須先滿足猶太教的要求，才能成為上帝的子民。如此，他們根本是把基督信仰附屬在猶太教之下。

為了平息是次衝突，保羅和巴拿巴就與他們一起到耶路撒冷。這就是在公元 48~49 年間舉行的耶路撒冷會議。按有些學者所理解，加拉太書大概是在這事件發生後不久，亦即

---

33 這是保羅的描述，但在使徒行傳（十五 1~5）中，情景略為不同：文中沒有提及彼得，而巴拿巴明顯是站在保羅一方的。這兩個不同的記載，可有不同的解釋：保羅的記載雖然是較接近實況報道（因為是當事者），但是較感情化。而路加在幾十年後，不想過分誇大當時的爭拗，故語調變得緩和。此外，路加在這方面的緩和手法，可能也反映作者在書中，有意要突出保羅與耶路撒冷的領袖之間，在不同意見之餘確實有一種協調關係，例如：保羅信主後，被使徒們接納（徒九 27~29），在耶路撒冷會議中，彼得是站在保羅一方的（徒十五 6~29），保羅最後一次在耶路撒冷時，雅各也嘗試幫助保羅脫離險境（徒二十一 17~26）。這建構也許與十九世紀杜平根學派的創辦人鮑爾的理論（參 5.0.1）有相似的地方，但程度卻很不相同。鮑爾認為，這觀察可證明路加的渲染，而早期教會原來便是有一種非常敵視的局面。

是在耶路撒冷會議之前所寫的，亦可能是最早的保羅書信之一（參 5.5）。

### 5.1.6. 耶路撒冷會議

耶路撒冷會議是早期基督教史上最重要的事情。會議中要處理的問題是：（1）保羅提出從猶太人律法體系中得釋放的福音是否全被肯定？（2）外邦信徒若未有接受割禮（意即，若不先成為猶太人或滿足猶太教的要求），能否成為上帝家的一分子？這些問題，主要是源於保羅第一次宣教旅程的豐富成果，外邦信主的人數迅速增加。經過一輪激烈的辯論後（始於安提阿，參徒十五 1~2），很可惜使徒行傳十五章並沒有記載其內容——保羅和巴拿巴獲得使徒們授予一項無條件的協定，這包括接納外邦信徒為基督徒的羣體之一。這為基督教會超越種族差異的合一奠下基礎。

有一點很重要、亦頗為有趣的是，在路加記述是次會議中（徒十五 6~29），並沒有記錄保羅的片言隻語。所記載的兩次演說，分別以彼得為首，以雅各作結。當時的保羅是否真的全然沈默並非最關鍵的，最重要的是，路加在這段記載裏所要達到的文學效應：這議決乃由耶路撒冷教會兩大領袖成全的。彼得提出，而雅各執行、下令，保羅和巴拿巴根本無需要作出任何努力去為此爭論。

但是為何還要「禁戒祭偶像的物和血、並勒死的牲畜和姦淫」（徒十五 29；參十五 20）呢？難道這就是我們這等外邦人在完全自由的福音下，仍要遵守最低限度的猶太禮儀規條？這項要求除了在應用上有困難外，與加拉太書的信息也有牴觸。加拉太書二章 6 節給我們很明顯的印象是外邦人是完全自由的，而保羅在書中亦對這項要求絕口不提。

回應這問題，不同學者有不同的看法，筆者所取的立場是這清單上的首三項，是屬猶太人傳統所謂「不潔之物」的原則。整體上，這些規條是處理禮儀和社交上的禁忌，讓猶太信徒能與外邦信徒交往。換言之，不管這項規條是路加在使徒行傳十五章附加的，抑或是保羅刻意不在加拉太書提及的（以免模糊了信內的論點），這規條的精神乃是：在一個如安提阿一般的教會，當中有來自不同文化的混合會眾，假如猶太人和外邦人要真正同枱吃飯（俗稱「在餐桌上的團契」，英語是 table fellowship），外邦人就需要按照這些指示行，以致不會危害兩批人的團契生活。因為潔淨之禮在猶太文化中佔有非常重要的地位，不是每一個信主的猶太人都可以一下子放棄這傳統的習慣，故外邦信徒與他們交往時，也應盡量體恤他們的情況（參羅十四章）。因此，這會議的結果不是代表外邦人向猶太人妥協，而是以愛心為原則，並務實地處理彼此的團契生活。至於「姦淫」方面，這可能是代表教會對外邦信徒的道德期望。

### 5.1.7. 保羅是個「希臘化猶太人」？

在某程度上，會議的結果意味著保羅的勝利，即是說他對福音的理解得到了完全的確認和贊同。然而，保羅對耶穌福音向來的理解、主張和實踐，都暗示保羅好像一個「希臘化猶太人」，就像他曾認識的司提反一樣。

甚麼是「希臘化猶太人」？對一個在猶大省的猶太人而言，「希臘化猶太人」差不多是相等於自由派的猶太人，他們沒有固守猶太的傳統，又擁抱希臘文化和思想；那就相等於四十年代國內受西洋文化影響的年輕人（或知識分子）一樣。希臘化猶太人與保守的猶太人之間常因觀點不同而多有磨擦，這情況大概可借使徒行傳六章1節的事件來作印證。教會在這段期間進行很多教會內部的關顧工作（或某程度的社會服務），路加指出，「有說希臘話的猶太人向希伯來人發怨言，因為在『天天』的供給上忽略了他們的寡婦」。這裏包括三類人，分別是說希臘話的猶太人（即「希臘化猶太人」，*hellēnistēs*）、他們的寡婦和希伯來人。這些希臘化猶太人為他們的寡婦抱不平（是自己人嘛！），因為希伯來人在「天天」的供給上都忽略這些寡婦。姑勿論這「天天」的忽略是否故意的，但就早期教會人種之多和品流之雜而言，這些事情實不足為怪。結果，因這事而產生的七位執事全部都可能是希臘化猶太人[34]！

使徒行傳九章26~30節所記載有關保羅的另一個遭遇，也許會讓我們對保羅的身分有更多的掌握。當保羅在悔改後，第一次到訪耶路撒冷時，他放膽地奉主的名傳道，並與說希臘話的猶太人（*hellēnistēs*）講論辯駁；他們卻想法子要殺他。這明顯是因為那些希臘化猶太人駁不過保羅，因而動了殺機。究竟這些希臘化猶太人所持的觀點是甚麼呢？若我們以為，保羅在悔改後便由一個法利賽派的人變成一個「希臘化猶太人」，這段經文就要清楚地告訴我們，保羅是「另一類的希臘化猶太人」。路加在這段插曲裏，亦大概想指出這點：雖然保羅的神學思想與這些希臘化猶太人的思想有相似之處，但在保羅傳道之初，已與他們出現分歧。若說這些希臘化猶太人普遍存著反猶太和反摩西教導的思想，則保羅就更要刻

---

34 如何得知？他們的名字全都是典型的希臘名字。這一舉動是頗有趣的，大概可證明一點：思想較開放的人可能會是較客觀、以事論事，也許會較公平的。

意與他們劃清界線了。

那麼，究竟保羅是支持或是反對司提反的呢？我們回到5.1.3.2「司提反之死」，再思想司提反的罪名時，也許我們可以這樣問：司提反是否反對聖殿崇祀？正如司提反直接指出，那創造天地的上帝是不會受困於任何建築物之內的，所以他有可能是反對的。但若再問：司提反是否反對律法？這就很視乎「律法」所包括的是甚麼。對於法利賽派的猶太人（包括文士）而言，「律法」或較好的專稱「妥拉」（參8.3.7「規範式猶太教」），不單指舊約的（摩西）五經，而是包括所有對五經教導的傳統理解和人為的規條（即所謂口傳妥拉）。但對司提反而言，「妥拉」就似乎是單指五經（或舊約聖經），或單純指上帝的教訓。

我們要緊記，正如在任何宗教中，必然會有較開放和自由的人存在，而「希臘化猶太人」也許就是這一類型的人。保羅與希臘化猶太人之間的確有相通的地方：兩者都認為上帝是全人類的上帝，而救恩也是為所有人預備的，故身為猶太人或外邦人原不影響我們與上帝之間的關係。然而，兩者之間仍有重要的分歧：保羅仍高舉那「神聖」和源於上帝的妥拉；同時，按他的理解，猶太人在上帝眼中仍然是一非常獨特的羣體（羅九～十一章）。

有一件重要的事情可以支持這個分析的。在第二次宣教旅程中（參考下一節），保羅在路司得（現代的土耳其）曾替提摩太行割禮，然後才一同上路（徒十六1~3）。最值得留意的是，這件事距離剛結束的耶路撒冷會議大概只是幾個星期而已，也就是當保羅在加拉太書如火如荼地討論割禮問題之後一年內發生的。我們很難相信，保羅竟會為一位小子、一個助手，出賣他一直所爭取的立場。絕不！反之，提摩太的割禮正好證明，保羅並非反對猶太人傳統或文化的習慣。按猶太人的規矩，由猶太婦人所生的，就是猶太人，儘管婦人的丈夫是外邦人，而提摩太正正是屬這背景的猶太人：母親是猶太人而父親是外邦人。因此，為提摩太行割禮，根本是猶太人的事情，與基督信仰無關。

保羅身為猶太人，不會反對割禮或所有記在五經（甚至是某些口傳律法）上的禮節，因為這些都是猶太人文化的一部分。然而，保羅強烈反對的，是把猶太人傳統的習俗強加於基督信仰內，要求所有信徒、及至非猶太裔的信徒遵守，並視之為成為上帝子民的要求。由此可見，保羅所持的見解是非常精闢的：他不如猶太主義者般堅持外邦人在成為基督徒之先必須成為猶太人，也不作一般希臘化猶太人，完全摒棄猶太傳統。保羅認為基督信仰是建立在猶太人的傳統之上，只是，前者的信仰要比後者的傳統更為重要，因為這是上帝給全人類最終的啟示。

### 5.1.8. 保羅的第二次和第三次宣教旅程

耶路撒冷會議的議決最重要的影響，就是落實保羅的普世宣教計劃。

#### 5.1.8.1. 保羅、巴拿巴和馬可

正當保羅和巴拿巴計劃第二次宣教旅程的時候，爭執便產生了。約翰．馬可曾在第一次宣教旅程中在旁非利亞離他們而去，現在的問題是，他們應否帶他再上征途。巴拿巴希望再給馬可一個機會，部分原因可能基於他們的親屬關係（馬可是巴拿巴的表弟，參西四 10）。但筆者相信主要是巴拿巴的性格所使然，就如當日保羅悔改後不久，他便先於一般耶

路撒冷的門徒接待保羅。同樣，縱然馬可或有不是，巴拿巴仍是樂意去接納他，與他同工。這件事多少也顯示保羅與巴拿巴的性格大為不同。

一般人認為馬可離開他們的主要原因是思鄉，但事情未必是那麼簡單的。他是一個生長且定居在耶路撒冷的猶太人（「約翰」是他的猶太名字），但在新約中，卻常以其拉丁名字稱呼他，即「馬可」。在最後晚餐的時候，他家庭所提供的地方和各方面的準備，可能暗示他是頗為富裕的。他可能是一個「宗教上的雅皮士」（religious yuppie），就如有很多年輕的基督徒，總喜愛在一些「新穎」和「前線」的基督教事工中服侍（例如短期宣教或植堂計劃），卻沒有經過審慎的考慮，只求屬靈的刺激。保羅和巴拿巴為第一次宣教旅程所定的計劃當然是既新鮮又刺激的，致使馬可在沒有認真考慮之下便加入了這事奉的行列。他們的第一站是塞浦路斯，在那裏，馬可很熱心地協助他們（留意路加在徒十三5特別提到馬可的幫忙）。但在這以後，當他們面對法術師和方伯士求・保羅的時候，卻遭逢很大的危險，結果馬可便退縮而回。

巴拿巴認為可以再給馬可第二次機會，特別是在耶路撒冷會議之後，整個教會——包括馬可，理應都有很一致的認同（而筆者相信巴拿巴的判斷是合宜的），但保羅卻不想冒這個險。大家不妨想像一下當時保羅心裏的籌算：宣教事工因著猶太信徒的攻擊而幾乎中斷，經過一番劇烈的爭論後，好不容易才得到調解。按著保羅的抱負和熱誠，他必然想全力以赴，步向新的高峯。他明白這並不是輕易的事，所以不願意再因為任何人在心理上、屬靈上或神學上未作好準備，而徒增困擾。

今天我們評價此事件或類似景況的時候，一般信徒通常會比較同情馬可（或巴拿巴），而學者、牧師和教會的行政人員便會比較同情保羅。筆者也比較同情保羅，雖不認為他與巴拿巴分開是對的，但卻明白到他所顧慮的真確，實在不值得再為一個小子而冒險。對於今天的我們，要緊的是，不要把保羅的決定當為標準做法，並在講道中作為教導。因為筆者深信保羅的決定只是個人的取向，卻不是必然或甚麼聖經的真理。我們雖不知道保羅後來有否為此決定而後悔，但保羅後來的確可以放下前嫌，為福音和使命的緣故，願意給每人一個事奉的機會。就如在歌羅西書的結尾中所示，保羅很明確和堅決地指示：「說到這馬可，你們已經受了吩咐；他若到了你們那裏，你們就接待他。」（四 10）同樣，保羅在監牢時，還特別提醒提摩太要切記帶馬可來見他，「因為他在傳道的事上於我有益處」（提後四 11）。

### 5.1.8.2. 第二次宣教旅程

在開始第二次宣教旅程的時候（徒十五 39~ 十八 22；約公元 49/50~52 年），保羅與西拉作伴同行，後來在路司得，有提摩太加入；巴拿巴與馬可則往塞浦路斯去。保羅從陸路一一重訪彼西底一帶地區的教會，並橫越弗呂底（Phrygia），直走到在愛琴海的特羅亞。就在這時，上帝讓他看到馬其頓的異象。他就進入馬其頓境內，本可由腓立比經帖撒羅尼迦前往以利哩古（Illyricum；參羅十五 19），然後再從亞底里亞灣（Adriatic Sea）的另一邊，沿著著名的亞比亞大道（Via Appia）而抵達羅馬，但可能因為在帖撒羅尼迦遭到突如其來的逼害，使他必須從海路離開帖城，轉往雅典去，這才使保羅暫擱羅馬之行。結果，要等數年之後，保羅才可再續遠赴羅馬的心願。

在雅典，於亞略・巴古（Areopagus）的山坡上，他對眾哲士發表了演說，並挑戰他們對「未識之神」的觀念。保羅由雅典出發，再前往哥林多（徒十八 1~18），就是亞該亞省的首府。保羅在猶太會堂傳講福音，但當猶太人煽動反對勢力時，他便轉向異教人宣講。當管會堂的基利司布（Crispus）和全家都信了主，猶太人的反對就更趨激烈。所以，他們把保羅帶到方伯迦流（Gallio）那裏（約公元 51 年）。迦流對此事顯得有點混淆，認為那是關乎猶太人教派之間爭執的事，所以不願處理。保羅在哥林多逗留了年半到兩年的時間（大約是在公元 49 年末與 51 年初夏的期間；徒十八 11、18），其間他在極大的壓力和威嚇中工作，然而，主藉著城中很多信徒來安慰他（十八 9~10）。

在這段期間，保羅寫了兩封給帖撒羅尼迦人的信，並遇上了一些很重要的人，其中包括亞居拉和百基拉夫婦。他們是在羅馬王革老丟年間（約公元 49 年）被逼離開羅馬的猶太籍基督徒（參 8.3.2），他們對保羅予以很大的幫助；也讓保羅對羅馬的情況有初步的了解（參看 5.2「羅馬書」），因而加深了前赴羅馬的負擔。及後，保羅又遇上亞波羅；在信主前，亞波羅是追隨施洗約翰一派的思想，且受過良好教育的亞歷山太猶太人（徒十八 24~ 十九 1）。保羅離開哥林多後，再乘船返回凱撒利亞，經以弗所，抵達耶路撒冷，才轉回安提阿。

#### 5.1.8.3. 第三次宣教旅程

不足一年之後，保羅又開始第三次的宣教旅程（徒十八 22~ 二十一 16；公元 53~58 年）。他先取陸路到達以弗所，在那裏住了三年（徒二十 31）。一方面積極參與「推喇奴學房」（Hall of Tyrannus）的教導工作；有些手抄本更補充，保羅從早上十一時至下午四時與他們辯論。保羅的工作奠定亞細亞教會的基礎；而且，在此期間，他又寫了不少書信給各地的教會。在以弗所逗留的後期，他寫了哥林多前書（林前十六 5~7）。然後速訪了哥林多，以為可以處理一些問題，但相反地深受傷害而回，再在以弗所寫了一封「流淚的信」（林後二 9），可惜此信已遺失了。與此同時，以弗所的情況也強差人意，亞底米神（Artemis）的信徒在城內發起羣眾來反對保羅。不久，他離開了以弗所，經推羅亞到了馬其頓，在那裏他寫了哥林多後書（約公元 56~57 年）。然後再赴希臘，重訪那地的教會，包括哥林多教會（參 5.3）。

在以弗所的騷動之先，保羅很可能已定意更改他的行程。路加在使徒行傳十九章 21 節解釋說：「這些事完了，保羅心裏定意經過了馬其頓，亞該亞，就往耶路撒冷去，又說：『我到了那裏以後，也必須往羅馬去看看。』」到底是甚麼原因使保羅定意要先前赴馬其頓、亞該亞一趟，才返回耶路撒冷呢？這大概是因為羅馬書十五章 25 節所提及關於捐獻蒐集的事。對保羅來說，這些捐獻表徵著馬其頓和亞細亞一帶的基督徒與耶路撒冷母會合一的關係，關心母會當中的窮人（有關對耶路撒冷捐獻的意義，保羅在哥林多後書八至九章和羅馬書均有更詳盡的解釋，但使徒行傳卻是隻字不提）。此外，使徒行傳十九章 21 節也有助我們確定保羅何時萌生前赴羅馬的決心，很可能他同時開始草擬羅馬書的神學教義；最後的定稿則是在希臘（大概在哥林多）的三個月期間才完成。所以，羅馬書應該是寫於公元 57 年左右。

在他返回耶路撒冷途中，在米利都召集了以弗所教會的眾長老，給他們很感人的臨別贈言，並提到他可能將在耶路撒冷遇到更嚴峻的苦難。

### 5.1.9. 保羅最後一次到耶路撒冷

返回耶路撒冷後，保羅會晤了雅各（耶穌的弟弟）和各長老。保羅在外所作的，必引起當地猶太人的攻擊，特別是那些既信了主但又熱心於律法的猶太人。所以，使徒都知道將會有一些不愉快的衝突發生，故希望在猶太人未發動攻擊之前，保羅能將他尊重猶太傳統的形象突顯出來，例如遵守拿細耳人所許的願，好堵塞他們的指控。只可惜為時已晚，保羅早已被那些從亞細亞來的猶太人認出來了，並指控他褻瀆聖殿，把外邦人帶進聖殿的內院。這騷動很激烈，他們喊著說：「除掉他」（徒二十一 36），就如耶穌所遭遇的一樣（約十九 15）。

保羅的智慧和機警在此可見一斑。他以希伯來語發表演說，一般人只會在會堂或聖殿裏才可以聽到希伯來語，而保羅的策略是要表達自己是一個傳統的人，而非純屬希臘化的猶太人。這策略確叫羣眾當下安靜專注下來，只可惜當他提及受命往外邦人那裏傳福音時，立時騷動再起，幸好他是羅馬公民[35]，在羅馬法的保障下，才不致遭受耶穌或司提反般的厄運。事已至此，保羅更定意要去羅馬，完成他在世上最後的旅程。

---

35 保羅如何證明他的公民身分呢（另參徒十六 37）？按一些學者認為，一位羅馬公民誕生後，父母必須在三十日之內到當地的公民記錄辦公廳註冊，在宣誓後，孩子便可以得到一份仿如出生證明書的「雙面記事板」（可摺起來，方便收藏）。對於一般人來說，這證明文件可能會寄存在這辦公廳裏，但對於一些如保羅般需要經常旅遊的人，他們可能會隨身帶備，以便必時之需。參 F.F. Bruce, *New Testament History* (New York, NY:Doubleday, 1969), 頁 235~236。

### 5.1.10. 保羅到羅馬的旅程和後記

從耶路撒冷到羅馬的路算是非常艱辛的。保羅首先在守衛森嚴的護送下，離開耶路撒冷，往該撒利亞接受巡撫腓力斯（Felix）的審問。審問以後，腓力斯決定給予保羅開放式的囚禁，所以他就在那裏逗留了兩年之久。之後，非斯都（Festus）接替腓力斯（公元 58 年），出任為凱撒利亞巡撫。在非斯都和亞基帕王（大希律的孫兒）會審後，雖然保羅有機會回復自由身（徒二十五 12），但他卻決定以羅馬公民身分上訴於凱撒。

這一次旅程殊非易事，特別是由海路前往，令人驚訝的是，路加能有如此詳盡的記載（徒二十七 ~ 二十八章），這明顯是因為他一直陪伴著保羅。經過多番險阻後，他們終於抵達部丟利，並啟程往羅馬去。

路加對保羅在羅馬的停留，只作了很簡單的描述：「保羅在自己所租的房子居住了足足兩年。凡來見他的人，他全都接待，放膽傳講上帝國的道，將主耶穌基督的事教導人，並沒有人禁止。」（徒二十八 30~31）。這兩年有時被稱為保羅的「第一次被囚」（公元 59~61/62 年）。如記載所述，他租了房子，並接待所有來見他的人，且能自由無攔阻地傳道、並教導他們。很多學者相信在這期間，保羅寫了稱為「監獄書信」的四封信，就是腓立比書、以弗所書、歌羅西書和腓利門書。

據一些早期教父如羅馬的革利免（Clement of Rome，公元 96 年間），和另一文獻《穆拉多利殘卷》（*Muratorian Fragment*，參 11.3）所示，保羅在第一次被囚後，曾一度被釋放，並曾到訪西班牙。及後再返回羅馬，且再次被囚，但這一次則較為嚴重，他經過兩度審訊後，被判死刑而殉道。要了解第一次與第二次被囚之間所發生的事，我們只有憑那三封「教牧書信」的內容來揣測。因為傳統以來都認為，這些書信是在這段期間寫成的。但有一個始終解決不了的難題：書信中從沒提到有關西班牙的旅程，只提及希臘、馬其頓及亞細亞的事。

在我們重整這段歷史的時候，提多書應該是較早的一封書信，因當中提及將來的計劃。書中（一5）提到保羅把提多留在革哩底（Crete），因此他一定是要前往別處去。此外，他也計劃要在尼哥坡里（Nicopolis，馬其頓內的一城市）過冬（三12），並期望在那裏見到提多。不過，提摩太前書並沒有告訴我們有關此旅程的詳情，只意味他很可能到過以弗所，然後再赴馬其頓（提前一3）。

據提摩太後書所述，他在羅馬再次被囚（一8、16），那就是所謂的「第二次被囚」（公元67~68年）。這一次他像囚犯般被帶上鎖鏈（二9）。但在這以先，他曾到過亞細亞和希臘。他曾在米利都（Miletus）停留，並把他的一個帶病的門徒特羅非摩留在那裏（20節）。他也到過特羅亞（Troas），並在一朋友家中留下了外衣和一些皮卷（13節）。之後，他經過哥林多到了羅馬（20節），希望提摩太可以來與他匯合（9節）。這時候，提摩太似乎是在以弗所，而那裏的異端邪説已擴散蔓延（提前二17~18）。許米乃和腓理徒兩個異端倡導者，聲稱復活的事已過（他們是否説靈魂不滅，還是主張真基督徒是不死的呢？我們無法知曉）；這些異端之説，在提摩太前書中（提前一3~7）也有提及。我們不能確定保羅為何會折返羅馬，很可能他先前獲准離開，只是假釋而已。無論如何，提摩太後書告訴我們，保羅第一次受審時，所有人都離棄他（四16）。而他對獲釋顯然也沒有寄存太大希望，甚至作好離世的準備（四6~8、18節）。

羅馬王帝尼羅王把羅馬城公元64年的大火，嫁禍給當時在羅馬城的基督徒（其實可能是他自己縱火的）。早期教父指出，保羅和彼得就在這時候（公元65~67年間）被尼羅王於羅馬斬首的（參8.3.3）。

這就是保羅的一生：為福音、為使命，毫無保留地在弟兄姊妹身上傾盡自己的生命。保羅的一生就有如耶穌所言：「狐狸有洞，天空的飛鳥有窩，人子卻沒有枕頭的地方。」（太八20）

## 5.2. 羅馬書

保羅達羅馬人書並不像一封書信，也許更近似一部神學著作（尤其首十一章）。然而，這封以神學為主導的書信叫人不禁心生疑問：甚麼促使保羅寫下這封長信，寄予在羅馬數家[36]他從未到訪的教會？

### 5.2.1 寫作背景和目的

傳統説，保羅寫此信的目的，無疑是為將來到訪帝國首都鋪路（一13~15）。那麼，保羅便可以此作為遠赴西班牙宣教的根據地（十五28）。較近期的學者則認為，保羅此舉乃為要處理不同信徒羣體（如外邦基督徒與猶太基督徒）之間的衝突糾紛。所以，透過這神學論述，使不同羣體因著學習救恩的道理，而能不分彼此、重新和好。至於根據羅馬書十五章14~33節保羅的自白，亦能稍見本書成書目的的端倪。

---

36 保羅書信的首段，一般都有指出當地的教會，但羅馬書的首段卻沒有提及收信的教會。而在第十六章，保羅卻提及收信的幾所家庭教會。因此，羅馬書的收信人並不是一所教會，而是一羣家庭教會。

正如 5.1.8 中提及保羅的第三次宣教旅程，他從馬其頓和亞該亞地區所收取的獻金，不單是金錢的補助而已。更重要的是，這善舉真正流露著外邦信徒與猶太信徒彼此間的團結，並顯示著保羅所傳講有關從律法中得釋放的福音，已經在猶太信徒羣體裏取得合法的地位。所以，當保羅在羅馬書十五章 27 節說到「因外邦人既然在他們屬靈的好處上有分，就當把養身之物供給他們」時，他真的是指著羅馬教會的信徒（尤其是針對其中的外邦基督徒），希望他們能有所捐獻（一 13 中提到的「一些果子」，也可能是指金錢的奉獻）。

羅馬書寫成於公元 57 年，其時保羅正是在往耶路撒冷的途中（十五 25），身處哥林多。關於羅馬書的歷史背景，可參看 5.1.8。

### 5.2.2. 羅馬教會的情況

當代的文獻讓我們對新約時期羅馬教會的情況能了解一二。羅馬城曾經有為數不少的猶太人居住，保守估計約為四至六萬人[37]。在公元前 81 年，距離羅馬約三百公里的龐貝城（Pompeii）就曾有許多猶太裔的奴隸，後來一度獲得釋放。有學者相信使徒行傳六章 9 節提到的「自由人」(《現》；《和》則取其音譯，即「利百地拿」)，指那些曾經為奴，後得釋放的猶太人。首批傳道者大概是本鄉的居民，就是那些曾在耶城經歷聖靈降臨的羅馬籍猶太人（徒二 5~10）。正所謂條條大路通羅馬，羅馬發達的交通網絡實在有利福音的傳播。所以，基督信仰在羅馬城的傳揚與建立，大概也是一自然而漸

37 Bruce, *History*, 頁 137。

進的歷程。雖然有人認為羅馬教會的開創者是使徒彼得，但倘若真有使徒領袖到過羅馬宣教，保羅不可能全沒提及，甚至連一兩句問安的説話也沒有。

第二世紀羅馬著名的歷史學家綏屯紐（Suetonius），是首位提供身處羅馬的猶太裔基督徒的資料的人。他提到在羅馬王革老丟在位期間（即公元41~54年），已經有基督徒在羅馬居住（參8.3.2）。公元49年，這位君主勒令驅逐猶太人離開首都羅馬。根據綏屯紐記載，這道勒令原為要制止一位名為 *Chrēstus*（拉丁語）的人所引起的動亂。這動亂很可能基於基督信仰在當地的猶太社羣中迅速增長所致（我們不難體會，在保羅的宣教旅程中，向猶太人傳福音會經常與當地猶太社羣產生衝突）；而綏屯紐所提及的那位名為 *Chrēstus* 的人，實則便是 *Christus*，即拉丁語的「基督」[38]。我們也許會奇怪，難道羅馬政府也會弄錯基督徒和猶太人嗎？這實在也並不希奇，對於當時的異教徒來説，所有與聖殿有關、又閱讀舊約聖經的人都是猶太人或猶太教人士。就如今天對教外人士來説，所有閱讀聖經或相信耶穌的，無論是羅馬天主教、新教[39]（Protestant Christianity），甚至耶和華見證人或摩門教徒，都是基督徒。所以，自革老丟勒令以後，猶太基督徒（連同所有的猶太裔人士）便得離開羅馬（參徒十八1~3）。於是，在信徒羣體中得以留下來的，就只有外邦的信徒而已。

---

38 另一點可證明 *Chrēstus* 等同 *Christus* 是，使徒行傳十一章26節中提及的 *Christianous*，有些古卷（包括最好的古卷《西乃抄卷》）的語句是 *Chrēstianous*，即把原來的 *i* 變成 *ē*。在保羅時代的希臘語，這兩個字母的發音完全相同（稱為「i-音現象」）。因此，當繙成拉丁語字時，把 *Christus* 誤為 *Chrēstus* 實在是很平常的。

39 這是一般刊物對「Protestant Christianity」的繙譯，有些人則稱為「基督徒」。

事實上，自猶太信徒離開後，教會不久即為外邦信徒所填補。

直至革老丢在公元54年逝世後，猶太人才得以逐漸遷回羅馬，當中不乏猶太信徒在內。當猶太信徒再次回到羅馬教會時，我們不難想像他們與外邦信徒未盡協調而衍生張力的局面。從羅馬書十四章1節～十五章13節所示，作者亦審慎地將這矛盾的局面暗示出來。由此角度來看，難怪作者在本書的論述中，致力要肯定以色列人在救恩歷史中的角色。

### 5.2.3. 信息

羅馬書有一段異常詳細的自我介紹，或可算為本書的序言（一1~17）。首先，作者從救恩論的角度，告訴我們耶穌基督的神、人二性（一2~6）。承接著這段宣言，在展開下文的論述之前，作者先揭示全書的主旨：「我不以福音為恥；這福音本是上帝的大能，要救一切相信的，先是猶太人，後是希臘人。因為上帝的義正在這福音上顯明出來；這義是本於信，以至於信。如經上所記：『義人必因信得生。』」（一16~17）。這裏所講的「義」，並非指上帝的公義，而是指上帝與人之間的一種「和好關係」（參《現》）。因此，「上帝的義」實指上帝企圖要使人與自己和好的計劃。

保羅以「壞消息」作為全書論述的起點：先從傳統猶太人說法來評論外邦人（一18~32），然後轉過來對猶太人說，指出他們也沒有藉口（二1～三8）。保羅要指出，人反叛上帝，上帝的忿怒使人必定需要救恩。他這樣向兩班人說話，是要指出人根本無能十足遵守舊約聖經所載有關上帝的教導，這教導不單顯明在聖經上，亦顯明在人的良知裏。如此，所有人類也要落在上帝的審判中。然而，轉捩點見於三章21~22節：「但如今，上帝的義在律法以外已經顯明出來，有律法和先知（指整本舊約聖經）為證。就是上帝的義，因信耶穌基督加給一切相信的人，並沒有分別。」保羅的論點是上帝因著自己的緣故，稱我們為義，使我們跟祂的關係得以復合；並非我們作了甚麼，卻只是認信耶穌基督在十字架上為我們成就的一切。接著，保羅繼續討論與上帝建立新關係的含義，這關係正是今日基督徒所享有的。

九至十一章組成一個段落，保羅為一個事實掙扎不已——相對於猶太人，外邦人對保羅的信息有更積極的反應。難道上帝昔日對其子民的應許，現已真的落空？若然如此，更嚴重的問題是，應許既可落空如此，又叫人憑甚麼再信上帝現在的應許？保羅總結說，猶太人只是暫時拒絕福音而已，這也是出於上帝計劃的一部分，好使救恩臨到全人類。保羅清楚指出，在末後的時分，上帝的子民必會接受耶穌。自羅馬書寫成那天開始，筆者相信任何人閱讀這幾章聖經，都必定會感覺驚訝，因為我們還未經歷這現實。但要留意保羅在這幾章的結論，他不是基於他的經驗而說的。事實上，回顧保羅的事奉生涯，他所面對的逼迫全是由猶太人來的。保羅的結論是源自他的神學推論和理解，當然，還有他感性上的期望。

保羅在第一至八章論到人怎樣透過基督與上帝建立新關係，然而，這道理如何付諸實行？這就是十二章以後的主調：「所以弟兄們，我以上帝的慈悲勸你們⋯⋯」。作者主要論到個人在基督徒羣體裏所體現的嶄新關係，同時亦指出基督徒面對執政的權力架構時所應持守的態度（見十三 1~7）。

### 5.2.4. 羅馬書的結尾

本書的結尾是新約聖經中一段最長的問安語（十六

1~24），問安語中所提及的那些人是否都認識保羅？這是一個十分有趣的問題，特別是我們均曉得保羅從未到過羅馬，他何以認識這許多當地的信徒？傳統的解釋是假設這些人是保羅在哥林多遇見百基拉和亞居拉時一併認識的（參 5.1.8）。可是，在其他抄卷發現的兩個問題，也許可為這問題提供另一答案。

首先，載有羅馬書最早的手抄本𝔓[46]，即第三世紀的《貝蒂蒲草紙集》（*Chester Beatty Papyri*，參 12.2.1）的其中一份，將最後的三一頌（十六 25~27）緊置於十五章 33 節之後。換言之，此古卷即略去整段問安語（十六 1~24）。其次，雖然「在羅馬」這句話（一 7、15）可見於大部分的手抄本，但仍有少部分手抄本略去這句話（同樣的情況亦出現在以弗所書）。鑑於以上兩項證據，有些學者推論：最原本的那封信是沒有十六章 1~24 節那段問安語的，但當這信送抵羅馬之際，當地教會立刻另抄一份（可能是受保羅所託），並包括十六章 1~24 節那段問安語，送到小亞細亞的城市去，其中包括以弗所。因為羅馬教會其中幾位領袖百基拉、亞居拉和以法拉提（「首位歸主的小亞細亞人」，十六 5），當時正居住於以弗所（參徒十八 18~19、24~26；林前十六 19）。如此的解釋，意即十六章 1~24 節中所提及的人名，可能是以弗所教會的弟兄姊妹。

### 5.2.5. 結構大綱

1. 序言和題旨（一 1~17）
2. 全人類需要拯救（一 18~ 三 20）
    a. 外邦人（一 18~32）
    b. 猶太人（二 1~ 三 20）

3. 上帝拯救之道（三 21~ 四 25）
   a. 耶穌基督的死所彰顯的義（三 21~26）
   b. 信是惟一的回應（三 27~30）
   c. 以亞伯拉罕為例（四 1~25）
4. 在基督裏的新生命（五 1~ 八 39）
5. 上帝計劃中的以色列（九 1~ 十一 36）
6. 基督徒的行為（十二 1~ 十五 36）
7. 結語和問候（十六 14~27）

## 5.3. 哥林多前書

哥林多城是亞該亞省的首府。作為一個港口，政府於此銳意發展貿易生意，遂使哥林多成為一個重要而繁榮的城市。不同形式的宗教敬拜及哲學思想，都在這裏共冶一爐。在眾多神衹崇拜中，哥林多更是敬拜希臘愛神亞富羅底特（Aphrodite）的中心。早於古代社會的時期，哥林多已因道德敗壞而惡名昭著；希臘字 *korinthiazomai*，即「亂倫」的意思，就是源自「哥林多」這名字。哥林多信徒是由保羅帶領歸主的，但當時卻處於誤入歧途的危機。有關本書的歷史背景，可參 5.1.8 之「保羅的第二次和第三次宣教旅程」。

### 5.3.1. 四書三訪

新約聖經包括了兩卷致哥林多人的書信；根據這兩封書信的內容，可知保羅至少寫了四封信給哥林多教會，且曾三訪此城，然而，其中的兩封書信已經散失。事件的先後次序可能如下。

第一次的到訪記載於使徒行傳十八章 1~8 節，時為公元 50 或 51 年，並促成當地教會的建立。後來，保羅寫了他在哥林多前書五章9節提到的「第一封信」(「我先前寫信給你們」)；有部分學者認為哥林多後書六章1節至七章1節，可能就是這封信的片段。

及後，為要回應那叫人憂慮的消息（林前一11），並對當地信徒提供建議（七1），保羅大約在公元54年寫了「第二封信」，這就是我們所認識的哥林多前書。

之後不久，保羅重訪哥林多教會，就在這逗留期中，保羅受到部分會眾嚴重的個人攻擊（參林後二5~11，七12）。回到以弗所後，保羅再次寫信給哥林多信徒，要求嚴懲那些攻擊他的人，這就是那「第三封」叫人憂愁的信（見林後二3~4、9，七8、12）。

當保羅從提多口中得知哥林多人收到這信後的反應，隨即寫了「第四封信」(即哥林多後書)。所以，哥林多前書其實是四封信中的第二封，而哥林多後書就是最後的一封。後來，保羅在第三次宣教旅程中，曾在哥林多逗留三個月之久(徒二十2~3)，這是他第三度重訪此地（參林後十二14、21，十三1~2）。

### 5.3.2. 哥林多教會的分黨

根據使徒行傳的記載，哥林多教會主要由外邦基督徒組成，而猶太基督徒只佔少數；這點可從哥林多前書獲得進一步的證實（參林前七18「有人已受割禮蒙召呢，就不要廢割禮；有人未受割禮蒙召呢，就不要受割禮」，特別是十二2「你們作外邦人的時候……」)。從保羅言論所針對的對象，可見該地的教會確是以外邦信眾為主。此外，根據哥林多前書七章21節「你是作奴隸蒙召的嗎？不要因此憂慮」和一章26節「弟兄們哪，可見你們蒙召的，按著肉體有智慧的不多，有能力的不多，有尊貴的也不多」，更可見哥林多教會的信眾很可能包括一定數目的奴隸和平民，然而，也有少數知識分子及富有人家。

由於教會信眾的組合如此複雜懸殊，使徒保羅便特別針對教會內不同派別的對立、分裂的現象，加以嚴厲的責備和勸導。根據哥林多前書一章12節記載，當時教會內至少有四個明顯的「黨派」，分別聲稱屬於保羅、亞波羅、彼得和基督的。

「保羅一黨」很可能是組成哥林多教會的首代信徒，他們可能是保羅在公元51年所帶領歸主的。「亞波羅一黨」則主要奉亞波羅的教導為宗，亞波羅是當時著名的佈道家，通曉聖經真理（徒十八24~28），故這很可能涉及當時教會內少數知識分子的問題。保羅在第一章特別為了這班知識分子，指出人的智慧與上帝的智慧的分別；人只能憑信、藉啟示和聖靈而得著屬靈的智慧。

其餘的「彼得一黨」(聖經從未提及彼得曾到訪哥林多)和「基督一黨」，又是甚麼回事？保羅提及這兩黨，可能並非真有這兩個派別存在，只是在議論間刻意強調彼此意見不合、各有所宗的情況。要注意在第三章，當保羅重提內部分裂的時候，只集中在「屬保羅」和「屬亞波羅」兩黨的爭持，卻沒有再提及其餘兩個派別；反之，保羅一再哀求哥林多人總要把信心置於基督身上。

### 5.3.3. 信息

哥林多前書是書信中最具牧養意味的一卷，彷彿所有教會會遇到的事都一起發生在哥林多城這所教會。本書的信息並非是單元信息，而是為處理某教會的實際問題而寫的。

保羅開首便先處理結黨紛爭的事，共花了開首四章的篇幅討論這問題，意味著事態的嚴重。要處理的問題還有很多：在淫亂方面，保羅督促教會需要嚴懲犯罪者，直至這些人悔改（五章）；在對付信徒之間的訴訟，教會需要先嘗試扮演仲裁者（六章）；在婚姻方面，信徒當中有信與不信的家庭，保羅勸勉已信者應關懷未信者的得救，不應單單為自保而離去，而未出嫁的女子，應約束己身或合法結婚（七章）；至於祭物和崇拜等疑難，保羅強調基督徒的自由與信心軟弱者的協調（八章）；使徒靠傳福音養生的權利（九章）；主日崇拜與聖餐的秩序（十～十一章）；聖靈恩賜的差別與合一，其中尤其集中討論「方言」的問題（十二～十四章）。在諸多的討論裏，保羅在第十三章所談及的以「愛」為原則之下的信徒生活，可謂是最為人所知的。至於第十五章，是討論「復活」非常重要的一課。首先，作者以耶穌基督的復活開始，轉引可能一條十分古舊的信條（3~7節），列舉出復活者的種種形象。接著，作者進一步討論基督徒復活的問題，從而申明基督徒的復活不單是血肉的復活，乃是整個身體復活，且轉變成一「屬靈的身體」。

哥林多教會有些人是禁欲（參七 25~40）、又有些人是縱欲的（五～六章），可能是因為他們極受諾斯底派（Gnosticism）所影響（參 10.2.5）。

### 5.3.4. 結構大綱

1. 問安和祈禱（一 1~9）
2. 教會內部的派系（一 10~四 21）
3. 淫亂的事（五 1~六 20）
4. 論婚姻問題（七 1~40）

5. 論祭偶像之物（八 1~ 十一 1）
6. 教會生活和崇拜（十一 2~34）
7. 論屬靈恩賜（十二 1~ 十四 40）
8. 基督和信徒的復活（十五 1~58）
9. 接濟猶太的信徒（十六 1~4）
10. 保羅個人的事情和結語（十六 5~24）

## 5.4. 哥林多後書

哥林多後書可算是保羅一封很私人的信（不像前書處理一些教義的事和教會規則），表達他對哥林多信徒的深切關懷。詳細的寫作背景和哥林多城的歷史背景，參 5.3「哥林多前書」和 5.1.8.2~5.1.8.3 有關保羅的第二和第三次宣教旅程。

### 5.4.1. 本書信息

本書不單是針對某些哥林多教會的信徒的攻擊而辯護，更是要回應「敵人」對他傳道職事的毀謗與攻擊。這些「敵人」可能是與加拉太書中所提及的猶太主義者有關。雖然本書沒有有關割禮的爭論，但這些人想藉各方面的機會毀壞保羅的聲譽，故與教會中反對保羅的人拉攏，攻擊保羅。他們指保羅是懦夫，雖然寫信時聲如雷鳴，見面時卻是膽小如鼠（十 10），又指責保羅沒有教會支持，反而從事勞動以致貶低自己的身分（十一 7），又說保羅不是使徒，故沒有使徒的權柄（三 1，十一 5，十二 11~12），更指出保羅「血氣」（十 2）、自誇（十 8、15）、詭詐（十二 16）等。

為回應這些攻擊，保羅從神學的角度指出自己的職分（三 ~ 五章），又不時細訴個人的經歷，這可有助我們更多了解他的際遇和性格；其中尤以在以弗所遭受的患難（十一23~27）、終生所領受的異象，以及肉體上所背負的刺（十二1~10）等自白最為人深刻。從保羅的自白中，讀者亦能窺見使徒事奉生命的風骨和權柄的所在（六1~10和十1~11）。此外，保羅又再次提出為耶路撒冷教會捐獻的要求，因為這標誌著教會的合一。他更以兩章的篇幅（八～九章）討論有關捐獻的神學基礎。

這兩封哥林多書信可謂破碎了一般人以使徒教會為理想教會的美夢。其實，值得驚奇的，不是看到使徒時代的教會有很多掙扎和罪惡，而是教會在掙扎和罪惡中，可以靠著主的話繼續成長。毫無疑問，最大的功勞，還是上主給保羅那顆愛教會和信徒的心，使教會能有多一個機會改過、成長。

### 5.4.2. 結構大綱

1. 問安和祈禱（一1~11）
2. 保羅和哥林多教會（一12~七16）
   - a. 保羅為個人的言行作解釋（一13~二13）
   - b. 新約職事的性質（二14~六10）
   - c. 對哥林多信徒的勸告（六11~七16）
3. 接濟猶太的信徒（八1~九15）
4. 保羅為自己的使徒職分辯護（十1~十三10）
5. 結語（十三11~13）

## 5.5. 加拉太書

在眾多保羅書信中，加拉太書的收信對象惹起最多爭議。一章2節提及的「加拉太」，可指一個地理區域或一個行政省分。至於本書的成書日期，亦因收信地域的不同而有兩個可能。歸納這方面的討論，大概可分為「北加拉太理論」或「南加拉太理論」。

### 5.5.1. 南、北加拉太理論

北加拉太理論的學者認為，「加拉太」一詞乃指地理上小亞細亞以北的加拉太古國；保羅在第二次宣教旅程期間，就在這地方建立了數家教會。根據使徒行傳十六章6節所載，此地與弗呂家相當靠近；及後，保羅在第三次宣教旅程中再度探訪他們（十八23）。其中一個有利以上論點的證據是，本書內容較接近保羅早期書信的風格，例如羅馬書、哥林多前後書等。按照以上的說法，本書乃寫於以弗所，成書日期約在公元52至53年間（寫哥林多前書之前）。這樣，帖撒羅尼迦前、後書便成為新約中最早期的保羅書信了。

然而，現今較多學者（特別是福音派）採納的是南加拉太理論。他們認為「加拉太」一詞，乃指政治體系上羅馬行省以南的地方。使徒行傳十三～十四章（參5.1.5之「第一次宣教旅程」）記載保羅到訪多個南部城市（包括彼西底、以哥念、路司得、特庇），並在當地建立數家教會。及後，保羅也再度重訪這一帶的教會（徒十六1）。按照以上的說法，本書的成書日期就應該介乎公元48至49年間，那麼，這便成為新約中最早的保羅著作了。最關鍵的問題是，保羅在加拉太書二章1至12節提及的耶路撒冷之旅，究竟等同於使徒行傳十一章27至30節所謂的「饑荒慰問」（南加拉太論者的主張），還是等同於使徒行傳十五章所載的「耶路撒冷會議」（北加拉太論者的主張）？（參5.1.5和5.1.6）

### 5.5.2. 信息

無論採用哪一個理論來解釋加拉太書的收信對象，都只會影響一些細節的問題，對於書信的信息影響不大。

本書信固然是處理一個使徒教會的問題，但這問題的精神又確實與基督信仰息息相關。保羅寫加拉太書，是要修正那些出於「猶太主義者」(Judaizers) 的偏差教導；這些言論正誤導加拉太的信徒。猶太主義者認為單憑在基督耶穌裏的信心（二 15~16）仍不足以得救，外邦信徒必須遵守猶太教的律法，正如異教徒歸信猶太教一樣。因此，外邦信徒必須接受割禮（並接受律法，即猶太宗教的禮儀），才得以成為上帝選民的一分子。不幸的是，這錯誤的教導竟獲得加拉太信徒的普遍認同，而保羅反被指責為態度橫蠻，傳講割裂、不完整的福音。

保羅對此的回應十分強烈和嚴厲（三 1 和五 12）！他首先申明律法的效用和限制，從而指出惟獨藉信心而稱義的必須性；這使加拉太書的調子頗近於羅馬書。他堅稱信心的確可以取代並繼承律法的任務，其中更援引大量舊約聖經作為預表的憑證。然而，基督徒得到擺脫律法的自由並不等於可以為所欲為，正如第五、六兩章的申論所言，基督徒從猶太律法得著釋放，並非容許他們放縱犯罪；相反，乃是獲得不犯罪的自由，並以此來事奉上帝和鄰舍。

從神學角度來看，本書的中心信息是為抗議基督的福音受到歪曲而寫的。猶太主義者因堅持信徒必須遵守猶太教的律法（包括記錄律法和口傳律法）才得以在上帝面前成為完全，這個理論明顯與「因信稱義」(即單純因相信上帝的救贖大能，而非人的善行）有牴觸。驟眼看來，這書的信息似乎已經過時，因為今天已經沒有人會將猶太人的律法強加於基督徒身上。但實際上，書中所提及猶太人的「律法」就好像在每一個世代，人或社會為自己制定的規條。保羅所發出的挑戰是：主耶穌在十字架上為人類所作的一切，是否已經足夠把人帶到上主的面前，抑或還需要人的制度幫助呢？

### 5.5.3. 結構大綱

1. 問安（一 1~5）
2. 惟一的福音（一 6~10）
3. 保羅作使徒的職權（一 11~ 二 21）
   a. 保羅怎樣成為使徒（一 11~ 一 24）
   b. 保羅和其他使徒（二 1~10）
   c. 保羅在安提阿責備彼得（二 11~14）
   d. 猶太人和外邦人都因信得救（二 15~21）
4. 教義上的論證（三 1~ 四 31）
   a. 法律或信心（三 1~14）
   b. 法律和應許（三 15~20）
   c. 法律的目的（三 21~ 四 7）
   d. 保羅關懷加拉太人（四 8~20）
   e. 夏甲和撒拉的例子（四 21~31）
5. 基督徒的自由和責任（五 1~ 六 10）
   a. 基督徒的自由（五 1~15）
   b. 聖靈和人的本性（五 16~26）
   c. 分擔重擔（六 1~10）
6. 警告和問候（六 11~18）

## 5.6. 以弗所書

以弗所書、腓立比書、歌羅西書和腓利門書合稱為「監獄書信」，因保羅寫這四封信時均身陷監獄（腓一 7、13~14；門 1、9；弗三 1，四 1；西四 3、10、18）。根據大部分學者研究指出，四封信皆寫於保羅第一次被囚於羅馬的期間（弗六 20；參 5.1.10），時為大約公元 60 年。

### 5.6.1. 收信人

在收信人方面，值得注意的是，在若干最佳的手抄本中（例如ℵ，B 及𝔓[46]，參 12.2.1）竟略去一章 1 節「在以弗所」一詞（與羅馬書的情況相似）；而第二世紀的異端馬吉安（參 11.2）卻稱這信為「老底嘉書」。因著這兩點，以弗所書很可能是一封供傳閱的書信，原寫給小亞細亞，在以弗所一帶地方（包括老底嘉）的眾教會。如此，也同時解釋了本書欠缺個人問安語的原因。留意在保羅的宣教旅程中，逗留在以弗所城的時間可謂最長（徒十九 8~10），照理，要問候的人應該不少，但本書卻沒有任何個人的問候。此外，根據一章 15 節（「自從我聽到了你們……」），作者似乎只能靠間接打聽才得悉當地的情況。這封信很可能首先抵達老底嘉，而保羅要求歌羅西人以所收的書信與之交換傳閱（參西四 15）。然而，當這封信（亦可能是其中一個副本）最後抵達以弗所城時，就被加上「在以弗所」一字。

### 5.6.2. 信息

保羅並非要藉此書來處理特定的教會問題或困難；然而，其內容的神學意味卻十分濃厚。本書以教會觀為核心主調，強調教會與基督的關係。教會的角色在於彰顯福音的大能，使原本彼此為仇的羣體，得以重歸於一——特別是猶太人和外邦人（見二 11~19）。教會是以基督為元首的身體（一 23），這正與妻子之於丈夫無異（五 23~32）。正如歌羅西書所論及基督的位格和工作是關乎普世一樣，本書有關教會的主題同樣具有普世性的意義。

正如保羅其他的書信一樣（參羅馬書的大綱），本書的前半（一～三章）先勾劃出理論的基礎，繼而以後半（四～六章）討論實際的應用。在四至六章，保羅特別針對教會和家庭關係的維繫，提醒信徒蒙召成為耶穌基督門徒的身分，憑這合一的基礎，當努力活出合一的理想。其中作者大部分的論點，都頗具革命性，尤其提出婦女、兒童及奴隸的尊嚴，主張他們應獲得平等的對待（五 22~ 六 9）。

本書與歌羅西書在內容上顯得非常相近；甚至在文筆表達上，兩書亦自成一格，有別於其他的保羅書信。例如造句較為冗長，經常使用連串片語、同義詞和對稱平衡的語句等，且更有不少詩歌及禮儀的片段。總之，兩書無論在用語、風格和神學信息各方面，相對於保羅的其他書信，都顯出相當不同的面貌（參 5.8.2）。

### 5.6.3. 結構大綱

1. 問安（一 1~2）
2. 基督和教會（一 3~ 三 21）
    a. 基督裏的屬靈恩賜（一 3~14）
    b. 保羅的禱告（一 15~23）
    c. 出死入生（二 1~10）
    d. 在基督的生命裏合而為一（二 11~22）
    e. 保羅向外邦人傳福音（三 1~13）
    f. 基督的愛（三 14~21）
3. 在基督裏的新生命（四 1~ 六 20）

a. 教會的合一（四 1~16）
b. 基督裏的新生命（四 17~32）
c. 生活在光明中（五 1~20）
d. 夫妻的關係（五 21~33）
e. 父母和兒女的關係（六 1~4）
f. 主僕的關係（六 5~9）
g. 上帝所賜的全副裝備（六 10~20）
4. 結語（六 21~24）

## 5.7. 腓立比書

腓立比是一個重要的城市，由馬其頓的腓力二世（即亞歷山大的父親）在公元前 358~357 年所建立的，為要幫助羅馬帝國維持與東部地區的聯繫。及後，羅馬統治者奧克塔維厄斯（Octavius），即我們所熟悉的奧古斯都（Augustus），更拓建腓立比為軍事前哨基地和羅馬殖民區，使當中的公民（許多為退役士兵）可享有在意大利同等的利益和特權。保羅便援引了這「享特權的公民」身分，來闡發本書的重要真理（見三 20）。腓立比教會建立於公元 50 年，過程詳見於使徒行傳十六章 12~40 節。其時保羅、西拉與提摩太已離開腓立比，只有路加繼續留守。腓立比當時是一個著名的醫學重鎮，甚至可能是路加的家鄉。請參 5.1.10「保羅到羅馬的旅程和後記」。

### 5.7.1. 信息

本書可算是一封很輕省的書信。表面上，保羅寫此信的目的，為要答謝他們在金錢上和實質上的幫助（二 25，四 10、14~19），並趁機給予他們鼓勵、勸告和指引。在言詞之中，我們不難發現，答謝是其次，鼓勵、勸告和分享自己的情況才是最重要的。除腓利門書外，本書是最為私人的信，書中出現不下於一百次「我」這個第一人稱單數的字（代名詞或作動詞的主語）。作者並非要誇耀自己或要在書中為自己申辯甚麼，而是因為腓立比教會與保羅的關係非常親密。所以，他可以毫無拘束地與腓城信徒分享自己的感受和苦難。保羅與腓城信徒的關係之親密，可見於字裏行間，例如，「因你們常在我心裏，無論我是在捆鎖之中……你們都與我一同得恩」（一 7），「我……切切地想念你們眾人；這是上帝可以給我作見證的」（一 8），「我所親愛、所想念的弟兄們，你們就是我的喜樂，我的冠冕」。（四 1）

雖然全書洋溢著喜樂的氣息，但保羅那陷於艱難中的喜樂精神，實在也值得我們深思。此外，保羅常愛用對比的句法來表達他對喜樂的執著（一 18~19，二 18，三 1，四 4），這並非出於故意的做作，卻流露出他著意把注意力從許多仇敵和死亡轉移到自身與主關係上的努力（一 20~24，二 17~18）。

對很多學者來說，二章 5~11 節這段經文是本書最重要的一段經文。這很可能是非常早期基督徒羣體所唱頌的一首禮儀詩歌，後被保羅引用於此書。經文可分為兩段：二章 6~8 節和二章 9~11 節。前段的主題是耶穌的虛己，亦是腓立比信徒所要學的功課（參二 3~4）。保羅藉此呼籲讀者同樣效法，好能輕視今生的勞苦，並仰望來世的福樂（三 17~21）；而後段的主題則是耶穌的榮升。留意這詩層層遞進的表達：「上帝的本質……虛己……奴僕的本質……一般人的樣式……既出現如人的樣子，就謙卑自己……順服至死……死在十字架上」，以致描述的速度相當慢。轉入全詩第二段（二 9~11），留意第一句「上帝將祂升為至高……」，只以一句，就交代了由極卑轉為至高的歷程，前後兩段一緩一急的筆觸，就突顯出前段乃全詩的焦點所在。

### 5.7.2. 結構大綱

1. 問安（一 1~2）
2. 保羅為對方的禱告（一 3~11）
3. 在基督裏的生活（一 12~ 二 18）
    a. 為基督而活（一 12~30）
    b. 以基督為榜樣（二 1~11）
    c. 世上的光（二 12~18）
4. 提摩太和以巴弗提（二 19~30）
5. 提防敵人和其他的危險（三 1~ 四 9）
    a. 真正的義（三 1~11）
    b. 向著目標直奔（三 12~21）
    c. 保羅的勸導（四 1~9）
6. 感謝的話（四 10~20）
7. 最後問安（四 21~23）

## 5.8. 歌羅西書

歌羅西是一個位於弗呂家西部的小城，距以弗所東部約一百公哩，與老底嘉十分接近（四 13）；時至今日，歌羅西這小城已不再存在。歌羅西教會並非由保羅建立，而是應該與「忠心基督的執事」以巴弗（一 7）有密切關係。至於鄰近的老底嘉教會，相信也是由他建立的（參二 1 及四 12~13）。保羅鼓勵兩家教會互相交換書信傳閱：「你們念了這書信，便交給老底嘉的教會，叫他們也念；你們也要念從老底嘉來的書信。」

（四 16）這多少有助我們了解保羅書信的流傳和蒐集的過程。

5.8.1.信息

保羅也是在監獄中寫下這封書信的（四 18），與以弗所書十分相似，很有可能寫於同一時期。並不見得保羅曾親訪歌羅西城，但由於其時在他身旁的以巴弗（四 12）為他帶來有關歌羅西教會的好消息，以及當地信徒在信心和愛心上的增長（一 4，二 5），才促使保羅寫下這封勉勵的信。

又由於得悉有一異端在當地興起，企圖以哲學的思辯混亂基督的道理，更以諾斯底主義敗壞福音（二 8），追求奧祕的知識。保羅便以清晰的基督論教義作出反擊：「因為上帝本性一切的豐盛，都有形有體地居住在基督裏面（這正是諾斯底派所不能接受的），你們在祂裏面也得了一切豐盛……」（二 9~15）。然而，教會內的異端並非純是諾斯底派，而是受一些猶太教觀念所影響。他們敬拜天使，以為天使是上帝與人之間的中保（二 18），又禁戒某種食物或飲料，並且遵守月朔或節期（二 16）。因此，保羅說明這些禮儀和節期只不過是後事的影兒（二 17）。

由於這異端源於那些自恃割禮的猶太基督徒，保羅便著意強調「屬靈的割禮」的超越性，那是猶太教所恃的肉體割禮所不及的（二 11）。此外，為針對異端所引來的禁欲主義，保羅嚴斥他們的主張徒具智慧的外貌，卻正與基督徒在恩典中的自由釋放相違（二 21~23）。接著，作者詳列基督徒生活的真正原則（三 1~ 四 6）。

5.8.2. 與以弗所書的關係

正如在上文討論以弗所書（5.6）時所提及，歌羅西書和以弗所書實在是兩卷非常相似的書信，無論在內容信息、文筆表達以至用語上都轅出一轍。若我們再細心對照兩書的鋪排，甚至發現兩封信的思想進路也十分相近，真堪稱為姊妹之作。兩書均以較宏觀的角度，先描述整個世界各種的權勢與力量，接著指出基督彰顯上帝的奧祕（西一 26~29，二 2，四 3；弗一 9，三 3~13），而世界就因著基督捨身十架而得以與上帝復和（西一 20；弗一 7、10），並得以勝過所有與上帝為敵的勢力（西二 15；弗一 21~23）。又因著基督成為神人之間的「和平之子」，因此，上帝將隔斷的牆廢掉，並泯滅選民（猶太人）與外族（外邦人）的分野，使所有人都得享成為上帝子民的平等權利（西三 11；弗二 14）。

### 5.8.3. 結構大綱

1. 問安（一 1~2）
2. 感謝的禱告（一 3~14）
3. 基督的特質和工作（一 15~ 二 19）
    a. 基督和祂的工作（一 15~23）
    b. 保羅的任務（一 24~ 二 5）
    c. 在基督裏完整的生命（二 6~19）
4. 在基督裏的新生命（二 20~ 四 6）
    a. 與基督同生共死（二 20~ 三 4）
    b. 舊生命和新生命（三 5~17）
    c. 新的人際關係（三 18~ 四 1）
    d. 勸導的話（四 2~6）
5. 最後問安（四 7~18）

## 5.9. 帖撒羅尼迦前書

帖撒羅尼迦城（相當於今天的薩洛尼卡）是於公元前 315

年由馬其頓王卡山得（Cassander）所建立的，以他妻子的名字命名。在羅馬統治下，帖城成為馬其頓省的首府，亦是當時一個非常重要的海港，人口稠密。按一些碑文所記載，這城也有不少猶太人居住。

### 5.9.1. 信息和寫作背景

帖撒羅尼迦前後書大約寫於公元 51~53 年間。前書的寫作背景可見於使徒行傳十七章 1~15 節，路加詳細記錄了保羅、西拉和提摩太在公元 50 年的春天到訪帖撒羅尼迦城的經過，並在當地惹來一場騷亂。帖城的工作有相當不俗的開始，但與此同時，即引起當地猶太人的反抗，遂使使徒們幾受私刑之險，必須忽忙離開帖城。這事件引起教會內外的批評，使保羅不得不向帖城信徒加以澄清（一 2~ 二 15）。保羅差派提摩太，從雅典出發往帖撒羅尼迦城，搜集當地的情況（三 1~5）。除了好消息外（6 節），提摩太也帶來若干問題。

一般而言，道德與聖潔生活的整肅通常是外邦教會較為急切的問題，帖撒羅尼迦教會也不例外（四 1~12）；然而，末世論的偏差更在帖城教會中釀成困擾。很有可能的情況是，當保羅離開帖撒羅尼迦教會不久，有初信主的人不幸離世，這事隨即引來不少的爭議：那些在主基督再來以先而離世的基督徒，他們的命運到底如何（四 13~18）？而主基督又何時再來（五 1~11）？保羅在信中著意回答這些問題，致使本書的神學，呈現相當鮮明的主題——那些在基督裏死了的聖徒，並不比活著存留到主降臨的時候遜色，因為當上帝的號吹響之際，那些在基督裏死了的人必首先復活（四 16~17）。

本書的末世觀，反映使徒教會普遍存在著末世即將臨到的觀念和期望（參 3.2.1 ， 5.0.2），甚至包括保羅（至少在其早年的事奉中），均以為基督將會在那世代中再來。另外，還有一個有趣的觀察，使徒教會乃以 *proistamenoi* 一字來指教會領袖（五 12），及後才以「監督」（*episkopoi*）名之。從這用字上的更易，多少讓我們察知早期基督徒羣體邁向組織建構的發展過程。

### 5.9.2. 結構大綱

1. 問安（一 1）
2. 感謝和稱讚（一 2~10）
3. 為自己在帖城的工作辯護（二 1~ 三 13）
4. 有關基督徒行為的勸勉（四 1~12）
5. 關於基督再來的情況（四 13~ 五 11）
6. 末後勸勉的話（五 12~22）
7. 結語（五 23~28）

## 5.10. 帖撒羅尼迦後書

保羅寫了帖撒羅尼迦前書，並收到從帖城教會傳來的消息後，很快便提筆寫第二封信。留意帖前一章 1 節和帖後一章 1 節，那時候提摩太和西拉仍在保羅身旁，可見保羅仍未離開庇哩亞，（參徒十七 14）故前後兩書相距的時間不會很長。

### 5.10.1 信息和寫作背景

帖撒羅尼迦後書一方面是繼續討論末世論的問題，而另一方面是摒除「主的日子現在就到了」這句話（二 1~2）。毫無疑問，保羅在帖撒羅尼迦前書向信徒所講解的，引起有些帖城信徒因為過分熱切地期待基督的再臨，就紛紛停了手上的工作，一心等候主。甚至更有人訴諸保羅的權威和聖靈的啟示來發表一些支持自己錯誤觀點的言論。因此，保羅敦促他們不要因「有靈、有言語、有冒我名的書信」而「輕易動心」（二 1~4）。

有鑑於此，保羅撰寫後書，一方面呼籲信徒固然要為主再來而作好準備。但由於主再來的日子如「夜間的賊」一般，所以另一方面，保羅又著意勸諭帖撒羅尼迦人毋須苦心計算主再臨的日子。況且，那大日子來臨之先，必有兆頭顯露（二 3），且有一件特別的事（或人）「攔阻」末期的到來（二 7）。因此，保羅勸勉帖人在這等候過程中，必須保持安靜，且繼續工作（三 1~13）。此外，保羅為要表明自己並沒有前後矛盾，他重申現今所寫的一切，昔日在帖撒羅尼迦教會已說過，如今只是重申聲明而已（二 5）；這亦與帖撒羅尼迦前書所言互相吻合（比較兩封書信相近之處：帖後二 13~17 和帖前三 7~13）。

### 5.10.2 結構大綱

1. 問安（一 1~2）
2. 稱頌和讚許（一 3~12）
3. 關於基督再來的情況（二 1~17）
4. 有關基督徒行為的勸勉（三 1~15）
5. 結語（三 16~18）

## 5.11. 提摩太前後書與提多書

提摩太前後書與提多書，合稱為「教牧書信」。因為這三卷書都是寫給個人（兩位年輕教會牧者或領袖）的書信，並非以教會整體為寫作的對象。根據 5.1.10 的「保羅到羅馬的旅程和後記」的重構，三封書信的寫作時序與新約聖經的編排有所不同。提摩太後書看來是保羅的絕筆（參提後四 7：「那美好的仗我已經打過了」），而提多書反倒為較早期的「教牧書信」，當中還提及若干未來的計劃。三卷教牧書信的歷史背景，請參「保羅到羅馬的旅程和後記」一文。

### 5.11.1. 兩位教牧：提摩太和提多

保羅書信和使徒行傳均時常載有「提摩太」這名字。提摩太出生於小亞細亞的路司得（今天的土耳其），是一位信主的猶太婦人與希臘人所生的兒子（徒十六 1）。後來，提摩太曾因著猶太人的緣故而受了割禮（見 5.1.7「保羅是個希臘化猶太人？」）。提摩太年紀輕輕，已在保羅第二次宣教旅程中，成為保羅的同伴。後來，保羅更差派他到雅典、帖撒羅尼迦和哥林多與眾教會配搭事奉。在哥林多後書，提摩太的名字被列為共同寫信人之一，意味著除了一般的助理工作外，提摩太可能參與部分書信內容的撰寫工作。根據使徒行傳二十章 4 節，他亦是其中一位伴隨保羅抵達羅馬的人。關於這點，有「監獄書信」為證，保羅在腓立比書二章 19~23 節表明提摩太在他身旁，且是惟一可以分擔保羅擔子的人。此外，教牧書信亦附帶指出，提摩太曾被委託遠赴小亞細亞，進行特別的宣教工作。

提多的名字並未見於使徒行傳，只出現在保羅書信中。根據加拉太書二章 1~3 節，保羅帶同提多到耶路撒冷，以待獲得母會的允准，去傳福音給外邦人。提多原是一個異教徒，因此從未受過割禮。所以保羅希望猶太基督徒能給予提多和其餘異教徒自由，在歸信基督後免受猶太教的割禮。提多在第二和第三次宣教旅程中均伴隨保羅，當保羅差他到哥林多時，他「自己更是熱心，情願往你們那裏去」（林後八16~17）。對於保羅而言，提多不但是忠心的同工，更是親密非常的朋友，保羅自己寫道：「我從前為基督的福音到了特羅亞，主也給我開了門。那時，因為沒有遇見兄弟提多，我心裏不安」（林後二12），又說：「我們遭患難……但那安慰喪氣之人的上帝藉著提多來安慰了我們」（林後七5~6）。

### 5.11.2. 教牧書信的寫作目的

教牧書信的寫作目的，為要使教會建立在穩固的根基上，免受異端如世俗智慧派的混亂。為此緣故，書信的一部分討論到教會的規律；而其餘部分則包括深厚的教義道理，好使教會的立場更清晰堅定（提前三16；提後二8）。所以，雖然教牧書信是寫予個人的信，但它們不僅僅是關乎個人的，而是在當時教會中，也具有一定的權威性和指導能力，從而賦予提摩太和提多等教牧同工領導教會的權柄，並按規矩（書信中的教導）正確地管理教會。信中多次痛斥異端，並嚴禁教會領袖和信徒加入有關異端思想的討論和空談，或作出任何程度的妥協。

### 5.11.3. 提摩太前、後書

提摩太前書提及的，主要是教會經常需要處理的問題，例如教會當如何面對假教導，甚至是叛教之類的事（一3~20），有關崇拜的指引（二1~14），選立領袖的準則及領袖的操守（三~四章），並有關教會牧養的若干建議（五1~六10），這些教訓都反映教會的組織較前期複雜。此外，教會的聚會亦有固定的形式：舉起手來禱告（二8）、婦女們的沈靜順服（二11）、宣讀、勸勉、教導（四13），藉按手而賜恩賜（四 14）等。

至於提摩太後書則反映了保羅所面對困難，有孑然一身之慨（見提後四 9~18）。他既知道自己大限將至（四 6），就更鼓勵提摩太持守善工——忍耐迫害的痛苦，並竭力抵禦假教導的勢力。他將信仰生命比喻作接力賽跑（四 7），當他要跑的那段路將近跑盡之際（四 7），便將棒子交予提摩太，並鼓勵他繼續奮勇前進。

### 5.11.4. 提多書

在提多書中，保羅強調提多的使命：「是要你將那沒有辦完的事都辦整齊了，又照我所吩咐你的，在各城設立長老」。（多一 5）根據哥林多後書七章 6~16 節和十二章 18 節所示，提多曾解決過聖徒經濟的困難。在本書中，保羅繼續提醒提多，教導的主旨乃在於三章 14 節：「並且我們的人要學習正經事業……」，單單掛於口邊的行善並不足夠（一 10）！在短短幾章中，勉勵信徒有好行為的話竟達六次之多（一 16，二 7、14，三 1、8 和 14），這可能是特別針對革哩底人的道德生活鬆散而言。此外，有些猶太裔的信徒鼓吹猶太寓言和舊約誡命等事，他們不單與上帝相背（一 16），更是貪不義之財（一 11）的人。大概這些猶太人也可算是猶太主義者，但明顯與加拉太教會所面對的不同。

### 5.11.5. 提摩太前書結構大綱

1. 問安（一 1~2）
2. 對教會和教會領袖們的指示（一 3~ 三 16）
   - a. 譴責虛偽的教訓（一 3~11）
   - b. 感謝上帝的憐憫（一 12~20）

c. 教會裏的敬拜（二 1~15）

d. 教會的領袖（三 1~7）

e. 教會領袖的助手（三 8~13）

f. 極大的奧祕（三 14~16）

3. 指導提摩太怎樣作忠心的僕人（四 1~ 六 21）

a. 防備假教師（四 1~5）

b. 基督耶穌的好僕人（四 6~16）

c. 對信徒的責任（五 1~ 六 2）

d. 假教師和真財富（六 2~10）

e. 給提摩太的勸勉（六 11~20）

### 5.11.6. 提摩太後書結構大綱

1. 問安（一 1~2）

2. 頌讚和勸勉（一 3~ 二 13）

a. 感謝和鼓勵（一 3~18）

b. 基督的忠勇戰士（二 1~13）

3. 指導和警告（二 14~ 四 5）

a. 蒙嘉許的工人（二 14~26）

b. 世界的末期（三 1~9）

c. 末後的囑咐（三 10~ 四 5）

4. 保羅自己的處境（四 6~18）

5. 結語（四 19~22）

### 5.11.7. 提多書結構大綱

1. 問安（一 1~4）

2. 提多在克里特的工作（一 5~16）

3. 健全的教義（二 1~15）

4. 基督徒的行為（三 1~11）
5. 末後的指示和問安（三 12~15）

## 5.12. 腓利門書

這算是新約聖經中最短的一封保羅書信，很可能與歌羅西書一樣由以巴弗在探望囚於羅馬的保羅後帶回來。

### 5.12.1. 信息

這是一封很私人的信，保羅寫給腓利門——一位可能是歌羅西教會的領袖，且是一位富商；他有一位奴隸（阿尼西謀）逃走了，這事很可能涉及偷竊主人的金錢。後來，阿尼西謀（意即「有益處」）在羅馬遇見保羅，並悔改成為基督徒（10、16 節）。於是，保羅透過這封私函，巧妙地為這犯錯的奴隸解圍。而且，保羅也希望把阿尼西謀留在身邊，又恐侵佔了其他人的權利，故差使阿尼西謀先回到主人那裏，負荊請罪之餘，更藉著這封語帶相關的書函，委婉淩厲地向腓利門曉以大義：「他從前與你沒有益處，但如今與你我都有益處。」（11 節）

雖然保羅在信中並沒有直接攻擊奴隸制度的不公，但從他在信中強調所有奴隸與一般人不應有分別，眾人在上帝的家裏均是平等這觀點看來，他一定不肯苟同這剝削人的制度。在本書，我們可以看到基督徒在信仰的標準下，如何重塑社會的倫理觀。

雖說保羅並不贊同奴隸制度，然而，本書的神學觀念基本上與歌羅西書無異，在教導層面上，兩書均指出僕人應該順服主人。事實上，兩書的關係非常緊密——提及相同的發信人：提摩太（門 1 和西一 1）；問安語亦發自相同的人（門

24和西四10~13）；而兩封信亦可能均由推基古遞送的（門12和西四7~9）。

### 5.12.2. 結構大綱

1. 問安（1~3）
2. 稱讚腓利門的愛心和信心（4~7）
3. 為阿尼西謀求情（8~22）
4. 末後的問安（23~25）

# 第六章・大公書信

許多人都把希伯來書和其後的七封書信（雅各書、彼得前後書、猶大書、約壹、貳和叁書），統稱為「大公書信」（或普通書信）。但在早期的教會歷史裏，希伯來書卻往往被列入保羅書信當中（故保羅書信合共十四本），而普通書信則只有七卷，剛好組成三個「七」的組合。早期教會的著名史家優西比烏，在其《教會歷史》（2.23.24~25）中首次用「大公書信」（這名稱較「普通書信」合宜）這名稱作為這七卷書的統稱，可能是首創這統稱的人。「大公」一詞原指為一般信徒而寫的（不如保羅的書信是為某特定的教會或地區而寫的）。可是，這理解也有例外，例如約翰貳和叁書便是寫給特定的信徒。此外，除希伯來書外，教會傳統對七封大公書信的命名，都是以作者（傳統認為的作者）的名字（與福音書一樣）為名。

《和合本》的編排，是將大公書信置在保羅書信之後，這是按照英語或拉丁語聖經的排列，也是沿襲西教會的傳統，但傳統的東教會則把大公書信置在福音書和保羅書信之間。

有些學者從新約教會神學發展的角度來看，認為這些大公書信均屬較後期的作品。這時大部分，甚至是所有保羅書信都已集成「保羅全集」（Pauline Corpus），且收存於不同地方。因此，某些曾經是哄動一時的課題（如割禮、因信稱義等問題），在保羅書信中都已有定論，不再是大公書信的主要關懷。而大公書信就建基在保羅書信的神學辯證之上，更強調信徒要保持信仰上的純正，好抗拒假教師的言論。大公書信的作者在處理假教師的問題上明顯有別於保羅，他們並沒有著重以理性辯論的方式來針對那些教導的荒謬，卻只是著意斥責。事實上，及至第一世紀末，基督教會確是處於一個很不利的地步，內部異端叢生，外來大規模、官方的逼迫亦愈來愈多。

## 6.1. 希伯來書

希伯來書在新約聖經中雖然被歸納為書信類別（主要是因為十三 18~25），但它其實並不似一封書信，而是更近於一篇以書信體來表達的講章或論文，藉以理解有關基督信仰的教義。

希伯來書的作者問題，在新約聖經中，惹來最多的推測。一方面作者沒有介紹自己（不如一般書信），另一方面，在早期教會裏，對此已有分歧的見解，只有東教會認為此書是保羅的作品，西教會卻有不同的意見[40]。由於在討論保羅曾提及的概念時，本書的作者所用的字眼、推論方法、表達風格、以至文筆等都與保羅書信很不同，故大多數現代學者都認為此書的作者並非保羅。其次，作者在指出所聽見的救恩信息時，似乎是經由他人傳達的（二 2），所以作者應該不在使徒之列。但無論作者是誰，都應該是精通希臘語的猶太人，並且對舊約歷史和禮儀都有相當程度的認識。其他的推測有：教父特土良（Tertullian，公元 160~225 年）認為是保羅早期的同伴巴拿巴，馬丁．路德認為是亞歷山太的亞波羅（參徒

40 不過，自公元四世紀末之後，天主教一貫的立場是認同此書為保羅的書信之一，及至 1914 年的 Pontifical Biblical Commission，天主教的官方意見仍把希伯來書視為保羅書信之一。

十八24~28，前文5.3「哥林多前書」)[41]，也有認為是路加、西拉等。由於羅馬教父革利免曾引用本書，因此，本書的寫作日期大概是在80至90年間，成書地點可能是在意大利的羅馬（參十三24）。

### 6.1.1. 信息

讀者方面，收信人明顯是猶太裔的基督徒，但當中亦可能有一些外邦人。收信人的教會可謂陷於內憂外患的困境：內憂的是教會中有些信徒認為猶太教才是更美好的信念，外患則是教會又遇到教外人士的逼迫。在面對信徒這兩方面的處境，作者以「耶穌基督為大祭司」為主題，揭示這位大祭司和基督救恩的超越性，舊約歷世歷代獻祭贖罪的禮儀，都在基督身上達到最終極圓滿的成就。基督無論在名分、權能或救贖功效上，都超越舊約的使者或祭司，而且舊約很多的禮儀和人物所預表的，都指向基督。基督的救贖不但完全，而且持久有功效，不須仗賴人在其他方面的努力（如飲食）去補足。因此，全書可以用「超越」這鑰詞來作為總括：(1)上帝的兒子耶穌基督超越天使（一、二章）和摩西（三章），(2)基督的祭司職分超越猶太人的大祭司（五～七章），(3)基督所進入之天上聖所超越猶太人的聖殿（八、九章），(4)基督的代贖功效超越舊約的所有獻祭（十章）。

此外，為堅定他們的信心，好叫他們在所面對的逼迫

41 近年，由於學者發現希伯來書與亞歷山大猶太裔人斐羅的著作有相當密切的關係，甚至前者更可能徵用後者對舊約的見解，這無疑增加了路德推測的可能性。

中繼續堅忍，作者以舊約一些聖賢為例，指出他們以盼望、等候為力量，完成他們的信心旅程。另一方面，作者又嚴厲警戒信徒，切勿如以色列人那樣，離棄那曾向他們說話的上帝（十一、十二章）。在作者的講論裏，不時加插勸勉的說話（二 1~4，三 7~ 四 11，四 14~16，五 11~ 六 12，十 19~39，十二 1~ 十三 17），這些勸勉的話正是作者神學講論的目的。

在強調基督耶穌的身分中，作者非常著重闡明耶穌的神人二性，因此，作者把耶穌等同為舊約的耶和華：「主啊，你起初立了地的根基；天也是你手所造的。……你要將天地捲起來……惟有你永不改變；你的年數沒有窮盡。」(一 10~12) 但另一方面，作者又強調這位大祭司「並非不能體恤我們的軟弱。祂也曾凡事受過試探，與我們一樣……」，又特別提及耶穌在客西馬尼園的呼喊：「既大聲哀哭，流淚禱告，懇求那能救祂免死的主……」，可見希伯來書給我們勾劃出的是一位既超越又親切的主耶穌。

### 6.1.2. 結構大綱

1. 序言：基督是上帝完整的啟示（一 1~3）
2. 基督的超越性（一 4~ 十 39）
   - a. 基督超越天使（一 4~ 二 18）
   - b. 基督超越摩西和約書亞（三 1~ 四 13）
   - c. 基督的祭司職位（四 14~ 七 28）
   - d. 基督的約（八 1~ 九 28）
   - e. 基督的祭（十 1~39）
3. 信心的首要性（十一 1~ 十二 29）
4. 最後的勸勉和結語（十三 1~25）

## 6.2. 雅各書

新約聖經中至少有三位人物以雅各為名，一是西庇太的兒子雅各（太十七 1；可十四 33），十二使徒之一，但使徒行傳十二章 2 節記載了他被希律亞基帕一世處死。另一位雅各也是十二使徒之一，是亞勒腓的兒子，或稱為「小雅各」（太十 3，另參可十五 40）。第三位雅各是耶穌的兄弟（可六 3；加一 19）。他在耶路撒冷早期教會中的領袖身分在使徒行傳十五章中可謂表露無遺，他更可能是耶路撒冷教會的長老（徒十二 17，二十一 18；加一 19，二 9）。大多數學者認為雅各書的作者就是耶穌的弟弟雅各，這主要由於雅各書的內容和使徒行傳十五章 13~21 節所載雅各向使徒和長老的勸言，其中多有相似的地方。

雖然書中的猶太味道非常重，但卻沒有提及割禮等問題。又以「會堂」一詞指教會，可能暗示本書成書的日期較早，大約於公元 45~49 年間，但也有定為 60 年。使徒行傳八章 1 節和十一章 19 節記載耶路撒冷教會遭遇大逼迫，門徒分散各處，雅各書可能就是寫給這些分散各地的信徒。作者借用以色列人「十二支派」這名稱來指猶太信徒，顯然別有一番風味。

### 6.2.1. 信息

雅各書的內容頗近於舊約的智慧書卷（例如箴言）、和猶太教記載道德教訓的文學著作，以致有學者甚至認為雅各書原為猶太人的文學作品，後來被一位基督徒（或由猶太教改信基督教的信徒）加上一些有關耶穌基督的經文，將之變成基督教的文獻。無論本書的淵源如何，總之，作者以書信的體裁把一些對基督徒實際生活的勸勉和指導蒐集一起，其中包括貧富、試探、善行、偏見、信心與行為、言語、智慧、爭論、驕傲和謙虛、評斷別人、自誇、忍耐、禱告等許多不同的主題。

在雅各書108節經文中，有多達五十多次表達命令語氣的動詞，而全書的主要論題可算是有關信心和行為的討論（二14~26），也是歷來頗具爭議性的課題。保羅說：「人稱義是因著信，不在乎遵行律法。」（羅三28）雅各卻說：「若有人說，自己有信心，卻沒有行為，有甚麼益處呢？這信心能救他麼？……你將你沒有行為的信心指給我看，我便藉著我的行為，將我的信心指給你看……沒有行為的信心是死的……人稱義是因著行為，不是單因著信。」（雅二14、18、20、24）。更有趣的是，為印證各論點，雅各和保羅竟同時以亞伯拉罕為例。保羅說：「經上說甚麼呢？說：『亞伯拉罕信神，這就算為他的義。』」（羅四3；加三6）雅各說：「我們的祖宗亞伯拉罕，把他兒子以撒獻在壇上，豈不是因行為稱義麼？可見信心是與他的行為並行，而且信心因著行為才得成全。這就應驗經上所說：『亞伯拉罕信神，這就算為他的義。』」（雅二21~23）

不過，雅各和保羅的說法也不是互不相容的。保羅在羅馬書所強調的重點是在基督裏只有信心才有功效，但在其他書信中，保羅也談到「惟獨使人生發仁愛（行為）的信心，才有功效」（加五6）、「因信心所作的工夫（行為）」（帖前一3），他更形容行為乃信心和聖靈所結的果子（參加五22~26），可見在保羅因信稱義的神學教義裏，並沒有反對我們要活出與信心相符的行為表現；而雅各書亦根本沒有否定保羅書信所言因信稱義的道理。所以我們可以說，雅各和保羅只是從不同層面來闡發有關「因信稱義」的教義，焦點各有偏重而已。

### 6.2.2. 結構大綱

1. 序言（一 1）
2. 試煉與試探（一 2~18）
    a. 勝過試煉（一 2~12）
    b. 試探的因由（一 13~18）
3. 聽道與行道（一 19~ 二 26）
    a. 忿怒和舌頭（一 19~20）
    b. 行道的人（一 21~27）
    c. 警告人不可偏心（二 1~13）
    d. 信心和行為（二 14~26）
4. 教會裏的世俗（三 1~ 四 12）
    a. 對舌頭的管束（三 1~12）
    b. 基督徒之間的關係（三 13~ 四 3）
    c. 與世俗為友（四 4~10）
    d. 論斷和自誇（四 11~17）
    e. 對富足人的警告（五 1~6）
5. 其他教導（五 7~20）

## 6.3. 彼得前書

彼得前書是典型的大公書信，書卷的模式是以書信體裁表達，但作者明顯不是寫給某間教會的。本書是寫給分散在小亞細亞各省分（即包括本都、加拉太、加帕多家、亞西亞、庇推尼）的信徒。信中也提到這些信徒從前是「蒙昧無知」（一 14）、「得贖、脱去你們祖宗所傳流虛妄的行為」（一 18）、「從前算不得子民，現在卻作了上帝的子民」（二 10）、「往日隨從外邦人的心意行邪淫、惡欲、醉酒、荒宴、羣飲，並可惡拜偶像的事」（四 3）等，可見本書的對象乃外邦信徒。

此外，作者又稱他們為「寄居的」，是要強調這些信徒現時在世只是客旅，他們真正的身分是天上的國民。

寫作時間大概是公元64~65年，地點可能是在羅馬，因為根據書中「在巴比倫與你們同蒙揀選的教會問你們安」（彼前五13）這話，所謂的「巴比倫」，在新約時代，往往被猶太人用來代表那些令他們流亡和受欺壓的權力，而當時政權的所在就是羅馬，所以作者寫本書時，極有可能身在羅馬。

### 6.3.1. 信息

本書的作者問題又是一爭議性的問題。作者雖然自稱是使徒彼得（一1），但書中文筆瑰麗，並不像出自一位沒有學識（參徒四13）的加利利漁夫的手筆，故真正執筆的可能另有其人。此外，書中有若干用字和觀念與保羅十分相近，例如「絆腳石頭」（比較彼前二4~8和羅九32~33），按各人的恩賜彼此服事（比較彼前四10~11和羅十二6~8），順服掌權者（比較彼前二13~17和羅十三1~7）。因此，有些學者推測代筆人可能是曾與保羅為伴、亦於本書書末提及的「忠心的兄弟西拉」（彼前五12）。

書中多次提及對方正面對逼迫（參一6，二20，三14，四1、12~13，五9），這些逼迫可能並非來自羅馬政府，而是來自信徒所處身的異教社羣。事實上，在新約時代（公元30~65年期間），羅馬政府很少直接逼迫基督徒（這可從使徒行傳和保羅書信中看到），儘管有，亦是因為針對猶太人（或猶太教信徒），而牽連基督徒（參5.1.8.2和8.3.2有關革老丟的詔令）。早期教會信徒所遇到的逼迫，主要來自猶太人和其他異教徒。這些異教徒因「見你們不與他們同奔那放蕩無度的路，就以為怪，毀謗你們。」這些因「聖潔生活」而引來的逼迫，亦是今天信徒在生活上所常面對的處境。

因此，本書的寫作目的是要鼓勵信徒，特別是那些在社會上沒有地位的羣體，如奴僕或妻子等，鼓勵他們在一個「新生命、舊處境」的情況下繼續堅忍。作者提醒他們是「客旅」、「寄居的」，既已接受水禮（參一 2「蒙祂血所灑」），便應看自己如「才生的嬰孩」（二 2），又如新的祭司、新的聖殿（參二 5「靈宮」）和新的子民（二 10）。作者又勉勵他們，在受苦中，要以基督為義受苦為榜樣（二 21，三 17~18，四 1）；而倘若他們能堅忍到底，必能得著將來應得的榮耀（一 6~7，四 7~8、13~14，五 10）。

彼得雖是耶穌的門徒，與耶穌有親密的關係，但在本書中卻沒有提及「天國」、「人子」等這些四福音中耶穌所強調的信息；反之，彼得看重的，是耶穌作為「受苦僕人」的身分和這身分所帶出來的信息。一般猶太人認為他們所期待的彌賽亞，是一位得勝、榮耀的君王。但事實上，正如作者在這裏所表明的，真正的彌賽亞是受苦、受欺壓、被侮辱的僕人，祂如羊被牽到宰殺之地，但仍是默然承受著一切，因祂要背負人的罪惡和苦難。回想昔日與耶穌同經憂患、出生入死的一段日子，彼得漸漸明白耶穌的身分，祂就是那受苦的僕人，由此，他更愈加確立耶穌為「上帝的僕人」（參徒三 13、26，四 25）這見解，並以此為其神學的重點。

### 6.3.2. 結構大綱

1. 問安和祈禱（一 1~2）
2. 基督徒的救恩和盼望（一 3~ 二 10）
    - a. 活的盼望（一 3~12）
    - b. 基督徒的新生活（一 13~ 二 10）

3. 基督徒在世的表現（二 11~三 12）
   a. 基督徒的好行為（二 11~12）
   b. 作為公民的責任（二 13~17）
   c. 在受苦中效法主（二 18~25）
   d. 妻子和丈夫各自的本分（三 1~7）
   e. 基督徒之間的相處（三 8~12）
4. 受苦為榮耀之道（三 13~四 19）
   a. 為義受苦的表現和榜樣（三 13~22）
   b. 為上帝而活（四 1~11）
   c. 為義受苦的喜樂（四 12~19）
5. 最後的勸勉（五 1~11）
   a. 對年長的勸勉（五 1~4）
   b. 對年幼的勸勉（五 5~7）
   c. 一般的勸勉（五 8~11）
6. 結語（五 12~14）

## 6.4. 彼得後書

閱讀彼得後書和猶大書的人，定會察覺到兩卷書有極多相似的地方。試比較彼得後書二章 1~18 節與猶大書 4~13 節，而彼得後書三章 1~3 節與猶大書 17~18 節相似的程度，更可媲美符類福音，部分經文更用了完全相同的字眼。這種情況可帶出兩個結論：第一是兩卷書其中一位作者抄襲了另一位的著作，第二是兩位作者都參考了同一個資料來源，各自選取了自己合用的材料。仔細比較兩卷書的內容，就會發現所有出現在猶大書的舊約偽經的經文，都全沒有出現在彼得後書裏。因此，大多數學者的結論是，彼得後書乃源出於猶大書，但其寫作取材則較保守，故刪去所有偽經的引用。

本書的作者問題可能是新約書卷中最難解決的。雖然書中作者「彼得」多處指明自己的身分（一1、13~18，三1），但絕大多數學者認為作者並非彼得本人，而是他的門生冒名之作。實際上，亦很可能如彼得前書一樣，是彼得的助手（不詳）代筆的。不過，無論如何，書卷既已列入正典裏，其權威亦被確認。書中提及保羅的書信已經有相當的數目（三15~16），因此，本書當成書於保羅書信之後（約公元63年之後）。若本書源自彼得，寫作日期則不會在公元67年之後（彼得於公元67年殉道，參8.3.3），但若是別人冒名而寫的，則寫作日期可延至公元90年之後。

### 6.4.1. 信息

全書仿如作者離世前的遺囑一般。作者在一章14節清楚指出其寫作動機，正因為知道自己快要離世，希望以主對聖徒的呼召和生活上的要求來提醒信徒，只有這樣，才配得上祂的再臨。此外，信徒需要特別提防在他們中間那些離經背道的人，他們強解聖經和使人混淆真理，這些假師傅和一切不敬虔的人，上帝都不會放過的（二4~5）。要面對這些問題，信徒必須對上帝和主耶穌基督有真正的認識（「知道」和「知識」等字共出現十六次之多）；這種知識是那些曾經親眼看見耶穌和聽見祂教誨的人所傳授的。作者又特別指出，這些假師傅的其中一項主張是主不會回來。所以，作者要強調萬物起初是憑著上帝的命令而有的（三5），雖然期間曾被水所消滅（三6），但直到如今，這命還繼續存留，直留到上帝至終的審判臨到。然而目前，上帝並不是拖延，乃是寬容（三9）；且從上帝的角度去看時間的觀念，真是大大不同（三8）。如此確立對主再臨的認知和盼望，不單可抗拒假師傅的迷惑，更能促使信徒在各種美德努力求進步，從而不斷在主耶穌基督的恩典和知識上有長進。

6.4.2. 結構大綱

1. 問安和祈禱（一 1~2）
2. 上帝的呼召和揀選（一 3~15）
3. 基督的榮耀（一 16~21）
4. 防備假教師（二 1~22）
   a. 假教師的出現（二 1~3）
   b. 以歷史為鑑（二 4~10a）
   c. 假教師的品行（二 10b~16）
   d. 假教師的教導（二 17~22）
5. 基督的再來（三 1~16）
6. 結語（三 17~18）

## 6.5. 約翰壹、貳、叁書

約翰壹書並非以書信形式寫成的書卷，開端並沒有介紹寫信人、收信人及問安的格式，而結束亦沒有問安語，只有一簡短的忠告：「小子們哪！你們要自守、遠避偶像。」（約壹五 21）一開首，作者便立刻宣告他寫信的目的，就是為他自己親身所經歷的生命之道作見證。因此，一般學者均認為此書乃一專論。然而，作者在言語之間，又好像有心目中的對象，且似乎頗了解他們，並清楚他們的屬靈和道德景況，以及他們正面對的危機。

三封約翰書信的寫作日期十分相近，大概寫於公元 90~95 年間（於約翰福音後），寫作地點可能在以弗所。由於書中的用詞與約翰福音一樣，一般學者認為這三卷書的作者與約翰福音的作者相同，即使徒約翰。

### 6.5.1. 約翰壹書的信息

約翰壹書有兩個主要的信息：一，鼓勵讀者跟上帝和祂的兒子耶穌基督保持親密的團契；二，警告讀者不可聽信那會破壞這種團契的謬論。這種謬論認為，邪惡是因跟物質世界接觸而產生的，因此，上帝的兒子耶穌不可能真的是人。此外，這些假教師又認為自己既得到耶穌的救贖，基督已赦免他們的罪。所以，儘管他們任意而行，也不算犯罪。他們又高舉知識，忽略基督徒之間關係的建立。為了幫助讀者分辨異端邪說的真偽，約翰提供了三方面的驗證：

1. 真正屬乎真理的人，是「在光明中行，如同上帝在光明中」，這樣才能與上帝「彼此相交」（約壹一 7）。人不能仍在黑暗裏行，卻說自己與上帝相交（約壹一 6）。換言之，真正屬上帝的人，是不會故意犯罪的。

2. 真正認識上帝的人，會有愛的表現，「因為上帝就是愛」，「凡有愛心的，都是由上帝而生，並且認識上帝。沒有愛心的就不認識上帝。」「住在愛裏面的，就是住在上帝裏面。」（約壹四 7~21）屬上帝的人在生活行為中會流露基督的愛。

3. 相信上帝的人同時亦相信「耶穌是成了肉身來的」，意即是相信耶穌是完全的上帝，也是真正的人（約壹四 2~6）。

約翰壹書和約翰福音不但在風格上十分近似，甚至在內容上也有相似的地方。正如約翰福音裏，耶穌與門徒離別前的訓誨（約十三～十七章），同樣也論到「彼此相愛」這個課題。約翰福音是幫助讀者明白和接受福音，而約翰壹書則堅定那些已接受福音的人的信心，以及勸勉他們按真理行事。約翰壹書五章13節綜合了整卷書的主旨：「我將這些話寫給你們信奉上帝兒子之名的人，要叫你們知道自己有永生」。

在表達手法上，約翰壹書的作者喜歡用「循環正反辯證」的方法來表達一些觀念，其中包括：「上帝是光」、「上帝是愛」和「耶穌的神性和人性」等，作者分別使用了以下的正反對比：

1.「光明和黑暗」——上帝是「光」，這「光」表徵著公義。耶穌已代贖世人的罪，滿足了上帝公義的要求，讓上帝與人的關係得以復和，這復和的關係叫人不再活在黑暗裏。同樣，人不能宣稱自己已經與上帝復和，卻仍舊故意犯罪（在黑暗裏行）。否則，就是說謊（即自己並未接受救恩），或是認為上帝說謊（即基督的血沒有救贖的功效）。

2.「愛與恨」——上帝為了愛我們，就差祂的兒子為我們的罪作了挽回祭，使我們脫離罪的綑綁。同樣，上帝亦命令我們要愛祂，也要彼此相愛（二7~11，四7~五3）。人不能宣稱自己愛那看不見的上帝，卻不去愛那看得見的弟兄。否則，這些人必然是仍舊在黑暗裏行走，並未真正認識上帝。

3.「真理與虛謊」——當時的信徒並不容易分辨虛謊謬妄的言論與純正真理的差別（二18~26，四1~6）。當時有異端邪說的興起，他們不承認耶穌為基督，也不承認耶穌基督是成了肉身的上帝，更否認基督的人性。所以，約翰提醒信徒要將起初所聽見的道存在心裏，亦警告他們提防這類學說。

### 6.5.2. 結構大綱

1. 序言：賜生命的道（一1~4）

2. 光明和黑暗（一 5~ 二 29）
   a. 勸勉（一 5~ 二 17）
   b. 基督與敵基督（二 18~29）
3. 作上帝的兒女（三 1~ 四 6）
   a. 勸勉（三 1~24）
   b. 上帝的靈與敵基督的靈（四 1~6）
4. 愛心和信心（四 7~ 五 12）
   a. 愛的責任（四 7~21）
   b. 得勝的信心（五 1~12）
5. 總結（五 13~21）

### 6.5.3. 約翰貳書的信息

與約翰壹書不同，約翰貳、叁書明顯是以書信的方式表達。約翰貳書的起首說明，作者寫信給「蒙揀選的太太和她的兒女」(約貳 5 節）；「太太」的意思並非指「妻子」，而是對一位有地位（非奴僕）的女士的尊稱。這裏引伸指「教會」，而「她的兒女」則指教會內的成員。在內容方面，基本上重複了約翰壹書的大部分主題；約翰重申他們要彼此相愛，藉此來堅固自己，對抗和防備那些異端，就是那些否定基督人性（「基督成了肉身」，7 節）的主張。信中亦強調，純正的信仰是以基督的教訓為宗的（9 節）。

### 6.5.4. 結構大綱

1. 問安和祈禱（1~3 節）
2. 真理和愛（4~11 節）
3. 結語（12~13 節）

### 6.5.5. 約翰叁書的信息

約翰叁書則是一封個人信件，與腓利門書相似，收信人是該猶。作者稱許這位該猶按真理而行，並且厚待客旅（大概可能是作者所差去的人）。而相反，另一位可能是當時新興的領袖丟特腓，為鞏固自己的地位，不接待這些客旅（9節），並用「惡言妄論」他們。明顯的，作者這樣的斥責，不單針對其待人接物的失儀，更要責備當時教會內那些企圖脱離傳統基督教信仰規範的分子；留意丟特腓的所作所為正好與約翰貳書 10~11 節的教導形成明顯對比。

### 6.5.6. 結構大綱

1. 問安（1~4 節）
2. 稱讚該猶（5~8 節）
3. 譴責丟特腓（9~10 節）
4. 推崇低米丟（11~12 節）
5. 結語（13~15 節）

## 6.6. 猶大書

猶大書的作者自稱為「雅各的弟兄猶大」，是惟一一位新約聖經的作者以第三者來引介自己。倘若這位雅各是耶穌的弟弟（加一 19），這樣，本書的作者亦是耶穌的弟弟了（可六 3）。猶大書的寫作日期要視乎彼得後書而定，若本書寫於彼得後書之前，則本書大概是公元 60~65 年間的作品。但由於本書作者在提及使徒或所屬傳統時，不時用一些字眼，暗示自己與他們相隔一段時間（參 3 節「從前一次交付聖徒的真道」和 17 節「使徒從前所說的話」），因此，有不少學者認為本書是較後期的作品，亦不排除後人冒名寫作的可能。

### 6.6.1. 信息

猶大書的特點之一是它兩次引用偽經的經文：9節引用《摩西升天記》、13~15節則引用《以諾壹書》。要留意作者的引用並非等同他確認所記事情或說話的真實性，而只是為寫作時的需要和配合內文的內容而已。

作者本想在書中討論救恩的問題，但因為有「偷著進來」（4節）的人，正散播謬誤的理論，所以轉而先駁斥那些假師傅的謬論，且宣告他們將要承受嚴厲的審判。本書作者明顯是從審判和刑罰的角度去演繹末世論，這與保羅書信、彼得前書和希伯來書的作者所描述的都截然不同。我們從作者處理這課題的消極態度，可見他對那些散播虛謬言論的人充滿憤怒。所以本書用了大部分的篇幅，描述古時不敬虔之人的結局，藉此指明每一個不敬虔的人，都不能倖免於上帝的審判。作者引用的例證包括：出埃及時不信的以色列人（5節）、不守本位的天使（6節）、所多瑪蛾摩拉的淫亂（7節）、該隱的謀殺、巴蘭的貪財利和可拉的背叛（11節）。作者最後勸勉讀者要憐憫人，但要靈巧像蛇，靈活地對待不同類型的人（22~23節）；並要在至聖的真道造就自己。

### 6.6.2. 結構大綱

1. 問安（1~2節）
2. 假教師的性格、言論，和終局（3~16節）
3. 勸勉持守信仰（17~23節）
4. 祝福（24~25節）

# 第七章·啟示書卷

啟示錄是聖經最後一卷書，它和新約其他書卷截然不同，屬於另一種文學體裁——啟示文學，有一定的特色和風格，需要特別留意。

## 7.1. 啟示文學簡述

首先，我們需要特別澄清：「apocalyptic literature」或「apocalypse」是指一種文學體裁，即所謂「啟示文學」或更貼切地稱為「末世文學」。而「apocalypticism」則是指一種末世的思潮或意識形態，我們稱之為「末世思想模式」。漢語聖經的繙譯傳統以「啟示錄」一詞作為本書的書名，這明顯是受英語聖經的譯名「Revelation」所影響：這譯詞強調內容的源頭是上帝，並且原來是隱藏的，但現在卻表明出來。這含義固然沒有錯，但明顯不是「啟示文學」或「末世思想模式」的中心意思，因為「啟示文學」或「末世思想模式」所強調的是對將要來的世界（或末世）的展望。

「末世思想模式」乃源於對現在的社會制度感到極為失望，從屬靈的角度來看，這不義制度已經面臨崩潰。基於對現在的制度深感無望，甚至認為未來人類的演進不能提供任何出路（或救恩），因此，這個世代便成為一個「受苦的世代」。活在這思潮或意識形態裏的人，會極期望「新的世代」的來臨，那時，「豺狼必與綿羊羔同居，豹子與山羊羔同臥……」（賽十一6）那個世界極為和諧，且是一個存到永永遠遠的世代。至於「啟示文學」或「末世文學」便是在這種思想模式中孕育出來的文學作品。這些文學的中心思想是對新的世代的描述，好叫活在這「受苦的世代」的人有力量和盼望繼續活下去。宣講者就有如先知，得著上帝的諭示，把本來隱藏的末世或將來的世界啟示出來。

舊約先知書有些部分（例如，賽二十四～二十七；亞九～十四；但七～十二）也屬啟示文學的體裁。啟示文學的信息，一般較強調將來，特別是末世的事，故屬這種體裁的文學作品都借用當時一般人所熟悉的意象、符號，或許多超自然的景象來表達。因此，要了解這些書卷的內容，必須根據作者當時的時代背景，分析書信的內容對當代信徒的意義。在兩約之間，人們對末世的憧憬是較為明顯的，這可能因為當時政局動盪，以致人們愈加期待上帝國度的降臨。自馬加比時代（公元前 175 年）至公元第一世紀可算是這類文學的黃金時代，其中亦包括不少猶太人的次經或偽經，如《以諾壹書》、《摩西升天記》、《十二家族長遺訓》等。

## 7.2. 啟示錄

本書一連串的啟示是發生於「主日」，可能暗示那是在崇拜的時候發生的。啟示的內容是由主耶穌首先開啟的，接著的是七封分別達致小亞細亞七間教會的書信（第二、三章）。雖然「七」這數目在一般啟示文學中很少指一個實數，而是帶象徵意義，表達完全或所有；但作者在這　也並非全然虛構湊數，而是以七所歷史上存在的教會來代表不同類型的教會。與一般猶太人的啟示文學不同，本書的寫作對象並不是擁有特權的小圈子，而是給予每一所教會，且明言「凡有耳的，就應當聽」，可見本書信息的普及。本書的整體架構仍是模仿書信的體裁，帶有新約一貫的書信格式。

正如一般啟示文學一樣，啟示錄在表達上採用了很多象徵手法和帶象徵意義的意象。有些象徵，作者自己也有解釋，但有些則可能是源自其他啟示文學或當時的文化共識（例如與舊約聖經有關，參王上十一 30~32；賽二十 2~4；耶十三 1~11，十九 1~3）。這些象徵的目的往往要塑造一個意境，讓讀者投入其中。以下是一些象徵和所能代表的意思：

| | |
|---|---|
| 「女人」 | 人民（十二 1~6）或城市（十七 1~2） |
| 「角」 | 能力（五 6，十二 3）或朝代的勢力（十三 1，十七 3~6） |
| 「眼」 | 知識（一 14，二 18，四 6，五 6） |
| 「翅膀」 | 流動性（四 8，十二 14） |
| 「喇叭／吹號」 | 上帝或非一般人的聲音（一 10，八 2~13） |
| 「利劍」 | 上帝審判的話（一 16，二 12、16，十九 15、21） |
| 「白袍」 | 光榮（六 11，七 9、13~14，二十二 14） |
| 「棕樹枝」 | 得勝（七 9） |
| 「冠冕」 | 統治、王權（二 10，三 11，四 10，六 2，十二 1，十四 14） |
| 「海」 | 邪惡的東西、沒有安全感或死亡（十三 1，二十一 1） |
| 「白色」 | 得勝的喜樂（一 14，二 17，三 4~5、18，四 4，六 11，七 9、13，十九 11、14） |
| 「紫色」 | 奢華，王權（十七 4，十八 12、16） |
| 「黑色」 | 死亡（六 5、12） |
| 「六」 | 次於完美，故帶有邪惡的意思 |
| 「七」 | 源自上帝創世所需日子；完整的數目，包含所有的意思 |

「十二」　　　　源自十二支派，即上帝之民（在末世達至完美）

「四」　　　　指這世界的整體

此外，還值得留意的是：在提及受逼迫的日子有 1260 天（十一 3， 十二 6）、42 個月（十一 2，十三 5）或三年半（十二 14），這三個數目在實質上其實是相同的，但數字卻不同。因此，在感覺上，「1260」這數目所代表的日子便明顯最長，而「三年半」便是最短。在啟示文學裏，數目都不會指實際的價值。

### 7.2.1. 信息

啟示錄的中心信息是鼓勵那些正遭遇迫害的信徒，要持守所信的道，向著苦難後的榮耀邁進。表面看來，作者和當時的信徒所面對的逼迫，似乎是源於羅馬政府和教會之間的衝突，但從神學（或屬靈）的角度來看，真正的衝突是基於這兩個羣體背後的靈界，即撒但和上帝。換言之，這實在是一場屬靈爭戰。啟示錄所展示的一連串異象的信息是，代表著上帝的耶穌基督，最終必定勝過撒但和他的跟隨者。而上帝為屬祂的子民所創造的新世界——天上的耶路撒冷，亦會賜給所有得勝的人。把人類歷史視為邪惡和神性兩個勢力之爭，可謂是啟示文學的神學精髓。

因此，黑暗將要過去，世界的盡頭即將來臨，上帝是掌管歷史、掌管生命的主，重要的問題是誰能站得住呢（六 17）。信靠上帝的人有祂的印在額上，他們不會被傷害，上帝也必擦去他們的眼淚（七 3、 17，二十一 4）。

從第四章以後開展的一連串超自然景象，並非順序發生，而是從不同角度對同一事件的描述片段。第四章是天上的大崇拜；第五章是用七印嚴封了的書卷；第六章是揭開第一至第六印，和四匹馬和騎馬的人；第七章是上帝眾僕人的額受印；第八、九章是揭開第七印和七位天使吹七號；第十、十一章是小卷和兩個見證人；十二至十四章是懷孕婦人和龍的異象、兩獸的異象和寶座上的審判；十五和十六章是七災；十七、十八章是巴比倫（預表羅馬）的傾覆；二十章是基督作王一千年，撒但的結局和末日的大審判；二十一和二十二章是新天新地和聖城耶路撒冷的景象。

### 7.2.2. 結構大綱

1. 引言
   a. 約翰的啟示（一 1~8）
   b. 復活主的異象（一 9~20）
2. 致七教會的書信（二 9~ 三 22）
3. 七個印（四 1~ 八 1）
   a. 天上的敬拜的異象（四 1~11）
   b. 有七個印的書卷和羔羊（五 1~14）
   c. 首六個印的開啟（六 1~17）
   d. 插曲：患難中的應許（七 1~17）
   e. 第七個印的開啟（八 1）
4. 七個號筒（八 1~ 十一 19）
   a. 首六個號筒（八 1~ 九 21）
   b. 插曲：末世的使命（十 1~ 十一 14）
   c. 第七個號筒（十一 15~19）
5. 戾龍、兩獸和羔羊（十二 1~ 十四 20）
6. 七碗（十五 1~ 十六 21）
   a. 摩西的歌和羔羊的歌（十五 1~4）

    b. 七位天使和七個災難（十五 5~8）
    c. 上帝的忿怒之碗（十六 1~21）
7. 最後的勝利（十七 1~ 二十二 5）
    a. 巴比倫的傾覆（十七 1~ 十八 24）
    b. 基督在榮耀中回來（十九 1~21）
    c. 耶穌在千禧年的統治（二十 1~15）
    d. 最後的新天新地（二十一 1~ 二十二 6）
8. 結語：耶穌再來的應許（二十二 7~21）

# 第二部分

# 新約的歷史和處境

對現代人來說，歷史往往會給人一種陳舊、過時，甚至不切實際的感覺。但對於要理解一份歷史文獻的人而言，就必須先對歷史、社會，以至文化背景有相當的認識。事實上，任何一個歷史階段都不會是懸空的，它必與之前及往後的歷史形成一種承上接下的關係，新約聖經身處的歷史階段亦是一樣。因此，我們若要掌握這階段的歷史，所牽連的背景和發展實在紛繁，而涉及的課題亦相當廣泛，任何一個課題也可以專書作深入的探討。故在以下短短的幾十頁裏，筆者只能就較重要的課題加以解釋；特別是第十章，所討論和介紹的範圍更只能涵蓋幾個重要的層面而已。

## 參考書

這部分的參考書，主要是謝友王《兩約中間史略》(種籽，1978)， F.F. Bruce, *New Testament History* (New York, NY: Doubleday, 1969) 和Eduard Lohse, *The New Testament Environment* (Nashville, TN: Abingdon, 1976；原為德語)。最詳盡的，還是 L.L. Grabbe, *Judaism from Cyrus to Hadrian*, 2 volumes; volume one: *The Persian and Greek Periods*, volume two: *The Roman Period* (Minn., MN: Fortress, 1992)。

此外，在家庭、宗教生活方面，可參 F.H. Wight, *Manners and Customs of Bible Lands* (Chicago, IL: Moody, 1953), V.H. Matthews, *Manners and Customs in the Bible* (Peabody, MA: Hendrickson, 1988)，和最經典、亦原是德語的，J. Jeremias, *Jerusalem in the Time of Jesus* (Philadelphia, PA: Fortress, 1962)。以下兩套辭典也是非常重要的參考書， D.N. Freedman, gen. ed., *Anchor Bible Dictionary* (6 volumes; New York, NT: Doubleday, 1992) 和G. Wigoder, gen. ed., *The Encyclopedia of Judaism* (Jerusalem, Israel: Jerusalem Publishing House, 1989).

# 第八章・歷史處境

要把連續不斷的歷史分割成不同的階段，實在只是回顧或研究的人（如筆者和讀者），為方便掌握和表達而採用的手法。在歷史中的人物，往往不會察覺自身由一個階段進入另一個階段的轉變。一般人都認同「新約時代」的起始點是主耶穌基督的降生，這主要是因為主耶穌是象徵上帝與人所立新約的中保。既是如此，我們便以這位中心人物的生前和死後，把新約時代分為兩個時期：「耶穌時期」和「耶穌後時期」。有關「耶穌時期」的歷史，四本福音書已有很詳細的交代（參第三章），而「耶穌後時期」——亦可稱為「使徒時期」，使徒行傳和保羅的書信亦在這方面提供很多豐富的資料，筆者已在5.1特別以保羅生平為骨幹，略述這一段的歷史。

本章所討論的歷史處境有兩方面，一是兩約之間的歷史簡述，二是新約時代的歷史處境。直覺上，很多人會以為新約時代所承接的歷史背景是舊約時代的歷史。但事實上，在這新約和舊約之間，還有一段幾百年的歷史，當中見證猶太人宗教文化的改變，包括很多教派的產生、聖品人員新制度的落實、《七十士譯本》的面世，以及宗教政治新意識的形成；這幾方面的詳盡討論，參第九章。在這段歷史裏，我們的焦點放在馬加比時期（即公元前最後兩個世紀）。有關新約時代的歷史處境，8.2和8.3為公元一世紀的歷史背景，重塑一個更具體和全面的面貌。要達到這個目標，我們便必須靠賴其他聖經以外的歷史文獻，例如所謂次經的《瑪加伯上、下書》、第一世紀猶太史學家約瑟夫（Josephus）[42]的書籍，以及羅馬歷史學家綏屯紐（Suetonius）[43]的著作。為方便讀者掌握，我們可從兩個家族來探討，即代表猶太人的希律家和代表羅馬政府的凱撒家，這兩個家族的歷史正好分別代表著新約時代個別民族地區的歷史（即與猶太人有關）和主流的歷史（即有關羅馬帝國）。

雖然本章所討論的時段是由公元前二世紀至公元一世紀，但發生於公元132~135年的第二次猶太人叛亂事件（第一次叛亂發生於公元67~73/74年），在整個猶太人歷史裏，意義卻非常重大，我們在本節便以這年份作為新約時代的終點。

## 8.1. 兩約之間歷史

要談兩約之間的歷史背景，我們必須先從這時期之前的一連串亡國事件說起：

- 公元前722年，亞述國滅以色列北國（首都撒馬利亞）
- 公元前612年，巴比倫國滅亞述國
- 公元前587年，巴比倫國又滅以色列南國（首都耶路撒冷）
- 公元前539年，米底亞波斯（Mede-Persia）聯合帝國消滅巴比倫國。自此塞魯士王（King Cyrus）不但成為美索不達米亞（Mesopotamia）一帶的霸主，勢力更伸展至敍利亞和巴勒斯坦。

波斯人統懾外族的政策，有異於亞述和巴比倫。亞述

---

42 公元37/38~100年；主要的著作有：解釋引發羅馬人於公元70年，毀滅耶路撒冷的經過和因由的《猶太戰爭史》（*The Jewish War*），和有關猶太人歷史的《猶太人史綱》（*The Jewish Antiquities*）。這兩部鉅著，是對了解新約歷史背景最重要的參考。

43 綏屯紐是第一／二世紀最出色的羅馬史家，他的 *Twelve Caesars*（以拉丁語著，寫於公元120年）一書，討論共十二位凱撒的生平。

和巴比倫攻佔敵國後，實行大規模的遷徙政策，社會上層人士無一幸免，又於境內強逼人民奉異教為國教。但以理書一至六章所記載的情景，就很能反映當時巴比倫政府對猶太人宗教逼迫的情況。猶太人在巴比倫的統治下，宗教生活被減至最少，那些每日都在聖殿施行的獻祭儀式完全無法進行，惟藉著緊守某些規條，如安息日、割禮等，猶太人才能維繫整個民族的合一和獨特性。及至波斯人統治時期，政府不但沒有實施大規模的遷徙行動，更沒有逼令人民奉行單一宗教。相反地，他們按不同地方的情況，容許當地人持守原有習俗，保留既有的日常生活，以期取得人民的歸服；如此，「一國多制」遠在波斯時代就已經實行過了。此外，為要便於與不同民族溝通，在一般官方的事務中，波斯政府更放棄使用波斯語，而採用當時流行於敍利亞和巴勒斯坦一帶的亞蘭語。

波斯政府對猶太人的優惠，惹來不少鄰近居民的妒忌。最明顯的，是與他們有血統關係的撒馬利亞人。一般人認為，北國以色列國滅亡後，亞述王從巴比倫和其他地方遷移來一些外族，安置在撒馬利亞城（以色列國的首都），這些人與當時遺留在那裏的以色列人（主要是瑪拿西和以法蓮支派的後代）通婚。大概於一個世紀之後，這些與不同種族通婚而生的子女，較回歸的以色列人多。回歸耶路撒冷的以色列人卻認為自己才是正統的以色列人，不願視這些撒馬利亞人為同胞；以斯拉記和尼希米記便明顯反映這方面的種族紛爭。故在波斯的統治下，撒馬利亞人經常受猶太人的仇視，亦未能享有波斯政府給猶太人的待遇，可能就在這期間，撒馬利亞人為避免到耶路撒冷與猶太人一同敬拜和獻祭，便在基利心山（Gerizim）建造自己的聖殿。

### 8.1.1. 由波斯到馬其頓

巴勒斯坦一帶在波斯治下可說是四境平靖，直至希臘的馬其頓人來犯，局勢才再形緊張。一直以來，希臘根本不是一個國家，而是指愛琴海一帶、以希臘語（較準確的是，阿提喀語這方言）為主要溝通語言的多個城郡（city-states）；主要有斯巴達、雅典和後起之秀的馬其頓。在公元前四世紀初，馬其頓已經蠢蠢欲動，想要佔據其他細小的城郡。當亞歷山大大帝繼任為馬其頓王後，就統領其他主要的希臘城郡，展開大規模的遠征行動。在哀撒斯城（Issus）一役（公元前333年），亞歷山大大帝擊敗當時波斯王（大流士三世），繼而一口氣吞併整個瑪代波斯帝國，並把版圖延伸至今天的阿富汗。面對這個強大新興的勢力，猶太人震懾於希臘軍隊的兵力，並甘於臣服在他們的統治下；亞歷山大亦因而讓猶太人繼續享受原有的自由權利。值得注意的是，那時候居住於巴勒斯坦地的猶太人，在地理上毗鄰希臘人。他們對希臘文化原沒有絲毫敵視的態度，反而不自覺地受希羅文化影響，且對希臘人的文化成就深表欽羨。此外，更由於需要與希臘人通商和交往，希臘語逐漸在巴勒斯坦一帶通行起來。及至新約時代，希臘語的通行程度並不比亞蘭語和當時的羅馬官方語言拉丁語遜色。

亞歷山大大帝在33歲時猝然病逝（公元前323年），為這新興的帝國帶來即時的動盪。多位曾臣服於亞歷山大的軍事將領，紛紛起來相爭，最終導致帝國的分裂。在隨後十五年斷斷續續的爭戰中，原是效忠亞歷山大的將領，已各稱霸於一個地域。

### 8.1.2. 由埃及的多利米到西流古的安提阿古

起初，埃及的多利米・拉戈斯（Ptolemy Lagus）較為強盛。多利米的統治手法，與波斯人和亞歷山大大帝的方法相似，並且把猶太地一帶（以耶路撒冷為中心，方圓約十公里的範圍），組織成一個以宗教領袖（即聖殿的大祭司）為首的「聖殿省郡」（Temple State）。如此，作為宗教領袖的大祭司，所承擔的責任就不單在宗教事務上，亦是猶太地的首長。住在猶太地以外的猶太人，為保持他們與這主流猶太教基地的關係（無論在民族或宗教上），每年均在經濟上支持耶路撒冷的工作，包括聖殿的維修[44]。一般學者相信，由七十位猶太人社會領袖（成員包括大祭司、一班祭司長、文士、法利賽人、撒都該人和一羣貴族）所組成的「猶太人議會」（Sanhedrin，即新約聖經所稱的「公會」），亦在這段時間慢慢形成[45]。

進入公元前三世紀時，多利米的從屬國西流古（Seleucus）也逐漸強大起來，成為一獨立的君國，並開展了西流古王朝，亦日漸威脅其他附近的國家。多利米王朝在猶太地的統治權，於公元前三世紀末（或二世紀初）終告結束。西流古王安提阿古三世（Antiochus III，統治期為公元前 223~187 年）成功把巴勒斯坦從埃及分割出來，而多利米人則被逼退守埃及；這正代表西流古家族在巴勒斯坦統治的開始。為了維繫國境內不同種族的人民，安提阿古積極提倡以「希臘化運動」

44 這可謂是日後所有羅馬帝國的猶太人所繳交的「聖殿稅」（temple tax）的開始（太十七 24）。

45 第一次載有「猶太人議會」（*sunedrion*）的古代文獻是約瑟夫的 *Antiquities* 12.428，文中所記載的時段是猶太地剛剛被納入西流古政府的統治之下。這種議會的模式可追溯至舊約的時期，在曠野漂流期間，始設立七十位長老協助摩西處理日常事務。

（hellenization）來進行同化。一如過往，作為猶太人領袖的大祭司，負責執行敘利亞的法律和規例。正因為大祭司需負責監管人民按時繳稅，敘利亞政府在需要多收稅款時，也會向他施壓。

有「神明顯現」[46]為綽號的安提阿古四世（Antiochus IV Epiphanes，統治期為公元前 175~163 年），在公元前 175 年取得敘利亞治權。當時耶路撒冷的大祭司奧尼阿斯（Onias），是一位嚴守律法的人。然而，他在祭司體系中也有反對者，那就是他的親弟約書亞（Joshua）和那些希臘化運動的追隨者。約書亞取了一個希臘名字「耶孫」（Jason），從稅款中取了一筆相當可觀的款項，進貢予敘利亞政府，由奧尼阿斯手中取得了大祭司的職位。在耶孫的領導之下，耶路撒冷展開了全面的希臘化運動：興建沐浴池、歌劇院和希臘式的教育學校（拉丁語稱為 *gumnasium*，參 5.1.2.2）。學生在這些學校鍛煉身體時必須赤裸全身，很多猶太人為恐怕被希臘人看見自己受割禮的記號，便企圖接受一種割禮恢復手術（瑪加伯上一 15；參林前七 18）。

在整個宗教政治形勢之下，大祭司的權力非常重大，有政治野心的人更可以奉上帝之名，為所欲為，而大逆不道的安提阿古四世只為自己的私囊著想，漠視聖職的嚴謹。公元前 169 年，安提阿古甚至為了補償他與多利米和羅馬人爭戰時所損失的財富，將耶路撒冷聖殿中的貴重陳設，包括香壇、金燈臺和陳設餅桌子，全數掠至安提阿（瑪加伯上一 20~24）。翌年，由於耶路撒冷的猶太人涉嫌叛亂，安提阿古四世更把

---

46 安提阿古四世認為自己是希臘眾神之首宙斯（Zeus）的化身。

耶路撒冷的城牆拆毀，並搶劫聖殿的庫房。此外，為要把猶太人全然與其他民族同化，他又廢止猶太人固有的宗教生活權利，包括守安息日、施行割禮等。公元前167年12月（直至164年12月），在耶路撒冷原有祭壇之處，安提阿古竟豎立起首個異教祭壇，並向希臘最高神明宙斯神（Zeus）獻祭，甚至以豬作為祭物；無數虔誠的猶太人（特別是祭司）為抗議此事而殉道[47]。安提阿古四世是當時一位極力擁抱「希臘化運動」的帝王，他認為只有全面推行這運動，把所有民族同化，才可以穩固地治理這廣大的版圖。因此，安提阿古對猶太人一切的逼迫，並非純粹針對猶太人的信仰，而只是其推展「希臘化運動」中的一環而已。他認為無論敬拜的方式如何，最終都是敬拜同一位神明，不管「祂」被人稱為耶和華、天神巴力或宙斯。

### 8.1.3. 哈斯摩尼阿王朝（公元前168年~37年）

就如今天住在城市的人，因經常受著多種文化薰陶和衝擊，一般來説，思想是較為開放的，容易接受外來文化的新思想；但在鄉村地方的人卻往往較為保守。同樣，在希臘化運動日漸伸延之際，巴勒斯坦一帶城外的居民並沒有像城市人一樣，深受希臘文化和文明的影響，故反而堅守祖宗的信仰傳統。在他們的圈子內，反對西流古政府的聲音日益強烈，最終在距離拉達（Lydda）不遠的一個小村莫丁（Modein），爆發了一次反外來統治的運動。

---

47 有些學者相信這次對聖地的褻瀆，相等於但以理書（但十一31，十二11）中所談及的「那行毀壞可憎的」，並認為但以理書是為了安慰那時候受壓逼的羣體而寫成的。

事情發生於公元前168年。那時西流古王常派遣監察員強逼猶太人獻外邦祭，就在一次例行檢查的時候，一名士兵正強逼一位猶太人獻祭。哈斯摩尼阿家（Hasmoneans）的族長老祭司馬他提亞（Mattathias），殺了那名正準備在壇前獻祭的猶太人，和那推動這次獻祭活動的官員。這事件引起很大騷動，馬他提亞和他的五個兒子只好逃到猶太曠野的山區（瑪加伯上一15~28），並在那裏團結起一羣隨時準備作戰的猶太人。

### 8.1.3.1. 猶太人的獨立

起初，以馬他提亞為首的猶太人並未有意要與當時敘利亞政府對抗，只是實行有限度的攻掠行動，繼而破壞在鄉間的外邦神廟，或嚴厲處分曾經背叛的猶太人。可是，當馬他提亞逝世後（公元前165年），三子猶大（Judas）承繼他的領導位置，行動轉趨為小規模游擊隊的攻擊。猶大天賦的軍事才能，為其家族贏得「馬加比」的綽號；這詞可能源自亞蘭語 *makkaba*，意即「鎚子」，正好形容猶大那種硬朗的精神[48]。及後，猶大更成功地奪回耶路撒冷城，佔領曾被褻瀆的聖地；且再次恢復舊約五經所載對以色列上帝敬拜的規程。公元前164年，基斯流月的二十五日（即十二月），祭壇重

48 按約瑟夫記載（*Ant.* 12.263等），「哈斯摩尼阿」（Hasmoneans）是馬他提亞曾祖父的名稱，故這家族應稱為哈斯摩尼阿家族。而「馬加比」乃是別人加予的外號，原本單指馬他提亞的三子猶大那種硬朗的性情和健碩的身軀，後來引伸指整個家族的成員。由於《馬加比書一、二、三》（首兩卷於《思高聖經》稱為「瑪加伯上、下」）只見「馬加比」這名稱（未見「哈斯摩尼阿」），一般學者均以「馬加比」等同於哈斯摩尼阿家的名稱。

新得到潔淨，奉獻給上帝。直至今天，猶太教每年均以這日為「修殿節」（希伯來語為 *Hanukkah*），以紀念這次收復的事件。在修殿節期間，人們都會燃起燈光，象徵當光亮來到以後，陰暗與黑夜都要成為過去。

當時的猶太人在馬加比家族的領導下得以收復聖城，但他們並不就此滿足，而是希望更進一步取得政治上的獨立地位。經過連番戰役後，猶大在公元前 160 年一役中被殺，他的五弟約拿單（Jonathan）取代其領導位置。雖然約拿單的叛變行動仍維持細小的規模，但亦成功地殺退不少敵軍。公元前 152 年，約拿單取得西流古政府的同意，成為首位不按撒督家系（Zadokite；見下）和不屬祭司血源的大祭司。一般人認為，約拿單這種霸道的行為終難持久，故暫時容忍，但這件事卻已經令那些曾經熱心參與馬加比叛變的人非常困擾，認為當時的猶太教已經開始變質。

公元前 143/2 年，約拿單遭殺害，他的二哥西門（Simon）承繼約拿單的領導位置，甚至取得更佳的戰績。西門使猶大地這「聖殿省郡」完全獨立，猶太人毋須再向西流古繳稅，並可鑄造自己的錢幣。瑪加伯上十三章 41~42 節有這樣的記錄：

> 異民的重軛，由以色列人身上解除了。民眾於是在文書及契約上，開始寫：「猶太人的大司祭、大元帥、領袖息孟（即「西門」）元年。」《思》

自此，「哈斯摩尼阿王朝」這稱號正式被確認，其聲名甚至遍及羅馬。由於西門厲精圖治，關懷貧窮者，為律法及聖殿大發熱心，他的形象差不多與猶太人所期盼在末世來臨的彌賽亞無異。所以，西門被尊稱為「領袖和大祭司，直到一位忠誠的先知興起為止」（瑪加伯上十四41，另參十四25~49）。從西門這時期開始，猶太人便已接受大祭司的繼承身分，從原來設於公元前960年（即所羅門王的聖殿）的撒督家系，轉移到哈斯摩尼阿家族（參9.2）。有些祭司和熱心於律法的人民，如當時屬法利賽派的「哈西典人」（Hasidim，參9.1），都對哈斯摩尼阿家族的統治深表不滿；結果，反對的陣營就與支持馬加比家族的人頻頻爆發衝突。事實上，自約拿單領導初期，有部分嚴守猶太律法的人，已因不滿哈斯摩尼阿家族的統治而陸續退到曠野生活。他們一般聚居於死海沿岸地區，如昆蘭曠野（Qumran），過著嚴守律法的生活。這羣以色列人很可能演變成日後的愛色尼人（Essenes）。

**8.1.3.2. 哈斯摩尼阿王朝的沒落**

公元前134年，隨著西門遭人殺害，也就完結了哈斯摩尼阿家族第一代的統治時期。進入第二代，同時亦是哈斯摩尼阿王朝沒落的開始。西門的兒子約翰．許爾堪一世（John Hyrcanus）承繼王位後，盡量擴張猶太人的勢力範圍，伸延至猶太地及撒馬利亞鄰近的地區；許爾堪並沒有因此罷休，反而繼續拓展領土。公元前128年，他將撒馬利亞人視為聖地的基利心山聖殿夷平，又揮軍直進古代以東的屬地以多米阿（Idumea）。正因著許爾堪一世那種政治、軍事野心和過分以利益為主而放棄信仰原則，約翰．許爾堪漸漸失去民心，尤其是法利賽人和熱心於律法的羣眾。就在此時，許爾堪一世向撒都該人靠攏，因他們相信，許爾堪一世的行動最終會帶來經濟上的效益。

隨後的兩位君王，包括亞立斯托布一世（Aristobulus I）和亞歷山大．約拿單，又名亞歷山大．金納斯（Alexander

Jannaeus/Jonathan），雖然身兼君主和大祭司二職，但卻是暴君，更可說是荒淫無度、目中無神之輩，後者更大肆殺戮敬虔於律法的法利賽人（通常是法利賽人敵對他）。在他死後，其妻沙羅米．亞歷山大（Salome Alexander）的統治卻為後人所讚許。雖然沙羅米貴為女王，卻因是女性緣故，未能當上大祭司一職，所以，她委派兒子許爾堪二世（Hyrcannus II）為大祭司。

沙羅米死後，兩個兒子（包括許爾堪二世）爭取這王位。結果，在撒都該人和一些反對沙羅米的人的支持下，亞立斯托布二世（Aristobulus II）得以登上寶座，但為期不久。最後，得到許爾堪二世的將軍安提帕特（Antipater，即大希律的父親）和法利賽人的支持，公元前63年，龐培率領羅馬軍進軍耶路撒冷，經過三個月圍攻，成功地推翻亞立斯托布，正式結束猶太人在馬加比家族領導下的獨立，為期只有八十年（公元前143/2~63年）。雖然這時候許爾堪二世仍為大祭司，但已沒有政治上的實權。自此，猶大一帶也就成為直轄於羅馬中央政府的敍利亞省的一部分。

不過，這時候羅馬的政局仍相當不穩定，凱撒與龐培的相爭仍未有結果。起初，許爾堪二世和安提帕特都表態支持龐培。可是，在公元前48年，龐培遭人刺殺，許爾堪二世和安提帕特轉移向凱撒投誠；甚至派遣補給軍隊到埃及，以示友好。凱撒作出回報，不但恢復耶路撒冷崇拜羣體慣有的權益，更許予各項特權，包括將約帕城再次劃歸大祭司管治，許爾堪二世為大祭司一職再獲肯定，並同時被封為專管理猶太人事務的提督（ethnarch）和羅馬政府的盟友。安提帕特則獲得世襲的羅馬公民權，成為猶太地的「巡撫」（procurator）。這意味著在古代大祭司的傳統以外，另設立了政府官員制度，從此結束了近百年來大祭司和行政權結連的時代（這乃由約拿單和西門起始的）。自此，宗教活動變得較自由，而羅馬政府不會局限猶太教的發展，亦不再禁制會堂社區的宗教活動。不過，政治活動方面卻受羅馬政府的監管。基於這架構的重整，安提帕特的巡撫地位顯得超然，他把這治權分授兩位兒子：費沙奧（Phasael）和希律（Herod）。

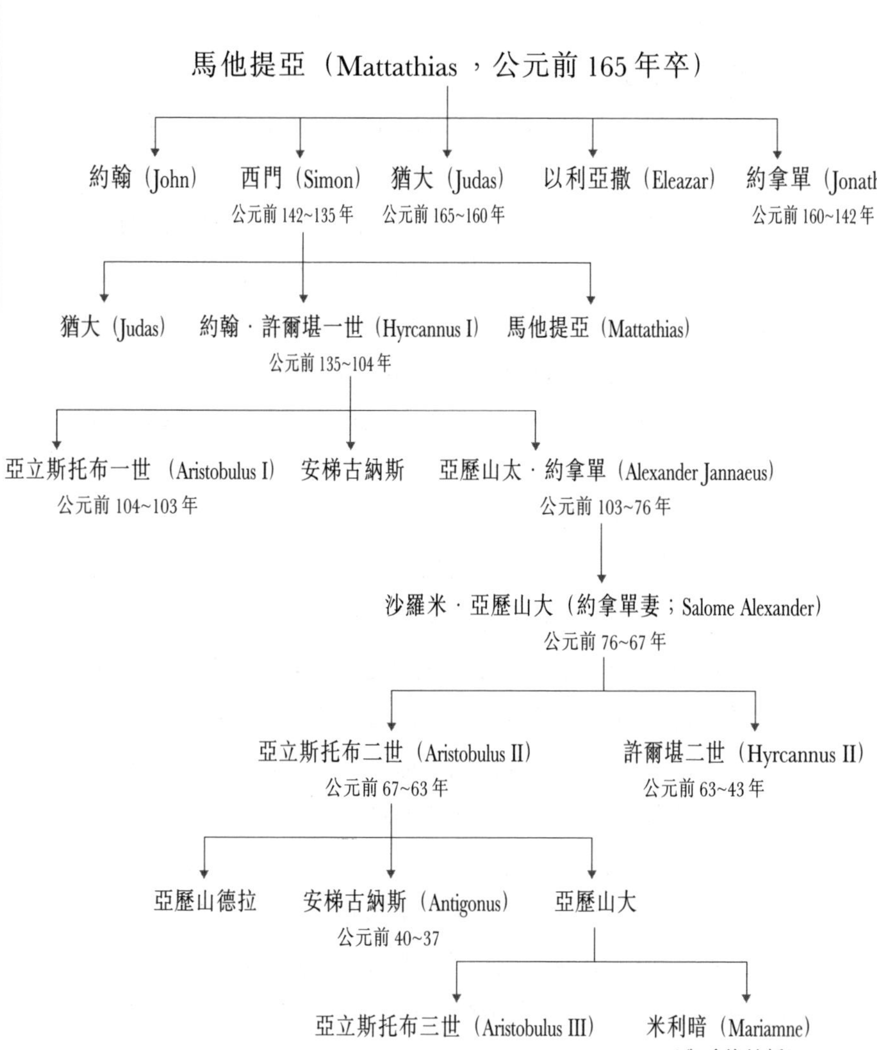

及後，安提帕特和費沙奧在與亞立斯托布二世的兒子安梯古納斯（Antigonus）對抗的戰役中雙雙陣亡。雖然安梯古納斯曾自立為王，但只是很短日子。過了不久，大希律在羅馬政府的支持下，剷除了哈斯摩尼阿家族的最後一位王帝安梯古納斯，並結束了哈斯摩尼阿家族的王朝。

## 8.2. 希律家族

希律自年幼時，已處處表現領導者的風範。他管治加利利省時，只有 25 歲；當時的加利利省，已經是一個有高度自治權的省分。所謂時勢造英雄，愈是混亂的政治局勢，愈能夠讓希律這類機會主義者發揮政治手段。

因為權力鬥爭，龐培於公元前 48 年被猶流・凱撒殺死於埃及地。但四年後，布魯特斯（Brutus）和卡修斯（Cassius）卻成功策劃刺殺凱撒大帝（公元前 44 年）。這個時候，希律和他父親安提帕特二世以為叛黨將會成功奪權，因此，便以大量金錢支持他們。但在這一次非常重要的政治賭局中，希律卻錯下注碼了。正當希律積極地支持布魯特斯和卡修斯的兵力，在羅馬「三頭統治」（參 8.3.1）的政府已經成立，不久叛黨亦相繼被捕。與此同時，哈斯摩尼阿家族的最後一位成員安梯古納斯（Antigonus）與帕提亞人（Parthians，古波斯國的後人）聯軍攻擊安提帕特，佔領整個巴勒斯坦一帶，把許爾堪二世趕走。結果，安提帕特和費沙奧相繼被殺；而希律幸得逃脱，流亡埃及，並得到王后克利奧帕特（Cleopatra）的接待和支持，隨即啟程羅馬（公元前 40 年）。他一方面為昔日接待布魯特斯和卡修斯，向當時兩位羅馬領袖安東尼厄斯（Antonius）和奧克塔維厄斯深表痛悔。另一方面，又游説他們相信他有能力治理巴勒斯坦和控制帕提亞人。後來，在兩位羅馬領袖安東尼厄斯和奧克塔維厄斯（即日後的奧古斯都）的支持下，於同年12月，希律被羅馬議會封為「猶太人的王」，但必須負責把安梯古納斯趕出耶路撒冷。於公元前37年，希律在羅馬軍隊的幫助下，將安梯古納斯殺死，掌握了整個地區的控制權，並享有全面的自主權，不單毋須繳納任何税項，更不必向巴勒斯坦原來所隸屬的敍利亞省交代，直接向羅馬負責。希律家族的成員的統治年份如下：

公元前37年~4年大希律

公元前4年~公元6年亞基老（猶太、撒馬利亞和以土買）

公元前4年~公元39年安提帕（管理加利利和比利亞的分封王）

公元前4年~公元34年腓力（以土利亞和特拉可尼的分封王）

公元37年~44年亞基帕一世

公元53年~92年亞基帕二世

### 8.2.1. 希律的執政

希律為能被猶太人視為哈斯摩尼阿王朝的合法繼承人，娶了許爾堪二世的孫女米利暗（Mariamne）為妻。不過，希律在猶太人心目中仍不受尊崇，除了因他曾殘殺哈斯摩尼阿王朝的成員外，也因他只是半個猶太人，有以東人的血統。自摩西時代開始，以東人一直是猶太人的敵人（參民二十14~21）。此外，他在羅馬被封立為猶太人的王時，曾向羅馬神猶皮得（Jupiter，亦即宙斯神）獻祭，這種舉動更難取悅猶太人。

希律在位期間曾干預耶路撒冷祭司的委任。因為希律不是純猶太血統，以致他雖為民族元首，卻不能兼任大祭司。另一方面，他又不願意指派哈斯摩尼阿家族的成員，結果，他揀選了一位埃及籍的猶太人哈楠業（Ananael）作大祭司。

希律性情殘暴，他處死自己兩個妻子、三個兒子，又在耶穌出生時，竟下令殺害全國兩歲以下嬰孩（太二16~18）。他的私生活也是一團糟。他曾結婚十次，家庭中數之不盡的問題都是因為妻子和妻子的母親們為使自己的子女能得到某些優待或特權而產生的。歷史上對希律的為人作出最貼切評價的，要算是奧古斯都。當他聽見希律殺了自己的骨肉時，幽默地說：「當希律的豬，勝過當他的兒子。」其中「豬」和「兒子」這兩個希臘字（*hus* 和 *huios*）的發音非常近似；意思是，身為（半個）猶太人，希律當然恨惡豬隻，故不會弄髒自己的手，但卻可以親手殺害親人。

另一方面，希律處理商業、軍事和政治的手腕，促使他在羅馬政權顛覆動盪期間，仍能保存勢力。羅馬統治者對他的信賴，足以令他在其鄰近國家領導者處於弱勢時，乘機拓展自己的疆界。在建設方面，希律在任期間，興建了不少偉大的建築物，例如歌劇院、沐浴池和學校等。但最重要、亦因而得到猶太人的歡心的，莫過於重建聖殿。重建計劃始於公元前19年，聖殿本身的建築不久便落成，但附近的建築和裝飾則花了很多人力和時間；整個工程要在公元63年才完成，但只維持了不到七年便被拆毀（參8.3.4）。雖然如此，希律並不是一個虔誠的猶太教信徒，既沒有敬畏的心，也不在乎甚麼是正統；反之，他卻是希羅文化和宗教的熱愛者（參10.2.2）。

希律在位35年，卒於公元前四年。羅馬政府執行他的遺願，將國家一分為三，交由希律剩下的三個兒子治理：亞基老（Archelaus，參太二22）、安提帕（Antipas）和腓力（Philip，參路三1）。

### 8.2.2. 亞基老

亞基老被封為猶太、撒馬利亞和以土買一帶專管理猶太人事務的提督（ethnarch），統治了十年，在學習其父親的暴行上，有過之而無不及（參太二 22）。結果，耶路撒冷的居民聯同撒馬利亞人派遣一隊專員到羅馬，投訴他在治理上的無能和殘酷。羅馬政府最後把他的統治權奪回，職任由羅馬官長科龐尼厄斯（Coponius）取代，稱為地區「巡撫」（procurator）。自此以後，所有地區提督都由羅馬中央委派，以凱撒利亞為總部，受命於敘利亞省分的巡撫。路加福音二章 2 節記載耶穌出生時，居里扭（Quirinius）是當時敘利亞省的巡撫，時值一次人口普查，用以計算稅收。

新約聖經所提及的羅馬巡撫（procurator）中，最有名的可算是本丟．彼拉多（Pontius Pilate），他在公元 26~36 年間在任，耶穌就是被他審訊和處死的。耶路撒冷的猶太人議會擁有裁判涉及猶太人宗教事務訴訟的權力，可以判處最高 39 鞭的刑罰；但當有關訴訟涉及刑事罪行時，則必須將犯人送到巡撫面前審理。由於猶太人議會的權力在希律統治時期已被削弱，身為巡撫的彼拉多就成為當時惟一有權判處罪犯死刑的人（參太二十七 1~2）。所以，當猶太人決意要治死耶穌時，不能親自下手，必須透過向彼拉多施壓，才能達到處死耶穌的目的。

彼拉多跟以前的巡撫不同，並不體諒猶太人對信仰的執著，例如他把羅馬王帝的像帶進耶路撒冷，引起猶太人的公憤，反對他的聲音愈趨強烈。彼拉多卻毫不留情地用殘酷的手段加以鎮壓，他下台的命運可能也由此引發。

### 8.2.3. 安提帕

希律．安提帕的職銜是分封王（tetrarch），即管理加利利和比利亞省（Perea）的四分一地區（公元前 4 年 ~ 公元 39 年）。耶穌和施洗約翰的傳道旅程所涉及的地方，主要是安提帕的所屬地（太十四 1~12；可六 14~29，八 15；路三 19~20，九 7~9，十三 31~32，二十三 6~16）。施洗約翰亦是被這位希律殺害的，因為他批評希律與妻子離婚，並迎娶自己同父異母兄弟腓力（Philip）的妻子希羅底（Herodias）；這腓力並非 8.2.4 所提及的那位。正可能因為安提帕的所作所為，特別是他對約翰所作的事，耶穌毫不畏懼地稱他為「狐狸」(參路十三 31）。「狐狸」這綽號，大概帶有如漢語的用法，如「狡猾」、「奸險」等，但在拉比文獻裏，「狐狸」亦可帶有「縮頭龜」的含義。按路加的記載，安提帕也有分參與耶穌的審訊（路二十三 6~12），亦因此與彼拉多成為朋友。

### 8.2.4. 腓力

腓力亦是分封王，統治版圖遠及巴勒斯坦東北，包括加利利以東和以北，路加（路三 1）曾提及其中以土利亞（Iturea）和特拉可尼（Trachonitis）兩個地區。腓力又開拓了凱撒利亞．腓立比（Caesarea Philippi）這個城市，用了自己和羅馬王的名字作為該城的名稱。腓力可能是大希律繼承者中惟一一位好領袖。按約瑟夫所記，他愛護人民，又尊重猶太人；腓力一直統治到公元 34 年。

### 8.2.5. 亞基帕一世

希律．亞基帕一世（Agrippa I）是大希律的孫兒，其父被大希律處死（公元前 11~10 年）。他一直在羅馬長大，早年的遭遇不太好，卻結識了兩位非常重要的朋友——日後均成為羅馬王帝，分別是該猶（Gaius），和革老丟（Claudius）。

該猶在公元 37 年當上羅馬王帝後，亞基帕被封為猶太王，管治巴勒斯坦東北那原先為腓力統治的區域。就在這個時候，安提帕的妻子希羅底眼見亞基帕的封號比自己丈夫的尊貴，極力游説安提帕到羅馬見該猶，希望討好他，使他同樣被封立為王。可是該猶卻乾脆把安提帕廢掉，並放逐遠方，讓安提帕管轄的地方，也納入亞基帕的領土內。

於公元 41 年，該猶被暗殺，革老丟登位。由於亞基帕於早年曾幫助革老丟度過非常困難的日子，革老丟登基後，就把整個巴勒斯坦原為大希律統治的版圖一併交由亞基帕終身管治。此外，又因亞基帕能平息於公元 40 年所發生的猶太人大騷亂（參 8.3.2），革老丟更深深明白以猶太人管治巴勒斯坦是最好的安排。結果，經過四十多年來的分裂局面，希律大帝的疆界再次重新合併。

亞基帕一世在政策上一方面保持對羅馬政府的效忠，另一方面也對猶太教極為尊重。因此，為討好猶太人領袖，他在逼害初成形的基督教會一事上，顯得非常熱心，如把雅各處死、又監禁彼得（參徒十二 1~4）。雖然路加在使徒行傳中（十二 20~23）特別強調他突發身亡為藐視上帝的結果（公元 44 年），但在猶太人心目中，亞基帕因遵守傳統猶太教的教訓和律法上的規條，而深得他們的敬重，及至拉比時期，仍有不少人對亞基帕一世加以讚許。

### 8.2.6. 亞基帕二世

亞基帕一世的兒子希律．亞基帕二世（Herod Agrippa II）

在他父親去世時只得十七歲（公元44年）。羅馬政府認為他太年輕，不足以承受王位，結果，羅馬政府再次指派巡撫統治猶太地，並以凱撒利亞為總部；這統治方式一直維持至「第一次猶太人叛亂」（即公元66年，參8.3.4）為止。新約聖經也有提及其中兩位巡撫，即安東尼厄斯．腓力斯（Antonius Felix，任期為公元52~60年）和波求．非斯都（Porcius Festus，任期為公元60~62年）。亞基帕二世還未到三十歲，已慢慢得回原來希律管治的土地。尼羅王在公元54年繼承了革老丟的帝位時，亞基帕二世已繼承了他的祖叔父腓力的疆土。因此，當非斯都準備要審問保羅時，認為亞基帕二世比較熟悉猶太人的習俗，便邀請他來聽保羅的申訴，而他的姊妹百尼基亦有在場（徒二十五13~二十六32）。然而，亞基帕二世與他父親相似，非常尊重猶太教傳統和聖殿傳統，故未能幫助保羅。

這段以巡撫統治的日子非常重要，在當中再一次證明羅馬政府一方面忽視猶太這個民族，漠視猶太人在遵守律法上的執著，而另一方面又縱容地區官長，如巡撫，施行暴政。因為猶太人對宗教的熱誠，促使大家非常同心，於是政教互相聯結，猶如一人，對抗那些企圖敵對他們同胞和宗教的人。

在亞基帕二世的任內，他祖父大希律的修葺聖殿計劃亦得以完成，更在耶路撒冷多處街道上，鋪上大理石塊。他雖然敬重猶太教，但卻更忠心於羅馬。公元66年，「第一次猶太人叛亂」剛剛開始，亞基帕二世和其姊妹百尼基竭力勸阻猶太人對抗羅馬政府，但在不受勸告之下，二者轉而支持羅馬政府。亞基帕二世不單擴大自己管轄的土地，更與後來成為王帝的提多將軍結成好友。亞基帕二世死於公元96年，自此以後，希律家再沒有機會直接管理猶太人的事務。直至132

年（即猶太人第二次叛亂），巴勒斯坦一帶的形勢都非常緊張，因此，所有管理猶太人的職責也直接由羅馬政府所委派的巡撫擔任。

## 8.3. 凱撒家族

「羅馬國」近一千年的歷史主要可分為前後期。前期稱為「羅馬共和國」（Roman Republic），由公元前 510 年開始，直至公元前 31 年奧克塔維厄斯（Octavius，即新約聖經所提及的奧古斯都）剷除所有政敵為止；而後期則稱為「羅馬帝國」（Roman Empire），由公元前 31 年至公元 395 年。自此羅馬帝國分為東西兩國，而二者亦分別於公元 474 和 476 年亡國。

羅馬共和國的最高權力是元老院，沒有帝王，只有元老院的元首，即「執政官」（*consul*）。但當國家面臨侵略，元老院通常會暫時委派一位「獨權者」（拉丁語：*dictator*），掌握所有實權，直至危機過去為止。這制度到公元前三世紀左右便出現轉變，主要是因為這些「獨權者」在國家危機過後，往往不願意釋放自己的權力；如此，羅馬體制便開始由「共和國」逐漸變為獨裁式的「帝國」（Empire）。這情況在那位稱為凱撒大帝，即猶流．凱撒（Julius Caesar，公元前 102~44 年）的時期，最為顯著。凱撒因為無子，所以收養奧克塔維厄斯（Octavius）為養子，並計劃把權位傳給他。以下列出第一世紀凱撒家各王帝的統治時期：

| | |
|---|---|
| 公元前 37 年 ~ 公元 14 年 | 奧古斯都（Augustus） |
| 公元 14~37 年 | 提庇留（Tiberius） |
| 公元 37~41 年 | 該猶／加里古拉（Gaius/Caligula） |
| 公元 41~54 年 | 革老丟（Claudius） |

| | |
|---|---|
| 公元 54~68 年 | 尼羅（Nero） |
| 公元 68~69 年 | 迦勒巴（Galba），奧索（Otho）和維蒂利厄斯（Vitellius） |
| 公元 69~79 年 | 維斯帕先（Vespasian） |
| 公元 79~81 年 | 提多（Titus） |
| 公元 81~96 年 | 多米田（Domitian） |
| 公元 96~98 年 | 納華（Nerva） |
| 公元 98~117 年 | 他雅努（Trajan） |
| 公元 117~138 年 | 哈德良（Hadrian） |

### 8.3.1. 奧克塔維厄斯和提庇留

凱撒於公元前 44 年被刺殺，結束了獨裁式的共和國，羅馬政局亦因而非常動盪。經過多方面的協商，於公元前 37 年，奧克塔維厄斯、馬庫斯・安東尼厄斯（Marcus Anthonius）和馬庫斯・萊皮達斯（Marcus Lepidus）組成「三頭統治」（*triumvirate*）的政府。萊皮達斯最先去世，而安東尼厄斯竟聯同其埃及愛妻，克利奧帕特王后（Queen Cleopatra），企圖對抗奧克塔維厄斯。奧氏得著全國人民的支持[49]，於公元前 31 年在亞克田（Actium）這地方的一場戰役中，徹底摧毀安東尼厄斯和克利奧帕特王后的勢力；後來二人返回埃及後，雙雙自殺，而埃及自此亦成為羅馬帝國的一個省分。

由於奧克塔維厄斯平息了十多年的動亂，並以仁義得稱，在元老院和人民的擁護之下，本應可自稱為「王帝」，但卻

49 其中一個原因是，一般羅馬人不能接受安東尼厄斯和克利奧帕特王后這段戀情。

只謙恭地自立為「首席元老」(*princeps*)。為要表達國民對奧氏的愛戴，元老院封他為「奧古斯都」，意即「可敬畏的」。奧氏選用「執政官」這名銜，是要暗示他不是「獨權者」或王帝。對羅馬統治者的稱謂可有多種：首先是我們所熟悉的「凱撒」(*Caesar*)，這原是猶流·凱撒的姓氏，但由於他對國家的建樹，又因奧氏很珍惜他是凱撒大帝的養子這身分，故取他的姓氏；這字逐漸帶有「帝王」的意思，故有些譯本也把「凱撒」繙成「王帝」(參《現》的路二1「羅馬王帝奧古斯都」)。「首席元老」一詞並非官方名銜，一般官方的文獻多數稱「凱撒」或以其為最高宗教領袖的稱號，即「最高教長」(*pontifex maximus*)。「王帝」(*imperator*)很少是官方的稱呼，奧氏和他的繼承人提庇留從未自稱為「王帝」；一般來說，這多數是第三者或現代人對凱撒較為籠統的稱呼。

奧古斯都是羅馬帝國歷史裏最偉大的王帝，他不單把幾十年的內戰平息，讓人民再次得享和平，更在任期間，整頓國家多方面的不善，包括道路、水利等設施，大大改善人民的生活。奧古斯都死後，人們把他封為神明敬奉。他去世後，他的義子提庇留(Tiberius)被選為他的繼承者。提庇留不算是一位很賢能的君主，但卻是自知自足。他在位時，人民提議要封他為神明，但他說：「我只是一個凡人，神性尊榮是屬於奧古斯都的，他才是人類真正的救主」。不過，在他晚年(特別於公元23年後)，提庇留的懷疑心非常強，並經常向元老院提案，懷疑部屬反叛，其中有很多是不符事實的。然而，羅馬歷史學家綏屯紐仍對奧氏和提庇留作出非常高的評價。

## 8.3.2. 該猶／加里古拉和革老丟

提庇留死後，由其外甥該猶執政。該猶（Gaius）的父親是一名大將軍。年少時，他喜歡穿起軍服和軍靴，在家園中遊玩和出入軍中，自小便得來「小靴子」（拉丁語：*Caligula*）的綽號；在歷史的文獻中，這名稱較那極普通的名字「該猶」更為人所用。該猶登位後的首半年，仍繼續如提庇留一樣的親民。但在一場突發的大病之後，他性情大變，判若兩人，更以為自己不是一般人，而是有神明附身，他可謂是第一位自封為神的羅馬王帝。事實上，該猶的作為與約二百年前的安提阿古四世（8.1.2）大同小異，安提阿古四世自命為宙斯的化身（故有「神明顯現」的綽號），而該猶則豎立自己的雕像，取其名為「年輕的宙斯顯現」。

該猶似乎沒有直接做一些對早期基督教會不利的事，但對於一般猶太人來說，他的暴行卻反映一種強烈的「敵猶太人」的行徑。他曾企圖把自己的雕像置放在耶路撒冷的聖殿裏，幸好得到亞基帕一世的勸阻，才避免了耶路撒冷居民集體自殺的抗議行動。該猶不單為猶太人憎惡，連羅馬人也對他那瘋狂的作風極為不滿，在憲法不能容許把王帝廢除的情況之下，只好把他暗殺就是了。該猶於公元 40~41 年左右被身邊的護衛兵首領刺殺，並擁立該猶的叔父革老丟（Claudius）為凱撒。

革老丟是一個書獃子，沒有甚麼政治經驗，樣子又不太吸引，並且行動不自如（據說有先天性輕微癱瘓）；可能正因這些缺點，護衛兵等人希望他是一個「聽話」的人。他在任的日子，早期教會迅速發展。基督徒積極傳福音，無疑為羅馬政府帶來某程度的憂慮。從信仰的內容來說，基督信仰

（如耶穌是彌賽亞、是主、是王等觀念）不單與傳統猶太教有直接的牴觸，更帶來羅馬政府某程度的威脅。所謂「威脅」，實不單指耶穌這已去世的人在某些人心中為主為王的地位，更是在宗教生活上，基督信仰的排他性（諸如「除主耶穌以外，別無拯救」或「除上帝以外，別無他神」等觀念[50]）確實牴觸了羅馬政府在宗教上所主張的「異教共存」的政策。事實上，每人都了解到，和氣相容是和平共處的必要條件，但基督信仰那種「惟我獨尊」的論調向來已惹猶太羣體的反感；而他們那種傳福音的熱切和急進的態度，恐怕連在宗教政策上較為開明的羅馬政府亦不能容忍。

使徒行傳十八章 2 節提及革老丟下令把所有住在羅馬城的猶太人驅逐出境（約 49~50 年期間），原意其實不是針對猶太人，只是針對猶太裔的基督徒。然而，對於革老丟以至一般羅馬人來說，根本不能分辨猶太教徒和基督徒。因此，在未能弄清楚二者關係的情況下，革老丟只好把所有猶太人驅逐出境。史學家綏屯紐在記載此事時，較路加交代得清楚：「由於猶太人受到 *Chrēstus* 的煽動，不斷引起騷亂，所以革老丟下令驅逐他們離開羅馬」（Claudius, 25.4）。這位 *Chrēstus* 很可能就是「基督」，因為當時的希臘語 *Christus* 與 *Chrēstus* 兩個字的發音並沒有分別，故繙為拉丁語時，很可能就錯誤地繙成 *Chrēstus*。而綏屯紐所指的騷亂，可能是指猶太裔或非猶太裔的基督徒與非基督徒的猶太人之間的紛爭，參 5.2.2。

---

50 雖然「除上帝以外，別無他神」這觀念亦是猶太教的主要信念，但基督教那種傳福音的熱切態度，明顯對羅馬人的宗教生活構成較大的干擾和威脅。

### 8.3.3. 尼羅和三個凱撒

尼羅．革老丟．凱撒（Nero Claudius Caesar）是在整個羅馬帝國的統治者中，最為人所熟悉的，並以他的瘋癲、暴政和殘酷見稱。他上任宣誓時，聲稱會以奧古斯都政策為本。在首幾年，他似乎的確能落實此承諾，但卻逐漸顯露其暴性。於公元59年，他把自己的生母殺死（尼羅其實是革老丟的養子），並且開始對身邊的人非常猜疑。他花費大量金錢在自己的享樂中。他特別喜愛藝術，經常贊助很多與藝術有關的活動。他無心論政，卻以殘暴手段對待那些企圖與他對抗的人。正如該猶一樣，這種暴君只會惹來被人暗殺的收場。於公元65年，第一次暗殺行動失敗，他把身邊所有的侍衛和將軍全部殺死。自此，尼羅變得更加猜疑，有如昔日希律因幾位智者的一番話便大規模屠殺嬰孩一樣。結果，尼羅終自行了斷，護衛兵擁立迦勒巴（Galba）作王。

尼羅是首位直接和大規模地逼害當時羅馬城基督徒的凱撒（雖並非是全國性的逼害），事件的起因源於公元64年7月19日晚上的羅馬城大火。由於羅馬城的建築物非常密集，火勢一發不可收拾，足足焚燒了五天的日子，羅馬城十四個地區中的十一個都嚴重焚毀，其中包括整個王宮在內。羅馬居民認為這火災是有人故意縱火的，矛頭所指的第一個人便是尼羅，因為他一直很想按他的藝術構思重建羅馬城。雖然尼羅有證據證明在起火時，自己不在羅馬城，但卻有人見他在王宮裏，自言自語，又很陶醉地哼出古推羅城被焚的歌詞。有些居民甚至看見有人縱火，及至當有人想救火時，卻有匪徒阻止他們。尼羅為要轉移從各方而來的壓力，便以「基督徒」為代罪羔羊。

與綏屯紐同期的史學家塔西圖（Tacitus）在他的 *Roman*

*Annals*（寫於公元115~117年間）指出，這些基督徒為「世人所憎惡的人」。其中最大的原因是，對羅馬人來說，居住在城中的基督徒非常離羣；可能是因為羅馬城的人道德敗壞，信徒因追求成聖生活，便沒有積極參與羅馬人的社交活動。此外，在教義上，一般早期教會信徒都渴望主的再來（參3.2.1，5.0.2，5.9.1），以及新天新地的來臨，而在這一切發生之先，這世界必會被焚[51]。我們不難想像，當羅馬城火光熊熊之際，可能有些信徒會出來歡呼，吶喊主耶穌的來臨，叫人悔改，宣布「上帝的審判已經臨到」等等；這些一時熱心的行動便會成為尼羅的證據了。

尼羅向基督徒（包括猶太裔和非猶太裔的基督徒）所施的暴行是難以言喻的：有的被釘十字架，有的被披上獸皮，然後被野狗追擊，有的活生生被燒死……。對於這些暴行，就連羅馬城的人民也為他們難過，同情他們的無辜，並更確信背後的劊子手其實就是他們的王帝尼羅。按早期教會歷史記載，彼得和保羅亦在這次的逼迫中殉道。

尼羅臨終的前後，羅馬政局非常混亂，國家經濟亦陷入危機，叛亂的事不單出現在屬敍利亞省的猶太地，亦出現在其他地方；而不幸地，尼羅對這種種的問題均無心處理。於公元68年，羅馬元老院宣布尼羅為元老院敵人，不久後，尼羅亦了斷自己的性命（6月9日），終年三十歲。在尼羅死後的十數年間，有很多素來支持尼羅的人仍相信他還活著，並有不少人宣稱自己就是尼羅王。久而久之，這成為第一世紀末期「尼羅復生」（拉丁語：*Nero redivivus*）的傳說，即尼羅

51 在新約聖經中，較明確提到現今的世界將會被焚燒的是彼得後書（如三10~12）和啟示錄（如十九20，二十一8），但新舊約聖經均常以「焚燒」這意象來表達上帝的審判。

王會有一天復活過來。可能基於這傳說，新約的啟示錄便提及一個有七頭的獸（這獸可象徵羅馬帝國），本來受了致命傷，但仍能存活[52]。

面臨國家大亂，元老院希望有賢能之士把國家從種種危機中挽救出來，在短短一年內（公元68~69年），便有四位凱撒出現。迦勒巴（Galba）上任不久，已經證明他不是一位善於統治的人。不出幾個月，尼羅的好友奧索（Otho）賄賂護衞隊，得以取代迦勒巴的王位；與此同時，另一位將領維蒂利厄斯（Vitellius）亦被他的部屬推舉為王；及後，正在對抗猶太人的維斯帕先（Vespasian）也被部屬推舉為王。經過一連串的角逐後，維斯帕先的勢力亦得著鞏固。

### 8.3.4. 第一次猶太人叛亂

就在尼羅在任期間，發生了第一次猶太人叛亂（公元66~73/74年），其中的起因有很多。猶太人作上帝子民的身分仍念念不忘，始終難甘於外邦的統治，尤其是在該猶和尼羅王的暴政下，就更叫他們懷念哈斯摩尼阿王朝時，猶太人得以自由的景況。加上當時各地的猶太人都不時受到當地居民的藐視；事實上，整個羅馬帝國都充滿著強烈的反閃族情緒。倘若羅馬政府能好好正視這些種族鬥爭，整個國家就可以穩定地維持下去——但這正是羅馬政府所忽視的問題。

公元66年，格斯厄斯．弗洛厄斯（Gessius Florus）作巡撫，羅馬出現更深一層的危機。弗洛厄斯是一個非常貪心的

52 尼羅是教會歷史上，第一位暴殺基督徒的凱撒，他的行徑又稱為「尼羅行徑」（拉丁語稱為 *Institutum Neronianum*），當早期基督徒面對逼迫時，有些護教士（apologists）便會引用這名稱來指控那些執控官（甚至是凱撒）的行為屬「尼羅行徑」。當然，這類指控未必能阻止逼害的發生，但卻指出第一位逼迫基督徒的凱撒是最壞的凱撒（Bruce, *History*, 頁410~411）。

人，他在聖殿的庫房裏偷走了約六百公斤黃金。當時憤慨的猶太人就扮乞丐，在耶路撒冷城內四處行乞，自稱要為這位「窮」巡撫求乞，有意嘲笑弗洛厄斯。此事觸怒了弗洛厄斯，他派兵往耶路撒冷，殺了三千五百個猶太人。他又從凱撒利亞派兩隊羅馬軍進入耶路撒冷，吩咐猶太人為這兩隊軍隊入城安排一個敬禮儀式，以示歡迎。城裏的猶太人本來已很不願意這樣做，但在祭司們的勸解之下，猶太人也照著吩咐而行，但弗洛厄斯卻暗中命令這些軍隊不許在典禮中回禮，這明顯是再次淩辱猶太人，結果惹來全城騷亂。弗洛厄斯只好撤退，留下一隊軍隊駐守安東尼亞堡[53]。

發生此事後，亞基帕二世和他的姊妹百尼基與大祭司和法利賽人，企圖說服猶太人不要以武力反抗，但猶太人憤怒的情緒已一發不可收拾。自從奧古斯都以來，猶太人每日都為羅馬帝國代求，獻祭給上帝，但弗洛厄斯事件後，聖殿的守殿官（參 9.5）以利亞撒（Eleazar）卻命令所有猶太人停止為羅馬帝國獻祭，這是叛亂開始的徵兆。以利亞撒又聯同奮鋭黨的極端派系「刺客黨」（源自拉丁語 *sicarii*，參 9.4），一起安排殺戮行動，以以利亞撒為首。他們先將亞基帕二世和百尼基趕出耶路撒冷，然後佔據安東尼亞堡，殺盡所有羅馬軍隊；整個耶路撒冷城都被他們佔領。全城充滿廝殺，甚至連那些行動傾向溫和的猶太人也被殺害，其中也包括大祭司在內。不但如此，刺客黨亦佔據了原為羅馬部隊駐守的瑪撒大（Masada）。至此，原來只屬猶太地的叛亂，現已擴展至整個巴勒斯坦地。在這個時候，在耶路撒冷的猶太人變得士氣激昂，他們真的以為從此之後，可以脫離異族的管治。他

53 由希律所建，當發生暴亂時，這堡壘用來保護聖殿的。

們組織游擊隊，又在加利利設一個防壘，當時本來是祭司的約瑟夫（Josephus）就在此時從耶路撒冷被派到加利利駐守。

然而，猶太人的人數，比起羅馬的軍隊，實在不可相比。首先，以維斯帕先將軍和他兒子提多（Titus）為首的軍隊，先從北面的加利利進發，平服加利利一帶。約瑟夫投降，歸順維斯帕先，並預言維斯帕先將會成為下一任羅馬王帝，可能因此維斯帕先沒有殺死約瑟夫。自此約瑟夫留守在羅馬軍營總部，見證整個猶太人叛變的經過（然而，這並不表示他的記載完全準確）。其他叛黨追隨另一位首領——吉斯卡拉的約翰（John of Gischala），從加利利逃到耶路撒冷。當時的耶路撒冷非常混亂，叛黨成員之間很多不和，又彼此搶奪。不過，當時的基督徒社羣並沒有加入這叛變的行動，他們寧願離開耶路撒冷，移居至約但河外的比拉城（Pella）。到公元69年，約瑟夫的預言果然應驗，維斯帕先被軍隊擁立為王，隨即返回羅馬，留下他的兒子提多（當時提多還未夠三十歲）備戰。公元70年的逾越節，正值許多朝聖者入城朝聖之際，提多將軍趁機帶著四隊營隊（每營各有一千人），和強大的輔助部隊進攻耶路撒冷。耶路撒冷城原是建在山上的城，登山的惟一途徑是城北的路；羅馬軍隊就是從這北面的路徑上山，並且圍困這城，城裏所有居民及朝聖者都被圍困。猶太人雖有爭戰的耐力和士氣，但仍不及羅馬人精鋭的部隊和高明的戰術，結果，猶太人敗在羅馬人的手下。許多人相信路加福音中的某些經文（如路十九43~44，二十一20）正是提及這個情景。

羅馬人乘勝追擊，拆毀耶路撒冷三面的城牆，繼續向殘餘反叛的猶太人施壓，最後聖殿終被燒毀。在聖殿還未完全被燒毀之前，提多將軍剛好趕及進入至聖所，搶走有七個燈盞的燈台，及擺陳設餅的桌子作為他的戰利品。在凱旋歸回中，羅馬人就曾帶著這些戰利品遊行。直到今天，這個燈台及桌子的雕塑，仍放在羅馬提多將軍的牌坊前，以示紀念。隨著聖殿和聖城被毀，猶太教又再次失去了其民族和信仰的標誌。

耶路撒冷城被毀之後，其他地方的叛亂也相繼被鎮壓。作亂的人四處逃奔，撤退到有設防的地方，逃避羅馬人的追逼，其中駐守在瑪撒大的叛黨算是維持最久的一羣。瑪撒大原屬猶大曠野，位於死海南面最狹窄的峭壁上，形成了一個天然山寨，四圍是荒野，敵人難以攻破。耶路撒冷城淪陷後，羅馬人為要剿平這班亂黨，就圍攻瑪撒大。羅馬人一向的戰略是將敵人整個城圍困，並且斷絕敵人與外界的接觸，使敵人因飢餓而被逼投降；他們又會用戰槌及大型的彈弩去攻打城牆。然而，瑪撒大卻高居於山上，形成一個天然的城堡，使羅馬人不能使用武器攻城；而且猶太人有足夠的糧水，羅馬人一時束手無策。於是，羅馬軍就轉用另一個方法攻城，他們用了七個月的時間，建築了一個巨大的斜坡，終於登上瑪撒大（公元 73 年）。他們登上瑪撒大城之後，除了發現兩個婦人和五個小童隱藏在地下水道外，全城一千人全部自殺而死。從以色列考古學家費煞心機的發掘中，發現了瑪撒大整個城堡及羅馬人在瑪撒大駐軍的痕迹。

繼瑪撒大失守後，第一次猶太人叛亂宣告平息。維斯帕先征服猶太人之後，下令將猶太地從敍利亞分割出來，成為羅馬一個行省，她的總督仍需向凱撒利亞交代省內的一切事務，而曾在耶路撒冷安營的羅馬第十旅軍團，亦返回羅馬駐守。

### 8.3.5. 維斯帕先家族（包括提多和多米田）、納華和他雅努

維斯帕先上任期間，正是羅馬帝國在第一世紀中最動盪的一段日子。維斯帕先是軍人出生，曾為國家戰勝多場戰役

（如在當時的大不列顛和非洲一帶的戰役），但從未作過政客、議員或所謂「騎士階層」[54]。不過，他的領導才華，卻使羅馬帝國的動盪形勢得以平靜下來。他具有天賦的外交智慧，又能效法奧古斯都，盡量保持「共和國」的精神，在沒有加強議會成員勢力的情況下，尊重各人的意見和地位。維斯帕先是惟一一位能建立家族王朝的凱撒。維斯帕先登位時，已經聲明要讓他的長子提多繼位，而在提多之後，若然提多（Titus）無子，則次子多米田（Domitian）繼位。結果，他兩個兒子果然順利分別登上王位。

提多將軍秉承父親的德行，故亦受羅馬人民愛戴；相反，多米田（提多去世時沒有兒子）既沒有兄長提多的才華，亦不擅於外交和與議會成員相處，雖然在任的日子不短，但卻不是一個受歡迎的凱撒。傳統認為，多米田是第二位逼迫基督徒的凱撒，但實際證據卻不多；然而，這傳說亦多少可反映他對猶太人的敵視。

多米田被暗殺後，元老院決定擁立納華（Nerva）為下一任凱撒，主要因為他亦是元老院成員之一，資歷甚高（上任時已是65歲）。納華其實並沒有軍事和任何統治的經驗，故在任期間，經常受禁衛軍等人所牽制。及後，納華收養他雅努（Trajan）為兒子，並封他為攝政王。這一方面幫助國家脫離內訌的危機，另一方面，亦為他雅努鋪路，成為下一任的國家元首。

他雅努並沒有令納華失望，他確是一位好王帝。他秉承維斯帕先的德行，愛戴人民，又尊重元老院議員。在他的帶

---

54 英語有時繙成 equestrians（拉丁語：*equites*）。「騎士階層」在古羅馬共和國時期已經存在，是指在社會上有特權的階層；大多數「騎士階層」都住在羅馬城，且往往是貴族和元老院議員。

領下，羅馬的版圖得著擴展。正當他雅努專注擴張自己的版圖時，在古利奈加（Cyreraica）、埃及的亞歷山太和塞浦路斯（亦有學者包括巴勒斯坦）一帶均有猶太人叛亂的事件發生（公元115~117年）。

### 8.3.6. 哈德良與「第二次猶太人叛亂」

在第一次猶太人叛亂之後，猶太人的宗教生活固然受到很大的衝擊，但他們的政治權利和基本生活，卻並未因此而遭羅馬政府扼殺。不過，這只是表面的情況，實質上，人民的生活是不安的。第一次叛亂的嘗試縱然失敗，但確引發更多和更強烈的「彌賽亞來臨」的夢想。在這期間，不少地方也有叛亂。

哈德良（Hadrian）是他雅努的寵兒，當他雅努為羅馬帝國擴展版圖時，哈德良經常伴隨左右，而他雅努亦清楚表示他將會是繼承人。在哈德良上任不久，他並沒有繼續他雅努東征西討的雄心，反而只專注國家內政的整理，並加強軍隊的訓練。他可能是出巡最多的凱撒，在他任內的21年裏，他經常巡視全國主要的地方。在他任內最後一次的出巡（於公元130年春由安提阿起行）中，他來到耶路撒冷，並下令要把耶路撒冷重建為一個全希臘化的城市，名為Aelia Capitolina（Aelia是哈德良名字中其中一個字），擬在原來的聖殿位置上，建造另一殿宇獻給宙斯神。這個詔令，按第三世紀羅馬史學家戴奧．卡修斯（Dio Cassius）的記述，是引發第二次猶太叛亂的主要起因[55]。

55 哈德良為何要重建耶路撒冷？這有幾個可能性，一方面，哈德良是一個非常敬佩希臘文化的君王，此舉與他一向的作風很吻合。另一方面，哈德良在巡視整個羅馬帝國時，多少都聽到有關猶太人在各地不安的情緒，甚至是輕微的叛亂。他可能認為，若能把猶太教和基督教的中心地拆毀，久而久之，猶太人必定會被同化。

此次叛亂的領袖是哥斯巴的兒子西門（Simon ben Koziba；希伯來名字），也有稱他為「巴柯巴」（Bar Kokhba），原來亞蘭語意思是「明星」[56]。另一位與他有密切關係的是當時最出色的亞基巴拉比（Akiba），亞基巴公開支持巴柯巴，並根據民數記二十四章17節「有星要出於雅各，有杖要興於以色列，必打破摩押的西角，毀壞擾亂之子」，認為巴柯巴便是那位「彌賽亞」。這場叛亂開始時的規模頗大，故帶來猶太人非常大的期望。巴柯巴為落實和宣傳這次的起義，甚至鑄造錢幣，定立年號。不過，按戴奧的記載，巴柯巴的戰略並非與羅馬軍隊直接對抗，而是以游擊隊的形式，在荒野地區偷襲羅馬士兵。事實上，考古證據顯示，巴柯巴的主要據點是在耶路撒冷以南和死海以西的地區（並非城市地方），起初主要以隱・基底（Engedi）[57]為糧食供應站和聯絡中心，但後來把基地轉往位於比他（Betar）的城寨。有種種證據顯示，是次叛亂的範圍並非一般人想像的大。此外，由於在耶路撒冷的考古發掘中，從未發現過巴柯巴的錢幣，這叛亂可能根本未波及耶路撒冷。

在叛亂末期，成員之間可能出現不和，加上饑荒和疫症，士氣低落，故哈德良不費吹灰之力便攻陷比他，平息了這場叛亂（公元135年）。耶路撒冷終於改名為 Aelia Capitolina，但哈德良結果也沒有建造一座宙斯神的殿宇，只是為猶皮得

---

56 一般英語的繙譯是「Son of Star」。希伯來語喜歡以「Son」（即 *ben*）來指所指的人擁有某方面的特徵（這裏的特徵即「明星」）。因此，新約聖經中常有「……之子」的組合，如「上帝的兒女」（約一12b）、「魔鬼之子」（徒十三10）、「雷子」（可三17）和「勸慰子」（徒四36）。因此，直接繙成「明星」，意思上較「明星之子」為準確。

57 昔日當大衛被掃羅追殺時，也在隱・基底的洞穴為其基地（撒上二十三29~二十四7）。

神豎立一座雕像。自此，猶太人不許再次進入這城，直至四世記，羅馬政府才再准許他們於每年的亞筆月（即七／八月）九日，進入耶路撒冷原來聖殿的舊址。這一天不單是巴柯巴的總部比他被攻陷的日子，亦同時被定為記念猶太人的第一個聖殿和第二個聖殿被毀的日子。今天猶太人稱這日為 *Tishah-be-Av*，仍為很多虔誠的猶太人所記念[58]。

### 8.3.7. 規範式猶太教（Normative Judaism）的誕生

所謂「規範式猶太教」（Normative Judaism）是指發展自公元 70 年之後的猶太教。公元 70 年之前，猶太教的多黨派（如法利賽派、撒都該派、愛色尼派等）情況，令當時猶太教未能有一套規範性的信仰規條和守則，亦沒有一派能以自己的信仰立場為標準，作為其他教派的依據。但公元 70 年之後，很多重要的黨派相繼消失，只剩下法利賽派；與此同時，在雅麥尼亞（Jabneh/Jamnia）所發展的學院便成為新的猶太人議會，負責宗教事務和信仰整合等工作。按一些學者的意見，在隨後的幾十年裏，他們討論有關舊約的正典、確定各書卷的手抄本，以及猶太人領袖對妥拉的理解等問題[59]。自這段

58 列王紀下二十五章 8~9 節和耶利米書五十三章 12~13 節對第一次聖殿被毀的日子各有不同的記載，分別是亞筆月七日（《和》「初七」）和亞筆月九日（《和》「初九」）。一般猶太史學家認為，聖殿被毀（第一和第二次）和第二次叛亂的日子可能並不是完全相同的，但由於日子相近，故為方便起見，便定為亞筆月九日。很巧合地，在猶太人的歷史中，很多悲慘的事都是在這日發生的，參 Tishah be-Av, *The Encyclopedia of Judaism* (G. Wigoder, ed.), 頁 705~707。

59 一般學者均以雅麥尼亞「議會」為專稱，並指出舊約正典的形成是在耶路撒冷被毀後，在雅麥尼亞這「議會」才決定的。這論說自十九世紀以來，已成為學術的傳統。但近期的研究顯示，這所謂「Yahneh 會議」的構想是被基督教的教區「會議」（council）所影響；較準確的稱呼是「學院」（academy），由少數文士開始，慢慢容納其他學者。

時間開始，「規範式猶太教」便慢慢成形。今天的主流猶太教，即「正統猶太教」（Orthodox Judaism）亦是源自這「規範式猶太教」。

「規範式猶太教」的形成主要基於三個因素。首先，於公元 70 年後，象徵著猶太教中央政策的聖殿被拆毀，宗教權力出現分權化現象（de-centralization），從此由各地的會堂肩負猶太人宗教生活的統籌事務。在隨後的一千幾百年，由於各地的會堂獨立運作，又沒有任何中央集權式的管制和規劃，於是，漸漸在各處與不同的學術思潮結合，產生了不同的學派。

其次，在原來的猶太人議會中，領導層均為祭司和撒都該人，但如今的領導層則是法利賽人。因此，由公元 70 年開始，法利賽人以及與他們有非常密切關係的文士，承擔了猶太教教理傳承的責任；而他們的聖經觀和啟示觀亦直接影響「規範式猶太教」的發展。按法利賽人和文士的理解，上帝對猶太人的訓誨，即「律法」或「妥拉」[60]（Torah，意即「教導」），可有兩個方式表達：「記錄妥拉」（Written Torah）和「口傳妥拉」（Oral Torah）。前者指舊約的五經，而後者原本只是指歷世歷代對五經的解釋和在應用上的指引，但後來卻被視為整個律法（即妥拉）的一部分。因此，法利賽人認

60 本文按一般學者的理解，把舊約正典聖經的五經（或稱「摩西五經」）部分，亦是猶太人視為最重要的部分，稱為「妥拉」。這名稱可指其中所包括或引伸的教訓。在（漢語）傳統的用語上，我們把「妥拉」繙成「律法」，相信是因為《七十士譯本》的緣故。這譯本的譯者明顯受猶太教的教條觀念所影響，把希伯來語 *Torah* 繙成希臘語的 *nomos*，即「律法」（這可算是一種「以部蓋全」的繙譯法）。但實際上，摩西五經中有不少篇幅（如整本創世紀）是沒有介紹律法規條的。因此，較好的繙譯，是把妥拉繙成「教導」或「訓誨」，相等於希臘語的 *didachē*。

為，耶和華在西乃山頒布「記錄妥拉」的同時，亦頒布了「口傳妥拉」。既是「口傳」，便不是靠抄寫來傳遞，而是靠口述。故此，每一世代中某些特出的聖賢或文士便要肩負這口傳的重責。

因此，法利賽人和文士不單很著重「妥拉」（即五經）的「文本中心性」（Torah-centeredness），且同樣重視歷代猶太聖賢對妥拉的解釋和他們在各時期對某具體處境的「口傳妥拉」。但如今聖殿被毀，猶太教的傳承可謂岌岌可危，這些口傳又如何可以繼續流傳下去呢？就在這個時候，在羅馬政府的准許之下，「雅麥尼亞學院」得以設立；這亦是「規範式猶太教」形成的其中一大原因。這所學院有如昔日的猶太人議會，只是沒有政治權力，亦不處理猶太人的民生等問題，只負責猶太教的宗教事務。兩位領導——沙該之子約哈難（Yohanan ben Zakkai）和迦瑪列二世（Gamaliel II）[61]，均屬法利賽派的希列（Hillel，參 9.1 之「法利賽派」）門下，故此，派系對妥拉文本的處理手法亦成為「規範式猶太教」的主導方法，而在這規範化時期，不能認同兩位領袖的見解的，可能便要被趕出學院。

雅麥尼亞學院對於規範猶太教的形成是舉足輕重的。由於約哈難和迦瑪列二世均是法利賽派的拉比，故非常關注「口傳妥拉」教導的傳統。因此，學院成立的首要任務是要整理歷代的口傳教導。整合的過程相當複雜，歷時幾個世紀之久。從這時期直至六世紀的著作，統稱為「拉比文獻」（Rabbinic Literature）。第一個階段的成果是編於二世紀末期的《米示

61 即使徒保羅的老師（一般稱為迦瑪列一世）的孫兒；留意迦瑪列的兒子的名字是西緬。參 5.1.2.1。

拏》（*Mishnah*），意即「研究、複述」，以希伯來語寫成的，全書有六部分，主要是包括對規條和誡命的闡釋。第二個階段的成果是編制於六世紀的《革馬拉》（*Gemara*），意即「傳統」，所討論的是對《米示拏》的解釋，以亞蘭語寫成。整個整合工作的最後結晶品分別編於五世紀和六世紀，稱為《巴勒斯坦的他勒目》（*Palestinian Talmud*）和《巴比倫的他勒目》（*Babylonian Talmud*）；前者較短，而後者較長（包括全部的《革馬拉》），亦較為普遍，共二百五十多萬字。

「規範式猶太教」的傳統，不單重視記錄妥拉的文本和口傳妥拉，更是強調研讀聖經對宗教生活的效用（religious efficacy of study）。換言之，聖經觀與屬靈觀是不可分割的，正正因為聖經是上帝的話語，對承載話語的文本的認識，是親近上帝的必須。這可由「他勒目」（*Talmud*）一字得知，其意思是「學習、研讀」，這正是典型虔誠猶太人家庭的寫照。

# 第九章・猶太教的宗教派別

新約時代的猶太教有不同的教派和宗教羣體，主要有四個主流派別：法利賽派、撒都該派、愛色尼派和奮鋭黨；他們與今天基督教裏不同的宗派有些相同，但亦不盡然。這些派別在基本的猶太信仰和對摩西五經的尊崇都是相同的，但在猶太教某些傳統、神學立場、政治立場和宗教生活上，便有顯著的出入。在著名猶太史學家約瑟夫的著作裏（*Jewish War* 和 *Jewish Antiquities*），認為這四個派別是最影響當時猶太人生活的羣體。至於利未人和祭司，雖然並非一個派別，但顯然與猶太人的宗教生活息息相關。

此外，本章亦會略為介紹撒馬利亞人。在血緣上，猶太人和撒馬利亞人均同是亞伯拉罕的後裔，在基本的信仰上亦很相近，因此，這兩個羣體只在神學觀點上有分別。

## 9.1. 法利賽派

「法利賽」（Pharisees）這字的希伯來語是 *perashin*，意即「分別者」（separate ones）。這字首次出現於瑪加伯壹書二章42節，法利賽人被稱為一羣「哈西典人」，即 *Hasidim*「敬虔者」。這派別可謂是最重要、亦最被誤解的猶太教派別，直至今天，敬虔的猶太人仍然稱為 *Hasidim*，而他們亦謹守著法利賽派的傳統。

「哈西典」並非一教派名稱，可能只是一個別名，暗指他們對信仰的敬虔、認真，甚至執著，故可能帶少許貶意。哈西典人是在安提阿古四世期間，馬加比叛亂之後興起的一個羣體。他們對馬加比運動極為失望，表面上，馬加比似乎幫助猶太人得回自治權，但卻敗壞了屬靈的素質；他們認為馬加比把極為世俗的觀念帶進傳統的猶太教信仰和文化裏。哈西典人自稱是為摩西的教導而爭戰，亦是渴求保持猶太教傳統的義士，要從當時的希臘文化思想的環境中分別出來。

### 9.1.1. 法利賽人的神學和生活

在耶穌時代，法利賽派大概有六千位成員（比較耶路撒冷的人口約三至四萬人，居住在巴勒斯坦地的猶太人約為五至六萬）62。法利賽派的組織實似一個猶太人的宗教社團，有其會員和一套嚴謹的入會要求，但沒有任何特別的政治立場。這組織的精神是要確保所有有關摩西的教導得以流傳，教導平民百姓實踐。因此，在未正式成為會員之先，申請者必須經過一段觀察期（由一個月至一年不等），確定他們能滿足這方面的要求。觀察期完滿後，他們必須立誓遵守所有摩西的教導。法利賽派有其領袖羣（參路十四1），亦可能有其固定的聚會地方（參太二十二15、41）和定時聚餐——可能就在這些聚餐的場合中，耶穌常與他們有對話的機會（參路七36，十一37，十四1）。法利賽人相信死人復活，亦相信惡人死後的審判。他

62 學者對古代人口的研究資料，仍非常有限。有關巴勒斯坦的人口，約瑟夫的計算是非常誇大的。例如，他暗示加利利的人口約為三百萬，又指出在過逾越節時，那少於四分之一平方里的耶路撒冷竟能容納二百五十萬人；這根本是不可能的。現代學者計算的方法是按照城市的大小，扣除不可居住的地方（如聖殿等地方）來估計居住人口的數量。據較保守的估計，耶路撒冷的人口約為二萬五千至三萬人，參J. Jeremias, *Jerusalem in the Time of Jesus* (Philadelphia, PA: Fortress, 1969), 頁84、205；但也有估計為四萬人（參P.J. King, "Jerusalem," *Anchor Bible Dictionary*, 3.753）。內文提及法利賽派的人數是來自約瑟夫的資料，故可能不太準確，參Jeremias，頁252。

們對復活的見解大概已經深入民心。約翰福音記載耶穌的一位好友拉撒路去世後，他的姐姐馬大在與耶穌的對話中，也曉得這教訓：「我知道在末日復活的時候，他必復活」(約十一 24）。

法利賽人的護教精神非常強。他們常以保存猶太信仰的純正為己任；他們不單要嚴守摩西五經的每一細節，還要遵守歷代對五經教訓所作的解釋和應用。法利賽人最大的神學特色乃在於此：上帝對猶太人的訓誨，即「律法」或「妥拉」，可有兩個方式表達：「記錄妥拉」(Written Torah）和「口傳妥拉」(Oral Torah）。於拉比時期（即公元 70 年至六世紀左右），這些口傳律法均被抄下來，方便猶太人學習和研究（參 8.3.7「規範式猶太教」）。

因此，他們在五經所歸納的 613 條誡命（即一些「應做」和「不應做」的規條）之上，再加添不同時期所制定的口傳教導。如此，他們便為猶太信仰建立了一個複雜的律法體系和宗教生活的制度。在這情況下，人們的生活就變得非常複雜。例如：「當納十份一給上帝」，他們就將這規條應用到各樣瑣碎的事情上，甚至連園中所種的各樣微小植物也要計算十份一獻給上帝；又例如「在安息日不可作工」這規條，所謂「不可作工」，當如何遵守呢？甚麼程度的勞動才算是「作工」？為免觸犯「作工」的誡命，在走路的路程方面，新約時代就有公認的規定（參徒一 12），那大概是 960 碼（約為半哩或少於一公里）左右[63]。按學者推測，這距離可能是源自以色列人在曠野漂流的日子；以色列在曠野居住時，帳蓬都是圍繞會幕（亦是敬拜的地方）而搭建的，因此，960 碼

63 960 碼是源自拉比文獻的；若按有些譯本如《現》繙成「約有一公里」，使徒們便已經犯了安息日的誡條了。

可能就是由那距離會幕最遠的帳蓬走到會幕所要的路程，故亦是在安息日「不可作工」的原則下，仍可「勞動」的極限[64]。按此，不同時代便會對同一條誡命有不同的應用和理解[65]。

我們不要以為法利賽人是大惡的宗教領袖，相反，一般法利賽人都很受人民的尊崇，因為他們是宗教教育家，認真地幫助人們實踐上帝的教訓。當保羅在多個場合自稱是法利賽人時，都是引以為豪，而不是以此為恥的（徒二十三6~8，二十六4~5；腓三5）。就連耶穌也要勸導門徒謹守法利賽人和文士所吩咐的，只是不要效法他們「只能說、不能行」的作風。福音書對他們最常見的評語也正是「假冒為善」，同樣是抨擊他們的行為，而不是針對其教訓。事實上，法利賽人所以強調口傳律法，也是因為他們愛上帝，而愛上帝就是要以遵守祂聖律而表明出來。他們努力把五經上的誡命具體落實於生活中，故隨著環境的轉變而不斷對原有的誡命加以新的理解，清楚闡釋每條誡命在日常生活中的實踐方法。如此，口傳律法就好像籬笆一般，將律法包圍著，以防人民因無知而觸犯上帝的律法[66]。

但這樣的結果是，人民很自然會把口傳教導（即人的傳

---

64 參 E. Haenchen, *The Acts of the Apostles: A Commentary* (Philadelphia, PA: Fortress, 1971), 頁 150 註 11。

65 筆者在學習希伯來語時，老師也是一位拉比。他說，基本上，「安息日不工作」最重要的原則是「不可以『無中生有』」。因此，一般猶太人在安息日不會燒飯，因為燒飯需起火或開動電掣；於是人家都會在安息日之前（即星期五日落之前），把明天的食物預備好，放在烤箱，又備有時間掣，到時候便自動烤熱。

66 我們不應該對法利賽派所遵守的口傳律法感到希奇，這實則是一種教育方式；我們日常生活也是如此應用。例如在家庭裏，父母為確保孩子們的安全，叮囑他們不可攀爬。在以前的教會，傳道人為確保弟兄姊妹不被世俗引誘，故叮囑他們不可看電影等。很自然的，對於遵守的人來說，攀爬的小孩子就是壞孩子，看電影的基督徒就是不屬靈了。

統和解釋）視為上帝的律法，以為一旦完全遵守了這些口傳教導，便已遵守了上帝的律法。因此，作為籬笆的口傳教導，原意是要防止人民得罪上帝，但到頭來，卻反把上帝的話語圍困著，成為猶太人真正認識上帝心意的攔阻，可見耶穌對他們的斥責是對的：「你們是離棄上帝的誡命，拘守人的遺傳。」在福音書中（特別是馬太福音第二十三章），耶穌經常明斥法利賽人的不是，但另一方面，法利賽人又喜歡與耶穌交往和聚餐，與祂討論問題（有時真心，有時假意）；這可證明不是所有法利賽人都是固步自封的。另一方面，這也反映很多法利賽人既尊重耶穌的學養深度和其敬虔的心，但又不能接受祂如此斥責他們的信仰傳統。在福音書作者的記載中，法利賽人是促使耶穌被謀害的主要羣體（太十二 14）。

### 9.1.2. 法利賽人、文士和拉比

屬這派別的人，很多是一般知識分子（如信主前的保羅），亦包括小部分的祭司和福音書經常出現的「文士」，或稱為「經學教師」（《現》）。我們最常將「文士」（參路五 17；徒五 34；提前一 7）與法利賽人混淆，尤其是由於福音書（特別是馬太福音和路加福音）喜歡把這兩羣人混為一談。事實上，文士可能是源於公元前六世紀以斯拉的時代（參尼八 9）；其主要職責是研究聖經的律例，並抄寫聖經給不同的會堂使用。因此，文士是一種非常高尚和受尊崇的職業，但法利賽人是某派系成員的名稱。正因他們非常熟悉摩西律法，態度亦非常嚴謹執著，很多文士都屬法利賽派的（參可二 16；路五 30；徒二十三 9），甚至是當中的領袖。文士在猶太人議會（Sanhedrin）中可謂佔一重要席位，特別在執行有關律法的裁決時，更是舉足輕重。一般新約學者認為幾位猶太人

領袖如尼哥德慕（約三 1）和迦瑪列（徒五 34）都是法利賽派的文士。

另一常見的稱呼是「拉比」（希伯來語：*Rabbi*），在專業用語方面，這字的意思是「我的老師」，指有教學職銜的人，毫無疑問，不少拉比都是法利賽派的成員。在非專業用語方面，「拉比」實質等同於漢語中很文雅的稱呼，如「先生」一詞（參可九 17《呂》）；因此，在福音書中，很多人都稱耶穌為拉比。

法利賽派裏也有兩種思想學派，以代表兩派的拉比為首，即煞買拉比（Rabbi Shammai）和希列拉比（Rabbi Hillel）——兩位均是公元前 20 年左右的拉比。

一般來説，煞買派較為保守，而希列派則較為開放。以休妻為例，煞買派對申命記二十四章 1 節「人若娶妻以後，見她有甚麼不合理的事，不喜悦她，就可以寫休書交在她手中，打發她離開夫家。」中所謂「不合理的事」解釋為「姦淫的事」，但希列派則認為不單指「姦淫的事」，而是「任何從丈夫的角度看為不好的事」。馬太福音十九章 3 節記載有些法利賽人來問耶穌「人無論甚麼緣故都可以休妻嗎？」（以及第 7 節的追問），反映在耶穌的時代，希列的立場較為一般人接納（此外，斐羅和約瑟夫也只提及希列的立場）。不過，有兩點尚需澄清。一、這並不代表在耶穌時代，離婚率很高，因為丈夫需要支付一筆在婚約裏已經預先定好的贍養費，而在結婚時，這費用通常定得頗高，再加上社會的壓力，一般學者認為離婚個案並不高。二、希列派之開放態度，不一定代表其神學立場鬆懈，那可能只是正視現實問題的複雜現象，並嘗試予以正面的解決：在一個女性毫無地位和保障的社會裏，希列的立場可讓一些妻子能逃過因丈夫諸多不滿而慘遭虐待的命運（在一個沒有奴僕的家庭裏，不被丈夫愛的妻子根本就可以形同奴僕！）。

倘若迦瑪列果如早期拉比文獻所記，是希列的孫兒，則理應屬希列派，而作為其門生的保羅也就很可能是希列派，不過，其婚姻觀卻似乎與典型的希列派有所出入。

在新約時代的眾多教派中，法利賽派的影響可謂是最為深遠的。在公元70年後，耶路撒冷聖殿已經被毀，其他教派幾乎已漸銷聲匿迹，只有法利賽派仍能歷久不衰，屹立不搖。這時期開始的所謂「拉比時期」（Rabbinic Period，可延伸至第六世紀），其中所流傳和載錄的拉比教訓（尤其是口傳律法），大多數都是源自法利賽派的傳統（參8.3.7「規範式猶太教」）。這些教訓在今天的猶太人或猶太教的社羣裏，仍有非常重要的地位。

## 9.2. 撒都該派

「撒都該」（Sadducees）這字可能源自亞希突兒子「撒督」（Zadok）這名字；撒督是大衛和所羅門時期的祭司（撒下八17；王上一34）。自這時期起，直至馬加比叛亂為止，耶路撒冷聖殿的大祭司基本上都是選自撒督的家族（參代下三十一10「撒督家的大祭司亞撒利雅……」）[67]，故這祭司系列便稱為「撒督家系」。按此，撒都該人的祭司血統正好解釋他們在猶太人議會的地位和在聖殿體制的影響力。嚴格來説，

67 有些早期教父（如耶柔米）認為「撒都該」這名稱的原意是「公義」，表示撒都該人有一個信念，是強調神的公義和摩西的律法。按此，這名稱亦正好反映他們在猶太人議會中處理事情時，那種較法利賽人嚴厲的手法。不過，今天的學者大都不認同這理解。

撒都該派原非一個宗教派別，他們只是基於相同的社會地位和家庭背景，而聚集成的一個貴族階級。因此，與法利賽派不同，撒都該派大概不是一般人可以隨意加入的團體。

### 9.2.1. 政治立場

撒都該人有來自祭司階級，亦有來自富商及政府的重要官員。他們雖然比法利賽派的人數為少，但對於當時猶太人事務而言，特別在猶太人議會中，他們都具有很大的影響力。很多學者甚至認為很多祭司、甚至大祭司都是撒都該人或與撒都該人有非常密切的關係（參徒五 17「大祭司和他的一切同人，就是撒都該教門的人，都起來……」，另參五 21 和四 1）[68]。此外，就如很多地方的貴族人士一樣，撒都該人竭力保持猶太地的政局和諧，因此，一般的撒都該人都很願意與羅馬官方打交道，務求國泰民安，而他們的既得利益也得穩保。約翰福音十一章 47~48 節記載公會正在商討如何處理耶穌一事時，祭司長和法利賽人擔心，若容讓耶穌繼續如此囂張，「羅馬人也要來奪我們的地土和我們的百姓」，這種說法正反映當中撒都該人（例如祭司長）的心態。

與撒都該人有密切關係的，是一羣由撒都該人所組成的希律黨（Herodians），他們的主要特色是在政治上，因為他

68 使徒行傳二十三章 1~15 節亦在這方面給我們一個例證。當保羅在耶路撒冷被帶進猶太人的議會，他看出有一半是法利賽派人，一半是撒都該派人，為解自己身處的困局，他聲稱自己是法利賽人（二十三 6）。驟然間，這兩黨人便馬上自己分出來，而法利賽人亦站起來維護保羅。第二天，路加記載有猶太人同謀起誓，然後去見祭司長和長老，給予很強硬的提議（14~15 節「……現在你們和公會要知會千夫長，叫他……假作要詳細……」）。如此看來，這班人理應不是法利賽人，而是撒都該人；大概沒有別的人能用這樣的語氣向議會這樣說話了。

們支持希律王朝，所以得此稱號。在福音書中出現的希律黨都是與耶穌極為敵對的（太二十二 16；可三 6，十二 13）。

### 9.2.2. 神學立場

從信仰方面看，撒都該人是屬於基要派的。他們不願接受希臘文化和哲學的影響。在神學上，他們不接受預定論（這與法利賽人相反），強調人的自由意志，因為他們認為只有這立場才能不把罪惡的根源歸咎於上帝。他們最大的特色是，堅持五經為惟一信仰的權威[69]，因此，反對法利賽派在五經以外附加其他口傳教導（特別在潔淨的禮法上），亦處處不贊同法利賽人的解經方法。對於當時盛行的一些觀念，諸如：彌賽亞的來臨、天使的存在和死人復活（或死後審判）等，由於未能在五經中得到明確的支持，他們都一一予以否定，這亦成為他們神學的特色。他們這種的聖經觀，可謂正好反映他們極強調「字面」的解經法。

反對復活的存在也許是撒都該人最強調的教義之一，亦是新約聖經提及他們的最大特色。他們曾因這些問題與耶穌辯論（參太二十二 23~32），在使徒行傳，路加亦多次記載他們極力阻止使徒宣揚耶穌的復活（徒二 24、31~32，四 1~2，五 17）。此外，保羅亦曾利用復活的問題，分化法利賽人和撒都該人，引發他們之間的矛盾，從而得以脱身（徒二十三 6~10）。

---

69 身為猶太教一重要分支，竟然能在正典這立場上有這樣嚴重的出入（雖然他們可能是較為極端），可見在耶穌的時代，舊約的正典可能還未完全被各宗派確認。

### 9.2.3. 撒都該派與法利賽派

雖然法利賽人和撒都該人在神學方面有很具體的差別，但在新約聖經中，我們不時見到他們合作、一同攜手對付通敵，就如我們的主耶穌基督。馬太福音十六章 1~4 節就記載撒都該人聯合法利賽人一同試探耶穌：「法利賽人和撒都該人來試探耶穌，請祂從天上顯個神蹟給他們看……」之後，他們又因為想謀害耶穌而聯手試探祂（太二十二 23~34；可十二 18~27；路二十 27~38）。在施洗者約翰的傳道中，也有不少撒都該人（和法利賽人）悔改受洗（太三 7），但似乎未有撒都該人明顯歸信耶穌。

在公元 70 年耶路撒冷聖殿被毀之後，撒都該人完全失去他們的影響力和在議會的特權，這黨派亦隨之消失了，只有法利賽派成為當時正統猶太教的主流。

## 9.3. 愛色尼派

「愛色尼」（Essenes）這字的來源最富爭議性；一般學者認為，這字是與希伯來語或亞蘭語的「敬虔」類等字有關。據此，這名稱大概是當時人因這　體成員的生活方式而給他們的綽號，這原非一個自稱。一直以來，我們對此派系的理解非常少，而所知的也全倚賴猶太史學家約瑟夫和猶太哲學家斐羅的記載，但自 1947 年死海古卷文獻陸陸續續被發現後，一方面既確認兩位猶太學者的記載，另一方面亦使愛色尼派與耶穌的關係更趨明朗。

### 9.3.1. 來源

從歷史角度來說，愛色尼是法利賽派系的分支，同是於公元前二世紀的馬加比時期興起的。祭司本來是利未家族所享有的特權，但馬加比家族得勢後，其中的成員約拿單．馬加比竟自封為大祭司（公元前152年），及至西門．馬加比時期開始，猶太人更把那原於公元前960年（即所羅門王建殿的時期）所設立的撒督家系，轉移到「哈斯摩尼阿」家族（公元前142年；參8.1.3.1）。當時一羣非常保守的哈西典人（原屬法利賽派），眼見猶太教的祭司制度日趨腐敗，便離開耶路撒冷，遷徙到（猶大）曠野和死海一帶，尤其聚居於昆蘭曠野（Qumran），並建立一小型的社羣。根據死海古卷的發現，當時的領袖被稱為「那仁義的老師」或「哈西典人的老師」（Teacher of Righteousness）。在那裏，他們奉行極為保守的猶太教傳統。

他們堅守純一的信仰，對舊約五經教導的執著，可謂比法利賽人更甚。為了逃避世俗，他們甚至刻意遠離羣眾，以免受世俗污染。他們最主要的工作就是研讀及解釋舊約律法，將之抄寫流傳，並加以收藏。由於他們起初離開耶路撒冷時，必定帶備舊約聖經的古卷，因此，在昆蘭羣體裏所保留的古卷，應較考古學家們以往所發現的更為古老，故亦必然更接近原稿。在死海古卷未被發現之先，我們現有的希伯來語舊約聖經的文本類型被稱為「馬索拉文本」（Masoretic Text），編修於公元六世紀至十世紀（參10.1.6「新約時代的語言」）；而最早的古卷亦只載有先知書（稱為*Cairo Codex of Prophets*），屬於公元894年的文本，但在死海古卷所發現的一份以賽亞書，則較這份古卷早一千多年——也許這份就是哈西典人離開耶路撒冷時隨身所帶的以賽亞書罷！

### 9.3.2. 生活和信念

要加入愛色尼派，較要加入法利賽派困難得多。他們的觀察期一般長達兩年，且要立很多嚴肅的誓言，包括終身恨惡不義和罪惡、效忠愛色尼派的領袖，並竭力投入羣體共產的生活。他們又強調儉樸的生活方式，倡導禁欲主義，因此，一般對婚姻都不予重視；有些甚至鄙視婚姻，認為虔誠人根本不應結婚。他們悉心研讀聖經，對末世的預言尤其注重，這是由於他們對現況不抱任何希望，只將一切寄望將來。至於對派外的猶太人，愛色尼人大多持蔑視的態度，認為他們已將自己賣給世俗，破壞了上帝最高的旨意，至終上帝會另揀選愛色尼人作為祂的子民。事實上，愛色尼派不單是一個宗教派別，而是一個另類的社羣制度和生活模式。在昆蘭發現的文獻中，有一本書名為《羣體守則》（*Rule of the Community*），很清楚介紹了愛色尼派生活的種種規條。

新約聖經並沒有提及愛色尼人，但有學者相信，施洗者約翰可能與這羣體有很密切的交往，甚至本身就是愛色尼人。約瑟夫指出，當時愛色尼派大概有四千多位成員，但據考古學推測，昆蘭的洞穴和附近的殘墟（或修道院）最多只能容納三百人。因此，估計大多數愛色尼派信徒並沒有遷居曠野，他們雖然持守派規，但卻仍住在耶路撒冷（特別是西南面[70]）或附近地方。換言之，這些愛色尼派信徒與耶穌的門徒應該時有交往，甚至與耶穌和保羅也可能有接觸的機會，彼此交流對信仰的看法。

一直以來，這些都是我們的推測，直至 1947 年，在死海

70 約瑟夫指出，耶路撒冷的西南面有一城門名叫「愛色尼城門」，相信是愛色尼派人士主要出入或聚居的地方。近年的考古學發現和死海古卷的一些文獻，已經證實約瑟夫此項資料。參 James H. Charlesworth, *Jesus within Judaism: New Light from Exciting Archaeological Discoveries* (New York, NY: Doubleday, 1985), 頁 61。

一帶所發現的古卷裏，有大批有關這教派的資料，讓我們確定愛色尼派和新約教會在信仰的觀念上有很多相似的地方，例如：人類的罪性、末世觀、「新」約的觀念（耶三十一31~34）、撒但觀、洗禮（雖然兩者對此禮儀的理解有所不同），甚至如凡物公用等羣體生活守則，也都非常相近。但另一方面，耶穌對「潔淨和不潔淨的禮法」和其引伸的人際關係（如耶穌與罪人的相處），亦可能構成新約教會與昆蘭羣體的最大差別。很多學者相信，昆蘭文獻與早期基督教所反映的神學思想十分相近，這不單暗示彼此的交流，更反映二者均是從當時的主流猶太教分流出來的。

與此羣體息息相關的是昆蘭殘墟（或修道院）。於公元68年，當羅馬政府決定要剷除猶太人的叛黨時，當時的統帥維斯帕先的戰略是先分裂猶太省一帶的猶太人聚居的城邑，最後才進攻耶路撒冷。因此，當大軍路經昆蘭時，便把當時住在昆蘭的愛色尼人一併殲滅，而愛色尼派亦從此消失。

至於所謂「服事派」（*Therapeutae*），原是愛色尼派的分支，聚居在亞歷山太一帶，*Therapeutae* 繙出來就是「服事」的意思。我們對這宗派的認識很少，因為只有斐羅略略提及這派系的活動。按他的資料，「服事派」的成員強調一種默想的生活；與愛色尼派相似，他們強調「凡物公用」的精神，並過著非常簡樸的生活。各成員均住在簡陋的小茅舍，每天各自閱讀聖經和默想，只有安息日才聚集敬拜。按斐羅的見解，他們的生活較愛色尼人更為獨居，這可能是二者的主要分別。

## 9.4. 奮鋭黨

奮鋭黨的歷史較淺。其歷史可追溯至公元前6年，有一羣極端的以色列愛國主義者，在一名加利利人猶大（徒五 37）的領導下，反對當時羅馬政府的人口統計。這統計一方面只為重新修改納稅制度而設，而另一方面，人口統計正象徵土地的擁有權，但傳統猶太人卻認為國土是屬於上帝的，因此，對這人口統計根本並沒有好感。就在這段期間，有其他叛黨組成；他們不一定歸入猶大的領導，但卻明顯贊同他的立場和做法。約瑟夫稱這一羣黨派為「奮鋭黨」（Zealots），又稱為「刺客黨」（源自拉丁語 *sicarii*）。顧名思義，也多少可說明黨中有些人處事的手法。在信仰上，他們非常贊同法利賽派的信念，亦極端地遵守和維護摩西的律法。

以上的描述，是按約瑟夫的理解，他更認為，在公元 66 年，羅馬人與猶太人因宗教迴異而起紛爭，這些奮鋭黨的人主動打擊羅馬人，亦因為他們的激進，促使聖殿於公元 70 年被毀（參 8.3.4「第一次猶太人叛亂」）。不過，很多學者卻認為，「奮鋭黨」這名稱也許可涵蓋不同種類的人，有些是很有組織的恐怖分子，但有些只不過是一羣烏合之眾，有如一羣土匪。而基本上，所謂奮鋭黨，其實是泛指那些在政治立場上抱較極端態度的人。耶穌其中一個門徒西門（太十 4）也被稱為奮鋭黨派的人，大概也是針對他的政治背景而言。

從這廣義的角度來看，奮鋭黨與保羅也許有些關係。保羅在多處地方（徒二十二 3；加一 13~14；腓三 6；另羅十 1~4），談及他信主之前是「熱心於律法」[71] 的，而路加（徒二十一 20，二十三 12~14）亦用這字眼來形容那些在耶路撒

---

71 留意在這裏的「律法」，是指整個「妥拉」，即包括五經的教導和口傳教導。

冷對律法熱心的猶太教信徒。在希臘語裏，「熱心」與「奮鋭黨」同屬一個語意範疇的字。按我們對保羅生平的認識（參5.1.3），保羅在信主前，要以逼迫（猶太裔）基督徒來表明自己對律法的忠心，正符合奮鋭黨對「屬靈」實踐的理解。這種屬靈傳統的中心，是要將「熱心」化成行動，以確保猶太傳統的純淨。雖然我們深信，保羅不是一個政治的奮鋭黨，但卻是宗教的奮鋭黨；就如後期拉比對這屬靈傳統的始祖非尼哈（民二十五 10~13）的稱讚：「…… 流惡人的血的，就有如獻了祭一樣。」

## 9.5. 利未人和祭司

利未（雅各的兒子）家族是十二支派之一，而這支派在聖殿體制中扮演一個不可取代的角色。

出埃及記三十二章記載了這支派肩負特別使命的起源。當摩西第一次在西奈山上領受十誡時，以色列竟然在山下拜偶像，全民都企圖要敵對上帝和摩西，但只有利未人站在摩西一邊（三十二 26~29）。從這時候開始，利未支派便成為上帝的使者，執行上帝的律例，後來，上帝正式任命利未支派的子孫，使他們分別出來，處理以色列人的祭祀、禮儀等事宜，而他們的生活是由以色列人所納的十分之一來供養（民十八 24；申十 16~9）。上帝更為亞倫（亦屬利未家族）和他子孫製造聖服，使他們作祭司（出二十八～二十九章）。在大衞時期，有一位祭司，是亞希突的兒子撒督（撒下八 17），這人的來歷不詳，但按歷代志上六章 1~8 節和六章 50~53 節的家譜，撒督理當為亞倫的後裔。按舊約學者和兩約之間的歷史，聖殿的大祭司均是撒督的後裔，故稱為「撒督系祭司」。

新約時期的祭司體制較舊約時期複雜。這個祭司體制的最高領袖是「大祭司」（High Priest）。在舊約時期，大祭司的任期是終身的，但到兩約之間，這職位卻是每年受任一次的（約十一 49，十八 24），並可連任。在新約時期，大多數大祭司都是由羅馬巡撫委派的。大祭司主要職務是維持聖殿的獻祭禮儀，一般祭司每天都為民眾獻祭，但大祭司卻特為人民獻贖罪祭。他亦有進入聖所的特權，好為人民代求。大祭司不單是至高無上的宗教領袖，更是猶太人議會的主席。因此，我們可以說，猶太社會基本上是一個神治的社會，聖職領袖同樣是政治、民生和社會的領袖。在這種制度下，很多時候，退休的大祭司仍可發揮相當的影響力，例如，當耶穌被捕時，祂先被帶到亞那（當時在任的大祭司該亞法的岳父）面前，而在盤問的過程中，約翰更以「大祭司」來稱呼已經退休的亞那（約十八 12~24）。

在猶太人的聖職制度中，大祭司之下有一羣的高級聖職人員，統稱為「祭司長」（chief priests）。在希臘語新約聖經裏，大祭司和這些祭司長均用同一個字表示，即 *archihiereus*：若以單數出現，便指大祭司，若以複數出現，則指其他祭司長。所謂祭司長，是指在整個祭司階級中，較其他祭司高級的一羣，故亦是猶太議會的成員。祭司長可包括「守殿官」（希臘語為 *stratēgos* 或 *stratēgos tou hierou*，參徒四 1，五 24；路二十二 4）、班次主管和司庫。守殿官可謂在整個祭司長類別中佔最高職位，僅次於大祭司，主要的職務是作為大祭司的副手，並負責敬拜禮儀；很多大祭司都是由守殿官中選拔的。

在新約聖經裏，「祭司長」（複數）一詞有時是指以上所提及的高級聖職人員（包括大祭司）所屬的組織，負責商議和決策，甚至進行立法等事宜。例如，這組織圖謀要除滅耶穌，就與出賣耶穌的猶大商討交易金額（太二十六 14~16，二十七 6），且又安排拘捕耶穌的行動，並賦予差役權力捉拿使徒（徒五 17~18、21）、更頒發文書給掃羅到大馬士革捉拿基督徒（徒九 14，二十六 10~12）。

我們或許會有錯覺，以為耶穌對整個祭司制度和祭禮儀式都持反對態度，但事實上，耶穌從未正面攻擊過這些體制。相反，耶穌頗為尊重舊約的制度。例如，當他醫治一位痲瘋病人後，亦按照摩西的教導，吩咐病癒的人到祭司處接受檢查，並獻上摩西所吩咐的禮物（可一 44；路十七 14）。然而，在早期教會裏，有些思想較為開放的猶太人（如司提反）反而企圖對這些制度作出挑戰（參 5.1.3.2 和 5.1.7）。

## 9.6. 撒馬利亞人

撒馬利亞人與猶太人的格格不入是明顯的，約翰福音清楚指出猶太人不會與撒馬利亞人交往（約四 9），這乃基於二者的歷史背景。

### 9.6.1. 與猶太人的歷史淵源

撒馬利亞人是當北國以色列亡於亞述（公元前 722 年）之後，遺留在原來地方的惟一一羣以色列人，他們原是瑪拿西及以法蓮支派的後代。由於亞述王的分化政策，刻意從巴比倫和其他地區大量遷入異族人，並安置在撒馬利亞城（王下十七章）。異族集處，久而久之，自然彼此通婚。然而，按傳統以色列人對血統的執著，他們是不純正的。大概於一世紀之後，以色列人歸回，這些一直留居於撒馬利亞城、與異族集處且通婚的以色列人，連同他們的後裔，實較回歸的以色列人數目為多。然而，這羣回歸的「新移民」卻認為自己才是純正的以色列人，並不願接納這些原為同胞的撒馬利亞人。自此，二者便成為勢不兩立、水火不容的世仇。

在尼希米時期，回歸的以色列人想重建城牆（公元前440年），但當時撒馬利亞的官長參巴拉極力反對，這多少基於昔日的仇恨。原來撒馬利亞人在繼續發展他們的猶太教信仰時，常以申命記二十七章4節來支持他們在基利心山建造自己的聖殿（公元前388年），但後來馬加比後人約翰．許爾堪一世暗地差派猶太人攻擊示劍，並毀壞基利心山的聖殿（公元128年；參8.1.3.2），這就更加深兩者的矛盾。及至新約時代，從一次耶穌與井旁的撒馬利亞婦人談論敬拜的意義中，可見當時的撒馬利亞人仍相當堅持那建於撒馬利亞地的聖殿才是他們敬拜的地方（約四19~22）。

到了大希律王朝，兩者的關係似乎改善了一點，開始互相接納，但不久，撒馬利亞人又與猶太人交惡，甚至曾將一堆骸骨放在耶路撒冷的聖殿中，之後，他們的關係變得更加惡劣。

### 9.6.2. 撒馬利亞人的神學特色

在神學上，撒馬利亞人與猶太人在很多方面都很接近，只是在以下幾方面有顯著的不同。

首先，最重要的是，他們的正典只有五經，故稱為《撒馬利亞五經》（*Samaritan Pentateuch*），這明顯是因為後期的經書對他們有不利的描述。因為推崇五經，他們把摩西的地位高舉至僅次於五經本身，甚至引用摩西的名字來作祝福。他們的五經亦有別於我們舊約聖經的底本馬索拉文本（Masoretic Text），與我們舊約聖經的五經亦多有出入，例如，申命記二十七章4節記載上帝吩咐摩西在以巴路山上建立祭壇，但在《撒馬利亞五經》裏，這壇則是建在基利心山上的。我們或會以為撒馬利亞人刻意修改經文，但不少舊約經文鑑別學者卻認為，「基利心山」才是較古老的語句。特別要提的是：在死海所發現那約二百份、抄寫於公元前二世紀至公元68年的聖經古卷中，所載語句往往與《撒馬利亞五經》非常相似；因此，《撒馬利亞五經》可能反映更早期的經文傳統。

耶穌對撒馬利亞人的看法明顯與一般猶太人（參約八48）、甚至祂的門徒（路九52~56）截然不同。祂向撒馬利亞人傳福音（約四3~30）；且在一個比喻中，將撒馬利亞人描繪成一個英雄（路十30~37）；當提到福音的使命時，耶穌亦將撒馬利亞人列為福音的對象（徒一8）。因此，雖然撒馬利亞人曾被猶太人視為異族，但在新約宣教歷史中，撒馬利亞人是第一批可以聽福音而領受的人（徒八1、5~25）。在今天的巴勒斯坦一帶，仍可找到為數約三百多名的撒馬利亞人。

# 第十章・家庭生活和宗教生活

要介紹任何時代的社會文化和生活，其內容都是非常龐大的，尤其是古代的社會，新的歷史鑑證和新的考古發現都不斷為我們增添有關古代社會的資料。詳細討論，讀者可參閱一般聖經手冊。本章的論述主要分為兩大部分，分別是家庭生活和宗教生活。

## 10.1. 家庭生活

在討論家庭生活方面，本節將以一個典型猶太人的成長歷程為骨幹，介紹一位猶太人在成長過程中，所涉及的宗教、社會、文化事項等。

### 10.1.1. 嬰孩出生：割禮、奉獻禮

按猶太人的規矩，雖然族譜是以父親的名為根據，但要決定一個人的血統，卻要取決於母親的血裔。因此，由猶太婦人所生的，就是猶太人，儘管婦人的丈夫是外邦人，而提摩太正正是屬這背景的猶太人（徒十六 1~3）：母親是猶太人而父親是外邦人。這種計算方式，可能是南北兩國亡國之後才採用的，明顯是反映猶太人對血的觀念：既然嬰孩出生是帶有母親的血，他／她亦理應按母親的血統來決定其血裔。

在古代社會，由於科技和醫療設備的缺乏，死亡率非常高，因此，嬰孩出生代表生命的延續。在猶太人社會裏，嬰孩的誕生更是一件令人興奮的事，正如詩篇一二七篇 3~5 節所說：「兒女是耶和華所賜的產業。所懷的胎、是祂所給的

賞賜。少年時所生的兒女，好像勇士手中的箭。箭袋充滿的人，便為有福。他們在城門口，和仇敵說話的時候，必不至於羞愧。」相對地，不育就往往被視為一個家庭的咒詛，這種情況可從年邁不育的伊利莎白（施洗約翰的母親）發現自己懷孕時的雀躍，可見一斑。伊利莎白說：「主在眷顧我的日子，這樣看待我，要把我在人間的羞恥除掉。」（路一 25；比較一 7）留意第 24 節指出，伊利莎白把自己隱藏起來，不讓其他人看見，可能是害怕人知道她到這把年紀還懷孕，倘若不順利的話，更會被人笑謔禍不單行。況且，在當時缺乏先進醫療技術的情況下，實在很難判斷一個人究竟是懷了孕抑或是患上其他疾病。

從路加福音有關耶穌出生的記載（二 21~38），顯示傳統猶太家庭為新生嬰孩所做的兩件事：第一件是孩童的命名和接受割禮（21 節），經文清楚指明這是出生後第八日所進行的；而第二件就是奉獻禮和產婦潔淨禮（22~38 節）。隨著會堂制度在兩約之間變得更為普及，這些儀式可能在任何地方會堂都可以舉行；留意路加福音一章 57~66 節的記述，施洗約翰出生時所接受的割禮和命名似乎都不是在聖殿舉行的。

命名對於古時社會是相當重要的。從文化的角度來說，孩子的名字代表父母對他／她的期望（這點跟中國人很相似）。但另方面，孩子的命名有時是反映社會的情況，例如撒母耳記上四章 21 節所載，當祭司以利的兒婦生產時，因家翁和丈夫相繼身亡，再加上約櫃被敵人擄去，象徵榮耀已離開以色列，便給孩子命名為「以迦博」，意即「榮耀離開以色列了」。從神學角度來說，上帝有時會用孩童的名字，揭示祂的計劃；例如以賽亞書八章 3 節，耶和華給以賽亞的兒子起名叫「瑪黑珥．沙拉勒．哈施．罷斯」，意即「擄掠速臨、搶奪快到」，在當時的含義是：「在這小孩子不曉得叫父叫母之先，大馬士革的財寶和撒馬利亞的擄物必在亞述王面前搬了去。」

在大多數的情況下，孩童的名字均取自家族中的成員（參路一 57~63），有時甚至直接取用父親的名字。在新約時代猶太人名字的組合是這樣的：先是自己的名字，然後再指出是某人的兒子，例如，彼得的全名是「西門・巴・約拿」（「Simon bar Jona」，太十六 17），其中的「巴」字是亞蘭語字（相等於希伯來語的「*ben*」，例如「Simon ben Koziba」，參 8.3.6），意思是「……（某人）的兒子」[72]。此外，很多猶太人均有兩個名字，一個是希伯來語或亞蘭語（如「西門」），而另一個是希臘語（如「彼得」），有時甚至會取一個拉丁語名字，例如「約翰・馬可」的「馬可」便是一個非常普遍的羅馬人名字。新約時代的猶太人名字可能是受羅馬文化所影響，在舊約時期，猶太人的名稱可能只是單字（同樣，古希臘時期的名字也是單字）。

雖然今天有好些非猶太裔人（主要是在西方）都會接受包皮環切手術（circumcision），這主要是為了衛生的緣故（避免孩子的包皮因污垢而發炎），但對於猶太人來說，割禮的施行完全是出於宗教原因。割禮並不是以色列人獨有的，埃及人遠比以色列人更早就施行這種禮儀。但在聖經裏，這禮儀卻是代表上帝與以色列家族立約的記號。這約可追溯到距今約四千年的猶太人祖先（或稱為族長，patriarch）亞伯拉罕

---

72 在現代希伯來語，*ben* 一字相等於德語的 *von* 或荷蘭語的 *van*，均是指出姓氏；*von* 和 *van* 均是介詞，相等於英語的 of/from。

的事迹，他是第一位與上帝立約的人（創十七 9~14）。當上帝應許亞伯拉罕將會成為多國之父、並要賜他一個兒子時，亞伯拉罕是一個沒有子女、年介 99 歲的老翁，他的妻子撒拉也不能再生育。然而，上帝施行大能，使撒拉懷孕，如此，上帝在這約上，藉此行動證明祂的參與，而亞伯拉罕、他當時的兒子以實瑪利，和家裏的男丁（假如想加入亞伯拉罕這一宗族），則要以割禮作為參與和遵守這約的明證（創十七 23~27）。在往後的日子，亞伯拉罕名下的猶太人男丁（代表整個民族），以及那些想加入以色列羣體的非猶太人，便以這割禮作為維持上帝與亞伯拉罕所立之約的有效性。

在猶太教的發展中，這禮儀不單是「猶太人」(作為一個民族的成員）的事情，亦是「猶太教徒」(作為一個宗教）必須履行的規條，因此，所有非猶太裔而想加入猶太教的男性均必須接受割禮。在新約歷史裏，我們更可看到這禮儀已進一步延伸至早期基督教會，當時確有很多猶太裔基督徒，仍堅持所有外邦信徒都必須接受割禮，方能成為教會的一分子[73]。然而保羅卻直斥這項要求的謬誤，因它等於規定一個外邦人必須先成為「猶太人」或「猶太教徒」，方能成為「基督徒」，保羅認為這種理論完全違反基督信仰，他在加拉太書中，對這個問題就有過激烈的駁斥（參加五 2~12，六 12~15；另參 5.5）。

---

73 如此看來，這些猶太主義者的要求，並非無理，反而是有聖經根據的。第一批接受割禮的人當中，除了亞伯拉罕的親屬之外，還有他的僕人。此外，出埃及記十二章 43~49 節記載有關逾越節的條例時，也特別提及：「若有外人寄居在你們中間，願向耶和華守逾越節，他所有的男子務要受割禮，然後才容他前來遵守，他也就像本地人一樣」。

割禮必須在嬰孩誕生後第八日進行，奉獻禮則沒有特別的時間限制，但必須等到產婦潔淨後才可施行。根據利未記十二章所述，產婦必須等到嬰兒（若是男孩）出生後至少41天（即割禮後的33天），才在禮儀上算為潔淨。奉獻禮時該作甚麼，舊約聖經並沒有清楚說明。出埃及記十三章2、12節只提及這些禮儀是必須的，但並沒有清楚說明該用甚麼東西來作祭物（出十三13只提及用「小羊」贖回「公驢」，並且，「你們一定要贖回長子」）。可能基於當時現實環境的缺乏，故一般都接受窮人使用同一份的祭物來作奉獻禮（只為男性）和產婦潔淨禮。

### 10.1.2. 育兒和兒童教育

猶太人社會的家庭模式，與一般古代社會大同小異，亦與中國古時的家庭很相似。兒女對父母的聽從是理所當然的。在舊約的族長時期（即亞伯拉罕、以撒和雅各的時期），不聽命的兒女可被父親治死，但在摩西的律法制度之下，孩子需被交給長老處理，然後才作裁決（申二十一18~21）。

此外，孩子自小需要協助家務，甚至協助父母耕種、畜牧、建造等工作。很多時候，（男）孩子在家裏可從父親學習一門手藝，就如耶穌也學會做木匠[74]的工作。男主外、女主內是典型猶太人的家庭模式，而父親在家庭的地位亦較妻子為高。重男輕女的觀念反映當時「男性主義」社會的風氣，和古代人對經濟效益的重視（有時較現代人更甚）；就如今天

74 留意聖經提及的木匠實質是建築行業；因此，聖經中木匠的工作，與今天我們的木匠不同。

一些以勞動（如農業或漁業等）維生的家庭，代表著生產和勞動力量的男性仍佔有主導角色。一般古代社會的世界觀都認為，生育兒女主要決定於男性，女性只是協助性的[75]；因此，家族的延續便只能有賴男性的貢獻了。此外，猶太人對彌賽亞來臨的期望，亦往往構成希望生男孩的一個原因。

沒有一個民族較猶太人更重視教育，因為對於猶太人來說，教育的最重大意義就是認識和愛他們的上帝。傳統猶太人的家庭在早上和晚上，都要背誦申命記六章 4~5 節，稱為「沙瑪」（Shema），意即「聽」：「以色列阿，你要聽！耶和華！——我們上帝是獨一的主。你要盡心、盡性、盡力愛耶和華——你的上帝。」父親教導孩童從小背誦申命記三十三章 4 節：「摩西將律法傳給我們，作為雅各會眾的產業。」至於「殷勤教訓你的兒女」（申六 7）則是給父母在家庭宗教教育的指引（參出十 2，十三 8、14；申六 20~21）；而傳統的家庭教育更是父親的專職。

在正規教育方面，一般猶太小孩大約五、六歲左右，便可到會堂（或老師家裏）上學；這個階段的學習稱為「閱讀院」（*Beth Sefer*[76]）。這個制度大概在公元前一世紀前已經

75 約翰福音第三章記載耶穌與尼哥德慕的對話中，也許有暗示這樣的世界觀。當耶穌提及「重生」一詞時，尼哥德慕因聯想到「再次出生」這意思，故質問耶穌：「人已經老了，如何能重生呢？豈能再進母腹生出來嗎？」根本沒有任何人曾進入母腹，然後再出生的。這可能是反映古代猶太人傳統對生命孕育的看法，沒有受精卵的觀念，只知男性有精子（因為這是可見到的）；當精子進入女性的子宮就可成孕。這可解釋為何尼哥德慕一聽見「重生」，就聯想到要第二次進入母親的子宮內。

76 *Beth Sefer* 這名稱在現代希伯來語中，可指「圖書館」，亦泛指一般學校。

確立[77]，及至大希律統治的時代，更得到希律的極力支持，法利賽人因而得以開展一個全國性的教育課程，成為一般猶太人接受教育的基本。然而，這課程主要是為男孩子而設的，因為在當時的社會，一般人均認為女孩子並不值得或不需要接受如此正規的教育。至於教育的方式則非常著重背記，學生與老師的對話並不多，這與中國古時的教育方式很相似。因此，耶穌在十二歲時，在聖殿與拉比對話，一問一答這幕，可謂是非常罕見的。

教學的重點內容是（舊約）聖經、猶太人歷史、基本神學和語言等課程。首先在聖經教導方面，教導的先後次序必以五經為先（由利未記開始，因為書中涉及最多禮儀上的教導），然後才進入其他部分的書卷（有關「猶太人聖經」，參 10.2.4）。除要對舊約聖經有基本認識外，猶太人的小孩自小亦會學習基本的口傳律法，例如安息日可以作甚麼、不可以作甚麼，潔淨之禮（如何可以保持自己在禮儀上潔淨）等等。此外，語言的學習也是不可或缺的。在巴勒斯坦一帶通用的語言，除希臘語外，主要的語言是亞蘭語（這亦是一般家庭的主要用語，參 10.1.6），因此，「閱讀院」的課程必定包括這兩種語言的讀寫學習。此外，由於舊約聖經是用希伯來語寫成，「閱讀院」亦會教授希伯來語。當孩童年滿十八

77 按後期拉比文獻所記，這個制度是公元前一世紀的沙達卡的兒子西門（Simon ben Shetach）所設立的。他是法利賽人的首領，並規定所有父母都要把孩子送到學校去上課。但更完善的制度卻是由聖殿最後一位大祭司姫拿的兒子約書亞（Joshua ben Gamla）所改革而成的。他規定巴勒斯坦每個城鎮，都要為孩童設立公學，每 25 位男童即有一位教師，若是四十人，便可有兩位教師。

歲，便可進入所謂「口傳院」或「米大示院」(Beth Midrash)，開始詳細學習「口傳律法」。

雖然拉比的訓練非常注重知識的傳授，但事實上並不限於此，課程中還會教授一些以資謀生的技能。保羅的織帳棚手藝，大可能是在讀書時期已學成的。

### 10.1.3. 家庭和婚姻

在舊約的族長時代，多婚制是社會所准許的；亞伯拉罕便是一個好例子。但綜觀整個舊約歷史，我們很清楚見證，猶太人社會確實由多婚轉為一婚制度。這個轉變很微妙，亦不太清楚；有些學者認為，摩西之後的嚴謹法制社會下，只有很少人能負擔多妻的代價。在舊約聖經裏，對一婚制度最清楚的教導可能只是申命記十七章 17 節，但這節經文是專指日後的帝王而言。後期的拉比文獻在這方面的討論，主要引用創世記第一章上帝創造亞當和夏娃為支持點。不過，無論如何，到新約時代，一婚制度似乎已經成為猶太人明顯的社會規範。

大多數青少年在二十歲前就會結婚，配偶由父母選擇，主要是從自己的親屬朋友中選取。由於女方家庭因女兒出嫁後不能再為家庭工作，導致人力上的損失，故一般的聘金是由男方付出的，金額則由男方父親與女方父親商討後訂定。由擇偶、聘禮或訂婚，以至正式婚禮的舉行，往往需要一年左右的安排時間。正式婚禮的舉行通常歷時數天，期間親友都會盡慶歡宴。

訂婚在當時社會，束縛性遠超過現今的西方社會；馬太福音中記載約瑟在迎娶馬利亞之先，因知道她懷孕而想暗暗休她，可見雖只是背棄訂婚之約，仍視同解除婚約一般，絕不隨便（一 18~25）。在解除婚約方面，舊約律法亦有訂明所容許的範圍，在此「合法」的範圍內，丈夫可向妻子提出解除婚約；妻子雖不能向丈夫提出解約，但在律法中也包括保護她們的規定（申二十四 1~4）。第一世紀初兩位法利賽派的拉比希列（Hillel）和煞買（Shammai），分別對解除婚約一事提出不同的見解，特別對申命記第二十四章所提及丈夫見妻子有「不合理的事，就可以寫休書」這點，各持不同的解釋。

希列的學說認為「不合理的事」泛指一切丈夫不喜悅的事情，而煞買則認為只有不忠於丈夫的，才被算為夫妻離異的合法原因。不過任何人都不應把兩派學說看得太表面。煞買無疑是比較保守的，但希列也不是完全開放，只是較為體恤社會的實況。那些丈夫想把她們休掉、但沒有失於忠貞的妻子，極可能被丈夫苦待，卻又制於律法而無從要求離異，況且妻子根本不能單方面提出離婚，如此苦忍下去，反而對妻子更不公平。因此，希列的立場或許是因應婦女在這方面的困難，容許丈夫解除婚約可能是她們的一種解脫。明顯地，這容許休妻的條文經常被濫用，據馬太福音的記載，耶穌似乎支持煞買的立場（五 31~32，十九 3~12），並對這濫用情況加以責備。雖然在其他符類福音所載與此相關的平行經文裏，並沒有特別指明離婚的合理理由（可十 11~12；路十六 18），這些福音書的作者可能已接受了「淫亂」為單一的理由，故並不贅述（參 9.1.2）。

在聖經的年代，社會上一般都視女性為一項產業，因此，女兒若被賣為奴僕，就不能和兒子一樣享有被贖回或被釋放的權利（參出二十一 7）；除非家族中沒有男性的承繼人，女人才可以承繼丈夫或父親的產業。若非丈夫或父親允許，女人在任何情況之下所立的誓，在法律上便沒有任何約束力。在這種背景下，耶穌對女性的態度尤其與眾不同。路加福音特別強調耶穌拒絕跟隨當時社會很多不平等的慣例，對社會上受欺壓的一羣表現特別的關心和憐恤。

因著主耶穌所帶來革命性的教導，在早期教會中，婦女也明顯地擁有相當程度的領導地位，且得以參與各樣的事奉（參看保羅在羅馬書十六章的問安名單）。雖然保羅的言論經常被批評為歧視女性，但倘若我們細心留意他的用意（上文下理和當時背景），也許我們要重新考慮對保羅這方面的指責是否合理。例如保羅在教導妻子要順服丈夫（弗五 22）的同時，也指出丈夫要愛妻子如同愛自己（弗五 25）。妻子要順服丈夫，這在當時的社會看來已是習以為常的，那是妻子當盡的本分，但丈夫要愛妻子，這要求於當時則非常大膽，甚至可說是革命性的主張。

另外，值得一提的是，新約聖經中也常出現婚宴的題材，就如耶穌所說的比喻中，有好些也是與婚宴有關的（例太九 14~15，二十二 2~14，二十五 1~13；路十四 8~11）；而約翰記載耶穌所行的第一個神蹟，也是在婚宴進行期間而施行的（約二 1~11）。至於施洗約翰，亦用了新郎和新郎的朋友來比喻主與他的關係（約三 26~30）。

### 10.1.4. 疾病、醫治、死亡

在缺乏科學和醫學知識的情況之下，古代社會自然會把疾病歸咎於神明。與古代近東社會比較起來，猶太人雖算不上是一個非常迷信的社羣，但要與希臘人的醫術相較，畢竟還差一段距離。猶太人大概不會把頭暈身熱等輕微病痛都視為神明的攻擊，但對於頑疾重病或先天性疾病，一般都會視

為那惡者的工作。

從約翰福音九章 1~2 節所記，門徒對一位生下來便瞎眼的人常有的看法，以為無論是基於父母或患者本身的罪，總是出於上帝的懲罰。還有，那些常在畢士大池邊躺著的病人（約五 1~4），他們都期待著上帝神蹟性的醫治。就連福音書所記有關耶穌醫治人的事件中，祂似乎也是帶著這種世界觀的。例如，馬太福音記載耶穌醫治那患癲癇病的人時，祂「斥責那鬼，鬼就出來……」（太十七 14~18）而在馬可的記載裏，卻將那聾啞的人描述為被聾啞鬼（啞巴鬼）附身（可九 17~27）。究竟這是代表聖經作者的看法？或是耶穌自己身為猶太人的世界觀？抑或，正如有些人指出，這是耶穌——本為神的世界觀？我們雖不得而知，但無論如何，這已是當時人所接受和認同的觀念[78]。然而，在路加福音四章 38~41 節的記載中，我們卻見到聖經作者與耶穌對疾病的觀念明顯有出入，受訓於希羅醫術的路加醫生很清楚指出西門的岳母害的是熱病，但當他記載耶穌醫治她時，卻說：「斥責那熱病，熱就退了」。這將疾病視同惡魔的觀念明顯與路加所受的醫學訓練相牴觸，只反映耶穌的立場罷了。

新約聖經也有提及各種類型的疾病，但通常這都與耶穌治病的記載相連。皮膚病在當時非常流行，在聖經中，皮膚病往往被統稱為「痲瘋病」。雖然真正的痲瘋病在第一世紀

---

78 路加福音八章 43~48 節記載那位患了十二年血漏的女人，指出她「在醫生手裏花盡了她一切養生的，並沒有一人能醫好她。」當中所提及的「醫生」一詞，並不一定是指一些接受專門訓練的醫生。在後期的拉比文獻中所提及的一些拉比，雖然也有行醫，但所採用的醫治手法，與一般人所認為的「巫醫」是大同小異的。

時相當流行，但「痲瘋」的希臘語 *lepros* 一詞所涵蓋的意思更為廣泛，可泛指一切傳染性的皮膚病。至於眼瞎、耳聾等病在福音書中也是相當常見，令瞎眼者得見光明、令耳聾者重新聽見，是猶太人所等待的彌賽亞所施行的神蹟（參賽二十九 18）。

在宣教旅程中，使徒保羅曾經與一名醫生成為親密戰友（西四 14），就是路加醫生。所謂「醫生」，意味著受過一定的醫學訓練。當時的希羅社會雖然也有醫學院，但醫生的訓練主要仍是來自學徒制，學醫的人必須跟隨經驗豐富的醫生實習。當時的醫生也會施行某些手術，而惟一在新約聖經中提及的手術就只有割禮，至於在兩約之間，亦發明藉以遮掩割禮傷口的手術。

至於藥物方面，乳香和沒藥曾是幾位星象家送贈嬰孩耶穌的禮物（太二 11），其實也有藥用的價值，例如，沒藥已被證實有抗菌的功效。此外，當時也流行使用止痛藥，福音書作者記載耶穌被釘十架時，拒絕服用士兵遞給祂用苦膽調和的酒（太二十七 34），這可能就是當時應用的一種止痛麻醉藥。在耶穌的比喻中，提及那位好撒馬利亞人照顧被強盜打傷的人，他用油和酒倒在傷處，才將傷口包紮起來，這油和酒明顯也是當時人遠行常備的消毒藥物（路十 34）。至於雅各書五章 14 節所提及的油，可能同時帶有醫療和宗教禮儀上的功用。

現今西方文化盡量保障人的生命，遠離死亡。但在聖經的時代，人對死亡的看法卻完全不一樣，視之為人生另一必經的階段。然而，雖是人人必經，卻仍難免為死別而哀傷。當時為死去的人哀哭，是一項非常重要的項目，因此，有些人專職為死人哀哭的。耶穌在睚魯的家裏遇到那些「大大地哭泣哀號」的人，大概就是這些專業哭喪者了（路八 52）。在中東一帶，炎熱的天氣逼使殮葬要盡快舉行，但最重要的，是從猶太人宗教文化來看，屍體被視為不潔（參申二十一 22~23），因此，一般的殮葬都會在同一天內完成。至於殮葬的方式，一般會用香料、香膏和細麻布包裹屍體。耶穌在十字架上被釘死後，由於太接近安息日，沒有時間這樣處理屍體，只好速速埋葬，等安息日一過去，即七日的第一日（可十六 1~2），婦女們才去用香膏抹耶穌身體。一般猶太人的殮葬並沒有用火焚化，也不用棺木，屍體被包裹而腐化後，骸骨會被放進特製的盒內，稱為骨甕；大概這與今天土葬十數年後的「執骨」情況相似。富有的人，例如捐出墓穴讓耶穌的屍體得以埋葬的約瑟（可十五 46），通常會有家庭墓穴。一般的墓穴是在磐石中鑿出來的洞穴，家中數名成員的屍體都會放在同一個墓穴內。在未過世之先已為自己作好安葬的安排和購置墓穴，在猶太人的社會裏，是非常平常的。

### 10.1.5. 一般生活

猶太人的飲食習慣與現代人有很多不同的地方。現代人常有的「食堂式」飲食，與陌生人同枱吃飯，在古代是非常罕見的。我們要留意，猶太人（以及大多數古代的人）都是非常好客的，特別對於來自遠方的陌生人，但至於應邀到別人家中飲宴，卻是另一回事。這是因為猶太人對飲食衛生的要求（所謂 *Kosher*）。基本上，一般東方文化視飲食為一種重要的社交活動，因此，只會與自己的朋友或熟悉的人同枱吃用。當然，這並不是說，「吃政治飯」在古代社會完全沒有，但肯定較現代人少得多。

在近東社會，飲食前洗手實在是必須的，特別是當時人在飲食時，多不用餐具。但對於猶太人來說，飲食前洗手更是日常禮節生活的一個重要環節。法利賽人對這禮節的應用就更為仔細，馬可在馬可福音七章 1~5 節對他們的規矩略為解釋：「原來法利賽人和猶太人都拘守古人的遺傳，若不仔細洗手就不吃飯；從市上來，若不洗浴，也不吃飯；還有好些別的規矩，他們歷代拘守，就是洗杯、罐、銅器等物。」

古時的猶太人飲食時，都是坐在地上，雙腳交叉或隱藏在後面的，食物就放在地上的一塊布上。使徒行傳十章 9~16 節記載彼得見異象，有一塊布載滿各樣的走獸、昆蟲和飛鳥，從天而降，並吩咐他吃用；也許這塊布正反映傳統猶太人的飲食方式。若布的面積較大，飲食的人也會坐在其上，坐位更可設地墊。詩篇六十九篇 22 節中的「願他們的筵席在他們面前變為網羅」，也許是取自當時飲食的情景。換言之，詩人的意思是：願他們坐著的那塊地墊，好像網羅一樣，把他們困著。一般相信，新約時代人們的日常飲食都會以這種方式，但在飲宴上，卻主要採用希臘或羅馬式的擺設。希臘或羅馬式坐席的方式也許可以從桌子的名稱略知一二。這種桌子或這種擺設的房間稱為 *triclinium*（拉丁語），這字組合的意思是「有三面（*tri-*）坐席（*clin-*）的地方」；桌子並非三角形，而是只有三面坐席，坐席的三邊均設長形沙發，在沙發前面均有桌子，以便放置食物，而坐席的人則躺臥著飲用 [79]。沒有人坐席的一邊（亦沒有擺設桌子）是通道，以便僕人服侍賓客。在躺臥（可以與桌子成直角或略為傾斜）時，主人和上等貴賓的距離非常接近，貴賓就有如躺在主人的懷中，方

79 這種用膳方式，早於阿摩司時期已有採用，參摩六 4：「你們躺臥在象牙牀上，舒身在榻上，吃羣中的羊羔，棚裏的牛犢。」

便二人密談。耶穌與十二使徒共享的最後晚餐，大概都是以這種形式擺設。希臘的一句慣用語「在……懷中」，其實是取自這種飲宴方式的。因此，《和》在約翰福音一章18節「在父懷裏的獨生子」這句，在《現》便繙成「只有獨子，就是跟父親最親密的那一位」。

猶太人主要的食物是麥類、牛奶和豆類食物。肉類並非是常吃的食物。

### 10.1.6. 新約時代的語言

新約時代主要有四種語言通行於巴勒斯坦一帶，即希伯來語、亞蘭語、拉丁語和希臘語。希伯來語和亞蘭語均屬西北閃族語系的語言，這與拉丁語和希臘語截然不同，後者則屬印歐語族系，與英語同屬一系。有關新約時代的希臘語，即「通用希臘語」，參2.1。

一直以來，希伯來語都不是一個非常通行的語言。在以色列國南北分裂以及更早的族長時期，基本上，希伯來語只有以色列人使用。隨著南北以色列國相繼滅亡後，希伯來語便逐漸流失，自此在巴勒斯坦一帶，一般人所用的語言均是亞蘭語。新一代的猶太人在這種語言環境中成長，自然以亞蘭語為母語。在新約時代，希伯來語對於猶太人，就如拉丁語對於羅馬天主教一樣，只能成為純宗教用語，只會在聖殿或會堂裏才使用（如在詩歌和禱文中）；或許在拉比的學術討論中，也會用希伯來語。基本上，聖經的希伯來語與今天猶太人所講的希伯來語，在讀音和語法方面，都非常相似；最大的差別可能只在拼字上。今天希伯來語的字型結構，有如古時的希伯來語一樣，只有子音字母，沒有母音字母，在發音時，懂希伯來語的（猶太）人很自然會加上適當的母音

(這當然只限於已認識的字而已)。但在現時舊約聖經的原文文本裏，每個希伯來字的子音附近（主要在子音之下）都有一些「音點」(pointings)，其作用便是要代表這隱藏的母音，以便學習（這不單是為外國人而設，也為教導猶太裔小童而設）。這母音系統大概源於公元六世紀至十世紀期間，由當時一羣非常有學識的馬索拉學者（Masoretes [80]）所加上的。按照這母音音點並加以編修的希伯來語舊約版本，便稱為「馬索拉文本」(Masoretic Text)，亦是現時通行的版本。

亞蘭語與希伯來語頗為相近，所採用的字母完全相同，語法亦有相似。遠在巴比倫時代，亞蘭語已是美索不達米亞(Mesopotamia)一帶最通行的用語。起初，主要是作為商業用語（所謂 *lingua franca*），後來才漸為很多國家（例如波斯）所使用。舊約聖經中的但以理書和以斯拉記，有部分亦是以亞蘭語寫成的。耶穌臨終時的最後一句話，是引自舊約詩篇二十二篇的開首，馬太福音和馬可福音卻分別以希伯來語和亞蘭語的版本來稱呼上帝，即「以利！以利！」(太二十七 46)和「以羅伊！以羅伊！」(可十五 34)，意思都是一樣（即「我的上帝！我的上帝！」，而隨後的「拉馬撒巴各大尼」是亞蘭語，意即「為甚麼離棄我？」)

拉丁語是羅馬帝國的官方語言，所有官方的公函都是以拉丁語寫成的。拉丁語在整個日耳曼（Germanic）語系的影響非常深遠，今天很多歐洲語言，包括德語、英語，特別是意大利語，都深受拉丁語所影響；據一統計，英語的七成字匯都是源

80 「Masoretes」一字的字根大概意指「數算」，暗示這些馬索拉學者抄寫經文的方式：不單是抄寫，還會很小心數計所抄寫的字母，與原稿相同與否。

自拉丁語的。然而，在新約時代的羅馬帝國，拉丁語的影響力和普及性卻不及希臘語；這可能由於羅馬文化深受希臘文化的影響，其本身並沒有甚麼獨到的地方，於宗教、思想和生活文化各方面，差不多全是反映希臘文化的特色。此外，亞歷山大大帝及其後的將領所推行的希臘化運動，的確在整個歐洲大陸奠下了穩固的根基，故政治上雖被羅馬帝國所征服，但希臘文化的影響卻仍持續。（有關希臘語的歷史，參 2.1）

### 10.1.7. 經濟環境

耶穌慣常用日常生活的事物為題材，以故事或比喻方式教導人。第一世紀時期的巴勒斯坦與今天的社會一樣，貧富極端懸殊，就如耶穌所說關於財主和拉撒路的故事一樣：「有一個財主，穿著紫色袍和細麻布衣服，天天奢華宴樂。又有一個討飯的，名叫拉撒路，渾身生瘡，被人放在財主門口，要得財主桌子上掉下來的零碎充飢，並且狗來舔他的瘡。」（路十六 19~21）。故事中兩位人物的身分和生活景況的懸殊並非故意誇大，在當時的社會裏，一個有錢人實在可以活得非常奢華，他們大多住在城內，有奴僕服侍。反觀大多數的窮人，收入極不穩定，生活亦毫無保障，比較幸運的可能會從父親處學得一門手藝，可資謀生，耶穌大概也是其中的一個例子。至於沒有固定工作的人，只能充當臨時散工，每天的工資就視乎僱用他們的人在早上開工前與他們所協定的（太二十 1~16）。在經濟環境惡劣時，這些散工可能要淪為討飯的乞丐，甚至被賣作奴隸（太十八 25）。

在羅馬時代，猶太人所繳交的稅額較羅馬人為多，共有兩種稅項。第一種是向羅馬政府繳交的。羅馬政府徵收稅項的方法是使用「分包制度」，這制度源自古希臘城郡（city-states）時代，承包者稱為「稅吏」，稅吏一次過承包全城郡在某年所需繳付稅款的總額，羅馬政府就賦予他們向居民徵收稅款的權力，只要承包者每年按約定悉數上繳稅款，政府就毫不過問他們徵收的方法以及實得的稅款。對於政府來說，這制度的好處是減少稅務事項，但對於人民來說，這制度無疑賦予稅吏頗大的權力，以致他們大可以假公濟私，隨意濫收稅款，榨取民膏。因此，公元前一世紀前，有不少政治家和史學家經常就稅吏濫收稅款的流弊而強烈譴責政府；直至奧古斯都時期，這情況才大大改善。但無論如何，身為猶太人，卻甘為羅馬政府賣力而壓榨自己同胞，實在令人髮指。

另一種稅項是為聖殿的日常運作費用而徵收的，稱為「聖殿稅」或「丁稅」。任何二十歲以上的猶太男性，於每年的亞達月（即二、三月），都要繳交半舍客勒（shekel；或稱為「謝克爾」）的銀子（約為四公克）。在羅馬統治期間，所有猶太人都要繳付這費用，並由羅馬政府負責收取。為方便起見，一般的做法是以兩人為單位，共繳交一舍客勒。馬太福音十七章 24~27 節記載耶穌被問及繳納丁稅的問題，結果彼得按主的指示從魚口中得到一塊錢，就作為耶穌和彼得的稅銀。

除了這些稅項外，猶太人還要繳付十分之一給利未人（而利未人亦要繳交十分之一給祭司），再加上各種奉獻和節期的奉獻，虔誠的猶太人在經濟上的壓力是相當大的。按某些學者估計，耶穌時代的猶太人要繳交的稅項，差不多佔個人收入的百分之三十到四十左右[81]。

---

81 參F.C. Grant, *The Economic Background of the Gospels* (Oxford, 1926), 105頁；引自 F.F. Bruce, *History*, 頁 40。

## 10.2. 宗教生活

新約聖經對猶太人的宗教生活已經提供相當多的參考資料，前文提及的割禮可謂是猶太人最重要的宗教禮儀（10.1.1）。基本上，猶太人的禮儀，無論是割禮和其他祭禮，都由成年的男人施行。

### 10.2.1. 猶太議會

影響耶路撒冷居民生活的羣體，除了祭司和各個宗教黨派外，還有一個重要的宗教組織，就是猶太人議會（即新約聖經所指的猶太公會）。議會由七十名成員組成，由大祭司擔任議會的主席。這種議會的模式可追溯至舊約時期，在曠野漂流期間，初次選立了七十位長老協助摩西處理日常事務（參民十一 16~17）。按馬可福音十五章 1 節和路加福音十九章 47 節的記載，猶太人議會包括祭司長、長老、文士和百姓中重要的人物等。留意這議會原來沒有法利賽人參與，直至公元前 67 年左右，當時猶太人的女君主沙羅米（參 8.1.3.2）把法利賽人也列入議會；但無論如何，議會仍由撒都該人主導。

猶太人議會的工作範圍非常廣泛，基本上處理所有有關猶太人的事務，涉及的範圍更延伸至猶太地以外所有分散在各地的猶太人。除日常生活事務外，若在宗教的範疇裏遇到有關解釋律法的爭辯，都需要在議會中公開討論，才可得到公認的裁決。此外，議會甚至有權拘禁猶太人（但卻不可拘禁羅馬人）。毫無疑問，這議會是猶太人最高的權力機關，原則上是淩駕於大祭司之上的。

關於猶太人議會的討論，一個經常爭論的問題是，議會能否宣判死刑。在新約期間，對一切涉及猶太人宗教事務的訴訟，耶路撒冷的猶太議會都擁有裁判權，且最高可判處 39

鞭的刑罰。但當有關訴訟涉及刑事罪行時，他們則必須將犯人押送巡撫審理。由於猶太議會的權力在希律統治時期已被削弱，身為巡撫的彼拉多就成為當時惟一有權判處罪犯死刑的人（參太二十七 1~2）。所以，當猶太人決意要治死耶穌時，卻不能親自下手，必須透過向彼拉多施壓，才能達到處死耶穌的目的[82]。

### 10.2.2. 聖殿

在猶太人的歷史裏，曾出現兩所聖殿。第一所聖殿是在以色列全盛時期，由所羅門王在耶路撒冷所建立的。自此，聖殿成為以色列人信仰生活的中心，亦是民族精神的焦點所在。這聖殿不但代表以色列人的敬拜生活，也代表上帝的尊貴與榮耀，並祂的臨在和與整個以色列民族的同在。每當外敵入侵時，聖殿更往往成為耶路撒冷居民逃難的地方。因此，公元前 587 年，當這殿被巴比倫人拆毀時，對於以色列人而言，是一個極大的打擊。

第二所聖殿是猶太人回歸後，在所羅巴伯帶領下重建的。無論當時的以色列人如何盡力重建這殿，也不能回復所羅門聖殿那莊嚴華麗的舊貌。縱然如此，這殿卻可維持 500 年之久；不過，有關這第二次重建聖殿的資料，我們所知的並不多（參拉三～八章）。公元前 19 年，大希律為了討猶太人的歡心，展開了長達七十多年的聖殿擴建計劃，一方面要復還這聖殿往日的堂皇，而另一方面亦藉此建立自己在猶太人中

---

82 若以耶穌受審被判死刑與司提反被推到城外處死比較，情況顯然不同。一般的解釋是，司提反被石頭打死的情況是非常混亂的，有如騷動一般，也許事出突然，並非當時議會控制得來的。

的威望。聖殿的主要骨幹共用了十年時間去完成，但其餘內部的修葺和裝飾工程卻要延至公元64年才完工。整座建築物的外形以白色大理石為主，並用黃金包嵌，正如路加福音所形容的「是用美石和供物妝飾的」（路二十一5）。猶太人歷史家約瑟夫描述這聖殿是一個非常成功的建設，可以與所羅門的聖殿媲美，甚至有過之而無不及。

希律用了三十畝地來建造殿的圍院。為確保至神聖的部分免受破壞，他甚至訓練一千個祭司作木匠及石匠來協助管理這殿。聖殿最外圍的院子稱為「外邦院」，這院子圍著整個聖殿，而其本身又被一列柱子和通道圍著，形成一條走廊；所有人（包括外邦人）都可以進入這個院子的範圍。在這院子內另有三個院，是外邦人不可進入的，為了讓所有外邦人都知道這是他們的禁地，就特別用希臘語及拉丁語寫了一個「禁止進入」的告示牌。若有任何外邦人違例進入，按猶太人的法律，甚至可以把這人處死；猶太人就曾因誤會保羅帶歸信了的外邦人進入這院而引起騷動（徒二十一26~31）。這三個院包括為猶太女子而設的「女院」、為猶太男子而設的「以色列院」和特別為祭司而設的「祭司院」（祭壇亦是放在「祭司院」內）；到了住棚節，那些沒有祭司職位的猶太人亦可進入「祭司院」。經過「祭司院」，就進到聖殿裏至尊貴的地方，稱為「聖所」及「至聖所」；在這兩處之間以一塊很大的幔子隔開，按馬太福音二十七章50~51節的記載，當耶穌斷氣之際，這幔子裂為兩半。至於聖殿裏其餘的陳設，其實非常簡單，最重要的擺設有香壇、陳設餅（和其桌子）和燈台。

聖殿是一個非常繁忙的地方，除了有例行的儀式及祭禮之外，還有一些買賣禽畜及兌換銀錢的小販在此兜賣，方便奉獻和獻祭的人。所謂兑換銀錢，一般是將羅馬或鄰國的錢幣兑換成聖殿所接納的舍客勒，用作捐獻。由此可見，不少人是以聖殿的宗教活動來謀生的，而當中亦自然產生不少利益上的衝突。這種種經營多少扭曲了聖殿存在的真正目的，這也是耶穌為之氣憤的主因。祂潔淨聖殿，為要重申聖殿乃是一個敬拜上帝的地方（太二十一 12~13；約二 13~22），總不能喧賓奪主。此外，聖殿亦是一個公開聚集的地方，拉比、法利賽人、文士等教師會常與他們的門徒在這地方聚集。若遇著大節日，更會吸引許多來自不同地方的朝聖者在此聚集及朝聖。

相對於希律在位時的其他建設，這聖殿可算是他最宏偉的成就，理應可為人長遠記念，只可惜這華麗之殿卻卒然被毀。公元 70 年，羅馬王維斯帕先的兒子提多帶軍攻陷耶路撒冷城，並把聖殿夷平。這就應驗了耶穌的預言（太二十四 1~2；可十三 1~2；路二十一 5~6），且發生在聖殿重建工程竣工後僅數年，委實令人惋惜和意外。時至今天，這猶太人的聖殿只剩下部分的西面外牆，而聖殿內的至聖所，可能就是在耶路撒冷奧馬清真寺（Mosque of Omar）的所在地。

### 10.2.3. 會堂

公元前 587 年，南國猶大亡於巴比倫，聖城被陷、聖民被擄，聖殿亦慘被焚毀，這歷史慘劇為整個以色列民族帶來了深遠的影響，其中之一就是「會堂」（這個字的意思就是「聚集在一起」）的設立。由於聖殿被毀，猶太人再沒有集體敬拜上帝和聚集的地方。當時的情況就好像初期教會的發展一樣，他們起初可能只是聚集在某位利未人的家裏，後來情況許可，便興建獨立的建築物，盼望藉此可以維持他們聚集敬拜上帝的生活。當時很多會堂都是根據耶路撒冷聖殿的模式而建造的。

會堂是猶太人生活的重心，也是他們在外邦人中間生活時，要建立和維持自己民族和宗教意識的一個重要標記。猶太人通常在會堂裏敬拜，但由於不能在會堂裏獻祭，因此會堂的敬拜聚會便以祈禱和宣讀聖經為主。每逢安息日及特別的節期，猶太人都會在會堂裏舉行公開的崇拜。聚會中他們誦讀經書、祈禱、宣講信息，在結束聚會前亦有一個最後的祝福。當耶穌和保羅傳道之時，就曾在這些會堂公開宣講律法及傳上帝的道（路四 15~30；徒十三 13~43）。每一間會堂裏都有一個可以搬運的箱子，用來放置律法書及先知的經卷，可見會堂不但是聚集敬拜的地方，也是學習律法之所。此外，會堂更可成為人民的會堂，和幫助貧窮人的福利中心。若有猶太人犯了嚴重的錯事，就會被趕出會堂，這於當時是一個相當嚴厲的刑罰（參約九 22，十二 42）。今天世界各地都有大大小小的猶太人會堂，除舉辦很多宗教活動外，還發揮了「猶太人公會」的功能，這於 1949 年以色列重新立國時，在確定「以色列人」身分上，扮演著舉足輕重的角色。

一間會堂只需十個猶太裔成年男人便可組成。如果人手不足夠或根本沒有適合興建會堂的地方，他們就可先組成「禱告的地方」，這地方通常是在河邊，目的是要施行潔淨的洗禮。當保羅初次到達腓立比時，就曾在一條河邊的「禱告的地方」聚集（徒十六 12~14）。由於猶太人分散各地，為了繼續維持敬拜生活，他們就在自己所居住的地區建立會堂，所以會堂的興建，就不單限在巴勒斯坦一帶地方，而是遠及各國各省，只要有猶太人聚居的地方，都有會堂（徒十七 1，十八 4）。

對於會堂的規模，很多人認為，第一世紀的會堂都是千篇一律的。但據考古學家的發現，巴勒斯坦以外（甚至是猶大省以外）的會堂與巴勒斯坦境內（猶大省以內）的會堂在規模上有很大的差別。這可能由於巴勒斯坦境外的猶太人較少機會接觸聖殿所致，因此，其建築物都較為龐大和設備完善。此外，考古學家又指出，即使在巴勒斯坦境內的會堂，公元70年前與70年後的建築也有很大的分別。當羅馬軍於70年把耶路撒冷的聖殿夷平後，猶太人所建造的會堂規模都是較大的，並會把其中一個主要出口，面向耶路撒冷（聖殿）的方向。但在公元70年前，即耶穌在世的時候，很多會堂可能只是一間房子，這情況與早期教會的「家庭聚會點」相似（大概是早期教會借用此聚會模式吧）。據此，按面積計算，耶穌時代的「會堂」實際上就與「禱告的地方」差別不大。而據約瑟夫的記載，在公元第一世紀，單在耶路撒冷就有四百多間會堂，若這數目是可信的話，也可能是指那些家庭式的聚會點而已。明顯的，路加福音四章44節記載「耶穌在加利利的各會堂傳道」的含義是，耶穌可能只是到不同的猶太人家庭中聚會。

在羅馬時代，因四處都有會堂的設立，所以基督信仰傳播得很快。使徒行傳證明了基督教會的宣教工作，原本由猶太人羣體開始，並以會堂作為基地。

### 10.2.4. 猶太人聖經

猶太人的聖經當然沒有我們的新約聖經，而書卷（即舊約聖經）的分類也與我們舊約聖經的分類不盡相同。猶太人聖經可分為三部分：五經（或稱為「摩西五經」）或「妥拉」（*Torah*）、「先知書」（即 *Neviim*，包括撒母耳記上下、列王紀上下、以賽亞書、耶利米書、以西結書和十二小先知書）和「書卷」（即 *Ketuvim*，包括詩歌智慧書和部分歷史書）。因為這三部分的組合，猶太人的聖經便稱為 *Tanak*；取三部分名稱的首字母，再加上母音而成。這三個分類的排列次序也可反映猶太人對不同部分的重視程度。換言之，妥拉的權威是至高無上的，亦可算是「正典中的正典」。

猶太人聖經原是用希伯來語寫成的。但在南北以色列國滅亡之後，希伯來語漸漸只成為宗教上的用語，在美索不達米亞一帶，主要的日用語言卻是亞蘭語，而在其他西方的國家（主要是歐洲大陸），主要的語言則是希臘語。猶太人為要使自己的子孫仍有認識聖經的機會，故在很早的年間，便已有繙譯聖經的行動。

最早期的譯本，可能是亞蘭語的舊約聖經（或猶太人聖經），專稱為《他爾根》（*Targum*），這字的意思是「解釋，繙譯」。亞蘭語譯本的出現與當時的會堂有密切相關；自南北國相繼滅亡後，會堂漸成為猶太人敬拜和學習律法的主要地方。但新一代的猶太人，大多數都不懂希伯來語，故在誦讀聖經時，不時會將經文繙為亞蘭語，以便會眾明白。所以，最初的聖經繙譯活動是在會堂出現的。起初，繙譯的經文主要限於五經，但後來（可能是接近新約時代）為方便猶太人自行查閱，整本聖經都已繙成亞蘭語。「他爾根」一詞主要是指已經寫下來的亞蘭語舊約聖經；但由於《他爾根》原為誦讀而設，因此亦較為口語化，而繙譯原則都頗為意譯，故不同地方出版的《他爾根》，在表達上，也許會多有出入。

《七十士譯本》是另一本古代的舊約聖經譯本，亦是最重要的一本。一般相信，這是在多利買・非拉鐵弗統治的時期繙譯的。有關《七十士譯本》的來源，有一些古籍曾經有以下的故事。據說王帝多利買．非拉鐵弗這位愛書之人曾經吩咐亞歷山太的圖書館館長，把猶太人聖經繙成希臘語。於是，多利買便致函耶路撒冷的大祭司以利亞撒，要求提供古卷和繙譯人員。於是，以利亞撒便從每一支派中各選任六名長老，合共 72 人，派往亞歷山太圖書館，作為繙譯人員。經過一番考問，繙譯正式開始。最後， 72 位長老經過 72 天便繙譯了摩西五經。還有另一個版本，甚至指出這 72 位長老個別同時用了 72 天的時間譯出一份譯本，結果，這 72 份譯本竟是完全一樣的。這些故事的每一細節均不能盡信，但故事的動機可能要說明幾點：首先，《七十士譯本》是源於亞歷山太的（在巴勒斯坦以外，亞歷山太是有最多猶太人聚居的城市）。其次，其希伯來語底本應該是源於耶路撒冷的。而更重要的是，這譯本的神聖地位是得到耶路撒冷和亞歷山太的猶太人所公認的。

一直以來，對於猶太人（和初期教會的信徒）來說，《七十士譯本》不單是譯本，而是有如原來希伯來語聖經一般的神聖和權威。但在新約時期，由於早期教會的信徒經常用《七十士譯本》來證明耶穌是基督，並藉以為基督信仰辯護，猶太人有見及此，為要與之抗衡，於公元二世紀初，就把猶太人聖經重新繙譯。然而，這希臘語譯本的普及性始終不及《七十士譯本》。此外，《七十士譯本》的另一重要性，在於這譯本所包括的書卷，並不完全等同希伯來語聖經，而是包括今日羅馬天主教所謂的次經。由此可見，將這十二卷次經（一般天主教聖經另包括三卷，共十五卷）外加於舊約聖經之上，並非只是近代天主教的主張，而是可溯源至早於耶穌的時代，基本上，乃沿襲《七十士譯本》所固有的傳統。

### 10.2.5. 異教的信仰和思想

從很多方面來看，公元第一世紀信徒的宗教生活與我們今天的情況是大同小異的。在新約時代，不是每一個國家民族都像猶太人那樣嚴守所領受的傳統信仰；對於當時的希臘人和羅馬人而言，信仰的基本本質是「混合主義」，意即他們隨時會轉換自己所相信的神明，又或兼容其他的神明。

希臘文化對羅馬社會的影響相當深遠，單就宗教信仰這層面上已可見一斑。羅馬人經常把希臘的神明或女神搬入自己的文化體系裏，換上新的名字，成為自己的神明。因此，希臘的宙斯神（Zeus）相等於羅馬的猶皮得神（Jupiter）；希臘的亞底米女神（Artemis）相等於羅馬的戴安娜女神（Diana）。此外，正如今天很多宗教都與經濟利益掛鈎，在新約時代的羅馬社會亦是一樣。使徒行傳十九章 23~41 節記載保羅在亞細亞傳道時，因勸化當地人脫離拜偶像的愚昧，直接威脅當地製造亞底米神銀龕的生意，在銀匠底米丟和他的同業號召下，觸發了一場全城的騷動。由此可見，宗教對於很多人而言，只是謀生營利的工具，他們首要關懷的，是經濟上的收益，而不是個人與神明之間的關係。然而，在新約時代，也有一些較為隱祕的宗教，講求超自然的神祕經驗，並以邪術、占星與祕術等玄虛之術來誘惑人心；我們稱這類宗教為「神祕宗教」（Mystic Religions），他們的敬拜儀式往往也是十分玄祕的。

一些比較敬虔的羅馬人和希臘人都會發現，他們文化的道德標準日漸低落。對於他們而言，猶太教就顯得頗具吸引力，因為猶太教在指導人生活方面的守則，都是非常明確直接、易於把握的，而且猶太教的經典也不過於玄妙。況且，一般人更可用舊約聖經的希臘語譯本（如《七十士譯本》）直接研讀聖經。這經典不獨使許多外邦人的道德行為有所提升，部分外邦人更因而加入猶太教，這些歸化的外邦人就被猶太人稱為「皈教者」（proselytes）。在新約時代，更有人對基督信仰抱同情甚至信服的態度，只是沒有正式加入教會，也沒有遵守教派的儀式和律例（例如水禮），他們一般被稱為「敬虔人」（God-fearers）。羅馬的百夫長哥尼流，就是一個敬虔人，也是第一個受洗歸入基督的外邦人（徒十章），而歸信基督的外邦人更是與日俱增。在第一世紀，差不多每一個羅馬的主要城市都有基督徒羣體；這大概源於五旬節聖靈降臨的事件。當時散居各地的猶太人都來到耶路撒冷過節，在那裏聽見使徒們的信息，因而歸信基督。隨著節期過去，這些信主的猶太人就將福音帶回自己的家鄉，使基督福音迅速地傳開（徒二 5~11）。他們起初只是一小撮人，漸漸才凝聚成一個社羣。

希羅的異教信仰對早期基督信仰的影響並不深，但希羅的哲學思想對新約信徒的影響，卻是相當具體和深遠的。以下簡單介紹幾個較重要的哲學思想。

犬儒學派（Cynicism）源自蘇格拉底（Socrates）的學說。蘇格拉底認為，欲望愈多的人，生活只會愈受自己的欲望所控制；反之，一個寡欲的人卻依然可以順應不同的處境而安適地生活下去。因此，犬儒學派的人強調無欲為本的德行，甚至主張以受苦來達致人生更高的境界。新約時代有不少這些犬儒學派的信徒，到處宣揚自己的刻苦經驗。一些近代的學者更認為，他們的觀念對保羅的思想有一定的影響。哥林多後書十一章 23~29 節中保羅對自己受苦經驗的申訴，與犬儒學派一些文章的格調頗為相似。英語的「cynic」，意即「憤世嫉俗」，確實能反映犬儒學派信徒那種高傲自是的態度。

與犬儒學派的思想頗為接近、但又非常強調理性的是斯多亞主義（Stoicism）。斯多亞主義認為這世界受一個律所支配，這律主宰並控制整個宇宙，決定宇宙裏每一件事情的運行。因此，這律就是宇宙的靈魂。人類在世的生活，必須效法和遵守這個律，如此，人生與宇宙（或大自然）就會保持一個和諧的關係。要達到這境界，惟一的方法就是讓理性完全控制自己，除去所有情感的牽制。在這方面，斯多亞主義與犬儒學派的論調很相似。事實上，在新約信息中，特別是保羅書信裏，受苦有益的觀念都是頗主要的教導（羅五 3~5；雅一 2~4）。此外，有很多學者認為，保羅在書信中所常用的辯駁方法，特別是假想一位與之爭辯的對象（羅六 1，七 7，九 14），正是典型斯多亞主義作品的特色；一般認為保羅深受斯多亞主義的影響，較犬儒學派更甚。

諾斯底派（Gnosticism）是最難簡述的希羅哲學思想。直至現代為止，這名稱所涵蓋的意思仍非常廣泛，故只能就很基本和共通的觀念，特別是那些可見於新約聖經裏的主張，加以說明。諾斯底派最基本的信念是二元論。在這觀念的影響下，他們認為既然聖潔的上帝斷不會創造出充滿腐敗的物質世界，那麼，至高的上帝就不是創造這個物質宇宙的上帝。此外，人的無知使人類無法追求至高的上帝，因此，這位上帝便派遣救贖者來拯救，將奧祕的知識傳給追求的人，但這種知識並非每個人都可以有的，只有那些被至高上帝揀選的人才能參透。這可算是「諾斯底派」這名稱的意思，源自希臘語的 *gnosis*，意即「知識」。諾斯底派的二元思想帶出很矛盾的後果。例如他們既認為身體是物質，所以是邪惡的，而靈魂是真實，所以是善的。推論之下，身體既是不好，我們便要控制它，禁制它的欲念，這就產生禁欲主義。但另一方面，既然只有靈魂才是真實和永恆，身體只是暫時的，這樣，滿足身體的欲望亦不會影響靈魂，這就是縱欲主義的論調。哥林多教會中，竟然會有些人禁欲（參七25~40），又有些人縱欲（五～六章）；我們若明白當時諾斯底思想的影響，對這現象就不足為奇了。至於其他的書信，諸如歌羅西書和教牧書信等，都反映收信羣體深受諾斯底派的影響。

近期的研究已進一步確定諾斯底派的思想在新約時代（及至第二、三世紀）是頗具影響力的。因此，其於新約聖經的意識形態、甚至表達手法上的影響，大概是不會有學者否認的；只是究其深淺和多寡，則還是一個富爭議性的課題。然而，影響並不一定是壞事，所謂取他人之長，然後再加以發揮。例如約翰福音和約翰書信中光與暗、生與死、真理與謊話的對比，正是典型的諾斯底派用語（但也可能是反映昆蘭羣體的影響），但這種表達，又的確是強而有力的。

第三部分

# 「我們的新約聖經」的歷史

「我們的新約聖經」是指一般華人信徒手上的那本聖經，這可能是《和合本》、《現代中文譯本》或《新譯本》。信徒翻開任何一部譯本都可立時了解上帝，是非常幸福的事，實在應存感恩的心。我們可先從手上的這本聖經説起，細訴聖經流傳和繙譯的歷史。

聖經既然不是用漢語寫成的，便需要有人從原文繙成漢語，我們才可以看懂，但譯本之多又實在帶來不少煩惱，這一切便牽涉「聖經繙譯」這門學問了。不過，在未繙譯之先，繙譯的人當然必須有一本原文聖經作為底本。但聖經的原稿（autograph）都已散失了，而輾轉流傳下來的卻是彼此不一的手抄本（manuscript）。在過去幾百年裏又有上幾十種希臘語新約聖經「版本」（edition）面世，繙譯的人到底應該根據哪一種原文版本來譯經呢？雖然不同版本的出入並不多，但仔細研讀起來，這些分歧仍是不可忽略的；這一切就是「經文鑑別學」要處理的問題。不過，在未有這些版本之先，甚至還未有那麼多的手抄本之先，早期教會（即公元二世紀至四世紀期間的教會）還要面對一個更基本的掙扎：到底哪本書應該歸入新約聖經呢？今天我們又可否在這 27 本新約書卷上加添或減少呢？這些問題都是有關「新約正典」的討論。

信徒可以很幸福地讀經，皆因背後有著無數人的勞苦；我們甚至可以説，每一代的信徒都在享用整個教會歷史裏先賢所勞苦的成果。主耶穌有句話在這裏顯得特別有意思：「別人勞苦，你們享受他們所勞苦的。」（約四 38）了解「我們的新約聖經」的歷史不單讓我們多了解自己的傳統，更能確認教會歷史得以發展到今日的地步，是已經走了一段很長的路，既非一人一時的成果，亦絕非一人一時可以逆轉的，也許，愈認識這段歷史，愈能叫人在感恩裏學習謙卑。

## 參考書

在正典這課題上，讀者可以參考這幾本書：B.M. Metzger, *The Canon of the New Testament* (Oxford, 1987)； F.F. Bruce, *The Canon of Scripture* (Downers Grove, IL: IVP, 1988) 和剛出版、源自法語的 J.T. Barrera, *The Jewish Bible and the Christian Bible: An Introduction to the History of the Bible* (E.J. Brill & Eerdmanns, 1998)。在經文鑑別學方面，重要的參考書，可參閱筆者的《新約經文鑑別學概論》(香港：基道，1997）。在聖經繙譯方面，有關英語的聖經繙譯歷史，可參 F.F. Bruce, *History of the Bible in English* (3rd ed., Cambridge: Lutterworth, 1979)；有關漢語的聖經繙譯歷史，參趙維本《譯經溯源：現代五大中文聖經翻譯史》(香港：中國神學院研究院，1993）、李湜源「中文聖經翻譯簡史」《景風》第53期（1978年1月），頁2~14，以及《中文聖經翻譯小史》(中文聖經新譯會，1986）。

此外，周天和牧師著的《新約研究指南》(香港：崇基學院神學組，1998，新增訂版），均在這三個課題上，給予很清楚的討論。

# 第十一章
# 新約的形成——正典的問題

所謂「正典聖經」，是指那歸入聖經裏，被視為有上帝特別啟示的經書。因此，新約正典就是指那 27 卷書，而舊約正典就不是那麼簡單，要視乎各教會傳統而定。新教教會的舊約聖經等同猶太人聖經，只確認那些以希伯來語寫的舊約書卷，即舊約聖經的 39 卷書。希伯來語舊約（和猶太人）聖經的組合略為不同，只有 24 本（其中十二小先知書共為一本、以斯拉和尼希米記合共一本，以及所有上、下卷的，各合為一本），但所包括的書卷與我們的完全相同。對於羅馬天主教或東正教來說，舊約聖經則包括次經。

「次經」(apocrypha）和「偽經」(pseudepigrapha）是兩個非常容易混淆的詞語，合指寫於公元前 200 年至公元 200 年舊約聖經以外的猶太教文獻。「次經」特指那些在羅馬天主教或東正教中被視為有如或僅次於正典地位的文獻，共十五本。但在一般天主教的聖經中只見七至八本獨立的書卷，因為其中有一些書卷是直接加插入舊約原有的書卷中。「偽經」則指除「次經」所包括的十二書卷（一般天主教聖經另包括三卷）外，其餘的文獻[83]。舊約正典之複雜處，在於這些新教

83 以上是新教和一般聖經學者所採用的分類，但傳統羅馬天主教卻用不同字眼來指這兩類文獻：他們稱第一類（即新教的「次經」）為 *deuterocanonical*，而第二類（即新教的「偽經」）為 *apocrypha*。*deuterocanonical* 一般繙成「後典」，但《思高聖經》仍然用「次經」這詞。

所稱的「次經」遠在耶穌的時代，已出現在當時非常流行的《七十士譯本》裏，因此很自然成為東教會舊約聖經的一部分；及至耶柔米的拉丁語《武加大聖經》面世，整個西教會歷史都一直把這些經書包括在舊約聖經裏。直至改革時代，約翰·加爾文和馬丁·路德才提倡只保留以希伯來語寫的書卷，故把次經刪去。因此，從歷史理據來看，這些所謂「次經」的經書，確實曾在舊約聖經中佔有一席。

本章主要討論新約正典的形成。我們試從五個層面來探討這問題：首先從基督信仰的根源來追溯這「正典」的觀念（11.1），然後探討促進新約正典形成的歷史因素（11.2 和 11.3）和正典書卷的特質（11.4），最後，我們嘗試反省新約正典與今天信徒的關係（11.5）。在未進入正題之先，我們先簡單探討早期教會正典觀念的來源，以及我們討論的前設。

### 11.0.1. 正典觀念的來源

「正典」（canon）是繙自希臘語 *kanōn*（亦可追溯至希伯來語字 *qāneh*，指用來作量度的「蘆葦」），一般的用法是指「標準」或「尺度」。在早期教會的文獻中，這字多用來指信仰的規條。在這課題裏，「正典」是指對我們的信仰帶有規範性和權柄的文獻。另一方面，有時我們亦用「正典」這字眼來指某些書卷的規範性和權柄。後者的用法則與「默示」（inspiration）一詞很相似，因為只有那些在成書過程中由上帝藉聖靈默示的書卷才被賦予正典的地位。簡言之，「默示」是指聖靈在作者寫作時的工作，而「正典」則指這些作品固有的特質。

「正典」在新約教會的處境來看，可說是一項既不陌生、但又頗為新穎的觀念。若從當時的希羅宗教甚至東方的神祕宗教來看，這的確是一個嶄新的觀念。雖然這些宗教也曾把所信神明的口諭記錄下來，但這些記錄對信徒的宗教生活或信仰認知並沒有關鍵的作用；宗教領袖亦不會督促信徒勤讀這些記錄。若從猶太人的文化和價值觀來看，「正典」的觀念卻並不陌生。使徒教會承繼著猶太人的文化或價值觀，同樣是一個「以文本為中心」（參 8.3.7）的宗教，在強調主耶穌和使徒們口授教導的同時，亦強調必須依靠客觀的文字來認識這位上帝。

### 11.0.2. 正典：神學的本質或歷史的演變

要介紹新約正典的形成可從兩個角度來討論：神學的本質和歷史的演變。本章討論的側重點是強調其歷史演變的過程，因為教理式的神學討論往往給人有自圓其説的感覺，對於初信和平信徒來説，較難掌握；相對來説，歷史的角度就較客觀，亦較容易叫人接受。

不過，單從歷史的角度來看，可能又會給人一個錯覺，以為某書卷「被」列入正典，全是某些教會領袖的作為。其實這是錯誤的觀念；我們必須確認，被上帝揀選有分參與新約聖經寫作的作者，當他在其書裏畫上最後一個句號時，這些書卷已是十足的正典了。從神學的角度來説，聖經作者是上帝的代筆者，在祂的默示之下寫出祂的啟示。上帝的啟示固然不受人的支配，亦不會因某人接受與否、或確認與否而影響其實質的價值，就如無論人接受福音與否，這福音依然是上帝的福音。

因此，在討論新約正典形成的歷史時，儘管我們用的字眼是「被列入」或「被確認」——這些字眼似乎暗示，教會賦予某書卷正典的身分，但實際上，我們必須相信新約書卷的正典身分是固有的、內在的和自存的，而早期教會的角色只是分辨和發掘這些含有正典身分的書卷而已。

## 11.1. 舊約聖經與新約正典的關係

從歷史角度來看，使徒教會在耶路撒冷成立，傳統認為是在五旬節（或稱為「聖靈降臨節」）那天開始的，大概是公元 29/30 年間。起初的信徒絕大多數是猶太人，更有不少猶太教的聖職人員成為信徒（徒六 7）。因此，使徒教會的信徒的宗教生活基本上與猶太人非常相似，就連使徒們在成立教會之後，仍然是「每日在殿裏……傳耶穌是基督」（徒五 42）。他們所用的聖經，亦當然是猶太人的聖經（即我們的舊約聖經）；這是很明顯的，因為主耶穌在世時也經常引用舊約聖經，在新約聖經裏，亦隨處可見作者引用舊約聖經的例子。所以，新約聖經所提及的「如經上所記」或「聖經」，都是指舊約聖經。舊約聖經的正典問題其實較為複雜，但無論我們認為舊約正典是在耶穌的時期已經得到確認，或是延至公元一世紀末甚至二世紀才得到確認，基本上，使徒教會和早期教會都沒有參與處理，只是承接著猶太教的傳統，接納以希伯來語寫的 39 卷書為舊約正典。

要留意很重要的一點，在新約聖經中，耶穌和使徒們的教訓很少是直接教導舊約的經文，而是引用舊約聖經作為教導的根據。因此，在耶穌三年多的傳道生涯中，祂既有引述舊約的經文，但又同時把自己的教導與舊約的教導對等起來，甚至凌駕其上。試看耶穌的登山寶訓，表面上，耶穌似乎要把自己的教訓取替或凌駕摩西的教導之上，但若從一般猶太人的角度來看，耶穌的教導實質是針對猶太人對摩西教導演繹的固執，馬太福音五章 21~48 節便是一個好例子。作者馬太在當中重複引用耶穌的話：「你們聽見有吩咐古人的話……只是我告訴你們」是要借用猶太人的修辭對比法，來針對猶太人（特別是法利賽派的人）對舊約的傳統解釋。在保羅書信裏，雖然記載耶穌的言行不多，但在幾處地方，保羅也引述耶穌的話作為權威性的指導（參林前七 10，九 14，十一 23~26）。

作為新約教會權柄「新」依據的，不單有耶穌的教訓，就是承繼主耶穌教導職事的使徒們，他們的地位和教導也是舉足輕重的。在新約聖經裏，最明顯的證據是記載於彼得後書三章 15~16 節，作者把保羅的教導視為舊約的教訓一般：「……就如我所親愛的兄弟保羅，照著所賜給他的智慧，寫了信給你們。他一切的信上，也都是講論這事。信中有些難明白的，那無學問、不堅固的人強解，如強解別的經書一樣，就自取沈淪。」

這一點，在隨後早期的教父，或有稱為「使徒教父」的著作中更為顯見。這些教父可能接觸過某些使徒、甚至承繼某些使徒，在教會的牧職和帶領上承擔起重責。例如安提阿的主教伊格那丟（Ignatius of Antioch，公元 35~107 年）在其一封信中，便把主耶穌的教導和使徒的教導歸為一類（*To the Magnesians* 13.1），而在另一封信中，他著意分辨自己和使徒在身分上的不同：「我不想吩咐你們，如彼得和保羅一般，因為他們是使徒。」（*To the Trallians* 3.3）另一位屬這時期的教父，士每拿的主教波旅甲（Polycarp of Smyrna，公元 69~155 年），在多處地方引用「保羅和其他使徒們」這名稱作為權威的象徵（*To the Philippians* 3.2，9.1，11.2~3）。

因此，早期教會的領袖明顯受到舊約聖經的影響，對「正典」的觀念已很清楚，但在他們心目中，「正典」不僅是舊約聖經，更包括主耶穌和使徒們的教訓。在這裏出現一個關鍵的問題，到底有甚麼依據可清楚證明和記錄主耶穌和使徒們的教訓呢？若說舊約聖經為正典，我們乃具體地指到舊約的39卷書，但若說主耶穌和使徒們的教訓，那實質只是一些口述的傳統，或是不同版本的載錄。這情況對於教會的教導、傳福音（或差傳）或護教工作都是不利的，於此，我們不難想像，教會處於當時形勢，實在需要一些能代表他們教訓的具體記錄和文獻。參3.2.2「福音資料的出現」和3.2.3「福音書的誕生」。

## 11.2. 正典是捍衛正統教導所必備的

就如今天不少人從事基督教文字工作，在早期教會時期也有不少信徒和領袖們從事寫作，為了傳揚基督的信仰、作神學上的討論和交流等。其中有不少非常好的作品，不偏不倚地建基在主耶穌和使徒的教訓上，就如很多早期教父的著作；正如前述，這些教父清楚把自己的作品與新約的書卷分別開來。其中有些作品，可能曾一度受某些教會羣體接受或非常重視，但始終未有列入正典內，我們稱這些經卷為新約的「偽經」，例如《彼得福音》（*Gospel of Peter*）、《保羅行傳》（*Acts of Paul*）和近年極受重視的《多馬福音》（*Gospel of Thomas*）等。此外，更有一些作品混雜了當時的哲學或其他宗教思想，危害正統基督教教義的發展。這些作者大多數是知識分子，他們可能想透過開放兼容的交流和對話，把基督的信仰介紹給其他宗教的信徒，結果往往卻模糊了，甚至貶低了聖經真理的獨特性。這些源於基督信仰、卻偏離了正統教義的派系，我們可統稱為「異端」。

一個早期的異端，又直接與「正典」這課題扯上不可分割關係的是起源於第二世紀的馬吉安（Marcion，160年卒）。馬吉安完全擁抱保羅「因信稱義」的教訓，並把這觀念推至極端，認為舊約的教導已經過時，舊約的那位「耶和華」也及不上主耶穌基督和「天父」。因此，他堅持一個「純新約」的正典，把「耶穌是惟一的啟示」這觀念推至極點，認為基督信仰只能有主耶穌而不應該有舊約的耶和華，任何舊約的成分都要一概揚棄。既然新約的啟示，或承載這啟示的正典，不能包括猶太人的成分，所以在他所編纂的新約正典中，就只有路加福音和保羅書信中的十封書信（不包括教牧書信）；甚至在這十一卷書中，他也很仔細把每卷書裏的舊約引用和帶有舊約教訓的經節全都刪去。

大概就在這情況之下，教會的領袖和信徒對新約正典的訂定，更感刻不容緩了。馬吉安可謂代表一個「收縮的正典」（narrow canon），意即把本來應該歸入正典的書卷刪去。而與馬吉安相反的是一個「擴張的正典」（expanding canon），那是由較馬吉安後期（約二世紀末）的蒙塔納斯（Montanus）所提出。蒙塔納斯認為上帝的啟示是不止息的：在舊約時期，上帝藉著祂的先知啟示，在耶穌的時代，是藉著耶穌的言行和祂的門徒。同樣，在任何一個時代，亦會藉著不同的人帶出新的啟示。如此的神學觀念推論下去，則正典只是暫時性的，正典的內容，一方面不斷膨脹，但亦同時不斷被新的啟示所取代。換言之，教會就不再有如舊約般穩定的正典了。

馬吉安和蒙塔納斯這兩種異端可讓我們看到早期教會兩個情況：第一，是在第二、三世紀期間，的確有很多教會領袖和信徒非常關注新約正典的成立，馬吉安和蒙塔納斯這兩種異端固然代表在正典問題上兩個極端現象，但在下一節，我們也看到另一些正典綱目，非常接近我們現今的新約聖經。

第二，這兩個異端以及其他偽經的存在，必定會為教會帶來很多擔憂和不安，更促使教會領袖積極關注有關正典的問題，甚至為正典立下一些分辨的原則（參 11.4）。蒙塔納斯的理論正正提醒教會領袖，必須把正典從眾多的文獻中判別出來。

## 11.3. 新約正典的成立過程

新約正典形成的歷史可概括地分為三個階段。第一階段主要是使徒教父的時期，在這段時期，教會領袖和信徒已慢慢察覺新約各書卷的權威和規範性，故在其著作中已經常引用這些書卷；我們在 11.1 已簡單討論過使徒教父的見證。

第二階段主要是第二世紀，在這時期的教會領袖和信徒已經感受到有必要為新約正典設定界線，一方面是分辨出上帝所默示的經典，另一方面是防備一些異端如馬吉安和蒙塔納斯對教會帶來的不良影響。第一份較為接近我們現有的新約聖經的正典綱目，是出現在《穆拉多利殘卷》（*Muratorian Fragment*）的「穆拉多利正典綱目」（Muratorian Canon），這殘卷是公元 170 至 180 年間源於羅馬的作品。名稱取自意大利籍的穆拉多利（Lodovico A. Muratori，1750 年卒），在他任米蘭 Ambrosian 圖書館館長時，偶然地發現的殘卷（歐洲很多圖書館經常藏有很多古老文獻）。殘卷以拉丁語寫成，並不完整，內容略有提及保羅到西班牙一事（參 5.1.10），而所列出的正典綱目包括四本福音書、使徒行傳、保羅的十三卷書信、約翰壹書和貳書，猶大書和啟示錄；不過，這表列亦包括一些次經文獻。學者相信「穆拉多利正典綱目」代表了第二世紀正統基督教會所審定新約正典的雛形。

第三階段主要是第三、四世紀。自「穆拉多利正典綱目」編纂以後，愈來愈多教會領袖提出新約正典的表列。他們的表列與我們現存新約聖經的書卷已經非常接近，例如四福音書、使徒行傳和保羅書信等，幾乎已成必備的部分；但另有一些書卷，主要是大公書信（包括希伯來書）和啟示錄，則仍在斟酌討論中。特別是希伯來書和啟示錄，更成為東西教會分歧的所在。

早在第二世紀，早期教會基本上已基於地理因素和語言差異而分為東西教會。東教會包括亞歷山太、安提阿等地方，主要以希臘語來溝通（和書寫），因此也多採用希臘語的舊約聖經，即《七十士譯本》。而西教會則包括羅馬、非洲北部的迦太基等地方，語言以拉丁語為主，因此多採用拉丁語的舊約聖經[84]。第三、四世紀期間，在有關新約正典的討論中，大多數東教會的領袖都質疑啟示錄的正典位置，因為書中所提到的象徵和意象有礙信徒在屬靈方面的探索，至於在西教會，希伯來書的正典位置（主要由於該書的作者問題，參 6.1「希伯來書」介紹）則成為主要的討論對象。

雖然，自第二至第四世紀，已有不少教會領袖曾見證我們現在的新約 27 卷書的正典地位，但傳統對「新約正典」正式被確認的日子，要算為第四世紀。在東教會方面，對正典的正式確認，一般以亞歷山太教父亞他拿修（Athanasia of Alexandria，296~373 年）於公元 367 年的復活節所寫的第 39 封信（Thirty Ninth Festal Letter）為準；而西教會的官方確認，則以公元 393 年希普會議（Synod of Hippo）為準。

---

84 經過多個世紀，及至八、九世紀，兩個區域的教會已建立了自己獨特的神學模式：西教會主要強調邏輯和理性推論，而東教會則強調悟覺和冥想。今日整個西方教會的傳統（亦可包括華人教會的傳統）都是源自昔日西教會的，而蘇聯和東歐的東正教（Orthodox Church）則屬東教會傳統。

在探討新約正典形成的歷史中，我們難免會覺得新約聖經總似是教會歷史的產物，受著教會的領袖或學者的權勢和學識所壟斷。其實不然！反之，在這幾個世紀裏，根本沒有任何一個會議要決定哪本書是或不是正典，也沒有任何以投票方式選取票數高的為正典的舉動。教會領袖所扮演的角色，不是要賦予任何新約書卷的正典地位和權柄，只是把一些書卷的「正典性」發掘出來，並加以公開確認。換言之，新約正典形成的歷史進程並非逐步添加入選的歷程，相反，那是以「排除」（elimination）為原則：在當時眾多的偽經或與新約聖經有關的文獻中，確認哪些是上帝所默示的。我們相信，這些正典書卷已內含一定的權柄，以致信徒在閱讀時，可以很自然、又很清晰地察覺這 27 卷書的權柄，是其他書卷不能相比或仿效的——儘管是同一位作者（如保羅）的作品，都不一定同樣帶有這神聖的權威。因此，我們可以說，新約正典的形成是一個集體下意識的決定，絕非一人或一撮人的意向所能轉移的。

## 11.4. 正典的內涵

在前面幾節，我們很簡單地從歷史角度來介紹新約正典的形成，在這節，我們則嘗試從今天信徒的角度，回頭看早期教會眾聖徒如何從眾多文獻中認出這 27 卷書。換言之，我們是從現有的正典裏，了解這些書卷所固有的「正典」本質。這方面的討論相當複雜，這裏只提出兩個主要的因素。

### 11.4.1.「源於使徒」的書卷

自二世紀起，教父在提及某些書卷的權威或正典身分時，最重要和最常引用的理據是這些書卷都源於使徒。所謂「源於使徒」，可引伸指該書卷的作者與使徒的關係，以及書卷內容的主要來源。例如，雖然馬可福音的作者馬可不是使徒，但按小亞細亞的希拉波立主教帕皮厄斯所言，馬可的資料來源主要是使徒彼得，他後來更密切地與彼得一起同工，有可能成為他的代筆人或繙譯者。同樣，使徒行傳和路加福音的作者路加亦不是使徒，但因為路加和保羅的關係密切，所以兩卷書在新約正典形成的歷史中從未被質疑過。

「源於使徒」這點毫無疑問在新約正典形成的過程中是非常關鍵的，不過，也不是每一份使徒所寫的文獻都可列入正典。例如，在閱讀哥林多前、後書中，我們得知保羅應該寫了四封信，其中的第一和第三封現已遺失，在新約正典裏只保存了第二和第四封，分別是哥林多前書和後書（參 5.3.1「四書三訪」）。為何教會的眾聖徒接納第二和第四封信，而不接納第一和第三封信呢？我們既沒有遺失的兩封信，所以我們不知道，但可以肯定一點：這兩封信沒有如其他正典的書卷帶有權威。

不過，「源於使徒」這點常被現代人誇大，認為是一決定性的因素，因而將「正典」與「作者」掛鈎；這是不健康的想法。以希伯來書為例，東教會的傳統一直都認同這書的正典地位，亦同時承認這書是保羅寫的；但西教會卻剛好相反，及至後來，就算承認這書卷為正典，亦不接納是出於保羅手筆。今天絕大多數新約學者都認為希伯來書的作者並不是保羅，但他們從不質疑此書的正典地位。又看四本福音書，今天我們對這四本福音書的稱呼，如「馬太福音」或「約翰福音」，只是為方便而已，背後不應該暗示各書卷的作者，因為原來的標題是後期加上，大概不是在原稿裏。此外，現有的標題的意思，主要是標示某福音書的內容來源，而非其著書者（參 3.1.1）。因此，儘管有些學者認為某福音書作者有別於傳統所認為，亦不一定與早期教會傳統的作者觀相違背。有關冒名書卷的問題，參 5.0.1。

### 11.4.2. 符合「傳統教導」的書卷

另一個非常重要的因素是，正典書卷的信息必須符合教會一貫的「傳統教導」。現代人對「傳統」多沒有甚麼好感，認為當中摻雜很多人為的因素；這觀念雖然比較消極，但亦未嘗不對。因為本來是純正的傳統，會隨著年日的消逝而衍生很多人為的教導。但這裏所謂的「傳統教導」乃指最早期的口傳教導，那是新約正典還未確認、甚至某些書卷還未寫成時的口述傳統。這些口傳的教導，從神學角度來說，必須能跨越世代，所以，應與主耶穌或使徒親身所教導的根本沒有兩樣，可謂是一脈相貫的——不然的話，他們的教導便會因著他們的去世而消失了。

在 3.2.1 和 3.2.2，我們已指出口傳的教導是新約教會信徒主要的靈命食糧。由於這些口傳教導都是關於主耶穌的事迹和言訓，雖然在流傳的過程中可能會有出入，但我們應該相信其必有一定的準確性。況且，教會中亦必有一些人是這口傳的來源，他們自然成為這口傳教導的澄清者，甚至對所傳的發揮監察作用，特別是那些曾經親身接觸過主耶穌的人，更是這口傳傳統的見證人。使徒行傳一章 21~25 節記載新約教會要選出一位取代已去世的猶大時，最重要的條件是「這個人必須是當主耶穌在我們當中出入時——從約翰施洗開始到耶穌被接升天為止那一段期間——始終跟我們在一起的人。」（《現》）因此，書卷的信息是否符合教會一直以來的「傳統教導」，就成了教會聖徒確認其為正典與否的重要因素。

以新約偽經中的《彼得福音》為例，可作比較。我們現有的古卷，包括一段仿似約翰福音的經文（可見這並不為早期教會所重視，因為倘若看重的話，我們今日就應當有更完整和更多的古卷），那是有關主耶穌釘十架和復活的情景。雖然作者自稱是西門彼得（60 節），但其內容主要改編自四福音書，又加插新約其他書卷的內容，並摻混了一些頗為怪誕的事。以下是 35~41 節記述復活那一天的意譯：

> 主復活那天，天還未亮的時候，看守的兵丁……聽到天上有大聲，又看見天開了，有兩個人在榮光中從天上降下，靠近耶穌的墳墓。於是，原來在墓前的大石亦慢慢移開一邊，然後這兩個人便進去……兵丁又看見三個人由墳墓裏出來，有兩個人扶著另一個……於是有聲音從天上發出：「你已經傳福音給那些死去的人罷！」那人（即耶穌）回答說，「是的」。（參彼前三 19）

很多新約偽經的內容都取材自傳統教導（或正典的書卷），但卻加添很多神怪的記述，加以渲染。任何人閱讀時，都會立時察覺這些作品只是如「福音故事小說」一般的內容。雖然當中或有很好的屬靈教導，但在表達上，明顯與其他福音書有很大差別。

符合教會一貫的「傳統教導」，其實亦反映另一因素，即聖靈的見證。我們既然相信聖經是上帝所默示的，亦可合理地假設，祂所默示的內容必定在某程度上是一致的；當然，不同的表達難以避免，參 11.2。雖然我們不能知道聖靈默示的工作如何進行，但從祂的工作中，屬祂的兒女是可以見證的。

這就正如耶穌向尼哥德慕解釋聖靈的工作：「風隨著意思吹，你聽見風的響聲，卻不曉得從哪裏來，往哪裏去……」（約三8）。

## 11.5. 正典的神學

正典所牽涉的神學問題其實很廣，前一節討論正典的固有特質，本節則以正典所引發的兩個神學問題，作出反省和檢討：一、新約的27卷書（連同舊約的39卷書）是否就是上帝默示的全部？今天的信徒可否在其上加以增修呢？這些問題均牽涉到「正典已結束」這課題。二、雖然聖經每卷書都有其正典身分，但這是否意味著每卷書都有同等的地位呢？換句話說，我們可否接納「正典中的正典」這方案呢？是否有些正典比其他正典更為核心和重要？其實，這兩個問題正反映著第二世紀蒙塔納斯和馬吉安兩個異端的影子。第一個問題較簡單，我們先從這點入手。

### 11.5.1.「正典已完結」

正典是否已經完結呢？新約的27卷書（連同舊約的39卷）是否就是上帝所默示的全部？我的答案是「肯定」的。

在一個講求人權、民主、自我精神的社會，要接受這個幾近歷史獨裁、霸道的答案是很困難的。很多人會問：「倘若早期教會那三、四百年裏的信徒可以參與新約正典的確認，二十一世紀的信徒為甚麼不可以呢？難道我們沒有這權利和辨別能力嗎？」再問：「在改革時期，馬丁路德和加爾文等人一致認為舊約聖經正典理應只有39本，不包括次經的經卷（嗯！這些經卷在中世紀教會裏一直被沿用呢），同樣，今天的教會可否修訂這原來的正典呢？」這些「為何他們可以……

我們不可以……」的問題是無窮盡的，亦非常感性。較理性的問題亦有：「倘若今天我們發現保羅的其他書信，如哥林多壹書(參林前五9)和叁書(參林後二3~4、9，七8、12)，我們可否把它們列入正典呢？」另外，在過去十年新約研究中的一個大熱門課題是《多馬福音》，的確有不少學者認為這本福音書所載錄有關主耶穌的語錄（當中沒有敘述，只有記載一些語錄）非常真確，故應列為新約正典的一部分（參附錄「歷史耶穌探索」之3和4）。

無論是感性的或理性的問題都是很合理的問題，正因為這緣故，要給這些問題滿意的答案是很不容易的。在這課題裏最關鍵的一點是，我們能否承認新約教會和隨後的早期教會時期是兩個非常重要和獨特的時期。當然，我們不是說，這兩時期的教會較我們今日的更屬靈（相反，我相信今天大多數的教會都不會像哥林多教會那樣行出那種荒誕的行為），但這兩時期確是上帝對其救恩計劃的啟示和實踐達致最高峯的時期。試想想第一世紀所發生的事：主耶穌基督降世為人，與人類共處了三十三個年頭，按著上帝的旨意被釘在十字架上，死、埋葬，復活和升天；五旬節聖靈親自成立新約教會，使徒們承擔管治和教導的職責，福音廣傳至外邦人當中；耶穌的言行被記錄下來、使徒們寫下他們的教訓。進入早期教會時期，我們所見到的是教會如何保持信仰純正，不被異教和異端邪說所影響，主要教義如耶穌的神人二性、三位一體的關係都是當時神學討論的主要內容，還有正典不斷被確認。

新約教會和早期教會時期的獨特之處，乃在於此時期在上帝的救恩歷史中扮演著一個不能替代的角色，其重大的使命正是要孕育主耶穌言行的記錄，這記錄建基於跟隨耶穌的使徒們的教導上；上帝的聖言和啟示就在這個時期達至最高峯。由此可見，早期教會的領袖和信徒是代表上帝歷世歷代的教會去確認上帝的聖言，並見證新約正典的成立。是否說，新約這些書卷所反映的教導是惟一正統的教導呢？不是──因為其他文獻也可有正統的教導。然而，上帝卻揀選了這些書卷來傳遞祂的信息，叫世人認識祂。在早期教會和以後的教會，從未敢企圖在新約正典上增刪甚麼，始終以這27卷書作為新約的標準和規範。

倘若今天的考古學發現有保羅親迹的書卷，教會是否應該把這些書卷列入正典？這樣，我們是否可以在不同時代，按新的發現和知識，補充我們的聖經呢？這些問題其實反映一個更深一層的問題：我們是否相信「正典聖經的全備」呢？約翰福音二十章30~31節和二十一章25節都是記載作者約翰向讀者交代自己如何編寫這本福音書。前者指出約翰所記載的神蹟是有限的，「耶穌在門徒面前另外行了許多神蹟，沒有記在這書上」，但記載的已經足夠，能達到本書的主旨，即證明「耶穌是基督，是上帝的兒子，並且叫你們信了祂，就可以因祂的名得生命。」後者所說的更為廣泛，引伸至耶穌所有的事迹教訓：「耶穌所行的事還有許多，若是一一地都寫出來，我想，所寫的書就是世界也容不下了。」在這兩段經文裏，約翰明明告訴我們他取材的選擇性，但最重要的是，所記載的已經足夠了。同樣，倘若我們問：「正典聖經是否已經包羅所有上帝的教導呢？」當然不是，不過，所包括的已經足夠！

另一方面，不被列入正典的書卷是否等於毫無價值，教會便可以完全不理，甚至勸阻信徒閱讀呢？這當然又不是。這種誤解可謂自改革運動後帶來最壞的影響，即把我們歷史的根與整個教會歷史（特別是早期教會）完全割離，這情況在華人教會更為顯著。事實上，很多教父的著作，甚至是次經或偽經等書卷都有助我們了解正典的聖經。例如，舊約次經中《瑪加伯書上、下》是最能幫助我們了解兩約之間的歷史的。此外，新約聖經的作者也引用舊約次經和偽經（雖然數目遠不及舊約聖經），證明他們是如何重視這些經卷了。

### 11.5.2.「正典中的正典」

所謂「正典中的正典」，顧名思義，是從現存屬於正典的書卷中抽取一部分或較重要的「正典」——實際上，這「小正典」在這些人心目中才是真正的正典。11.2 討論的馬吉安可算是第一位積極提倡這「正典中的正典」觀念的人。在近代，馬丁．路德可謂是這觀念最重要的代表人物。

路德認為決定新約書卷為正典的最重要因素是，該書的內容必須直接以基督和其宣講為中心（路德的名句是：「以基督為中心」），他又認為最以基督為中心的就是「因信稱義」的教義。在深入研究之後，路德認為希伯來書、雅各書、猶大書和啟示錄並不符合這原則。因此，路德在 1522 年 9 月出版的德語新約聖經中（名為 *The September Testament*），在序言列出新約各書卷時，刻意把這四卷書置在表列的最後，並在希伯來書前，故意留下兩行空行，把這四卷書與其餘正典的書卷分開。在希伯來書的序言中，他更清楚指出這樣編排的動機：「直至目前為止，我們已經有所有主要和名副其實的新約書卷，但餘下的四本卻與先前的不同。」

研究路德思想的人關注的是，路德為甚麼仍然保留這四卷書，是基於他自己的意願或是教會（當然是那新成立的新教教會）的壓力，我們不得而知。有不少學者認為，以馬丁．路德那種革命性的心態，他斷不會讓教會或其他人防礙他對聖經的認信。因此，路德把這些書卷保留卻又分別開來，只是他個人因著對聖經的了解而作出的坦白判斷，並不是受教會的壓力[85]。

路德所以有這「正典中的正典」的傾向，因他為正典書卷應有的內涵立下一個相當核心的範疇——因信稱義，這當然與他個人的屬靈經歷有關。路德的見解在保守一派的路德宗或信義宗仍有一定的影響，有些甚至更極端的認為，在講台上的宣講，也應只選取那些配合「因信稱義」教義的經文。這樣，明顯把基督教教義的體系直接與聖經掛鈎。沒錯，有些教義在我們的信仰中的確較其他教義更為核心和重要，但這不等於聖經就只可以載錄這些教訓，而其他教訓，都是可有可無、無關宏旨的。這樣做自然是把某部分的聖經變得「更聖經、更新約、更神性」，但實際上，卻是貶低聖經整體的價值和意義。

雖然「正典中的正典」是過於偏執的見解，而路德的立場更有點流於武斷；但在實際處境上，教會的教導和平信徒的讀經生活其實很多時候都反映了「正典中的正典」的心態。任何平信徒，只要曾閱讀過聖經十卷八卷書，都會有一個感覺，就是覺得有些書卷或章節是較親切有共鳴，有些書卷或

85 路德對正典的理解不但影響後來整個路德宗對這幾卷書的看法，亦惹來羅馬天主教非常強烈的反應。於1546年，在著名的「天特會議」(Council of Trent) 中，通過議案肯定了舊約39卷並12本的舊約次經，和新約27卷書。這做法的出發點可能是企圖修正路德的觀念，但其不良影響是：把聖經的正典成為教會規定的信仰條文之一。換言之，教會是強過聖經，亦可決定聖經的內容；因此，從平信徒的角度來看，教會既決定把幾卷次經包括在內，信徒便無可選擇了。這做法正正與整個聖經正典成立的歷史所呈現的現象相反，且無形中把基督信仰的內容從屬於教會（領袖們）的決定裏。

章節則不太理解；有這種感受當然沒有錯，但若發展下去、推進一步，很容易會產生一個錯覺，以為「某些」經卷似乎較重要，而另一些經卷則是次要的；這種厚此薄彼的態度正反映了「正典中的正典」的觀念。

這情況在讀舊約聖經時最為普遍，創世記往往是最有趣的，出埃及記的開頭十多章還可以，但讀到差不多第二十章(即包括「十誡」的頒佈）時便開始讀不下去了，更莫談民數記或利未記了；終於信徒的讀經生活便與那一代的以色列人一同埋葬在曠野裏。又或者，在同一卷書裏，不是每一章經文都同樣易於理解，例如閱讀家譜便是很苦惱的經歷。因此，一開始閱讀新約部分，便遇上一整章（即馬太福音第一章）有關耶穌的家譜，那是頗令人洩氣的，以為新約聖經就是這麼沈悶；若然讀者習慣在每天靈修讀十至十五節經文，我想，歷代志上首九章的家譜必定帶來不少靈性低潮的日子了！

我相信，這不是二十、二十一世紀信徒的問題，在早期教會的信徒、以至所有外邦信徒都會有這種經歷，因為以色列人的家譜和舊約獻祭的法則這類內容的文化色彩非常濃厚，恐怕不是一般外人所能理解或有興趣理解的。這情況就好像任何與「廖氏宗親」(舉例）無關的人都不會對其家譜有興趣，除非是那些特別有興趣或有志研究「廖氏宗親」歷史的學人。聖經裏家譜和舊約獻祭的法則，既是我們不能改變、不能刪除的內容，那麼，我們就應該調校自己的讀經生活：這些章節不是「一日十節、十五節」的靈修式讀經所能掌握的，應該以研讀的方式來分析。倘若信徒立志要順序地把全本聖經讀一遍，筆者提議，找一個時間，一口氣速讀這些章節和經卷，先掌握一個概略的印象，再待日後研經時仔細分析。如此，我們的讀經生活才不致失衡，且有望持之以恆，不斷保存我們渴慕上帝話語的熱心。

最為可惜的是，有些發行聖經的出版商間接地鼓勵這種「正典中的正典」的心態，特別是指市面上通行的「紅字版」聖經（red-letter edition）。表面上，出版商是要以紅色突出耶穌的話（應該是：按某聖經作者所記錄耶穌的話），但實質上，卻非常誤導：一、今天大概沒有學者會說，福音書作者所引述耶穌的話就完全等同昔日耶穌所說的；若然如此，我們怎樣解釋，同一句話在不同福音書裏的不同記載呢？原意是抬高，但事實上是把矛盾放在放大鏡下。二、從正典的神學來說，耶穌的話不比作者的話重要；若然我們相信作者在受聖靈所感的情況，把上帝的信息寫下來，作者所記載的每一句話，都是聖靈所默示的。若要抬高一方（耶穌的話），就是貶低另一方（作者的話）。

# 第十二章
# 「原稿」已經遺失！──經文鑑別的工夫

在新約正典還未成立之先，各地教會和信徒為要閱讀、或要把某卷書存留一份，便要找一些有學識的抄寫員[86]負責此項複製工作。在最早期的時候，可能只在每份古卷裏包括一本書的內容；保羅在歌羅西書四章16節的勸勉就反映這個情況：「你們念了這書信，便交給老底嘉的教會，叫他們也念；你們也要念從老底嘉來的書信。」後來，為了方便傳閱，每份抄卷都會包括幾本書，例如所有保羅的書信等。及至四世紀，基督教會成為羅馬政府的合法宗教時，很多抄卷更會包括整本新約聖經，甚至包括《七十士譯本》。我們不知道原稿（autograph）在哪一個時候散失，但一般學者都認為，在四世紀這個時候，原稿已經散失了。

在抄寫的過程中，抄寫員固然非常重視經文的準確性，但所抄下來的經卷，亦難逃一般書籍的厄運，會被抄錯。今天我們的希臘語新約抄卷約五千份之多，但在載錄有同一段經文的古卷中，每一份都不盡相同。我們可以想像，倘若在主日聚會時，每一位信徒手拿著同一段經文的不同手抄本，一起誦讀，會有甚麼情況出現！在這情況之下，我們需要一些專業人士負起重責，不但研究每一份古卷，也研究所有新

---

86 有些傳統的書籍稱抄寫員為「文士」，但這詞很容易令人誤以為指法利賽派的成員。

約聖經經文來源的記錄，如古代譯本和教父著作等，然後從這些文獻中，為全本新約聖經的每一段經文的每一個字，進行嚴謹的審閱工作，最後編成希臘語新約的聖經版本（edition）。

因此，新約古卷的流傳情況是：原稿不見，留存下來的古卷又多又有差異——倘若我們只有一份古卷或每份都一模一樣，問題根本就不存在。這種種問題都牽涉在「新約經文鑑別學」（New Testament Textual Criticism）這學科裏。雖然有些華人學者採用別的名稱，如「抄本鑑別學」或「版本鑑別學」等，但這學科所鑑別的，不是以「抄本」或「版本」為單位，而是更加細緻——經文裏每一個字。因此，「新約經文鑑別學」並非要鑑別哪一份抄本或版本是可靠的，而是在不同抄本中，要鑑別哪一個語句（可以是一句短語或一個字）可靠。

由於這課題所涉及的觀念和內容非常專門，本章只簡單介紹；有興趣的讀者，可參筆者的《新約經文鑑別學概論》（香港：基道，1997）。本章介紹一些新約聖經的主要證據來源（12.2）和我們現有的希臘語新約聖經的版本來源（12.3），最重要的還是探討這學科所提出的抄本問題與我們信仰的關係（12.4），但首先，讓我先介紹古代著作的面貌，即所謂古文書學的問題。

## 12.1. 古代著作的面貌

瓦片和陶器當然是最古老的書寫工具，但由於形狀不規則，並不便於書寫較長的文字，於是，漸由平滑而可翻用的蠟板（在木板上鋪上油蠟）所取代，成為早期希臘及羅馬人普遍使用的書寫工具。大概因為這些蠟板便於翻用，所以特別用來教導孩童寫字。路加福音一章63節提到撒迦利亞要求一塊寫字的「板」，很可能就是這類蠟板。一般來說，要在蠟板上寫字，通常會用一種尖嘴圓頭的筆，尖嘴用作書寫，而圓頭則方便更正用。

古代最普遍的書寫材料是蒲草紙（papyrus），盛行於遠古時期至公元三世紀之間。蒲草原是一種生於尼羅河三角洲的植物（參伯八11：「蒲草沒有泥，豈能發長？」），草身呈三角狀。要將蒲草製成紙，必先剝去草身的表層，再除去其中的骨幹，將草身切割成條絲狀，由於草身分泌天然黏液，並排編織後，壓服便可成頁（圖一）。風乾後，再用象牙或貝殼將表面磨滑，這些成頁狀的蒲草紙又稱為「葉」，一葉蒲草紙的面積大概由6x9吋至12x15吋不等，蒲草紙頁通常連接二十葉捲起為「紙卷」發售（圖二；圖中由上至下的直線顯示兩葉的連接）。至於書寫於蒲草紙上的工具是用蘆葦桿製成的筆，筆桿尾通常是圓的。蒲草紙通常只能作單面書寫，不過偶然也有卷軸蒲草紙文獻是雙面書寫的（參啟五1：「我看見坐寶座的右手中有書卷，裏外都寫著字……」）。

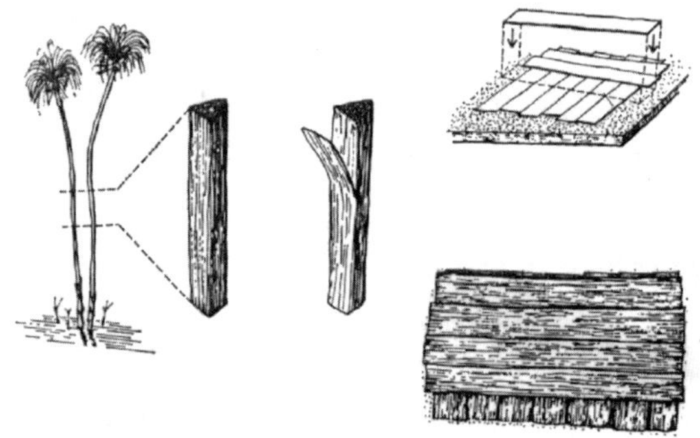

圖一：P.W. Pestman, *The New Papyrological Primer.* (Leiden: E.J. Brill, 1990), p.4.

圖二：W.E.H. Cockle繪；見Eric G. Turner, *The Typology of the Early Codex.* (University of Pennsylvannia, 1997)，頁 45。

我們幾乎可以肯定，希臘語新約的原稿就是寫在這些蒲草紙上的，為了保存和方便傳遞，接獲原稿的教會會隨即把內文轉抄在皮卷上（參提後四 13）。

蒲草紙雖然被普遍應用了好一段時期，但由於容易破爛，仍須另尋其他更耐用（亦必更昂貴）的書寫用料，以便記錄並保存重要的文獻。而羊皮紙正是當時迎合這需要而設的。羊皮紙的發源地是別迦摩（Pergamum）；其英語名稱「parchment」就是源自這地的希臘語名稱。用來製紙的動物皮，先要浸在石灰水中脫清毛髮，風乾後，再用白堊磨擦表皮，使之光滑。由於羽筆（quill pen）比蘆葦筆更堅硬尖細，故多採用來作為書寫皮紙的工具。至於用墨方面，一般把燈黑和樹膠溶在水裏而成，可以寫出頗為烏黑的文字。大部分的手抄本是用黑墨來書寫的，但後期的抄本則也有用紅墨、紫墨，甚至更有用金銀等物質來書寫的。

公元 331 年，君士坦丁大帝（Emperor Constantine，公元 288~337 年）下令為君士坦丁堡的新建教堂抄錄五十份聖經，大概也是抄在羊皮卷上（普通一本用羊皮抄寫的新約聖經至少需要五十至六十隻羊的皮才足夠！）。事實上，納入建制後的基督教會確是擁有頗優裕的條件，能以較昂貴的羊皮紙抄本來取代蒲草紙抄本。直至公元八世紀前，中國的造紙術還未西傳時，羊皮紙是普遍被採用的書寫材料。

早期書籍的釘裝技術，非常影響古卷的流傳。古代作者通常會將長篇的文學作品分為若干「書卷」，每一書卷由一獨立的紙軸捲起。按一般學者推測，一張單葉的蒲草紙就足以載錄整卷較短的保羅書信，而新約中最長的兩卷書卷：路加福音和使徒行傳，原為同一書卷，只因篇幅過長（各佔31至32呎長的蒲草紙頁），故不能合以一紙軸捲起，才拆分為兩卷。直至二世紀，有一種新興的線裝書籍出現，所謂「線裝」（與中國古代的線裝書相似），就是將每頁的蒲草紙或皮紙對摺，然後將每頁的紙口用線縫合，呈現頁裝的書冊，這就是「翻頁書」（codex）。

## 12.2. 證據來源

既然原稿已散失，我們從何取得新約文本的記錄？在這方面我們實在感謝上帝給我們存留了許多資料來源，讓我們尚能透過鑑別這些資料而推演出原來的文本。事實上，環顧所有古代的文學作品，也難找到有如新約文本如此多的史料證據，除有超過五千份希臘語手抄本外，更有其他古代的文獻記錄，包括上萬份古代譯本的古卷和無數教父著作。事實上，希臘語新約文本的所有佐證已是希伯來語舊約文本的兩倍（不過，一般希伯來文舊約手抄本遠比希臘語新約手抄本更呈一致）。而且，現有最早期的新約手抄本距原稿年期之近，更是沒有任何古代文學作品可以比擬的。因此，無論從量與質方面來看，我們現有的新約文本史料證據，都足以幫助我們重建新約原來的文本。本節主要集中介紹手抄本，因為其佐證較為直接。

### 12.2.1. 手抄本

「手抄本」（或簡稱「抄本」，manuscript）是一統稱，專指那些從原稿或其他較早期的手抄本直接抄錄下來的文本記載，這些文本通常載錄於紙品上。在新約經文鑑別學中，「手抄本」可按其用料而分為「蒲草紙」和「羊皮紙」兩類。大多數蒲草紙抄本都是三至四世紀的成品，今天我們共有96份這類的手抄本，而每一卷新約書卷都有至少一份蒲草紙抄本作為佐證。由四世紀開始（直至十五世紀），隨著大公教會被納入建制後，大部分此時期的希臘語手抄本都寫在羊皮紙上，而在這時期所抄寫的聖經抄本，數量更多；單就流傳下來的，今天我們已有三千多份羊皮紙抄本。這些羊皮紙抄本又可按不同時代所採用的主要字體分為兩類：「大楷體抄本」（指由四至十世紀的抄本）和「小楷體抄本」（指十世紀以後的抄本）。

要閱讀這些抄本並非一件容易的事，古代抄寫員為要節省紙卷，往往不會在字與字之間留下任何空間或標點符號[87]，此外，不同抄寫員的書寫方式（如所用的簡寫）也不盡相同。「大楷體抄本」的字體大概與現行的大楷希臘字母差不多；倘若讀者把2.1的字母表與圖四的《西乃抄本》對照，仍可以辨認出不少字母。但「小楷體抄本」的字體卻較難辨認，因為那是草書式的小楷，且各人書寫方式的差異亦很大。圖三是

87 一個典型的例子是「GODISNOWHERE」一連串的字母，可以讀成God is nowhere或God is now here，但文意卻相距甚遠。

編號124抄本（抄於十一世紀）所載路加福音二十一章37~38兩節經文；每行下面均以一般正楷的小楷體希臘字母重寫出來，以作比較。

ἐξερχόμενος ηὐλίζετο εἰς τὸ
ὄρος τὸ καλούμενον 'Ελαιῶν·
καὶ πᾶς ὁ λαὸς ὤρθριζεν πρὸς
αὐτὸν ἐν τῷ ἱερῷ ἀκούειν αὐ-
τοῦ

圖三：選自 B.M. Metzger, *Manuscripts of the Greek Bible*（Oxford : Oxford University, 1981），頁121。

若從古卷的用途或內容上著眼，還有另一種只載錄了部分新約經文的手抄本，就是「經課集」(lectionary）。「經課集」原是在教會聚會中選用來朗讀的經文編集，一般以主題的方式編錄，以配合每日、每週或特別的教會節期的需要。這些「經課集」的價值在於它們反映了長久以來教會對手抄本分類的傳統。時至今日，某些經課所編錄的課文甚至仍為現代某些大宗派（如希臘東正教）所沿用。「經課集」的內容多取自福音書和書信。大部分的「經課集」都是十世紀或以後的成品，今天發現了的新約經課抄本大概有二千三百多份。

在手抄本這類的佐證中，有幾份古卷是非常重要的，是因為它們的所屬年份較接近原稿的寫作年代（或我們認為的原稿所屬的年代）。

《約翰雷蘭蒲草紙片斷》(*John Rylands Fragment*)，代號

為𝔓52，這可算是現有最早的新約抄本，年期追溯至公元130年之前。但可惜只載有約翰福音的一小段（十八31~33、37~38），故對重建原來文本上貢獻不大。另一份是《貝蒂蒲草紙集》（*Chester Beatty Papyri*，以其物主貝蒂爵士為名）中的一份，編號為𝔓46，大概是公元200年的作品，內中包括保羅的十封書信（教牧書信及腓利門書除外）。在內容上，𝔓46的特點是在以弗所書的書首部分，並沒有出現*en Ephesō*（「在以弗所」）這兩個字（參5.6.1），故該書原來可能不是寫「給以弗所」的。其次，那匿名的希伯來書卻被保存在保羅書信裏，不過這也並不稀奇，因為事實上，在東教會（即𝔓46的原產地），希伯來書一直都被視為保羅書信之一（參第六章「大公書信」引言和11.3）。

至於大楷體抄本，最重要的兩份是：《西乃抄本》（*Codex Sinaiticus*），以希伯來文字母 א 或01作代號，這抄本可追溯至四世紀，內中原包含新、舊約（《七十士譯本》）聖經和一些教父著作，這抄本是由替申多夫（L.F.C. von Tischendorf，1815~1874年）在西乃山的聖迦他林修道院（Monastery of St. Catherine at Mt. Sinai）發現的[88]。另一份是《梵諦岡抄本》（*Codex Vaticanus*），其代號為B或03，大概是公元350年的成品，內含大部分的新舊約及偽經書卷，均分章載錄。這抄

88 早於1844年替氏初訪聖迦他林修院時，已發現《西乃抄本》中《七十士譯本》的舊約片段，卻要延至1859年，替氏才能取得整本抄本。1862年，適逢俄國建國一千週年紀念，就在沙王的支持下，這抄本送抵萊比錫（Leipzig）給替氏印製。蘇俄革命後，共產政權對聖經沒有多大興趣，而且急需金錢，於是，就與大英博物館基金會商量，以十萬英鎊（相當於五十萬美金）出售該抄本。故自1933年以來，這抄本可謂是世上最貴重的一本書。

本與《西乃抄本》同被視為新約原文文本兩大最可靠及純淨（意即在抄本製作的過程中沒有混雜其他的手抄本）的文本。圖四是這抄本第1512頁，包括帖撒羅尼迦後書三章11~18節（第一欄）和希伯來書一章1節至二章2節（第二、三欄）的經文。[89]

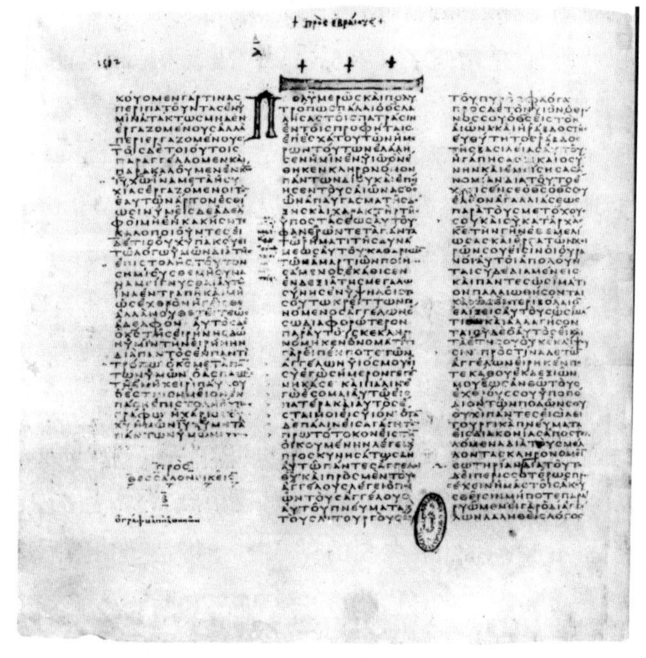

圖四：圖片由 Vatican Library 的 Special Collections Library 提供，並蒙允許使用。

89 在第二欄的左邊界旁有一很有趣的附註，可能是一位較後期的抄寫員在閱讀時，發現以前有些抄寫員在該處地方把原來正確的語句改錯了，一怒之下，在旁邊寫下此話：「你這又蠢又壞的人，本來的語句就好嘛，根本就不應改！」

### 12.2.2. 古代譯本

所謂「古代譯本」，是指那些距離原稿三、四百年間所繙譯的譯本。由於流傳下來的其他古卷中，屬於這段期間的不多，有的也不整全，故學者特別重視這幾百年間的譯本。而且，大多數古代譯本是直接從早期的希臘語古卷繙譯而成的，因此很可能保存了比現有希臘語抄本更早期的文本記載。不過，遺憾的是這些譯本的原稿同樣已散失，所以，若要參照這些譯本，學者必須先重建這些譯本的文本。換句話說，必須先做古代譯本鑑別的工夫，才能運用這些譯本的資源，以助新約經文鑑別。記載譯本的抄本遠比源自希臘語的抄本為多，單就拉丁語譯本的古卷而言，我們有超過一萬份。

主要的古代譯本包括：拉丁語的《古拉丁語聖經》（*Old Latin Bible*）和《武加大聖經》（*Vulgate*）等，時為整個羅馬帝國及部分北非所流通的語言；敍利亞文的《古敍利亞譯本》（*Old Syriac Version*）和《別西大譯本》（*Peshitta Version*）等，時為小亞細亞地區，包括巴勒斯坦一帶所通用。

### 12.2.3. 教父著作

「教父著作」是指古代教會領袖的作品，由於新約經文被認定為上帝啟示的最後來源，所以許多教父往往喜愛在其著述、甚至私下寫作中引用新約經文，這類引用可謂相當普遍。有些學者甚至宣稱，若今天所有的新約手抄本全被摧毀，新約的文本依舊可以單憑這些引用而得以復原，則其引用分量之多和質素之高可以想見。此外，這些引用也反映出他們沿用的不同地區和不同時期的文本特色，這些特色有時統稱為「文本傳統」。不過，參照這些引用仍有相當的困難，因為有些引用並非直接的引用。因此，若要清晰地由此歸納出原來的文本，也並非易事。況且，許多引用根本只是憑記憶引述而已，故所得文本難免多有出入，並不精確。在眾多教父中，由於最早期的使徒教父（如革利免、波旅甲等）有很大機會直接閱讀過原稿，他們的引用自然有較重要的價值。另外，還有其他同樣舉足輕重的早期教父，特別是尼西亞會議前（Ante-Nicene）的教父，他們在教會歷史上也是多產的神學家，例如特土良（Tertullian）、愛任紐、俄利根（Origen，公元185~254年）；甚至較後期的耶柔米（Jerome，公元342~420年），他們著述中的引用，無論是數量及質量，也是不可忽略的重要資源。

## 12.3. 我們的希臘語新約聖經

研讀歷史往往叫人更明白自己。研讀希臘語新約聖經的歷史，可讓我們更清晰自己在這悠悠傳統中的立場，從而反省自身所持立場的理據。我們也許會以為，只有無學識、非理性的人才會固守傳統，但經文鑑別的歷史讓我們看見，在宗教的範疇裏，傳統力量之大實在是不易突破的，學者亦無例外。

### 12.3.1. 早期經文鑑別的工夫

經文鑑別學的歷史可以追溯至遠古時代，在公元前三世紀，當亞歷山太圖書館建立之際，已非常關注古希臘時期著作（如偉大詩人荷馬）的手抄本的保存問題，當時的圖書館管理工作，已涉及文本鑑別的功夫。話雖如此，這門學問的發展實在有賴基督教會的聖賢和學者加以發揚，這主要是因為基督信仰惟以聖經作為根據，當面對不同古卷的差異時，教內的有志之士必須處理和正視，這就自然造就了經文鑑別的學問。

最早而又很著力處理聖經經文鑑別的學者，莫過於公元三世紀的俄利根。他把當時不同舊約希臘語譯本的版本並排起來，與希伯來語舊約聖經和其音譯對照，編了他那史無前例的《六行聖經》（*Hexapla*），堪稱為經文鑑別學之父。再過一個世紀，耶柔米發現在《古拉丁語聖經》的眾多手抄本裏出現許多歧異之處，於是便根據當時的古卷，重新編製拉丁語聖經（公元 382 年），這便是我們所熟悉的拉丁語《武加大聖經》。由此可見，經文鑑別學在三、四世紀間已有相當可觀的成就。

直到 1454 年約翰尼斯．古騰堡（Johannes Gutenberg）發明活版印刷術之後，經文鑑別學就有更長遠的發展。不過，古騰堡所印行的第一本書並不是希臘語聖經，而是《古騰堡拉丁語聖經》（*Gutenberg Latin Bible*），因為在中世紀時期，拉丁語在教會中佔主流的地位，成為教會的官方語言，希臘語卻鮮為人用，至於希伯來語，就更不用多說了。這樣，第一本的希臘語新約聖經是何時印行的呢？

### 12.3.2. 傳統的版本——《公認經文》

第一本希臘語新約聖經何時印行？這本來是很簡單的問題，但事實卻又是錯綜複雜的。第一本完成、準備發行的原文聖經（包括新、舊約）是《康普路屯多語文聖經》（*Complutensian Polyglot*）[90]，那是由西班牙的紅衣總主教西

90 「康普路屯」（Complutum）一詞其實就是這本聖經發行地亞爾迦拉（Alcala）大學城的拉丁語名稱。

曼乃斯（Cardinal Ximenes of Toledo）負責統籌的。可惜，由於當時所有聖經的出版均需教王批准，因此，這書的印行受到延誤，至1522年才真正面世。在這期間，有一位荷蘭的人民主義者，名叫鹿特丹・伊拉斯謨（Desiderius Erasmus），企圖超前紅衣總主教的計劃；結果，只花一年的整輯功夫，就於1516年[91]火速地印行了第一本希臘語新約聖經。在當時資訊流通並不發達的年代，要考證一份文獻，往往要耗費大量時間往來不同地方，根本是急不來的。故此，伊氏存心火速超前的整輯計劃，自難確保其素質。況且，伊氏在當時根本找不到一份載有全部新約的完整手抄本，由於在他手中六份的手抄本，均沒有啟示錄最後六節，於是伊氏竟逕以拉丁譯文譯回希臘語，充當原有文本。可見在歷史上第一本面世的希臘語新約聖經，實在說不上是嚴謹之作。

不過，伊拉斯謨版本（他曾三次修訂）的影響卻非常深遠。馬丁・路德的德語譯本亦是繙自伊拉斯謨版本的第二版（1519年）。由於路德非常強調原文釋經，因此在整個改革運動的推動中，很多平信徒對原文聖經（特別是希臘語）都非常有興趣；既有市場的需求，出版商亦相繼出版很多希臘語新約聖經的版本。在十六、七世紀，最重要的希臘語新約聖經的版本是由博納文圖爾・埃爾澤菲爾和亞伯拉罕・埃爾澤菲爾（Bonaventure and Abraham Elzevir）兩兄弟出版的，他們的版本亦是建基於伊拉斯謨的版本。1633年，他們的第二版新約聖經更以輕巧為其特色，在序言中聲稱：「(讀者現有

91 許多學者都認為伊拉斯謨趕於1516年印行第一版希臘語聖經，與1517年馬丁・路德於威登堡教堂門口張貼95條抗議文的事件實並非巧合，而是更加促使路德對宗教改革的熱中。

的）這些經文是眾所公認的（拉丁語：*Textus Receptus*），我們在此並無訛誤。」這原是一句不經意的廣告用語，卻由於這輕巧版風行一時，所謂《公認經文》或稱《標準經文》，便成為往後出版的希臘語新約聖經所標榜的口號。

直至 1881 年以前，新教所有用歐洲語系繙譯的幾本主要新約聖經（包括《英王欽定本》），全部都是根據這《公認經文》的傳統，可見這口號背後所反映的是一個在歷史上曾久被公認、通行、依循、甚至是迷信而不敢移易的傳統。然而，今日看來，這傳統所依據的藍本，不過是一些較後期、且是粗挑濫選的小楷體抄本，好些資料根本沒有任何已知的希臘語文獻支持。今天《公認經文》有時以另一樣貌出現，即「主流經文類型」（Majority Text）；屬這文本的古卷主要與《公認經文》相同。所謂「主流」，其實是指現有希臘語古卷的數目而言，代表的學者認為，上帝的話見證在最多手抄卷數目裏，而不一定是最早的古卷才最可靠。除了很少數的學者（特別那些繼續支持《英王欽定本》的學者）外，新約經文鑑別學者都不看重這見解。

### 12.3.3. 韋斯科特和霍特

自十七至十九世紀期間，相當數量的新約手抄本陸續被發現，由於這些手抄本所屬的年期遠比之前發現的更為古遠，故自然亦更可靠。但問題是，這些手抄本所載錄的經文與當時的《公認經文》多有出入，要接受那久被公認為權威的傳統原來是錯的，實非易事。況且，傳統的形成原非一朝一夕的事，故亦難以一日扭轉，且大勢已成，依循日久，一般人根本不易、也不願去改變。事實上，我們也會明白，在信仰上，人的確會趨於恪守一套既定的教條傳統，不敢冒犯，亦不易改變。所以，自從1633年所謂的《公認經文》誕生後，新約經文鑑別學的歷史就彷彿成了一場證據與傳統之爭，經文鑑別學鑑別出愈來愈多、愈來愈可靠的文本證據，也同時暴露出《公認經文》傳統愈來愈多的問題。

在這兩個世紀裏，有很多學者所出版的版本與《公認經文》大同小異，但也有學者能面對新發現的證據，向這傳統作出挑戰。著名的福音書學者約翰．格利斯巴赫（Johann Griesbach，1745~1812年）可謂是這方面的先驅，還有那發現《西乃抄本》的替申多夫。然而，第一位徹底揚棄《公認經文》的知名學者要算是著名德國古典學家與語言學家卡爾．拉赫曼（Karl Lachmann，1793~1851年），他編的希臘語新約，絕不沿襲過去出版的印刷本，盡量只憑古抄本，連小楷體抄本也不入參照之列，故只根據較早的大楷體抄本、古拉丁語譯本和一些早期教父如愛任紐、俄利根等的著作，不難想見，由此而編定的文本自然與《公認經文》的傳統大異了。

不過，影響至深的，是兩位劍橋大學的學者韋斯科特（B. F. Westcott，1825~1901年）和霍特（F.J.A. Hort，1828~1892年）。他們花了長達28年的努力（1853~1881年），目的是要整理出一本最可靠的希臘語新約文本，並終於出版了一套兩卷的 *The New Testament in the Original Greek*，卷一為希臘語經文；卷二包括珍貴的引言和附錄，清楚闡明其鑑別原則。二人的貢獻不獨在於其編製出的文本，他們所創下的鑑別理論，實更具深刻意義。若說他們的成就堪稱為新約經文鑑別學的基石，亦並不為過。事實上，儘管今天我們憑著那大量新近發現、且更精確仔細的文獻證據，也未能豎立起一套更精良的鑑別理論，作為建構文本的依據。

### 12.3.4. 現在通行的希臘語新約聖經

在二十世紀早年出版的希臘語聖經，其中一大弱點是太倚重二手資料作為經文鑑別的依據，而目前兩本最通行的希臘語新約聖經正修正了這方面的缺陷，為現代學者和教會提供一個相當可靠的文本。這兩個版本分別是《聯合聖經公會希臘語新約》（*United Bible Societies' Greek New Testament*，簡稱 *UBSGNT*）——第四修訂版（1993）和《內斯尼和亞蘭希臘語新約》（*Nestle-Aland's Novum Testamentum Graece*，簡稱 *NA*）—— 第 27 版（1993）。兩個版本均是由聯合聖經公會（United Bible Societies）資助出版，後者更有德國聖經公會（German Bible Society）鼎力支持。這兩個版本原來是兩個不同計劃，但在近幾十年的修訂發展裏，兩本版本的正文已變得完全相同，只是在「校勘欄」所列出的資料和編排上有較顯著的分別。所謂校勘欄，實指在正文下端為每一異文（variant）標明證據資料（包括抄本、譯本或教父著作等）的地方；其中的編排是以每一異文為單位，內中分條列出所有不同的語句（換言之，一個異文至少有兩個語句）。在現時最新的版本裏，*UBSGNT* 的校勘欄有 1,440 個異文；由於 *UBSGNT* 的主要對象是不同宗派的繙譯者，所以這版本所收錄的古卷證據包括很多教父著作和古代譯本。相對之下，*NA* 的校勘欄在這方面的證據較少，卻包括更多不同異文，約有一萬個，較適合專門的文本研究。

二十世紀的一項重大轉變，是新抄本和新經文證據的出現。現今學者進行研究，主要借助攝影摹本的幫助。很多攝影摹本實際上與原抄本一樣大小，就如原抄本一樣，甚至更為方便。由於這些攝影摹本相當普及，原抄本反而成為供遊客參觀的珍藏品，而不是供學者研究的檔案。反觀韋斯科特和霍特時期，經文的核對與整理往往是整個研究過程之中，最勞心勞力的部分，有時候研究人員甚至要遠赴千里，到別的國家和圖書館查證以及收集資料（那時的圖書館還未設有館際借閱服務呢！）。負責兩部版本的編纂工作的學者之一——庫爾特．亞蘭（Kurt Aland），於1958年在德國威斯特法倫的明斯特（Münster/Westfalen）建立「新約聖經文本研究所」（Institut für Neutestamentliche Textforschung），經費主要由聯合聖經公會、德國聖經公會和幾間主要的出版社資助。研究中心聲稱藏有所有希臘文抄本和其他抄本的攝影摹本；自此，學者只需到該中心，便可進行研究。此外，在多方面的贊助下，一系列有關新約經文研究的手冊、希臘語手抄本一覽表，以及個別學者研究的專論等均得以出版，還有由中心研究員合編的專文集及亞蘭個人的專論，全都在中心的推展下得以結集出版。

*UBSGNT*和*NA*的重大意義在於這兩個文本均被東正教和羅馬天主教認可接納，所以這個版本自然成為任何新譯本及修定早期譯本的基礎。自1968年由梵諦岡和聯合聖經公會製定了《聖經繙譯共同原則》（*Guiding Principles for Interconfessional Cooperation in Translating the Bible*）後，這版本的主導局面就愈趨明顯，而《聖經繙譯共同原則》更於1987年重新被確認為《聖經繙譯共同指引》（*Guidelines for Interconfessional Cooperation in Translating the Bible*）。這希臘語新約版本可説是當代教會賴以演繹信仰的依據。當然，由於*UBSGNT*版的聖經向來以廉價發售，甚至免費贈予第三世界國家的神學生，所以流行甚廣。聯合聖經公會和德國聖經公會一直以來對此版本大力的資助，無疑使這「超值」的版本在市場上擁有壟斷之勢。

## 12.4. 經文鑑別與教會生活

在本章的最後一節，我們來看看一些異文如何影響經文的文本；既影響文本，就不單涉及文本不同解釋的問題，而是更根本涉及我們對聖經的本質的了解。

### 12.4.1. 異文的簡略

前面已提及，由於 *UBSGNT* 的對象是那些繙譯人員，因此，所載錄的異文只包括那些對經文的理解或繙譯有直接影響的。在這類影響較重大的異文中，我們可按抄寫員的修改動機而分為「刻意」和「無意」兩類。

顧名思義，所謂「無意」的修改是指抄寫員的無心之失，這通常與抄寫員的身體疲累有關，但也可能基於字母形狀近似而引致。例如，出現在大楷體抄本的 *sigma*、*epsilon*、*theta* 和 *omicron* 的形狀非常相似，即 **C**、**Є**、**Θ**、**O**，故容易相混；此外，*gamma*、*pi* 和 *tau*，即 **Γ**、**Π**、**Τ** 也會產生混亂，例如《和》在哥林多後書一章 12 節的「聖潔」*hagīotētī*，按 *UBSGNT* 其實是一異文語句，正文的語句是「誠實」（*haplotēti*）；讀者不難察覺兩字的字型確是非常相似的。

至於「刻意」的修改是指那些出於抄寫員有意識（或是出於好意）的修改。修改的目的通常是為了使經文更呈現圓滿一致（至少在他們心目中）。所以說，這原基於他們的好意。他們或修正所發現的錯誤，或使語句更通順一致，於是，便「刻意地」偏離原有範本，對經文作出修改。試舉三個例子説明：

約翰福音三章 13 節：「除了那從天降下的人子，沒有人曾升過天」（*kai oudeis anabebēken eis ton ouranon ei mē ho ek tou ouranou katabas, ho huios tou anthrōpou*），從上下文意來

理解，這「人子」顯然就是指耶穌自己。然而，有些古卷卻在「人子」(*ho huios tou anthropou*) 之後多加「祂仍在天上」(*ho on en to ourano*) 一短語，來帶出耶穌的神人二性(既降下又在天上)。這語句是典型的《公認經文》語句，可見於《英王欽定本》和《新修定英王欽定本》。《和合本》的繙譯可能受其藍本 (1885 年的 *Revised Version*，參 13.1.1) 所影響，故亦採用這語句。再如馬可福音一章 2 節：「正如先知以賽亞所寫〔或：以賽亞書所記〕」(*Kathōs gegraptai en tō Ēsaia tō prophētē*)，由於接在下文的兩處引用中，只有第二處的引用才真正出自以賽亞書，所以，一些抄寫員乾脆將原來「先知以賽亞」(*en tō Ēsaia tō prophētē*) 改為「一些先知」(*en tais prophētois*)，藉此消除其中的衝突 (參《英王欽定本》)。

第三個例子是約翰壹書五章 7~8 節的「約翰名句」(*Comma Johanneum*)。有一語句加在 7 和 8 節之間，中譯裏，只有《思》將之繙譯在註腳中：「在天上作證的，有父、聖言和聖神，並且這三位是一致的」；明顯的，這名句很清楚證明三位一體的教義。這語句第一次出現在伊拉斯謨的希臘語聖經裏。在伊氏的希臘語聖經第二版出版後不久，一名在牛津的方濟會修士弗羅依 (Froy) 手持拉丁語手抄本 (屬《武加大聖經》) 向伊氏作出挑戰，因為伊氏的版本中原沒有列出這名句。經過多番爭議後，伊氏大膽承諾，若僅有一卷希臘文手抄本收錄了此句，他就必於再版時將這名句收錄。結果，就在兩星期後，果然出現了這麼一卷小草體抄本，名為 Montfortianus (代號為 61)。事實上，很多學者均相信這抄本根本就是弗氏所捏造的，不過，當時伊氏仍只好按照承諾，將這名句收錄在其第三版中，但他卻附加了一段註文，表示對 Montfortianus 這抄本的作者仍抱相當懷疑的態度。後來，當他參照過西曼乃斯（Ximenes）的版本後，就在其第四版中將此名句刪去。可惜，那收錄了這名句的第三版卻成為《公認經文》的始祖之一，亦因此出現在很多舊的譯本裏，如 1611 年出版的《英王欽定本》，甚至在 1979 年修定的《新英王欽定本》仍保留此句。這語句雖然有很強的天主教傳統，但現今的天主教聖經也沒有採用這語句，《思高聖經》的註腳更這樣交代：「這經文證明聖三的道理再明顯沒有了；但古教父從未引用，亦不見於古希臘抄卷與古譯本中，僅見於四世紀末的書籍中，後又竄入拉丁通行本內。」

### 12.4.2. 經文鑑別與教會傳統

經文鑑別學是一門很困難的學科。首先，從學科本身來看，新約經文鑑別學是一門頗要求腦力和集多種學問於一身的學科；它要求學人在聖經語文、古文書學、教會歷史以至歷史神學各方面，都要受過非常專門的訓練。另一方面，從這學科與教會的接觸層面來看，這學科涉及一個非常敏感的問題，亦直接影響每位信徒的讀經生活。這問題所牽涉的不單是經文的解釋問題，而是關係於文本的建立、以至文本在流傳中衍生錯誤等問題。上述兩方面的困難令學者在決定某語句應屬正文或異文時，不能純粹依據理性判斷和理論基礎。事實上，儘管學者判定某語句並不屬於原稿，我們的教會仍可以若無其事，繼續持守著一貫的傳統。

最典型的例子是約翰福音第七章 53 節～八章 11 節有關「行淫的女人」這故事。絕大多數譯本均標明這段經文沒有出現在最好和最古老的古卷中，但卻一致地把這故事列入正文內，然後在註腳說明這段經文並沒有出現在最古老的抄本中

——這豈不是自相矛盾的做法嗎！還有一個好例子，今天教會所背誦的主禱文是出自馬太福音六章 9~13 節，但仔細比較大多數譯本和原文聖經，便會發現「因為國度、權柄、榮耀，全是祢的，直到永遠。阿門。」這句話在五世紀前的古卷均沒有出現！

這種情況實在不足為奇。對很多人來說，宗教傳統往往要比聖經的教導、真理、事實更不能移易！這情況是可體諒的。二十世紀所帶來的資訊爆炸是驚人的，除了那些有分參與創造資訊的人，其餘的大多數都是非常被動和被控制的一羣。他們到底是受害者抑或是受益者，就要視乎各人的接納程度了。本世紀初，大量（聖經和其他）古卷的發現必定對當時的學者和信徒帶來很大的震撼，對了解新約時代的語言和新約聖經有很革命性的幫助，但與此同時，亦相繼推翻舊的理解。四、五十年代死海古卷的發現更拆毀了不少舊的見解，建立新的理解。特別在最近幾年（1992 年起），死海古卷中的文獻終於全部出版，以前以為是「新」的理解又再被推翻。毫無疑問，隨著資訊發達和教育普及，新發現和新資訊所帶來的衝擊將會愈來愈嚴重。問題的焦點不是「怎麼辦？」或企圖逃脫這世界的影響，而是在面對現實之時，不斷反省自己的信仰，並作出相應的更新。

### 12.4.3. 經文鑑別與不變的信息

讀者在了解經文鑑別學所要處理的問題，或我們現有的手抄本中的異同時，通常會問：為何承載上帝話語的文獻竟然在不同時代都有差異？這明顯是個感性的問題，提問的人似乎覺得很難接受這個事實，亦暗示某程度的不安全感。這情況就像有些人常感受控於現代科技一樣，除了那些掌握科技的發明者外，其他人都是受著他們的發明所支配的。挪開感性的元素，我們可以問：「上帝的話語是否永恆不變的呢？」

在回答這問題時，我們必須弄清楚我們的態度：有心志要更多認識自己信仰的信徒，必須接受手抄本所出現的情況；這並非學者們無中生有，而是一個客觀現象。但另一方面，我們也要問：難道三、四百年前，在那些採用《公認經文》的信徒心裏的上帝，就因所用的聖經版本不同，而與我們所認識的有分別嗎？

筆者的答案是否定的。筆者認為即使聖經中的異文與上帝的信息產生了表面的矛盾，但上帝的信息是永恆不變的；承載這信息的文字，卻會有變。經文鑑別學主要處理承載上帝話語的「文字」流傳，並非處理信息本身；而「文字」的改變，不一定改變信息。今天通行的希臘語新約聖經版本中展示的眾多異文，如 *UBSGNT* 所列出的 1,440 異文或 *NA* 的超過一萬個異文，縱使我們把它們都放入正文，都不會改變我們的上帝觀、基督觀、救贖觀，甚至是整體的信仰。在神學建構或教義辯證上，這些異文都不會改變我們所相信的。但在仔細研究每卷書的信息，及某段經文時，某異文的取捨便明顯會達到不同的結果。

這好比在電話中不時聽到的雜音一樣。這些雜音一般都不會妨礙兩者的溝通，但當兩者需要處理一些非常仔細的討論，如法律條文或科學研究的程序等學術問題時，兩者則必須千方百計把這些雜音拿走，以免影響準確的理解。這情況反映一個普世性的語文現象，即語文的「冗餘」(redundancy) 現象。意思是，在一篇普通的對話裏，說話者所使用的詞句，往往比實際語意和資訊上的需要超出很多，這一方面反映說話者的性格、技巧和當時的心情，但另一方面亦與該語言的

「文本結構」（discourse structure）有關，因為不同語言的資訊傳遞密度都不同。（我相信大多數讀者在聽課或聽道時必定有這方面的經歷。）這語文冗餘的現象是非常普遍的，事實上，倘若人類的語文溝通如電腦程式語言般「精確」、「呆板」，人與人之間的溝通會是多麼困難呢。

此外，我們不能不緊記，不同人在所謂「差異」或「出入」的接納程度代表著不同的價值觀念，這與其社會文化組合和教會背景（特別牽涉宗教事情）息息相關。在討論「無誤」或「無錯」的觀念上，這一點是非常重要的。不同人對「準確性」的衡量都不同，視乎他的教育和文化背景，而社會的組織亦非常重要，特別是現代化和科技的迅速發展，肯定對此造成衝擊。我們可以試想這個例子：倘若耶穌不是餵飽5,000人而是餵飽5,001人，或是5,010人，或是5,100人，我們會否說聖經作者記錄出錯呢？怎樣的差異才算是錯誤呢？我們對「準確性」又可以有多少寬度呢？要多大的歧異才足以影響「自己」對聖經無謬誤的看法呢？我想，這些問題的重點不在乎答案是甚麼，而是問題的本身；這都反映屬於不同文化（從廣義的角度）的人對「準確性」的定義和感受均有不同。此外，印刷品或文字的力量亦不容忽視。受西方文明影響的社會均過分強調文字的書寫模式，把歧異放在顯微鏡下，固然是大的，但在一些較著重口傳模式的社會裏，集中點是在較大的篇幅和整體的信息上，問題便不會顯得那麼大了。這並非說聽覺不如視覺般敏銳（這當然視乎各人而定），而是在聽覺上，我們的焦點往往是文字整體的信息而不是字眼本身。

因此，我們目前的確可以依賴 *UBSGNT* 和 *NA* 的正文順暢地了解我們的信仰，雖然當中還有一些不肯定的異文問題。

對一般程度的信徒，這些問題未必會影響他們解經，因為大多數異文的內容，只為了強調或表達一些細微的差別，其實這些意義早已蘊含在整卷篇章之中；但一旦要仔細處理經文（主要是原文釋經），學者們便不能逃避這些「雜音」了。

我們又可參考早期教父如何處理這問題。當我們思想一下新約聖經正典的形成過程，特別是早期教父的見證，就可以發現，一本被視為擁有上帝權威的聖書，其中的書卷是否列入正典，不是取決於文本的抄本證據，而是取決於書卷的信息。篩選的準則永不純粹是歷史方面的考證，作者的身分不清楚已經不是問題（如希伯來書），就連面對同一段經文中不同抄卷的不同語句，亦不會影響該書的信息。古時的聖徒不但可以區分一份歷史文件的信息和該份文件是否有一致的佐證，更可以一方面承認不同的教父所引用的經文有不同，而另一方面仍然堅信聖經權威的信息，這一點是我們應該學習的。

我們必須經常提醒自己：縱使我們對主耶穌基督的認識顯然來自聖經，然而那位復活的主耶穌基督本身才是我們信仰的核心，不是某份文件。此外，就算一個異文不被視為原來的經文，它也可以是一個註解，闡明原文的意義，或啟迪我們認識基督教會在某段歷史時期對該段經文的理解，甚至可以成為神學討論的素材，宣講和教導聖經的範例。

# 第十三章・聖經繙譯

「我們的新約聖經」對不同人都可指不同的東西，而在前面兩章，我們都一直討論和介紹這短語所指的兩個層面。在第十一章，「我們的新約聖經」是指新約聖經的組合和成典的過程，亦即是「新約正典」的問題；在新約正典還未完全成典之時，不同地區的教會對「我們的新約聖經」所包括的書卷可有不同。在第十二章，「我們的新約聖經」是指聖經的原稿；這是非常重要的一個層面，因為「聖經都是上帝所默示的」這句話是指原稿，不是指抄本、版本或譯本。既然原稿遺失已經是一個事實，我們就要設法從眾多古代證據中展示原稿的樣貌，而這正是「經文鑑別學」的目的。

在這章，「我們的新約聖經」是指一般信徒手中的譯本。事實上，「上帝默示」這句話，對很多人來說，是指他所能讀得懂的譯本（如《和合本》）。這樣的理解固然不是絕對正確，仔細想起來，更是叫人震驚：有哪一個聖經繙譯者敢言自己的繙譯是無誤、是上帝默示呢？但另一方面，從一般人的教會生活來說，譯本的確是聖經，是上帝的話語。這個「不是」又「是」的問題非常有趣，值得探討；如此，了解聖經繙譯便是一項非常重要的事，同時亦會影響我們的讀經生活。

既然聖經不是用漢語或英語寫成，我們就需要有識人士把原來的經文繙成我們讀得懂的文字。這個繙譯過程實在非常複雜。首先，在繙譯過程中，資訊遺失是難免的，這主要是因為沒有兩個語言是完全等同的，亦沒有兩個語言的字詞或語法結構所表達的意思完全等同。其次，亦是最複雜的一點，是一個所謂「成功」的譯本，並非純是譯者的才學或譯本的素質等客觀條件所使然，更重要的是教會普遍的認受和接納。試借某古籍（如《論語》）繙譯成英語為例，一個由精通古漢語、戰國時代的歷史背景，和現代英語的學者所組成的繙譯委員會，所譯出來的譯本，若得到同儕接納和肯定，這譯本很自然便會取代舊的譯本，成為新的「欽定本」。然而，聖經繙譯卻不然，最主要的原因是，對一般會眾而言，學者或繙譯人士的影響力是遠不及領導他們的「牧者」，這包括他們的組長、團長、部長、長執和傳道人等。再說，基督徒強調羣體生活，而這種羣體生活往往就成為羣體中成員接納新觀念的制約力量，羣體大氣候的轉變的確比個體的轉變來得遲緩和固守。

本章的目的不但簡單介紹聖經繙譯這門學問，亦要討論譯本的本質，和其對信徒教會生活的影響。

## 13.1. 譯本的簡介和歷史

我們先簡單介紹英語和漢語聖經的繙譯歷史（或主要譯本的歷史）。了解譯本的歷史和各譯本的關係是非常重要的，因為沒有一個繙譯工作是在一個「真空」的環境下進行的。舊譯本往往成為新譯本有形或無形的藍本，例如《當代聖經》以 *Living Bible* 為初稿（見 13.2.1），又或繙譯委員會因為對舊譯本的熟悉而不知不覺採取舊譯本的詞句，如《新譯本》的譯者，因對《和合本》的熟悉，以致前者的語句與後者非常相似。《英王欽定本》的譯者在回答那些指責他們對舊譯本作出無數增刪的人時，指出：「聖經繙譯的歷史實際是載錄不斷修訂和更正的歷史」92。這句話突出地表明聖經繙譯工作的特質。

### 13.1.1. 英語聖經的繙譯歷史

毫無疑問，英語譯本的數量是所有譯本之冠。按一保守估計，有超過500部出版的英語譯本，是包括全部或部分的聖經經文，這還不計算註釋書中釋經學者的繙譯。要寫英語聖經的繙譯歷史是接近不可能的；本節只介紹幾個主要的譯本。

#### **13.1.1.1. 由威克理夫到《英王欽定本》**

第一本新舊約聖經全書的英語譯本出自著名英國牛津神學家約翰．威克理夫（John Wycliffe, 1330~1384年）。在當時保守、極權的氣氛之下，對教會或政府來說，把聖經繙成平民百姓的語言，不單是離經背道的事，更有煽動羣眾之嫌，而威克理夫亦在這些罪名之下殉道；甚至在死後43年，教會仍然要下令把他的遺骸挖出來焚燒。直至改革運動時，路德成功地把聖經繙成當時的德語（1522年，參11.5.2），成為日後聖經繙譯的典範。在威克理夫之後，出版的譯本有：第一本由原文聖經繙譯而來的英譯本，分別由威廉．丁道爾（William Tyndale, 1494~1536年），和邁爾茲．科威對勒（Myles Coverdale, 1488~1569年）於1524年和1538年繙譯的

92 在原來譯者的序言，亦有另一番話帶出相似的含義：「認真的基督徒讀者啊！我們打從開始未有想過需要製造一個新譯本，也未有企圖將一個粗劣的譯本提升為優質的……反之，我們只是嘗試將一個已經是很好的譯本變得更好，並無意要成為無懈可擊。或是說，從眾多已經是很好的譯本當中編製更臻完美的。這一直是我們的目標、我們的旗幟。」

新約聖經，此外，還有那惹人注意的 *The Great Bible*（1539年）和其修訂本 *The Bishop's Bible*（1568 年）等。

不過，沒有一部英譯本如《英王欽定本》（*King James Version*；簡稱「*KJV*」，1611 年）[93] 那樣影響深遠，這譯本可視為英語聖經譯本的里程碑。整個繙譯計劃和統籌全由當時的英王雅各一世（King James I）親自負責，並以《主教聖經》為主要依據。就如每一部新的譯本面世時都會遭受很多反對的聲音一樣，*KJV* 的出版在當時也曾引起極大的爭議和不滿，但由於有王室的支持，*KJV* 才逐漸取替在它以前的譯本。*KJV* 的影響是不容低估的，基本上，在十九世紀前，幾乎所有使用英語的地方都採用這譯本，當時英國的宣教工作跟隨著大英帝國的軍隊建立了不少殖民地，*KJV* 不但成為宣教工場的聖經，亦成為無數聖經繙譯的藍本。

然而，昔日繙譯和文學上的巨著，對於今天的讀者來說，*KJV* 的用語實在過於陳舊，讀者念起來不單感到礙耳，更有艱深難明之感。更嚴重的是，*KJV* 賴以作為繙譯藍本的《公認經文》（12.3.2），是一個過時的版本，因為自十七世紀以來，無數聖經抄卷陸續被發現（尤以新約聖經為多），研究所得都印證了《公認經文》不少的錯謬。為了減低 *KJV* 因用字古舊而造成閱讀上的障礙，在多次再版的過程中，絕大部分的古字已被取替。所以，時至今日，根本沒有一位使用 *KJV* 的人所使用的是最原始的 *KJV* 版本（很多 *KJV* 的讀者或許也不知道這事實）。至於 *New King James Version*（簡稱

---

93 這譯本在英語有兩個名稱：*Authorized Version* 和 *King James Version*，前者多用於英國，而後者多用於美國。漢語一般的譯名《英王欽定本》其實是綜合這兩個英語名稱而成的。

「*NKJV*」，1982 年），是 *KJV* 最近的正式修訂版。如以往的修訂一樣，內文、格式和標點都曾作過調整。但這樣的修訂少不免引起一個非常重要的問題：一本著作可以容許多大程度的修訂而仍能被接納為原著？然而，最可惜的是，為要跟隨原來《公認經文》和其古卷的傳統，*NKJV* 竟漠視過去幾個世紀所發現的古卷證據，仍停留在十七、八世紀的抄本知識領域（參 13.2.1）。

**13.1.1.2. 源自《英王欽定本》的譯本**

自十九世紀開始，已有很多以 *KJV* 為依據的修訂和繙譯工作。第一階段是 *Revised Version*（簡稱「*RV*」，1885 年）和 *American Standard Version*（簡稱「*ASV*」，1901 年）的出版；前者主要是英國學者參與，而後者則是美國學者的工作。這兩個譯本的譯者意在盡量保存 *KJV* 的詞藻和風格，只以當時學者公認為較好的版本和古卷資料來酌量更新 *KJV* 的內文，又在用字上盡量切合當時流行的用語。*RV* 雖然是一個很好的譯本，但不受當時教會和學術界接納，主要有幾個原因：一、譯文太形式化或字面化（參 13.2.2）[94]；二、*RV* 繙譯委員會中兩位成員韋斯科特和霍特，在繙譯過程中的古卷考證發揮了相當大的影響力，但在當時，韋斯科特和霍特的理論仍受到頗多非議（就如很多反傳統的動向還未贏得大眾的支持時，總是受人批評的）；三、進入二十世紀，可謂是美國

94 在十九世紀時期，英國學者對聖經繙譯的看法，基本上可分為兩派，並各與一所著名學府掛鈎：以劍橋大學為首的聖經繙譯學者強調逐字式的繙譯，而以牛津大學為首的學者則較強調意譯。在 *Revised Version* 進行繙譯的時期，劍橋大學的學者主導整個繙譯工作。

聖經研究的大躍進時期。因此，進入第二階段後，*ASV*才成為新一代譯本 *Revised Standard Version*（簡稱「*RSV*」，1952年）和 *New American Standard Bible*（簡稱「*NASB*」，1970年）的依據。*RSV*是由一羣學者用了十五年時間編製而成，特別設計作公開敬拜之用，務求保存*KJV*的特質，使之在文學上擁有崇高地位。與*RSV*相比之下，*NASB*無論在可讀性或內文的繙譯上都顯得遜色多了。在這傳統下，最新和最可靠的版本可謂是 *New Revised Standard Version*（簡稱「*NRSV*」，1989年）。

以上提及的譯本，都明顯地與*KJV*（或*ASV*）有關係，除此之外，有些譯本也受著*KJV*的間接影響。例如今日相當通行的 *New International Version*（簡稱「*NIV*」，1978年），雖然是一徹頭徹尾的全新譯本，但明顯仍在相當程度上保存著*KJV*的影子，*NIV*的譯者們亦有暗示這點：「務求致力保存與久遠的英語聖經繙譯傳統若干程度的延續性。」所以*NIV*在選字方面，尤其是那些最為人喜愛和熟悉的經文，都保留了與早期譯本一樣或相仿的詞匯（參13.2.4）。下列圖表展示直接以*KJV*為依據的譯本之間的關係：

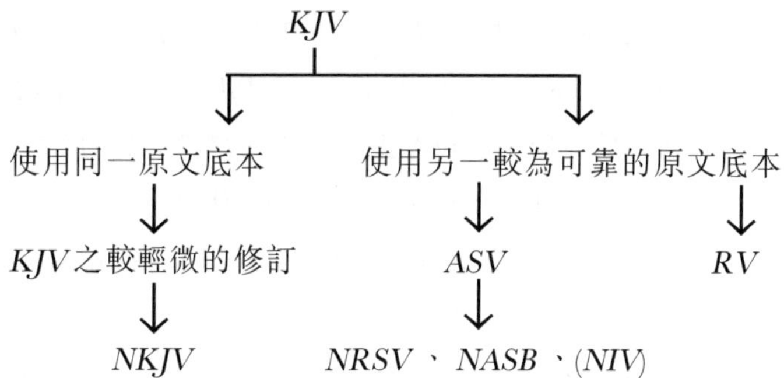

### 13.1.1.3. 其他近代的譯本

本土的英語譯本數目固然很多，但也有一些譯本是源自外語的，其中最著名的是天主教的*Jerusalem Bible*（簡稱「*JB*」，1966年）以及其修訂版*New Jerusalem Bible*（簡稱「*NJB*」，1985年），這是以法語的*La Bible de Jérusalem*為藍本（有關「藍本」一詞，參13.2.1討論）的譯本，亦可能是惟一一部源自外語的英語譯本，但極受學者的重視。

以上提及的眾多譯本均以信徒為主要對象，因此，在用語方面仍保留很傳統的神學詞匯。另外有一些譯本是特別為初信者和教外人士而設的，故在用語上較為通俗，例如1958年由菲力普斯（J. B. Phillips）一人繙譯的新約聖經，可算是這新傳統的表表者。當這譯本的保羅書信部分於1947年剛剛出版後，基督教大文豪路易斯（C.S. Lewis，1898~1963年）對此譯本就有過這樣的評價：「在我開始很認真要知道基督教信仰是甚麼一回事的時候，若能有這一部譯本在手，它必定會為我減省很多不必要的掙扎。」事實上，直至今天，很多人仍然認為這譯本是最成功、最生動的譯本；菲力普斯譯本的修正版現時以*New Testament in Modern English*為名發行。隨著這傳統的還有*New English Bible*（簡稱「*NEB*」，1961年），*Living Bible*（簡稱「*LB*」，1971年），*Today's English Version*（簡稱「*TEV*」，1976年）。*NEB*和*TEV*都是由一羣學者，對照原文版本，以很嚴謹的工序繙譯而成的譯本，但*LB*雖然在七、八十年代在北美極受歡迎（因為可讀性極高、並有葛培里佈道家大力支持），卻是由泰勒（Kenneth N. Taylor）博士一人繙譯，並只是參照幾部譯本意譯而成。

近年最為觸目的兩部譯本是*Contemporary English Version*（簡稱「*CEV*」，1995年）和*New Living Bible*（簡稱「*NLB*」，

新約 1996 年）；後者雖以「*Living Bible*」為名，但卻由另一個出版社出版（Tyndale House）。所謂「Living Bible」，其實是為強調其可讀性，但這譯本其實是集合了九十多位學者，從原文聖經繙出來的譯本。

### 13.1.2. 漢語聖經的繙譯歷史

從譯本的數量來看，漢語聖經譯本當然不及英語的多，連同方言譯本在內，漢語譯本還不到四十部。單憑數字比較，意思不大，我們必須從各歷史處境來看。

第一、英語的譯本雖多，但漢語聖經的繙譯歷史卻比英語譯本悠長。第一本漢語聖經譯本（雖不是全本聖經）較威克理夫的譯本早好幾百年。這主要原因可能是：所有英語的教會都要源於西方教會傳統。在中古時期，西方教會官方語言一直都是拉丁語，根本就沒有聖經繙譯這回事——就連拉丁語聖經都不能修訂，但在這時期的宣教工作，沒有太多宗教體系（除羅馬天主教的宣教工作外）的限制，故甚麼事情都可以做。

第二、回頭看過去幾百年間，漢語在語文運用上的改變，實在較英語嚴重得多。筆者有幸在美國聖經公會翻開昔日 *KJV* 的原稿，字母形狀和語句固然不同，仍能可以看明白。但一般華人若沒有學過文言文，幾乎是沒有可能理解其意的。從這客觀因素來看兩個語文的聖經繙譯史，我們姑且可以說：英語的譯本之多，其實是一種奢華的象徵；因英語的人材多，可以提供那麼多譯本，亦因信徒多，可以養活那麼多譯本。但漢語的聖經繙譯歷史所反映的情況，是非常艱辛的，純是因需要而定，不到必要也不會做。

無論如何，在漢語聖經繙譯歷史中，我們實在要感激西教士在這方面的辛勞，他們的名字，今天雖然很少人認識，但整個普世華人教會都是因他們的勞苦而得益。「別人勞苦，你們享受他們所勞苦的」（約四 38）這句話是那麼真實。

### 13.1.2.1. 景教碑文

公元 431 年，當時康士坦丁堡主教長，敍利亞安提阿人涅斯多留（Nestorius），因提倡基督「二位二性說」，過分強調基督人性部分的獨立，使人有誤將基督一分為二的危機，就在以弗所會議（Council of Ephesus）中，被西教會判定為異端。但他一直為自己的神學辯證，結果，終被一些東教會的主教所接受，亦吸引了不少信徒，後更結成教派，成為涅斯多留派（Nestorian）。這派的信徒非常積極傳道，在很早期，足迹已達印度。

公元 635 年（即唐太宗貞觀九年），涅斯多留派人士由主教阿羅本（Alopen）帶領之下，正式在中國傳教，始於長安，歷時有兩個世紀之久。在這期間（大約於 781 年，即唐德宗建中二年），景教信徒可能因應當時建碑的風尚，亦豎立了著名的「大秦景教流行中國碑」，以為記念。根據學者研究，「景教」可能是一種描述而非一個專稱，意即「光明燦爛的宗教」，而「大秦」則指「羅馬」政府，因為中國自漢朝即稱羅馬為大秦。這石碑自唐武宗時期一直被埋起來，直到 1625 年（即明朝天啟五年）左右才被發掘出土。

石碑上所刻的二千多字中，除概釋基本教義，如人的墮落和彌賽亞的誕生等之外，又提及「真經」、「舊法」和「經二十七部」。這些字眼與 1907 至 1908 年間，在敦煌石室中發現有關景教的經典，互相引證；一般學者認為至少有二十多部書卷（很可能包括新約全書）早在八世紀期間已繙成漢文。

#### 13.1.2.2. 羅馬天主教的繙譯工作

比較可靠的譯經史要從十三世紀開始，並且要歸功於羅馬天主教教士的福音工作。元朝時代，方濟會的若望．孟高維諾神父（John of Montecorvino）帶著教宗寫給元世祖忽必烈的信函，前往北京開始傳道工作，期間把新約全書和舊約的詩篇繙成蒙古韃靼語，但這些譯本盡都遺失。十六世紀來華的耶穌會利瑪竇神父（Matteo Ricci），集多種學問於一身，可惜當時羅馬天主教教廷對聖經廣泛和自由地流播民間的態度極為保守，故利瑪竇並沒有正式繙譯聖經任何部分，但卻著有不少與聖經有關的書籍。十九世紀前兩本較為完整的天主教譯本，分別是 1700 年由巴黎外方傳教會巴設神父（J. Basset）和 1770 年由耶穌會賀清泰神父（Louis de Poirot）所譯的，二者均繙自拉丁語聖經，亦未有正式出版。賀清泰譯本的原稿仍存放在北京北堂圖書館，而巴設譯本，現時只有一份抄卷（亦可能是原稿）存在倫敦大英博物館，稱為《史羅安手本》（*Sloan Manuscript*）[95]。

天主教在聖經繙譯工作上向來是較保守的；直至 1945 年，方濟會士雷永明神父（Gabriel M. Allegra）才在當時教廷駐華代表蔡寧總主教（M. Eanin）的贊同下，於北京成立思高聖經學會。在十多位方濟會士的合力下，共用了 21 年的工夫，首次從原文聖經繙譯全本新、舊約聖經，並加入註釋和附義，於 1968 年出版。

---

95 史羅安爵士是當時皇家學會（Royal Society）的會長；這譯本的抄本是在廣州發現，後轉送給史羅安。

### 13.1.2.3. 文言文的譯經工作

新教的漢語聖經繙譯歷史，理應從蘇格蘭人馬禮遜（Robert Morrison）在中國傳道事工說起。馬禮遜於 1807 年，在當時滿清政府已下令嚴禁傳教工作的情況下，以倫敦傳道會（London Missionary Society）教士的身分來到中國的廣州；後移居澳門，並專注繙譯聖經。由於天主教極之反對新教在澳門的傳教工作，馬禮遜的繙譯工作是在極為艱辛的景況下進行的。新約終於 1814 年在廣州出版，舊約則在米憐（William Milne）的協助下繙成，而聖經全書的中譯本，稱為《神天聖書》就於 1823 年在馬六甲出版。差不多在同一時期，有英國浸信會牧師馬殊曼（Joshua Marshman）與在澳門出生的阿美利亞人拉撒（Joannes Lassar）亦展開繙譯工作，但卻是在印度進行。因此，雖然此譯本（一般稱為《馬殊曼譯本》）的出版日期（1822 年）乃早於馬禮遜的《神天聖書》一年，但一般人仍然認為《神天聖書》是第一部新教漢語聖經。

這兩部譯本（有時統稱為「二馬譯本」）有很多相似的地方，均以巴設譯本為主要參考，但《馬殊曼譯本》較傾向直譯，不及《神天聖書》通順。馬禮遜在談及譯經原則和方法時，這樣說：「我是忠於原文，務求清晰與簡潔……我寧可文字不流暢，勝過文字不明白。」[96] 此外，值得一提的是，《馬殊曼譯本》亦是首部把 *baptizō* 和相關的字繙成「浸」字的譯本。

面對來華的傳教士日漸增加，宣教工作亦日見興盛，譯

96 見李湜源：「中文聖經繙譯簡史」，《景風》第 53 期 (1978 年) 1 月: 頁 2~3。「不明白」可能指「不合原意」。

本素質的要求亦愈來愈高。於 1835 年，一個由四人組成的委員會，在《神天聖書》的基礎上加以修訂，這委員會的成員包括倫敦傳道會的麥都思（Walter Henry Medhurst）、荷蘭傳教會的郭實臘（Charles Gutzlaff）[97]、美國海外宣教會的碑治文（E.C. Brigman），和馬禮遜的長子約翰．馬禮遜（John R. Morrison）。譯本取名為《四人小組譯本》（新約 1837 年，舊約 1840 年）。這譯本曾被太平天國私下修改，作部分的出版。

1842 年後，隨著清政府與英國簽訂南京條約，中國政局已趨穩定，各宣教士不再需要疲於逃避戰禍，國內的宣教士希望在聖經繙譯事工上作一項超宗派的合作。1843 年 8 月 22 日，英美各差會的代表共十五人，在香港的中區海旁召開首次宣教會議，討論聖經的重譯工作。議會通過成立一總委辦會，並有區委辦會，進行意見搜集和分區繙譯；又決定以《公認經文》為底本。但不久，神學上的爭論便成為分裂的原因。先是浸信會退出[98]，後來又因將「God」繙譯為「上帝」或「神」（二馬譯本均採用「神」）的分歧，而險些導致計劃停頓。最後，折衷的辦法是在印行時，由出版機構隨自己主張：「美國聖經公會」採用「神」字，而「英國及海外聖經公會」（British and Foreign Bible Society）則採用「上帝」。這稱為《委辦譯

97 這修訂的舊約部分幾乎全由郭氏負責。郭氏後到香港擔任英國政府繙譯官及中文書記；又於 1844 年，組織「華人福漢會」，專門訓練華人傳教士進入內地傳教，是客家教會的始創人。位於香港中環皇后大道以南的「吉士笠街」（Gutzlaff Street），正是香港政府為紀念郭實臘的功績而命名的。

98 主要是因為不滿意委辦會不採用「浸」這譯詞，後來邀請高德（J.T. Goddard）自行繙譯，於 1868 年出版《高德譯本》聖經全書。

本》的聖經，於1852年出版新約，而舊約部分則於1854年出版。舊約部分更有著名的漢學家雅各．理（James Legge）[99]和另一位國內學者王韜協助文筆修飾。

《委辦譯本》面世後的幾十年，是中國的文言文聖經和白話文聖經的過渡時期。以上所提及的譯本全是文言文的譯本，因為當時一般讀書人所用的語言都是文言文，而出版的書籍更是以文言文為主。不過，十九世紀末葉的中國社會飽受內外戰火的摧殘，傳統的思想和觀念已逐漸動搖。在文字方面，一種介乎官話（即北京話）和文言文之間、較為通俗淺白的「淺文理」文體，便應時在民間流行起來。以這種淺文理繙成的譯本有：楊格非的《新約淺文理譯本》（1885年），《包約翰、白漢理淺文理譯本》（1889年）和最為通行的《施約瑟淺文理譯本》（1902年），又稱「二指版」，因為施約瑟（S.I.J. Schereschewsky）在繙譯此譯本時，身體已經嚴重癱瘓，只能用兩隻手指打字。

淺文理的時代維持不久，「官話」已逐漸取得主導的地位。顧名思義，「官話」是指當時朝廷和一般官員所用的語言，又稱「北京話」，亦即是後來所謂的「普通話」或「國語」。雖然在口語上，各省的官話腔調略有不同，但在文字理解上，仍頗為一致。為了更有效地傳揚福音，實有迫切需要以這種官話來繙譯聖經。《北京官話新約全書》（1866年）是《和合本》面世之前，最為通用的官話譯本；後來英國及海外聖經公會將之併合施約瑟（即《施約瑟淺文理譯本》的

99 雅各．理以繙譯中國十三經聞名，出版過不少中英文書籍，並於1857年為牛津大學首位漢語教授。

譯者）另外繙譯的舊約部分，出版《新舊約全書》（1878 年）。

### 13.1.2.4. 白話文的譯經工作：《國語和合本》的誕生

在此期間，國內有很多宣教士提出發行劃一譯本的建議，統一當時所有譯本。這些提議和非正式的討論一直維持了二、三十年之久，直至 1890 年，一個集英美各地聖經公會代表的傳教士大會在上海召開，大會通過一項令人鼓舞的議案，正式通過進行和合譯本的繙譯工作，包括在深文理（差不多等於文言文）、淺文理和官話這三種用語上各提供劃一標準譯本，以求能達到「聖經惟一，譯本則三」（One Bible in Three Versions）的目標，為要配合不同教育程度讀者的需要。同時又決定成立三個繙譯委員會，負責這三項繙譯工作，並議決以 1885 年出版的 *Revised Version* 為譯本的藍本。至於版權方面，三種譯本的版權，將歸合作之聖經公會（即英國、美國和蘇格蘭）共有，而各聖經公會得自行決定英文名詞「God」、「Holy Spirit」和「baptism」的漢語譯詞。

這三項「和合本」的繙譯計劃原是很理想的，但在實踐上卻遇到相當多的困難和障礙，這主要是因為當時正值漢語用語改變的開頭。起初，《深文理和合本》（新約 1904 年）和《淺文理和合本》（新約 1906 年）的繙譯工作進度最快，但後來因為一般用語和寫作均以淺白文體[100]為主，故感到無需再仔細分開，結果把兩個小組合併，而聖經全書亦於 1919 年出版。第三部「和合」的繙譯是《官話和合譯本》，這亦即

100 另有原因是：有些參與深文理繙譯工作的人員認為，以高深的文言文繙譯聖經，很容易採用了儒家常用的一套詞匯，這樣可能會誤導讀者對原文文意的理解。

我們熟悉的《和合本》。繙譯委員會是在28位來自歐美各大宗派、又能代表各個不同官話地區的候選人中，選出七位而組成，結果只有五位能參與和完成舊約的繙譯工作。他們分別是：北美長老會的狄考文（C.W. Mateer）、美國公理會的富善（C. Goodrich）、語言學家鮑康寧（F.W. Baller）和兩位衞理宗美以美會（American Methodist Episcopal Church）的宣教士，歐文（G. Owen）和鹿依士（S. Lewis）。全本新舊約的繙譯工作費時27年之久，分別於1906和1919年面世，後易名為《國語和合譯本》，簡稱《和合本》。

這譯本出版後不到十年，即通行中國南北各省，銷量遠超過任何其他譯本。《和合本》譯者在繙譯時所面對的艱巨情況是難以想像的，一方面既要處理一般繙譯上的難處，諸如忠於原文與保持通順兼備，又要面對超宗派合作的困難和協調等，而最困難的問題是在語文表達方面：要採用一種完全通行於整個中國不同地區和社羣的白話文文體，幾乎是不可能的，因為當時的白話文文體根本還未固定下來！然而，就在這語文變革的年間，譯委會幾經辛苦，排除萬難，為中國教會完成了這項偉大和艱巨的屬靈工程，那確是值得我們致敬的。聯合聖經公會在1988年，為《和合本》出版一輕微的修訂本，名為《新標點和合本》，其中的修訂主要針對標點分段、度量衡名稱、某些人名和地名的譯詞，和在小字上面增加一些古卷的資料。

#### 13.1.2.5. 華人的譯經工作

《和合本》的面世可謂是漢語聖經繙譯史上最重要的分水嶺，一方面這譯本成為過去半世紀華人信徒的「欽定譯本」，另方面這譯本也標誌著西教士對漢語聖經繙譯工作的結束。

進入三〇年代以後，漢語聖經繙譯的工作全是由華人展開的。首先是山東中華基督教會王宣忱牧師，把拉丁語聖經以英語譯本為底本繙譯了新約聖經（1933年）。此外，還有鄭壽麟和陸亨理（H. Ruck）的譯本（新約1939年）、朱寶惠譯本（新約1929年，舊約1939年）、蕭鐵笛譯本（新約1964年）和繙自 *Living Bible* 的《當代聖經》（新約1974年，舊約1979年）。其中最矚目和最有分量的一人譯本可算是《呂振中譯本》（新約1946年，舊約1970年）。據一般資料所得，呂振中牧師以希伯來語和希臘語聖經為底本來作的繙譯，費時二十多年[101]。香港大學鑑於呂牧師對聖經繙譯及學術界的貢獻，於1973年4月頒授榮譽神學博士學位，這可謂是香港社會對基督教學術研究一項前所未有的認同。

繼《和合本》後，最重要的繙譯工作分別於1971年和1972年展開，那就是《現代中文譯本》和《新譯本》的繙譯工作。後者更是集合當時華人教會聖經學者的成果；譯文的語句與《和合本》非常相似，特別是一些信徒耳熟能詳的經文。由於《現》的繙譯原則與《新》（和《和合本》）截然不同，且強調用現代漢語的表達方式，因此，讀起來倍覺新鮮。1995年出版的修訂版，更著意使文句通順易讀，盡量表現現代漢語的特色。雖然這兩部譯本仍未能取替《和合本》在教會普及通行的地位，但實在是信徒不可多得的參考譯本。

目前也有幾個繙譯工作正在進行。首先是開展已有多年的「和合本修訂」，還有與天主教合作的「合一聖經譯本」

101 然而，按一位認識呂振中牧師及曾協助他繙譯的主內肢體所記，呂牧師是從「一個語文」繙出來的。按此，《呂》舊約部分的底本可能是《七十士譯本》。

(Interconfessional Version),二者均是由聯合聖經公會駱維仁博士統籌的,亦在近年得到國內的教會領袖支持和參與。後者是以原文聖經直譯,旨在出版一本在語文表達上較為典雅的譯本,並可成為新教和天主教溝通的橋梁。前者則是在《新標點和合本》上,參照現時的原文聖經版本,並在語文上略加修訂的譯本。另一個繙譯工作是由國際聖經協會(即 *NIV* 的總會、International Bible Society 的香港支會)開展,在新約部分(如馬可福音)已有一些初稿。

## 13.2. 聖經繙譯

哪一本是最好、最忠於原文的譯本?這些譯本有何分別?這些都是一般信徒在聖經繙譯上常提出的問題。在回答這些問題之先,我們要了解譯經工作所涉及的層面,可包括三方面,分別是譯本底本的選用、繙譯原則的釐定和語文表達的斟酌,這亦是導致不同譯本之間差異的三個主要因素。

### 13.2.1. 譯本的底本

開展任何跨語言(即由一個語言繙到另一個語言)的繙譯工作,首要的目標是決定繙譯的依據,亦即是繙譯的底本。在聖經繙譯裏,底本可有兩種:第一種是指其他譯本,即以其他譯本作為底本來預備初稿,第二種是以某原文版本為底本,直接繙自原文來作為初稿。雖然很多人以這兩種繙譯方式來斷定該譯本的素質,但在實際繙譯的果效上,二者的差距是分辨不出來的。

#### 13.2.1.1. 以原文版本為底本

若以原文版本來作為繙譯的底本,則底本的素質自然會大大影響了繙譯的素質。然而，聖經的原稿既已遺失，所以譯者必須選取某一個原文版本來作為底本，而選取的原則是：該原文版本是否能涵蓋現存所有古卷（包括手抄本、古代譯本和古代教父著作）的證據和綜合一般學者對這些古卷的了解。我們先從現代譯本的鼻祖 *KJV* 說起。我們在第十二章已經介紹了一些主要新約希臘語聖經的版本和其發展歷史，自印刷術發明以來，至 1611 年 *KJV* 出版之前，很多原文版本的編定，都只能根據當時所能找到的幾份古卷，是完全沒有經過審訂的。不幸的是，*KJV* 的原文底本（主要是《公認經文》）所涵蓋的古卷證據均屬頗後期的古卷；蒲草紙抄本對當時的人來說根本是聞所未聞（那是在 *KJV* 出版超過 300 年後才被發現的）。按學者估計，*KJV* 的底本所反映的古卷證據還不足 25 份，其可靠度和準確性自然遠不及我們現在所有的希臘語新約聖經（如 *UBSGNT* 和 *NA*），而舊約的情況亦相類似。至於 *NKJV*，可能是近代惟一一部仍以《公認經文》為底本的譯本，其主要原因是，*NKJV* 的譯者是故意承襲 *KJV* 的古卷傳統，完全不理會過去幾百年來在古卷方面的研究成果；這並不表示這些譯者沒有這方面的學術知識，卻正反映以傳統扼殺客觀證據的流弊。

*KJV* 之後的幾個主要譯本如 *RV* 和 *ASV*，都以涵蓋當時古卷證據的版本為底本，特別是「韋斯科特和霍特版本」和後期出版的「評註版」（critical edition）新約聖經。「評註版」的特色是於校勘欄內列出豐富的異文資料，可供譯者參考。羅列異文資料的做法可算是二十世紀西方主要語言譯本（如英語、法語等）的繙譯特色。很多時候，譯者都不會單跟從某版本的內文進行繙譯，而是不時參考校勘欄的異文語句；換言之，譯者也扮演經文鑑別學者的角色。二十世紀首五十

年所出版的譯本，因採用不同原文底本所導致的差異是明顯的，但隨著學術界對 *UBSGNT* 和 *NA* 的肯定，近幾十年英語聖經的繙譯工作都主要以這兩部版本為底本，而舊約則採用德國聖經公會出版的 *Biblia Hebraica Stuttgartensia*（簡稱「*BHS*」）為底本[102]。至於在我們熟悉的漢語譯本中，直接由原文繙譯的有《呂》和天主教的《思》；至於《新譯本》，新約部分應該是根據原文版（*UBSGNT* 第二版）來繙譯的，但舊約部分，筆者從一位當時有分參與審閱工作的編委口中得知，有部分是譯自 1977 年版的 *BHS*，但也有相當部分的初稿是繙自 *NASB* 的。

### 13.2.1.2. 以其他譯本為底本

以其他譯本作為底本的，最好的代表就是 *Living Bible*[103] 和其漢語譯本《當代聖經》。*LB* 是由泰勒（Kenneth N. Taylor）博士一人綜合當時幾個譯本意譯而成的。泰勒的繙譯原只為自己幼小的兒女而設，希望他們自小就能明白聖經真理，因此，便以意譯的方式將聖經譯得淺白易明，且省去許多艱深

---

102 閱讀舊約聖經時，仔細閱讀的信徒會發現各英語譯本之間似乎因為底稿有別而出現頗大差異。這些差異可能是因為不同譯本沿用了不同的原文底稿，例如較舊的譯本（如《和合本》）可能是用基托爾氏（Kittel）編的《希伯來語聖經》，而較新的譯本則多數用 *Biblia Hebraica Stuttgartensia*（1977 年），亦可能是由於譯者在面對難解的經文時用了不同解釋方法。當希伯來語底稿在某些地方顯得含糊時，譯者會參考較前期的譯本（如《七十士譯本》）或嘗試將整段希伯來文重新編排。*NRSV* 和 *TEV* 等譯本通常在註腳部分告訴讀者在哪些地方與該譯本和希伯來文底稿並不完全吻合。

103 雖然譯者常強調他的文稿曾被希臘文和希伯來文專家審評，但一般學者均對此點有懷疑。

的詞匯，以及未信或初信者看來難於理解的屬靈用語，轉以解釋性的表達來繙譯；而《當代聖經》則純是由 *Living Bible* 直接繙譯過來的。在整個繙譯過程中，兩部譯本均沒有仔細以原文版本來校對。另有一些譯本，雖然是從某譯本繙出初稿，但在整個審閱過程中，卻經過很仔細的審閱和與原文校對。《現代中文譯本》便是一個好例子。它是從 *TEV* 繙出初稿（由許牧世先生負責），再由一羣聖經學者仔細審閱過的。

在一般正規的繙譯委員會中，從初稿到最後出版，會經過很多步驟，期間由不同聖經學者和語文修飾學者修訂；大概最終出版的樣貌已經與初稿有很大的差異。在這過程中，不同學者都會仔細對照原文而加以審訂，故初稿雖只是由某一譯本繙出，但最終的繙譯成果與直接由原文繙出初稿的譯本，實際上並沒有太大的出入。有些譯本與《現》的繙譯過程很相似，同樣聲稱以某譯本為「藍本」。在繙譯上，這其實是頗為含糊的說法。但無論如何，很多素質高的譯本均屬此類，例如：我們所熟悉的《和合本》都是以 *RV* 為藍本，英語的 *Jerusalem Bible* 也是以法語的 *La Bible de Jérusalem* 作為藍本。同樣，*RSV* 也是以 *ASV* 作為藍本，但這些譯本的素質和準確性極高，是無可置疑的，亦並非全是繙自某現存的譯本。反之，今天有些聖經繙譯工作，是以「直接由原文繙譯」作為推介和宣傳的焦點，但往往卻名不副實。

一般人會以為，以其他譯本作為底本或藍本的繙譯便是在「忠於原文」方面較為遜色，素質亦較差；但這全是一種錯誤的心理，因為這只是涉及初稿的素質而已。事實上，我們必須知道，繙自原文版本的「初稿」也不一定絕對符合原來的意思，而繙自譯本的初稿在多層嚴謹的修訂和校對後，不一定與原來意思有差異；最重要的是整個繙譯程序和鑑察過程是否嚴密。要評鑑一部譯本，總是就最終出版的成果而論，絕不應以其初稿作定斷。筆者甚至認為，若能讓一位資深的語文學者預備初稿，然後再讓幾位聖經學者輪流對照原文，繙成的譯本在語文表達上可能更富新鮮感和突破性。

### 13.2.2. 繙譯原則

影響一部譯本的素質和樣貌的另一非常重要因素是繙譯原則。繙譯原則大致可分為兩個截然不同的類別：「形式對等」（formal correspondence approach）和「功能對等」或「動態對等」（functional or dynamic equivalence approach）；但在實踐上，任何一部譯本均會應用這兩種不同的原則。

「形式對等」，俗稱「字面繙譯」或「直譯」，是一種以字對字、按式擬式的繙譯方法。譯者務求保留原文的格式和結構，從目標語言（如漢、英語）中搜尋最合適的詞匯，與原文各單位逐一配對。表面上，這種配對方法似乎是最忠於原文聖經的，然而，實際上卻不盡然。這樣逐字逐句的將一種語文的語法和結構與另一種語文配對，只會令意念的表達出現混淆不清的現象。最容易感到混淆的是那些對聖經並不太熟悉的讀者，他們往往要費更多工夫才能明白經文的真正意思。我們在 13.1.1 和 13.1.2 所提及的譯本，大多數都屬這類，一方面是因為 *KJV* 在整個聖經繙譯史（無論是英、漢語）上的影響（基本上，二十世紀前的聖經學者和宣教士都可說是受 *KJV* 的洗禮），同時，亦反映一般人對「經典」作品的期望，認為繙譯這些經典應該盡量保留原文形式。*NASB* 在眾多通行譯本中是最緊隨這種繙譯原則的，以致譯者在繙譯每一類希臘語動詞的時態時，都會硬性選用英語中同一類的時態。

「功能對等」與「形式對等」剛好相反，它是一種著重意義對照的繙譯方法。「功能對等」重點在於將經文的意思表達出來，使今天的讀者在透過譯本所領受的信息，正是那聖經原來的讀者所領受的信息，因而在理解和情感上產生同一的反應。基於這原則，譯者所注重的是原文的意思而不是個別字匯的對應。採用這種繙譯原則的譯者，在繙譯時不斷提醒自己要留心讀者在閱讀此譯本時，最可能領受的信息和產生的理解、反應。因此，「功能對等」並不強調要保留原文的格式，但求把原來格式（如時態）所表達的意思清楚地表達出來；同時，亦不強調保留原文的詞序，只把原文詞序所表達的含義在譯文中清楚地表達出來。這樣的繙譯不但忠於原著的意思，也使譯文的表達變得更流暢自然。以「功能對等」繙譯的譯本有菲力普斯的 *New Testament in Modern English*、*NEB*、*TEV*、*LB*，以及近年兩部非常好的譯本 *CEV* 和 *NLB*。

第一本以「功能對等」繙譯的漢語聖經是來自倫敦傳道會楊格非（Griffith John）繙譯的《新約淺文理譯本》（1885年）。他反對照字搬字的繙譯方法，認為這只會曲解原意。近年以這理論為主導的漢語譯本莫過於《現代中文譯本》。此譯本本著「功能對等」的精神，強調以「意義相符，效果相等」的繙譯原則。這繙譯原則其實是聯合聖經公會一貫的繙譯原則，因此，也應該反映在正在進行的「合一聖經譯本」這繙譯企劃裏。

雖然以上所述兩種繙譯方法大相逕庭，但實際上，繙譯的人多數會同時使用這兩種方法。基於不同語言的分別，沒有一個譯本可以完全逐字對譯，各譯本整體上只能不同程度地跟隨「功能對等」的原則。當比較各段落時，一個譯本在某段落可能較另一譯本的同一段落更傾向字面對譯，但比較另一段落時，兩個譯本的情況可能又剛好相反。然而，整體來說，有些譯本是較「形式性」的，有些則較「功能性」。此外，很多人都以為「形式對等」較為忠於原文，這其實是一種錯誤的心理，讀者只需想想：儘管一部譯本真的可以形式對形式地繙譯原文，但若讀者不懂原文的語法或結構，那又有何作用呢？更糟的是，一位本來能掌握漢語的讀者，也許對這些「穿戴著漢語外衣的希臘語內文」感到莫名其妙呢！

下列圖表以橫線兩端分別為「形式對等」和「功能對等」，然後按各譯本繙譯時所採用的原則排列於線上：

| 《和》《新》*NASB* *KJV* *JB* | *NIV* | *CEV* *LB* 《當》 |
|---|---|---|
| 《呂》《思》*RV* *NKJV* *NRSV* | | *NEB* TEV Phillips《現》 |

形式對等 ⟶ 功能對等

## 13.2.3. 語文程度

譯本的語文可謂是最被忽略的，在近代的聖經繙譯研究裏，其重要性才慢慢被確認。在繙譯的過程中，譯者除沿用上述不同的繙譯原則外，不同的用語和風格也使譯本與譯本之間有著顯著的差別。事實上，導致新譯本誕生主要有三大因素，分別是有新的原文版本面世（13.1.1）、有新的繙譯理論有待實踐（13.1.1），和譯本的用語必須與時更變；展望二十一世紀的聖經繙譯，焦點將會放在語言的運用方面。原因很簡單，除非有很突破性的古卷發現，絕大多數的聖經繙譯工作均以 *UBSGNT* 和 *NA* 為新約希臘語聖經的底本（當然有些學者仍要保留《公認經文》的古卷傳統，如 *NKJV*），又以 *BHS* 為舊約希伯來語聖經的底本。而在繙譯理論方面，現時的譯本都是在「功能對等」和「形式對等」這兩端中間徘徊，按個別譯本的不同取向而有所出入，進一步的努力也只務求於兩極間在不同經文中採用不同的方法，始終不會超出這兩極的範疇。所以，相對來説，現代人在用語上更變之快，將會越發縮短譯本的壽命。

這一點正正可以從英語聖經的繙譯歷史得到印證。自五十年代開始，一般信徒和聖經讀者普遍開始重視聖經的可讀性，而傳統譯本中所用的傳統詞匯實不足向現代人傳達其意。因此，便出現了菲力普斯的譯本，相繼亦有 *NEB*， *TEV* 和 *LB* 的面世。

所有譯本都聲稱採用了當時最現代的語言，有些譯本（如 *CEV*）更是為追上語言變化的步伐而產生的。但譯者對「通行用語」的定義，及他們在製作個別譯本時採用「通行用語」的程度，都有很大差異。「通行用語」指最為那些閱讀和書寫某種語言的人共通的用語；不論這些人的教育程度，社會階層和國籍如何，這通行用語代表著大部分人每天使用和賴以溝通的語言，是一種非文學、非技術性用語，適用於任何層面的溝通。這通行用語並不包括一切小羣體或次文化（包括教會文化和傳統詞匯）所使用的特殊用語。「通行用語」的定義相當廣泛，各譯者大可追隨頗不一致的軌迹。不過，由於新興的用語不一定持久，往往更替迅速，為免譯本在面世時，所用語言已屬過時，故一般譯本都不會選取過分「現代」或前衛的用語[104]。

104 在這方面，《和合本》的白話文用語可謂是一大例外。在《和合本》面世時，白話文還未算是非常普遍，但繙譯的人具有天賦的慧眼，採用一種當時被視為很前衛的語言。

按此，通行用語和文學語言難免有點出入。英、漢語兩本「欽定本」各有不同的文學素質，雖然二者均代表兩個語文文學發展的里程碑。*KJV*的用語和風格（特別是句子的旋律）反映當時最標準維多利亞時期（Victorian Period）的英語；時至今天，仍有不少大學英語系的課程是以*KJV*的經文來介紹當時最優美的文學。《和合本》所代表的更是一個新的里程碑；它的面世，可謂成了中國新文化運動中推廣白話文的先鋒。事實上，它比任何白話文的作品更早出版。在二〇年代，許多政府學校在推行文學大眾化期間，往往採用《和合本》的四福音作為標準的國語範本。《和合本》的譯者用一種對當時的人來説是新的用語來繙譯，是一個很大的冒險。但今日回顧起來，卻又不得不承認譯者們確實別具慧眼。西教士有這大膽的嘗試，全基於一個信念：要以通行的語言來繙譯聖經。雖然當時的學人並未全然接受白話文，但這委實是普羅大眾的語言，其作為「通行用語」的地位是不能逆轉的。

時至今日，《和合本》已成為漢語聖經的範本，形成演繹上帝話語的楷模。要擺脱《和合本》在語文風格上的影響已不容易，這點可從《新譯本》中看到。雖然《新譯本》聲稱為繙自原文聖經的譯本，但只要與《和合本》對照起來，不難看到兩部譯本在風格和文筆上都非常近似。也許，譯者在繙譯時，已經不知不覺地採納了向來所熟悉的《和合本》譯詞和表達方式。這情況就有如一位上了年紀的牧師在其文章中，也經常會流露《和合本》的詞藻或「和合本式」的保羅詞藻！

很多人會覺得譯本的語文程度與其繙譯方法有一種對應的關係，意即：以功能對等原則繙譯的譯本，其語文程度會較低，而以形式對等原則繙譯的譯本，其語文程度則較高。後者的對應也許能夠反映我們現有譯本的情況，因為以形式對等繙譯的譯本通常會保留一些傳統的神學詞匯和語句（特別是一些常用的經文），而在整體的風格上，這些特徵都會給人一種較為古典的味道。然而，前者的對應卻明顯是觀念上的錯覺。

以 *NEB* 和 *TEV* 為例，二者均是以功能對等的原則繙譯的譯本，但在語言和風格上便截然不同。*TEV* 強調用語普及化，原為那些非以英語為母語的人而設，刻意運用大多數人使用的語言來繙譯，因此，它最為普遍受落。至於 *NEB* 的譯者則較刻意雕琢，文筆和用語都比較工巧，結果，就只能在崇尚高深英語的社羣中流播，不及 *TEV* 適合普羅大眾。雖然 *TEV* 的淺白多少減損其文學價值，有些人甚至會覺得它過於生硬單調，但無可否認，正由於它的簡單平實，反能發揮出強大的溝通能力。近年新出版的 *NLB*，正務求在保存這溝通效果的同時，又能兼顧文筆技巧上的素質。

### 13.2.4. 哪一本是最好的譯本

哪一部譯本是最好的譯本？這問題的關鍵明顯在「最好」二字。筆者在思想這話的時候，覺得這裏的「最好」可有兩個意思：第一是指「最準確」的譯本，第二是指「最萬能！」的譯本。

若以上述 13.2.1~13.2.3 所談及的三個因素來衡量譯本的準確性，首先，我們可以簡單地剔除 *KJV* 和 *NKJV*，因為這兩部譯本的底本均未能顧及近代古卷的發現。除此之外，一般在基督教書店所售賣的聖經譯本，絕大多數都是準確的，讀者亦可以安心採用任何一部譯本。然而讀者仍要小心，有些「另類教會」也展開其繙譯工作，例如近年出版的《新世界譯本》便是一例子[105]。此外，由於繙譯本身就是釋經，而當中所要處理的問題非常繁多和複雜，一般來説，一人繙譯如《呂振中》或《當代聖經》的譯本往往不及委員會繙譯的譯本可靠。因此，在選擇譯本作為教會公用聖經或個人靈修聖經時，委員會譯本如《和合本》、《新譯本》和《現代中文譯本》會較為適合。但這並不是説，一人繙譯的譯本沒有價值，相反，筆者發覺一人的譯本通常較為自由，往往能免於傳統理解和神學觀念的左右，參考的價值亦相繼提高。

哪一部譯本是萬能的譯本？答案很簡單：根本沒有！一部譯本的效能往往要視乎其對象和用途而定。一般來説，以「形式對等」為繙譯原則的譯本會較適合信主多年的信徒，而以「功能對等」為繙譯原則的譯本則較適合初信或教外的人士。因為宗教一般重視傳承，故容易趨於保守，不務革新，而信徒的信仰生活亦自然傾向慣性的模式，不思更變。因此，對閱讀聖經多年、且習慣了傳統詞匯的信徒而言，實在不易重新適應新的用語，而形式對等的譯本（如《和合本》或 *NRSV*）無論在用字和表達上都頗為固定，故較適合資深信徒。相反，功能對等式的譯本（如《現代中文譯本》、*TEV*、*CEV* 或 *NLB*）在用字和表達上則頗為自由，沒有既定沿襲的模式，但求合於時代所通行的用語，詞匯自然較適合新加入教會的信徒和對教會用語陌生的朋友。既然如此，因著對象的不同，

105 有興趣了解這譯本的繙譯問題，可參筆者詳盡的書評，見《新約經文鑑別學概論》（香港：基道，1997）附錄二之「這是耶和華見證人的聖經——《新世界譯本》」。

譯本的效能亦顯得有限。我們可從以下的圖表來理解「信息」和「讀者的理解」之間的關係。

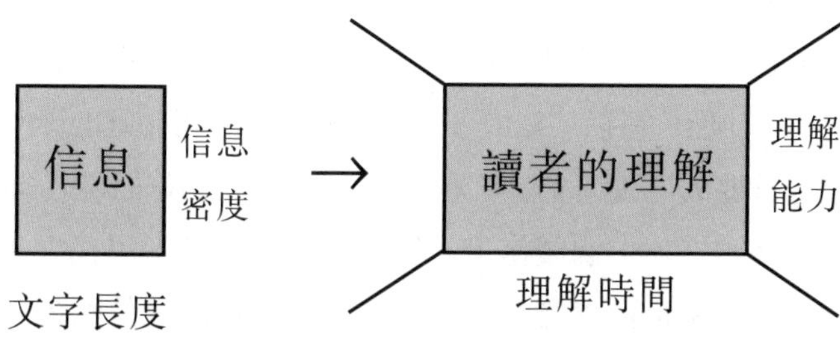


「讀者的理解」這渠道的闊度和長度，分別代表讀者的理解能力和在理解上所需要的時間，換言之，這渠道的闊度愈寬（即讀者的理解能力愈強），渠道的長度則愈短（即讀者在理解上所需的時間愈短）。在「信息」方面，文字的長度和信息的密度亦同樣是一反比的關係：同一篇信息，文字長度愈長，信息的密度會愈低。在資訊接收的過程裏，若然一篇信息（即「信息密度」x「文字長度」）要順利地通過讀者的理解渠道，便必須要配合讀者的理解能力和理解時間。換言之，既然讀者的理解是固定的（當然這可按其教育和經驗而改變），倘若信息的密度過高（即用以表達的文字長度很短），讀者便會在理解上感覺有困難，相反，倘若信息的密度過低（即用以表達的文字長度很長），讀者便會感覺很容易、甚至沈悶。

撇開譯本所代表的釋經這問題不提，不同譯本實質代表不同的「信息密度」和「文字長度」的不同組合而已。一般「形式對等」的譯本的密度較高，故適合那些理解能力較高的讀者，即那些較為認識聖經內容的人，但對於那些初信的讀者，便較為有困難，而一般「功能對等」的譯本的密度較低，但文字的數量較多，容易遷就不同理解程度的讀者。

雖沒有一本「萬能」的譯本，但不同的譯本卻可發揮個別獨到的功能，所以，能因著用途的轉移而選用合宜的譯本，這才是重要的關鍵。例如在研經班裏，弟兄姊妹可能已經習慣傳統譯本，便可繼續使用，但亦可同時參考《現代中文譯本》，作為輔助的釋經材料；至於在福音性研經的聚會中，《現代中文譯本》便較傳統的譯本明顯合宜得多了。

## 13.3. 譯本、教會和信徒

聖經繙譯在過去半個世紀的工作成果遠遠超過之前千多年所成就的。直至 1804 年（這年是「英國及海外聖經公會」成立之年）為止，大概只有七十種語言的全本或部分聖經譯本，但自 1804 至 1935 年間，數目已升至超過一千，直至 1993 年為止，全球已有 2,062 種語言的聖經譯本。

### 13.3.1.《和合本》與教會用語

宗教經典譯本的目的，是要把本來是一般人看不懂的文字和語言繙成一般人都可以明白的（當然譯本大可以以錄音帶出現）。不過，一部譯本的感染力並不是靜止的，而是不斷地流播和傳承的。

前一節已經提過，《和合本》的成功和普及，的確模造了一個漢語聖經的典型風格，甚至是表達信仰的典型模式。《新譯本》之與《和合本》相同，可能是因為譯者們故意採用《和合本》的詞匯和風格，但更可能是在不知不覺間被感染了。七十年代以前，還沒有別的譯本出現，學者、牧者的信仰成長過程都是以《和合本》為「惟一」的聖經，既自小牢記了不少經節，如今在繙譯時便很自然被腦海裏的詞句所影響，甚至將之讀進譯文內；可見耳熟能詳的譯本對聖經繙譯者的影響是很難避免的。然而，《和合本》的深遠影響還不止於聖經繙譯上，基督教既是一「經典」的宗教，羣體的「欽定本」也自然為信徒提供了一套表達和傳遞信仰的「欽定」用語，代代相傳。

在這方面，《和合本》可謂為中國教會奠立了「基督徒語言的本子」[106]。《和合本》不僅繼承了所有早期中文聖經的脈絡，集合了一百年來譯經的精華，亦在許多詞匯上，例如「天國」、「弟兄」、「福音」、「使徒」、「祈禱」、「得救」、「稱義」等字眼上，為教會信徒制定了一套「屬靈的語言」[107]，其含義往往並非教外人士所能明白的，就連教內信徒，都未必深切領會。一般宗教語言都是較強調文字的意象或象徵意義，因此，宗教詞匯可供人推敲、參悟、聯想和默想多於客觀分析。倘若這些聯想活動能建基於文字的意思，則宗教術語便不會流於抽象玄妙、任由人意，甚至只是一種「人云亦云」式的神祕語言。只可惜，今天教會不少信徒，口中常帶著「稱義」、「成聖」、「重生」、「上帝的旨意」和「屬靈」等詞語，自己既不甚了解詞語所包羅的意思，但又在不知不覺間教導並鼓勵新信徒採用。

這情況是好是壞，留待讀者自己決定。但在末了，我們

---

106 參倫志文，「淺談繙譯與華人基督教文字事工」，《今日華人教會》（1986年11月），頁14~19。

107 記得在念大學時參加的教會裏，有一位非常愛主、比我年長的弟兄曾與我一起禱告。在他一貫的禱文中，除了幾個連接詞等字外，百分之九十九都是背誦《和合本》的經文。

要問，對於教外人士而言，這種「先了解經典，才享其信仰」的模式是否本末倒置呢？我們邀請信徒返教會，參加福音性研經，但我們所用的譯本，以至所用的語言，既不反映和符合現代讀物一貫的表達，當中所用的字眼和術語更必須諸多解釋才可以明白。未信朋友要面對的挑戰，不單是那叫我們認罪悔改的福音，更是那表達這福音的文字了。

熱心的信徒（當然亦包括傳道同工）在這方面需要特別留意，不要使我們的屬靈、宗教詞匯成為福音的難阻，用普羅大眾的語言來表達天上的真理常是我們努力的目標。須知道曉得福音內容並不等於曉得表達福音，然而，上帝既已是成為肉身，為要與人直接相處，我們便不要把祂推回天庭去。

### 13.3.2. 「講經而非背經」

任何譯本所帶來的問題正正是「譯本的文字」問題，即是「文字的框框」問題。雖然一個意念有很多不同表達方式來表達，但由於文字的表達往往受兩個因素所限：時間——因為語文會不斷改變，和空間——因為不同地區的人的表達方式都不相同，因此，要選取的方式便要隨時改變。在以自己的母語交談時，一般較成熟和有經驗的人都會在不同的場合作出調校，但若以書寫語來表達，調校的功能便失去了。當我們背念聖經時，我們把一二節文字背記下來；一方面背記的人不一定明白經文的意思（所謂「死背書」），另一方面，該節的信息便只限於某一詞組或語句的形式，而在下意識裏，信徒會覺得只有這種表達方式才可以表達這信息。更嚴重的問題是，當信徒讀聖經至這些已背熟的經節時，閱讀這些經節的速度會特別快，因為他們以為自己已經背熟和明白了；在此情況下，經文會因我們自以為非常熟悉而缺乏新鮮感。

其實一個意念可有很多不同的文字表達方式，而最好的表達方式，就是用自己的口語來表達，因為口語是最接近我們思想的語言。要用口語講述意念之先，我們必須經過消化，否則講不出來。這消化的過程對於操廣東話的人就更加重要，因為所有操廣東話的人都是雙語的：寫的是普通話，但講的卻是廣東話；故要用口語講述文字的意念，就必須把普通話的文字「繙譯成」廣東話，這一轉必牽涉理解的過程。因此，閱讀《廣東話聖經》（香港聖經公會，修訂版，1997）也是一個好方法。當然，以廣東話講述文字，不一定可以解決詞匯的問題，因為我們只是把《和合本》的神學詞匯讀成廣東話，始終無濟於事，但對於了解字句的關係，以口語講述便會有很大的幫助。因此，我們仍可以肯定的說，能用口語講述聖經的人也必然較明白聖經。這樣背誦聖經的最大好處是，一方面令背誦聖經更容易，毋須咬文嚼字，更有意思，另一方面，由於信徒並不牽於一個譯本，可以隨意轉向其他譯本，這可令讀經常保持新鮮感。

對經文有新鮮感是極之重要的事。相信讀者在閱讀聖經時，也常遇到好像是看「無字天書」的感覺，似曾相識但又不甚認識。然而，一翻到別的譯本（雖不一定是較好的譯本，亦不一定在該段經文譯得特別好）時，由於我們沒有那種對慣用譯本般先入為主的觀念，因而對「新」的文字較為敏感，並從而看出比較深入的信息和問題。這是在閱讀時，讀者要把自己從熟悉的文字抽離出來的技巧；有好幾位著名的解經佈道家（如 John Stott）都曾指出，他不時都從不同譯本看聖經，為要提高自己對聖經經文的新鮮感。再以 13.2.4 的圖表加以說明。不同的譯本即代表不同的信息組織：倘若信息的輪廓保持不變，在接收的過程中，信息自然挑起不了讀者的注意力，但倘若信息的輪廓有所（或經常）不同，在接收的過程中，讀者必須提高自己的注意力，這固然可以避免讀經流於表面和習慣了。

任何一段譯本的經文，它的意思就好像是一塊塊的積木，而所呈現的文理就是積木所堆砌出來的模型。每塊積木就是一段經文的語意單位，這些意思單位是必須堆砌成一個模型(即用文字表達出來），才可以傳遞開來。不過，模型的樣子是怎樣並不要緊，因這只是表面的結構，所表達的最終方式在乎堆砌的人。譯本的信息和文字的關係也是一樣。

教會所強調的背經生活的原意是好的，亦是信徒所應該看重的，只不過在背經的過程中，我們不要忽視一些潛在的問題。 沒錯，口語化的「個人譯本」很可能會與主流譯本有出入，但所失去的只是經文的某些特別含義，而不會影響重要的意思；換來的卻是令背誦聖經更有趣味、更容易，信徒亦不受某譯本的慣性限制，可隨意閱讀其他譯本，使閱讀更有新鮮感[108]。

108 對某些人來說，口語化的講經有另一弊病，就是欠缺了「背經」所帶來的權威。口語化的講經給一般人的印象是屬於講者而已，但背出來的經文卻是屬於聖經的，因此，具有較大的權威性。這情況好比有些教會的禮儀：禮儀的好處是既精簡、又有深度，但對於不認識禮儀背後的（神學）意義的人，年復年的禮儀便會變成僵硬和無意義。

第四部分

# 從讀經到研經

本部分的目的，是要探討信徒的讀經，及至研經的生活。談到「研讀聖經」，一般信徒最強調的問題是：上帝藉著這段經文對我說些甚麼呢？這是很合理的，因為上帝給我們這一本書是要向我們說話，亦期待我們能明白；這點亦是在近年來，聖經學者愈來愈重視的環節。然而，在談及應用之先，一般學者都很強調必須有釋經的工夫。講到這裏，信徒與學者的見解便顯得有點出入。信徒都相信聖經是上帝的話語，但對「研讀聖經」這一回事的確有不同的意見。很多人會說：「誠心誠意地讀經，就是與上帝交通，有此經歷，夫復何求？上帝在我們讀經時，自然會透過經文向我們說話。」對聖經學者來說，這番說話似乎帶有另一種含義：「你們這羣學者為何把『了解聖經』弄到那麼高深複雜，好像只有學者才能明白似的？聖經不是已很清楚、人人皆懂的嗎？」

教會的一貫教導是勤讀聖經、研讀聖經，因為當中有生命的話。從聖經的本質來看，這番話固然是對的，但對於已信主一段時間的信徒來說，這只是理論。在實際閱讀聖經的經驗中，大家都知道，亮光不是必然的。而在查經班裏某位信徒對某段經文的理解，也不一定得著所有人的認同。所謂「人人皆懂」的聖經，在實際上，仍有一定的難度和參差的現象。信徒在面對理論的教導和實踐的困難中，我深信聖經學者可以做一些事，一方面能讓信徒多了解「讀經、研經」是怎樣的一回事，另一方面，亦可參考聖經學者所採用的一些方法。因此，本部分的一個重要環節，就是要介紹一般聖經學者所使用的不同釋經方法。

在進入討論之先，筆者希望能先與讀者達致某程度的共識。讀經之享受不單是基於理性的滿足，同樣重要的也是感性（如經驗）的共鳴，而不同人會在這兩方面有不同程度的要求和期望。事實上，對於大多數信徒來說，後者往往較前者來得重要。在一個起伏的人生中，找著經上的一句應許或安慰話——那怕是老生常談或只是不經意、隨手翻出來的經節（又儘管是靈意解經），可能已經為那些陷入困境的肢體帶來何等的盼望；這是何等重要的經歷。因此，在理性和強調邏輯、辯證之餘，經文與生命的接觸，還是非常重要的。事實上，本部分所討論的，主要是因為聖經文本與今天讀者有近二千年的時空相隔。換言之，倘若今天我們是身處公元一世紀的哥林多信徒，本書便不需要討論那麼多問題（如第十四章的譯本釋經與原文釋經等問題）和不同鑑別方法（如第十五章談及的幾種方法），而信徒的讀經便只需專注在感性上接觸文本，如默想和怎樣把經文付諸實行等思索裏了。很可惜，我們所處的時代與原來的處境大大不同，而我們確實需要花一番工夫才能達致初期教會的讀經果效。

本書既以「新約研究」為出發點，筆者便從較嚴厲和批判的角度來看讀經這回事，因為理性層面是一般人（特別是非信徒）的共通點。倘若弟兄姊妹問：「若然讀經和研經只強調理性的閱讀，上帝的工作在哪裏呢？」這問題就好比：「今天，當我們生病，我們會先找牧師，抑或醫生呢？」（大概這要視乎所患的是甚麼病了！）這種分割確實是不必要的，因為理性的建構和聖靈的幫助是應該共存的。就如我們去找醫生時，我們確實應存祈禱的心，求上帝賜醫生有智慧、留神的為我們診治。同樣，我們每一個人在閱讀和研究聖經之先，都應存敬虔和禱告的心，因為我們需要上帝給我們智慧，在每一個解經的步驟上作出適當的取捨。

讓我們先來檢討有關「讀經和研經」的一些基要的問題。

## 參考書

有關釋經方法的漢語書籍，還要有待華人學者們的努力；在傳統的鑑別方法的討論，周天和牧師著的《新約研究指南》(崇基學院神學組，1998年新增訂版) 是非常好的一個選擇。在這方面的英語書籍非常多，現只提出幾本，以作參考：W. C. Kaiser & M. Silva, *An Introduction to Biblical Hermeneutics: The Search for Meaning* (Grand Rapids, MI: Grand Rapids, 1994)；G.R. Osborne, *The Hermeneutical Spiral: A Comprehensive Introduction to Biblical Interpretation* (Downers Grove, IL: InterVarsity, 1991)；A.C. Thiselton, *New Horizons in Hermeneutics: The Theory and Practice of Transforming Biblical Reading* (Grand Rapids, MI: Zondervan, 1992)；R.J. Coggins and J.L. Houlden, eds. *A Dictionary of Biblical Interpretation* (London/Philadelphia: SCM/Trinity Press International, 1990) 和 G. Aichele, et al, *The Postmodern Bible: The Bible and Culture Collective* (New Haven, CN: Yale University, 1995)。

# 第十四章・讀經和解經的基要

本章先由信徒在閱讀聖經上所遇到的困難出發，探討有關聖經鑑別方面的前設，並為原文釋經定位。若信徒能在這點有所共識，當可為研經生活開拓更廣闊的視野。

## 14.1.「讀經」的困局

談到「讀經」的困難，我們很容易便想到與讀者的語文能力有關，然而，在閱讀聖經上，以一般人的語文程度，對聖經的大致內容應該不難有基本的了解。因此，讀經的困難往往並不關乎語文能力的問題，且不在於基本了解的困難，而是因有更高層次的期望所帶來的困局。

一般而言，閱讀的成效往往與閱讀的速度和讀者對所讀課題的熟悉程度密切相關。照理，速度愈慢（即精讀）、對課題愈熟悉，閱讀的成效自然愈顯著。但值得留意的是，就算我們對聖經加以細研精讀，並且反覆熟讀，仍不見得一定叫我們突破讀經的困局。試想我們在靈修時往往只精讀幾節經文，仔細的讀、慢慢的讀、甚至讀來讀去，但到頭來，熟是熟了，只是所領悟的仍不見得比先前更為深刻！熟而不悟、似懂非懂的感覺，相信是許多信主經年的信徒所深深共鳴的。

精讀和熟讀不但未必叫我們突破讀經的困局，相反，可能令我們陷入更深的迷惘中。信徒所有的就只有一本聖經，於是只有重複不斷地閱讀，信徒這種月復月、年復年的讀經生活，確實是值得注意的現象。若然讀者十年如一日地閱讀同一個譯本，表達信息的文字便很容易僵化，我們在 13.3.2 已略為討論過。由於讀者對譯本的文字框框已經非常習慣，對於已經背記或熟悉的經文，讀者還未念完第一句，第二句就已經出現在腦海裏。這樣的讀經，根本只是溫書，文字完全沒有新鮮感。整個段落的文字就好像一幅圖像，我們的眼睛、大腦細胞和神經，把整幅圖像（image）單一收錄，卻不再顧及圖像中的個別單位。這情況就好比我們把一頁文字掃描入電腦，整頁文字就是一幅圖像；除非電腦透過一些文字解讀的軟件，把圖畫裏的每一個字辨認出來，否則，我們根本不能選用分析內文任何一個文字。同樣，在閱讀聖經方面，除非我們分析出每一個字詞的單位（或組合單位），作個別的理解，否則，一段經文的文字只會停留在圖像的層面，而我們的理解亦可能只流於舊有的觀念。如此的熟讀，無論再讀多少遍，我們的理解仍然不會有甚麼出入的，久而久之，甚至連閱讀的動力也會消磨，誰還會為既有的理解而百讀不厭？難怪初信者的讀經生活反能更見積極，而信主愈久的，卻愈易消沈喪志。可見，熟讀在某程度上的確可以使閱讀更加深刻，但一味的熟讀，恐怕仍不足達致進深的理解，反而更會窒礙理解的更新，這點實在值得我們深思。

因此，正如 13.3.2 所建議，經常轉換新的譯本必定會改善這情況。然而，撇開譯本這問題不提，信徒這種對聖經熟讀不休的態度，仍是構成聖經閱讀生活很大的壓力，因為這種恆久不倦的閱讀在在反映信徒背後的期望，而這期望乃源於信徒的認信，涉及信徒的聖經觀和宗教經驗。所謂聖經觀是指認定「聖經都是上帝所默示的，於教訓、督責、使人歸正、教導人學義都是有益的，叫屬上帝的人得以完全，預備行各樣的善事」；而宗教經驗，則是指我們在過去的讀經經驗中，確實得著幫助。帶著如此的認信來閱讀聖經當然並不是錯，因為這確實反映我們信仰的核心，不信的朋友是絕不會帶著這樣的心態來讀聖經的。然而，人的認信經常需要實際的數據（例如我們的經驗）來支撐和強化。我們愈是閱讀，自然對承載上帝話語的文字的期望愈來愈高，但倘若再「溫習」，只不過是熟稔多一點，仍是毫無新意，我們這認信式讀經到底又可維持多久呢？

至此，我們多少看見問題的癥結：信徒對讀經生活的期望愈高，精讀愈勤，不久會遇到這讀經的困局。

## 14.2. 鑑別方法的必須、認受和前設

筆者必須重申，信徒對聖經期望高、精讀，實在沒有錯。問題是能否有較具體的方法，使期望得以落實，讓勤勉日見進益；卻不是在死胡同裏兜兜轉轉，將心志消磨。

### 14.2.1. 鑑別方法的必須

談到「方法」，我們首先要明白聖經是怎樣的書。聖經並非是一本單行本（monograph），而是一「經卷結集」（collection），由66卷書組合而成；最後一本的寫成日期約為公元一世紀末。這本古遠的編集，無論在歷史、文化和語言各方面均與我們現在的處境大相逕庭，而其中語文的隔膜可謂是最大的問題。舊約聖經原是以希伯來語和亞蘭語寫成，而新約聖經則是用希臘語寫成的，要明白聖經的信息，便要把原來的希伯來語、亞蘭語和希臘語繙譯成各族各方的語文。

嚴格來說，大部分信徒所讀的「聖經」，其實都不是「聖經」本身，而是「譯本」；就算是通曉聖經原文的學者所研讀的也不是「聖經」本身，只是「版本」而已，因為聖經的

原稿根本已散失了，今日遺留下來的，就只是一份份的古卷抄本。因此，根據這些古卷抄本而編成的「聖經」，就稱為「版本」，根據某個或多個「版本」繙譯而成的，就稱為「譯本」。「版本」自然較「譯本」更近於「聖經」，只是那仍不可算是「聖經」本身。也許以上的描述會令某些信徒不安，但事實畢竟是事實，問題是如何面對這事實，好讓每一個信徒都能讀到上帝的話語。

在聖經——譯本，還未到達平信徒手中時，學者們首要的目標是根據現有紛紜的古卷抄本重構原來的聖經文本。為要盡量呈現聖經的原貌，這重構的過程就涉及一套相當嚴謹的程序和方法，這便是經文鑑別學（參第十三章）的使命。正因為經文鑑別學是所有聖經文本研究的第一步，傳統稱經文鑑別學為「低等鑑別學」（Lower Criticism）。這種鑑別學是不可或缺的，但要精確地研究聖經，學者們還要使用其他鑑別法，一般統稱為聖經鑑別法（Biblical Criticism）。這些鑑別法的目的都是就聖經文本形成的過程中的某一層面或階段，給予很仔細的研究，試圖讓讀者更能精讀聖經文本（參第十五章）。傳統的漢語神學用語把「criticism」一字繙成「批判法」，明顯是有誤導性——亦可能是導致很多牧者對學者的研究工作產生懷疑的原因之一（參14.2.2）。鑑別法的精神不是要批判或拆毀聖經文本，而是指一些非常仔細、嚴謹、自省、科學性和客觀（或較少主觀）的研讀聖經方法。學者強調「方法」，並不代表某方法是無誤或絕對的，只是強調其步驟和所引致的結果或目的。透過這步驟，學者可為自己的解釋提供一種負責任的追溯力（accountability），亦讓其他人理解研究結果的進程和因由。方法當然不能代替真理，但方法可以提供一個方向，導人進入真理。

### 14.2.2. 鑑別方法的認受

既然各種聖經鑑別法對研讀聖經的人如此息息相關，信徒羣體對這鑑別方法的認識、以至認同程度如何？而我們又應如何評量「方法」的本質？

曾經有些基要派的領袖對這些所謂「鑑別」的方法感到抗拒，其實這是不必要的。這些方法就有如木匠所用的鋸具一般，工具就是工具，我們毋須存著道德評價的心態來看這些工具，亦不應按所採用的工具而斷定其為「新」派或是「舊」派。換言之，工具本身並不代表任何既定的神學立場，所以它並無對錯之分，只有適用與否。我們當關懷的是，所運用的工具與所要達致的成果是否吻合相應，我們只需要問：「用這工具去解決這問題會否是『以小刀鋸大樹』或『借牛刀來殺雞』呢？」無論是小刀大刀，總可有派上用場之時，重要的是在合宜的時機用上合宜的工具，以達致所預期的結果。例如鋸具是用來切割較大和堅實的材料，若用來「鋸」雞肉，便顯得有點可笑了。聖經的鑑別法其實也是一理，重要是使用的人都認知所預期的目標，合用便可以了。

然而，合用的方法也不一定就長久被採用，一種方法能否為學術羣體所接納，往往與當時的學術氣候密切相關。今天盛行於某些從事聖經研究的學術羣體中的理論，諸如現代詮釋學中的「意識形態鑑別學」（Ideological Criticism）或「解構理論」（Deconstruction Theory），其實原非今日新創的理論，在昔日早已有人使用過，只是在當時的學術（或某些）羣體中並未受到重視，故亦難廣泛流播。如此，一個釋經方法的合法性，可能不關乎其本質，而是受外在因素所影響，這就牽涉到「詮釋的政治」（politics of interpretation）問題。

所謂「詮釋的政治」，是指一個詮釋方法合法與否的判定權，操控在一些權力體系裏。在一般的文學鑑別學中，這體系可能是指一些名師、大學教授或著名學府所代表的學派。而在聖經鑑別學的範疇裏，這體系則較為廣泛，除以上的學術成員和單位外，還要包括教會的牧者和一些資深的信徒。後者的加入，確實反映在神學研究裏某程度上的民主精神：因為聖經並我們的信仰，是屬於每一位信徒的，因此，人人都有發言權。但另一方面，這也是因為他們往往是神學教育、研究經費的來源——大概很少人願意支持自己不同意或不太喜歡的事工嘛！

凡是「……的政治」都是非常複雜的現象，本節亦不是主要討論這類課題。然而，筆者仍要重申，方法的認受性是有很多非客觀的因素所影響的。最後一點要提的，是做學術的遊戲規則。學術研究的本質是「求新」，應用在一般的神學研究，卻是不容易：如何可以在千多年的學術歷史裏再加添新意呢？毫無疑問，今天學者們對保羅神學、某書卷的註解，及至某神學觀念的探討，有不少是「舊歌新唱」，或者只是一些吹毛求疵、錦上添花的修正[109]。但學者們又往往有以出版研究來「求生」的壓力——所謂「惟有發行，否則滅

109 有兩點需要澄清。一、很多人根本不知道自己所唱的是「舊歌」；意即他們對教會歷史中各教父的著作極為陌生，甚至極為誤解，把所有教父的教導等同於中世紀羅馬天主教；這情況在新教羣體中非常普遍。二、筆者在正文對學術研究那種「求新」的哲學精神的定義較為狹窄，大概只可以應用於「博士級」或以上的層次，因此，「舊歌新唱」也有其意義，因這種翻新可使讀者更清晰、更深的體會前人的講說。換言之，談到學術研究的「求新」，我們得記住，「求新」可有不同的程度，而且必須按個別羣體而定。

亡」。也許正是要面對這方面的困難，過去二、三十年裏，聖經研究非常強調跨科際的研究方式。在這「求生」與「求新」之間的權衡關係，自是一言難盡。無論我們是否要把這個現象歸咎於這個學術圈子的遊戲規則，事實是，今天聖經學術界的研究方法是五花百門的，而我們是應該抱開放的態度，不要過分排斥。要緊記，今天我們所認為是常規式的詮釋方法或理論，對於幾十年後的信徒看來，可能已是過時或「不合理」的。

### 14.2.3. 應用鑑別方法的前設

上帝既用文字來表達衪的信息，這樣，釋經最基要的是先處理語言的問題。人如何可以用含糊的言語來述說無限的上帝呢？這問題非常嚴重和複雜，亦是傳統或現代神學討論中首要討論的問題。雖然這節並非要處理這神學哲學的問題，但這問題確實反映哲學家與一般語言學家對語言的共識：在本質上，人類的語言的確是含糊的。

語言之所以是含糊，是因為語言的表達工具──文字（或代表文字的聲音）常是一字多義的；這現象可謂最能表達人類語言的高效益（cost-effectiveness）。留意我們常用的漢字和英語字，數量都是很有限的，但卻可組合起來，表達各樣信息。可見語言的表達威力，關鍵不在於單字，而是在於「文字的組合」或「語文結構」和「語境」。任何單字所表達的意思都是簡單零碎的，單字與單字必須按其語文的法則組織起來，成句成篇，才能表達更豐富的意涵；這連語成句、連句成篇的組織就是所謂的「語文結構」，而營建這語文結構的語文法則，就是語法（syntax）。至於語境的功能，則是在每個「一字多義」的字上套上框框，換言之，在某一語境中，其獨特的框框（無論是上下文或實際用語的處境）便會把那些「一字多義」的字收窄成某獨特的意思。如此，單字與單字彼此配搭，營建獨特的語境，表達獨特的信息。就以希臘語新約聖經為例，全書雖只有五千多個字匯，但所組成十多萬字的經卷卻能表達多麼豐富的信息！因此，我們讀聖經，不單要認出那幾千個字匯，更重要的是掌握其語文結構和語境。

各種聖經的鑑別法可以適切地應用在聖經文本裏，是基於再次確認文本「人性」的一面。換言之，不單聖經的每一卷書都是作者運用他慣常的寫作方式去寫，例如，搜集資料、起草、編寫、修改等——不同的是：各位作者是在聖靈很特別的帶領之下進行這些工序，而且，聖經的語言都是人的語言。論到聖經語言的本質，從來沒有人懷疑希伯來語的本質，因為舊約聖經的希伯來語與今天的希伯來語，基本上是完全相同的，但新約聖經的希臘語，便一度掀起不少討論。

### 14.2.3.1. 「聖靈的語言」？

在二十世紀之前，因為新約聖經所反映的希臘語，除見於希臘語新約聖經外，就只出現在《七十士譯本》裏，故不少學者都稱之為「聖經希臘語」。一位德國神學家羅夫（Richard Rothe，1799~1867年）更稱這語言為「聖靈的語言」（Language of the Holy Spirit），認為這種特別的希臘語是上帝的作為，有別於一般語言或其他希臘語方言，其獨特性與新約的信息有著不可分割的關係。

雖然羅夫並非很出色或有名的神學家，而這別具一格的名稱在學術界亦未獲認同，然而，這名稱所代表的「語言神學」(theology of language) 的觀念——即把新約希臘語內裏信息的權威和價值投射到語言本身，時至今天，在信徒羣體裏還普遍受此影響。例如不少解經人士，無論是傳道人或釋經書的作者，就經常過分強調原文的威能，在有意無意之間，往往傳遞出類似的信息：「希臘語（或希伯來語）是一種非常豐富和特別的語言，某字或某結構有著非常深奧的含義……」，又或說：「原來的意思是漢語表達不出的……」；甚至常只引用單字，以某字的字根意思或歷史意思作為該字在經文裏的意思，最常聽的例子是：「『教會』(*ekklēsia*) 原來的意思是『受呼召的人』」，其實，這字的焦點並不在於呼召的過程，而只在於其後果，即指信仰的羣體。前文已提及，在語言表達上，單字的功能是最少的，對信息的模造力貢獻最大的是上文提及的「語文結構」和「語境」。然而，今天在講台和一般基督教的釋經書中，我們最常聽到和見到的，往往都是單字的闡述（例如我們在講台上常聽到的：「這字在原文的意思，應該是……」）。這種種現象也許可以說明，羅夫那種聖經語言觀實在是深入民心，歷久未衰的[110]。

這種種誇大的講說和偏重對經文單字的鑽研明顯是帶著語言聖化的觀念，把原來平常的（希臘語）語言結構，賦予承載上帝信息的獨特權威。後果更壞的是，無形中鼓吹了原文崇拜、原文萬能論等意識，不知不覺地拆毀了平信徒了解聖經的信心，以為不懂原文，就無望了解聖經。這種把聖經信息的權威訴諸於會眾不能理解的符號的態度，

110 讀者可參筆者的 "The Nature of the Greek of the New Testament — Its Past and Present," *Scriptura* 32 (1990) 頁 1~27 。

若被濫用，筆者認為是不道德的！宣講的權威是在文本本身，企圖借用任何外在的權威都是直接貶低聖經內在的權威。無奈這種「語言的神學」觀念往往帶來解經的人很大的方便：解經的人不用對經卷作整體的研究，只須把想說的，注入某字，便可以借用原文的威力，自圓其說。況且，平信徒既不懂原文，亦無從稽查！如此的觀念，實在可引發許多釋經上的謬誤[111]。

### 14.2.3.2. 「人的語言」！

新約聖經的希臘語，我們在第二章已經介紹過。我們今天對這通用希臘語的認識，一方面由於我們對希臘語的演變有了較全面的掌握，且透過社會語言學，更明白在一個多語言的羣體裏，語言文字很容易受社會的因素所影響[112]。另一方面，自二十世紀初，陸陸續續發現許多蒲草紙文獻或甚至陶片（通常是一些非正式的書函文件，如字條或單據），讓我們看到新約聖經的希臘語也出現在聖經以外的文獻裏。這些新近的發現和認知，對長久以來有關新約希臘語性質的爭論提供很大的幫助。

雖說新約聖經的希臘語也出現在聖經以外的文獻裏，但上帝從眾多語言中偏偏選用了這語言，是否意味這語言的獨特性是其他的語言所不及的？從第二章介紹有關這通

---

111 美國著名的新約學者Donald A. Carson在*Exegetical Fallacies*（Grand Rapids, MI: Baker, 1984）一書裏，就指出了很多基於這種誤用原文而引發的釋經上的謬誤。此外，筆者在「語言學、釋經、譯經」《中神學刊》第9期（1990年7月），頁71~105一文中，亦討論這方面的問題。

112 有興趣的讀者可參筆者的「從社會語言學看新約希臘語的誕生」，《中神學刊》，第24期（1998年一月），頁239~263。

用希臘語的形成，我們知道這語言是當時廣泛流通的一種文字，也是各位聖經作者所共通的語言；換言之，這語言被選用乃基於當時的社會意義[113]。若上帝要選用拉丁語、亞蘭語或希伯來語作為新約的用語（若出於上帝的主權，這當然是可以的），祂大概要更換另一批操該種語言的作者了：漁夫彼得和約翰怎能善用拉丁語，路加如何能懂亞蘭語，至於希伯來語，大概只有保羅這位學者才有資格寫得一手好希伯來語了。掉過來説，若上帝立意要揀選這批人去撰寫新約，則祂選用通用希臘語卻又是最自然不過的；況且，這通用希臘語於當時的巴勒斯坦一帶，是最多人認識的文字，因此，這也合乎「道成肉身」那俯就眾生的精神：上帝啟示的目的原非故弄玄虛，乃是要人明白。由此可見，通用希臘語被選用，不是基於其本身的獨特性，而是有外在的因素所使然。

説到底，希臘語是甚麼？那不過是承載信息的工具；信息的源頭和表達信息的人不比工具重要嗎？我深信，上帝看重傳遞祂信息的一羣聖經作者甚於所採用的語言；如此，我們理應説，上帝乃是揀選人，而不是揀選語言了。事實上，

113 這情況與舊約聖經確實有點不同。在古近東社會，希伯來語一直都不是很普遍的語言（10.1.6）；而以色列這民族是少數使用這語言的民族。在南北國滅亡後，以至以色列人回歸之後（即波斯統治的日子，參8.1.1），最通用的文字是亞蘭語。希伯來語成為舊約聖經的用語，一方面固然基於猶太人的民族性和傳統，而另一方面，也反映猶太人對這語言確實有點聖化的傾向；也許是這原因，猶太人的聖經（即現在新教所公認的舊約聖經）並沒有以希臘語寫成的書卷。（《傳道經》可能是惟一的例外，因這書的序言清楚指出其為繙譯之作；而原來的版本是以希伯來語寫成，只於近代才發現。）在拉比文獻裏，不少拉比均指出，天上的語言就是希伯來語。

希臘語的24個字母不比英語的26個字母能力大，而漢語的表達能力亦不會比希臘語遜色！

通用希臘語既是一般「人」的語言，而上帝也只是使用這「人的語言」來向人啟示新約，則我們對新約聖經的理解方式，自然也得按一般語文交際（language communication）[114]的常理。因此，有些學者便提出，理解聖經應「以理解其他文學作品的方法為基礎」(understanding the Bible as literature)，這口號的意思並非要貶低聖經的神聖地位，視之如眾文學作品之一，而是要強調在理解的過程中，既然聖經的文字都是一般「人」的文字，其基本的語文理解方式（或邏輯）也就不應與其他語言有所分別。因此，若要在釋經上打好基礎，單單學習原文是不足夠的（參14.3），還要對一般語言的運作、語文交際的進程、以至人與人之間的語言交際技巧更加敏銳。筆者這樣説，並不是意味我們對交際這回事毫無所知，必須刻意學習才行，只是讓我們更意識日常交際的程序和技巧，並具體會意地指示出來。事實上，在一般的閱讀中，我們很自然會運用語言交際的本領，但在研讀聖經時，可能受聖經語言的聖化觀念所影響，使我們較易忽略其在語言交際上的本質；因此，解經的人若能多留意、多指出聖經經文在語言交際上的特色（communicative aspects），必能將聖經演繹得更生動活潑，也更切合人情常理。

## 14.3.「原文釋經」與「譯本釋經」

論到原文釋經的價值，讀者也許會以為筆者將會刻意為

114 「交際」一詞是國內對communication較普遍的繙譯；一般人也許會較為習慣採用「溝通」這詞。

原文學習或原文釋經辯護，其實並不然，就算我們不懂原文，我們仍必須嚴謹地面對「原文聖經」與「聖經譯本」、「原文釋經」與「譯本釋經」的分別。

### 14.3.1. 學習原文的目的

經常有信徒或神學生問我：「讀神學是否必定要學原文？」或「研讀聖經是否必定要學原文？」問的人所期盼的答案通常是「否定」的。筆者本可理直氣壯地給予一個「肯定」的答案，但實際上，卻是有掙扎的，因為要掌握原文（或任何一個語言）確實是非常困難的，而在學習的過程中，同學的付出往往都是事倍功半。

導致原文學習如此令人洩氣，筆者以為最主要的原因是：教授原文的環境配合不到學習原文的目的。試先從周邊性的因素説起。

雖然一般神學院都會以原文為必修的科目（大概因為原文往往象徵著學術的嚴謹，鑽研聖經的認真），然而，整個課程卻往往沒有配搭好。同學不單在學習原文的過程中極其辛苦，完成一、二或三個學期後，其他聖經科目的老師又沒有好好承接、跟進、展示正確的用法；結果，同學一下子就忘記所學的點滴，根本談不上任何操練和應用。更糟的是，有些同學抱著「學了就不要浪費」的精神，在解經時，意圖大展拳腳，儼如古時的江湖術士一般，表面上好像頭頭是道，實際上卻往往一派胡言而不自知。倘若學習原文只有象徵性意義、或只會造就出更多的江湖術士，那就不學更好。要解決這情況亦並非很困難，神學院只須誠實地和認真地面對這問題，倘若學院的教育哲學的確認為聖經原文的學習是重要的，那麼院方、及至每位聖經科老師就有責任與該原文有關的科目好好的配搭，建立一個較理想的環境，讓同學學習，避免徒勞無功[115]。

對於實際的教學方法。傳統教導聖經語文的方式是採用古典語文系的教學法，即從最基本的詞形變化和語法的初階（一般稱為「語法繙譯法」）開始，然後才進入段落式的文本閱讀。這教學進程固然是非常好，學生亦會對語文有非常堅固的掌握。由於一般古典語文系的主力是教導語文和文學，故這方面的實踐是沒有問題的；但應用在神學院，在八十年代前的西方神學教育還可以，踏入八十年代，由於神學教育愈來愈多元化，很多神學院都會減少聖經語文的科目。問題是，科目的數量減少，但方法依然不變；如此，同學背了很多東西，又沒有足夠時間練習和使用——有時候學了三個學期，只讀了二、三十節的經文！同學在這種學習處境之下，固然是很洩氣。這情況在今天的華人神學院裏，相信亦相當普遍。

同學洩氣，不是因為他們學習不到一個語言，而是學習不到一個分析的「工具」。這一點是我們教授原文的人所經常忽略的。試以學習德語為例。在學德語時，我們不單學習德語的本身，同樣重要的是學習德語有密切關係的文化、生活和歷史等，因為語言本身就是文化的產品之一。但筆者未有認識一所神學院在教授希臘語時，同時教授有關希臘文化或希臘各城郡的歷史等。神學院教授希臘語，主要是從其功

115 另一周邊性的因素是教學的語言。直至今天，華人神學院還是慣以英語來學習原文。撇開理解英語能力不提，這確實大大攔阻學生把原文內置化（internalization），這亦有礙學生運用原文的技巧，直接影響其事奉生活。

能的角度為出發點，期望藉著認識這語言的語法，來分析新約聖經[116]。這一種學習語言的哲學，無疑是不太理想的，但亦可行，就如有些研究生學習德語，亦只是為理解德語，對於德國人的風俗習慣和文化，根本也不在乎。

既然我們把聖經語文視為一種「工具」來學習，又如何影響我們的教授呢？在教學法方面，筆者深深認為，傳統「語法繙譯法」的教授方法不太適合應用於神學院學習裏，因此，與一般古典語文系的教授略有不同，神學院的老師可能應該花較少量的時間來教導語文的詞形變化和最基本的語法規則，而應花更多時間來讓同學閱讀聖經和學習原文釋經[117]。在應用原文方面，我們要切切提醒自己，今天我們是處於一個資訊極其豐富的處境。幾百年前，當我們還未有那麼多譯本時，我們學原文便是為看得懂聖經，但時至今天，情況不同了：若果只是要得到表面的理解[118]，我們根本不用看原文，譯本就足夠了！這點是筆者在過去幾年的教學中一個很深的功課，

116 還記得筆者在大學念希臘語時，課程要求念有關希臘歷史和文化的科目，就已經有三科了。這問題在學習希伯來語上，不見得很嚴重，因為舊約的文化背景都是與希伯來語的處境息息相關的。

117 筆者的《新約希臘文創意入門》（香港：基道，1998）就是如此的鋪排，全書分為兩部分。第一部分以十一章的篇幅來教授基本的詞形變化和語法，而第二部（全書的三分之二）是以新約聖經近三百節的經文和詳盡註解，一方面繼續語文方面的學習，另方面展示原文釋經的果效。

118 筆者使用「表面」這字，只為方便而已，並非帶有貶意；筆者要強調的是閱讀譯本和閱讀原文的不同層次。理論上，一位對原文熟悉的人，閱讀原文的得著，必然能包括閱讀譯本所能得著的。不過，有很多不懂原文的人，由於他們對聖經整體的教導和信息（包括神學）都很純熟，他們對一段經文的得著也可以很深入。但留意，由於他們的理解是建基於譯本，他們的得著，只是在信息的概念上加以整合和貫通，而不是在經文的語文層面上，諸如字眼、語法或結構等方面的進深理解；參 14.3.4。

也許可為學習原文下一個定位。

我們又試以學習德語來作比較。一般人學習德語的目的，是為要閱讀一些德語的刊物，這些刊物並沒有英語或漢語的繙譯，所以學習德語就是為要「看得懂」這些德語刊物；至於學習希臘語，情況卻大不相同。由於聖經已有大部分語言的譯本，有些語言甚至有多種的譯本可供讀者參考，在上文13.1「譯本的簡介和歷史」一節中，我們就提到，單就英語譯本就有上五百部，而漢語譯本也不少於五部；這樣，為看懂聖經而學習原文根本是多餘的。雖然，學者可以說（以新約為例）：「新約聖經原來就是以希臘語寫成的，不懂希臘語，如何處理經文鑑別的問題？甚至如何繙譯聖經呢？」然而，信徒卻會說：「那麼，就留待那些想從事經文鑑別和繙譯工作的人去學罷！」到底對於一般研讀聖經的信徒而言，學習原文真的是必須嗎？

學習原文當然有必要！只不過與一般的外語學習不同，我們學原文來看聖經，所謂「看聖經」，乃是帶著非常高的期望來看的，那是研讀、並且是非常精細的研讀（intensive reading）。正如前面說過，我們把原文看為一種分析的「工具」，藉此剖解經文的意義，而不是單為交際而已。如何剖解、如何精細研讀？我個人深深認為，其中一個非常重要的目的，就是要捕捉一本譯本所不能夠做到的地方。

### 14.3.2. 原文釋經的價值

既然讀原文，就是要看在譯本看不到的資訊，這話意味著譯本在表達原有的信息上顯然有一定的限制；如此，能明瞭譯本在本質上所存在的限制，也能更體會原文釋經的價值。在這方面，筆者嘗試以譯本與釋經書的異同來展示。

在本質上，每一譯本都代表著一個釋經的版本。譯本與釋經書的分別只在於後者把作者思考的整個過程一一呈現羅列出來，其中包括他所有的材料、考慮的因素、解釋時所作的取捨、掙扎和矛盾等；而前者則不會展示這個歷程，只是把譯者的結論以最精簡的方式表達出來[119]。可見兩者實際所做的工夫都是一樣的，只是呈現的方式不同，對釋經資料作出不同程度的展示：釋經書可以展示很多不同的解釋（包括釋經者不贊同的觀點）或不同的繙譯，但譯本卻只能提供一個繙譯，也就是一個版本的釋經。

譯本既只是一個版本的釋經，我們可以說，繙譯者其實也是做原文釋經，只是在過濾相關的資料後，從眾多不同的解釋中，選擇一個他認為是最好的，並以別的語文來表達。毫無疑問，這個選擇並不一定最好，而譯本更非絕對，就如沒有一本釋經書的解釋是絕對一樣，譯本所代表的只是一個版本的解釋而已。可見譯本的限制就是在於它不是原文聖經，而只是一個經過釋經的譯本：既是繙譯，我們就不能假設譯者能完完全全地把原來的經文繙成另一種語文；既是釋經，我們也不能假設譯者所作的某個釋經取向是絕對無誤的[120]。且撇開譯者的能力不談，單就理論上，譯本已經不可能絕對等同原本，任何繙譯工作都會有資訊遺失的情況出現，聖經繙譯當然也沒有例外。

119 譯本既是釋經的成果，因此，很多有分量的註釋書都會包括自己獨有的繙譯，這繙譯正代表其釋經的結論。

120 也許讀者會同樣問：「我們也不能假設編纂某原文版本（如 *UBSGNT* 或 *NA*）的學者的每一個決定都是無誤的。」這樣的質疑是很合理的，正因這緣故，我們所用的原文聖經都備有校勘欄，而釋經學者亦必須經常留意某段經文的異文語句。

雖說譯本並非絕對等同原本，但我們在譯本裏發現偏差或出錯的機會和程度的確比釋經書為低，這主要是因為譯本只把解釋的結論，用繙譯的方式表達出來，其中既沒有把思路的推演和考慮的因素交代清楚，讀者也就無從查證，甚至根本不易察覺。另外，由於聖經繙譯往往基於傳統的壓力而普遍趨於保守（參 13.2.4），多依從傳統的譯法，因此，譯本出問題的機會自然大減。在漢語聖經的繙譯史中，我們可以見證，一般教會領袖對新的繙譯工作都是不太欣賞的，他們常問：「還需要嗎？不是已有好幾個譯本了嗎？而實際上，《和合本》不是已足夠嗎？」對新出版的譯本，他們更會提問：「為甚麼這與《和合本》不同呢？」。這些問題都反映了聖經繙譯者所承受的傳統壓力非常大，而這種壓力無疑大大削減繙譯者的創造力，尤其是一些非常熟悉的經文，譯者甚至會為免與傳統譯本有差距而照單全收；這情況常見於《新譯本》（受《和合本》的影響）與 *NIV*（受 *KJV* 的影響）這兩部譯本裏。由此可見，對一本約定俗成的譯本，我們實在不容易推翻其譯法，久而久之，原只屬一個版本的釋經，卻漸漸擁有絕對的權威，歷久彌堅。

我們愈了解譯本的限制，就愈明白原文釋經的重要。原文釋經的工夫就是要回到譯本成形之前，重新審查所有有關的資料（甚至包括那些未經譯者過濾的資料），並作出分析，雖然這分析亦未必能尋出比既有的譯本更好的答案，但原文釋經的價值並不在乎找出經文的「答案」，而是在於發掘那些隱藏在譯本裏的「問題」。

### 14.3.3. 原文釋經的困局

譯本的限制使原文釋經更形重要，然而，原文釋經本身仍有其自身的限制，這是我們在強調原文釋經的同時必須有的認知。

譯本在傳遞信息上固不完全，但原文聖經，對於今天的學者，也不是完全清晰的。筆者深信，對於第一世紀的讀者來說，經文顯得相當清楚，就算或有不清楚，他們也可向作者澄清，就如帖撒羅尼迦後書的其中一個寫作目的，就是要澄清在前書一些含糊和使人產生困惑的地方；然而，對於今天的信徒（包括學者）而言，經文往往不復往日的清晰。雖然今天我們對新約聖經的語言和背景（包括語言、歷史、文化、社會和宗教等各方面）的認識不斷增加，且愈趨成熟，但與完全清晰的地步仍有相當的距離，且恐怕是無法逾越的距離；尤其是對於一些語法特徵，或作者某種觀念的來由，我們至今仍未能完全掌握。況且，今日沒有一個版本是完整的，任何版本只是代表某一學術階段的極限，雖然我們深信它與原稿已非常接近，但它到底仍不是原稿。

此外，今天我們對經文的精讀程度和期望，是遠超過早期教會的信徒的。西方的神學研究非常重視學術的歷史（history of scholarship），不太鼓勵一些越軌式的獨特見解。按此，近二千年的聖經研究歷史所留下來的寶貴遺產，固然大大幫助日後學者的研究，但亦同時構成了很大的壓力（參 14.2.2）。學者若要有新的研究面世，他們的研究方式便需要更加仔細，相對地，他們對經文的期望亦會相繼提高。事實上，資訊愈多，我們對新資訊的要求和期望亦會愈高。這種種的高期望，無疑把每種「方法」的應用推至極限，而原文釋經者亦往往會陷於本身方法的困局中。

由於原文釋經的人對經文的資訊存著相當高的期望，他們對經文的任何痕迹都不會放過，如此的研究，有時確實會被自己的研究方法所困。試舉一個例子，不少聖經學者都很重視「彙編式」的研究方式，這種方式強調在研究某字或語法結構時，必須在新約聖經裏尋得一些平行例證，以支持其論點。彙編的運用是非常重要的，很多神學生甚至學者都過分使用釋經書，根本沒有好好掌握使用原文經文彙編的工夫(當然也可以用電腦軟件取代），筆者仍深覺得這彙編式的研究實在過分機械化，不合常情。難道新約聖經的作者或原來的讀者會完成各方面的統計後，才使用或理解某個字詞或結構呢？人與人之間的語言交際真的會那麼仔細而有系統嗎？保羅的神學或對某段經文的「原意」，真的有如今天的釋經學者所構建的那樣複雜細緻嗎？

很多時候，釋經學者最大的問題是，不知不覺地墮入自我求證的困局，他們所提出的種種證據，最終只是要說服自己。這種辯證手法，也許正印證了「自己才是世上最大的敵人」這名句。我想，寫本書的人，也難免陷入這種自我求證的困局裏吧！

### 14.3.4. 引伸譯本釋經的危機

學者在原文釋經上尚有困局，一般平信徒或以譯本釋經的人，所面對的限制就更多了；然而，他們卻往往忘記自己不是學者，更忘記自己所研讀的，不是原文版本，只是一部譯本。筆者於此無意抬舉一方、貶抑另一方，乃是要強調解經的人一定要知道自己的限制。

在原文釋經上，有很多技巧和方法「只」可以應用在原文版本裏，而不可「安全地」應用在譯本上，且也不是一般信徒所能掌握的。就以上文提及的「彙編式」研究方式為例，這方法在一般信徒中也相當普遍，但嚴格來說，除非譯本的彙編附以原文字詞的標示，否則，它們就純粹是譯文用語的歸納和統計，可謂是沒有很高研究價值的；不過，即使譯本的彙編附以原文字詞的標示，但對於不懂原文的信徒來說，又能從中得著甚麼呢？事實上，「字詞研究」（word study）是一門相當複雜的語言研究工夫，就連很多受過神學訓練的人都未必能運用純熟，則更何況是一般信徒呢？但可惜，最多人使用的技巧，亦為很多機構和查經班所教導的，卻偏偏是這門工夫。

甚麼是一般信徒的安全地帶？按筆者之見，最好的尺度是：按信徒的理解和組織能力，他／她能辨別對錯，又可主動地參與討論，而不是被牽制式的閱讀，以致可以教導別人的，而不只是複述的。因此，任何與原文有關的分析，都已超出這安全地帶，是他們未能分辨、掌握、闡述和教導的。筆者在第十五章所簡述的鑑別法，有一些方法是一般信徒都可以明白的，但卻並非能分辨對錯或教導別人的。安全地帶的釋經方式當然也有很多，基本的，諸如留意上文下理、歸納整卷書卷的信息；較高層次的，則如辨別某概念或主題在不同書卷中的異同。要做這方面的研究不比上述的字詞研究容易，因為有關字詞彙編的書有很多，但主題式的彙編卻是不多[121]，然而，一般信徒若能在這方面下工夫，必會對全本聖經的主題內容更加融會貫通，且透過不同作者／書卷對同一主題的不同闡釋，對該主題定有更深刻的體會。

筆者不是攔阻一般信徒涉足原文釋經，而只是擔心他們所做的是過於他們所能承擔和分辨的；倘若連分辨好歹的能

121 筆者改編的《主題彙析聖經》（香港：基道，1997）是一本在這方面頗為實用的參考書。

力也沒有，他們又如何知道自己是對還是錯呢？如此的摸索，若不是徒勞無功，也只會為教會帶來更多的紛擾吧！

## 後感

也許「原文釋經與譯本釋經」這課題是涉及筆者的老本行，講起來特別緊張。我要強調，我不是企圖勸阻一般信徒學習原文，而是希望他們不要存過分輕率的態度來學原文。在我有限的接觸內，不少參加校外希臘語課程的信徒真的以為，他們只需花兩三個小時來應付每一課的學習（包括溫習、背記和練習）便足夠。面對這種以「輕輕鬆鬆學原文」的同學，就只能配以「輕輕鬆鬆教原文」的老師了；也許，我們真的需要多一些這類老師，引導和挑起他們的興趣。然而，這種教學的目的和速度，斷不能與一般神學院的課程比較了，而同學亦不要妄想，把自己與神學院的學生相比。信徒追求的心是值得鼓勵的，但卻要務實、嚴肅；要學，就要努力和付出時間、精神。談到原文釋經，信徒更是不可過分誇大其功能；對原文的認識並不等於在解經上有了「免死金牌」，而是需要與其他學科配合才能發揮其功能的。

# 第十五章
# 神人的交際與鑑別方法

人與人之間的語言交際所牽涉的元素主要有三：「信息起始者」、「代表信息的文本」（無論是藉著文字或對話）和「信息的領受者」。語言交際得以完成，全賴這三部分各自扮演不同的角色：「信息起始者」是帶出信息的人，這可包括説話者或作者，「領受者」是領受信息的人，這可包括聆聽者或讀者，而「文本」是承載信息的媒介。

信息起始者 ⟶ 文本 ⟶ 領受者

無論是上帝向聖經作者傳達祂的啟示，抑或是聖經作者藉著其作品向讀者傳達上帝的信息，其間都必然經過上述的交際歷程，可見聖經文本的形成過程實在與這交際模式息息相關。不但如此，就是各種聖經鑑別學的應用，也分別偏重這交際進程中的某一階段來進行研究。因此本章以這交際的歷程入手，先介紹這歷程所展示有關語言交際的特點，繼而按這些語言交際的特點來理解聖經文本形成的過程，最後，再針對這交際歷程中不同元素的研究，依次介紹各種聖經鑑別法的源起和研究的重點。

## 15.1. 一般語言交際的特點

「信息起始者」、「文本」和「領受者」可有個別的「語意內容」（semantic content），當三者的語意內容完全吻合，交際便謂之順利、圓滿。當然，這交際的進程並非常常暢通無阻，故人際間的誤會亦多由此而生。不過，在我們探討這些難阻之先，讓我們先理解個別元素的語意內容，在這交際進程中所獨有的性質。

在本質上，「信息起始者」和「領受者」不是活在真空裏的，相反，各自受著很多因素所支配，例如文化、歷史、政治、宗教、社會、語言、教育背景、交際的處所等，我們統稱這些為獨特的「處境條件」(situational conditions)。然而，文本本身是一個無時間性、無空間性的個體，只有所屬符號系統的意義，而在語言交際裏，這種符號系統就是人的語言。文本並非自存，乃是被構建的，而文本之所以有其文化框架，亦全因構建文本的信息起始者和解釋文本的信息領受者，分別在編碼（encoding）和解碼（decoding）的過程中所加於文本的自然效應。

「信息起始者」的語意內容就是所謂的「作者原意」，以下稱為「作者意思」(authorial meaning)，就是作者想要表達的資訊總和。作者對這信息的構思，往往受著其自身的處境條件所支配。「文本」的語意內容就是「文本意思」(discourse meaning)，既以語言這符號（無論是文字或說話）來表達，文本便明顯是語言運作的產物。要以文本表達信息，信息起始者便要具備某程度的語言表達能力，亦要根據語言的規則來表達。「領受者」的語意內容稱為「印象意思」(impression meaning)，是指領受者從文本所領受的意思。正如信息起始者必須按語言規律來構建文本，同樣，領受者也要按語言規律來解釋文本。雖然文本確實成為信息傳遞的中心點，但領受者的理解也受其獨特的處境條件所限制。

| 信息起始者<br>（作者意思） | → | 文本<br>（文本意思） | → | 領受者<br>（印象意思） |
|---|---|---|---|---|

留意在日常的語言交際裏，我們通常會假設，文本意思與作者意思有很直接的關係。正因這假設，我們（身為領受者）對文本的理解，一般是先取較為字面的解釋，直至在理解的過程中，有迹象暗示（例如是對方的反應）我們應該採取一「非字面」的解釋。從心理學的角度來説，「字面」的意思是指領受者最不費心思（effortless）的理解，亦是文字上最無突顯性（unmarked）的表達[122]。相反，「非字面」的意思是領受者需要刻意經營的理解，而其文字的意思亦非按字義和字詞結構理解的。在這情況下，説話者（信息起始者）往往藉著某一句話（文本）來表達超過該句話在一般情況下所承載的意思，甚至與該話沒有直接關係的意思。在理解的過程中，當我們離開了文本的字面意思，解釋的空間就變得很大，甚至可能無所適從。要找出路，領受者可能會提出澄清的要求，又或從身處的環境中找一些線索，嘗試給予一個非字面的合理解釋。例如，一位老闆與其祕書在辦公室一起工作時，老闆説：「好像有點冷！」祕書可以怎樣理解呢？他／她可以把老闆的話按字面來解釋，然後説：「哦，知道」或「對！我也是」。若果老闆講這話不是要表達這字面意思，而是另有別意，老闆的反應會是：瞧一瞧那祕書，不發聲（或搖搖頭）。這一個眼神和隨後的沈默便是一個很具體的暗示，要這祕書作另一非字面的理解。精明的祕書在不加思索的情

122　雖然在某程度上，這字面的理解可對不同的人（如不同教育程度的人）會有差異，但一般來説，大多數人對一般文本的字面理解都大致相同。

況之下，自然會把冷氣的溫度調高一點或拿一件外套給老闆，因為他／她知道，雖然文本意思只是老闆表達自己的身體狀態，但其實老闆是暗示一個要求。祕書之所以能正確地解讀信息，我們固可以歸功於其精明領悟能力，但仔細分析，便發現這是因為他／她知道字面意思不會是作者意思，因而轉向非字面的理解，再考慮二人的處境資料。例如，二人同處於一個辦公室已很久，辦公室確實是有點冷，或二人的主僕關係等；因此，老闆向祕書提出要求是很自然的，而祕書這樣的解釋也最合理和自然的。但對於其他的人——那些解釋這交際事件的人，要了解老闆這話的實際意思，便不容易，因為這一類的語言交際是非常處境性（contextual）的，而解釋的人必須知道老闆和祕書二人的處境性資料了。這一種語言交際範例，正是反映所謂「言語行為」（Speech Act）的現象（參 15.4.1）。

不過，在日常的語言交際中，成功的交際並不是必然的，相反，我們所表達的往往都不能有效地傳遞給對方，無論問題是基於信息起始者的表達不清，抑或是領受者的領悟不力，為避免彼此的「誤會」，我們經常需要「澄清」。事實上，「澄清」是語言交際中很自然的事，而每一次的澄清都是另一個的交際歷程，只是其中的作者意思是因應之前的交際困難而作出的補充說明，而文本意思亦自然承接之前的話題而來。如此，第一回交際的信息起始者變成領受者，而領受者也變成信息起始者，如此類推，直至交際二人感到圓滿為止。

基本上，讀者對文本提出澄清的要求，反映了領受者對作者意思的尊重和優先考慮。這種以作者意思為慣性取向的理解原則是很值得我們留意的，也許，這確實反映人在語言交際中的假設。然而，這種慣性取向不是必然的，也不是無止境地延伸、支配整個資訊的傳遞，而是往往受著解釋的人與作者的關係所影響。文本（如信件）的作者與讀者愈親密，一般讀者會站在他／她的角度去了解，某程度上，甚至會為他／她在文本表達不清楚的地方辯護和澄清，務求盡量對原作者的信息作出解碼；作者與讀者的關係愈是生疏，讀者的理解方向會愈獨立。最明顯的是，因著空間的隔閡、時代的轉移，作者和新時代的讀者距離愈來愈遠，讀者與作者的時差確實會令作者原意的支配力慢慢減弱。留意在日常的語言交際中，第一代的讀者（即原來的領受者）均是比較看重作者的原意，但當這文本流傳下去，對於第二、三、四……代的讀者而言，情況便有所不同。起初，這些與作者身處不同處境的讀者雖然不能對作者的原意加以澄清，但仍然會盡量就作者的處境條件來推敲出印象意思；然而，久而久之，解釋的人很自然會要求從這種「無形」的束縛中釋放出來。

這情況在一般的文學鑑賞和研究中是非常普遍的。既然作者的原意是甚麼已經不能澄清和肯定，因此，讀者[123]的理解空間相對增大，而解釋所依據的文本就扮演著愈來愈關鍵和重要的角色。按此，由這文本所孕育出的作者意思就比作者的意思更具意義，同樣，由這文本所孕育出的印象意思亦比原來領受者的印象意思更易捉摸。由此看來，解釋的人與作者的距離愈遠，由文本所孕育出來的作者和讀者（implied author and implied reader）就愈比作者和讀者顯得重要。

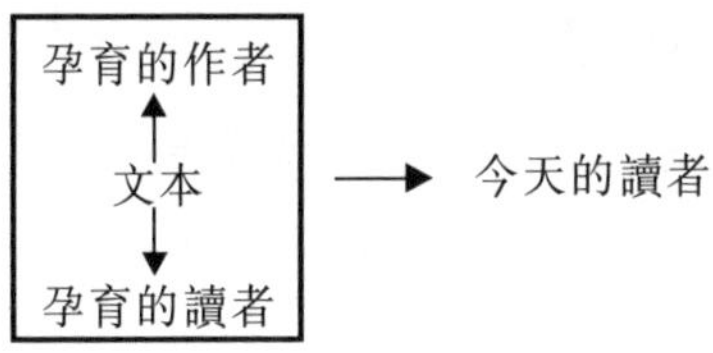


123 嚴格來説，這裏的「讀者」與「領受者」有別，後者專指原來文本的讀者，而前者則可指任何時代，或當時的其他讀者。

## 15.2. 聖經文本的形成：「神—人的交際」和「人—人的交際」

聖經既然有上帝啟示的特質，我們可預設，在聖經文本形成之先，早已有另一個交際的歷程展開了，那就是上帝對聖經作者的啟示過程。這觀念可謂是福音派信仰的精神；不過，這信念必須面對的問題是：聖經既同是上帝所啟示的，為何所成的各經卷卻又展現出不同的手筆和風格？傳統的理解是：信息的來源（或稱為啟示或默示）是上帝，但撰寫信息的卻是人，故保留各自獨特的寫作風格，甚至流露出各人的情操和脾性。

以下簡單的圖表可以概括聖經文本形成的過程，這過程可分為兩個層面的交際，分別是「神－人的交際」和「人－人的交際」，前者是指作為領受者的聖經作者與上帝之間的交際，後者則指聖經作者與聖經讀者之間的信息交際。

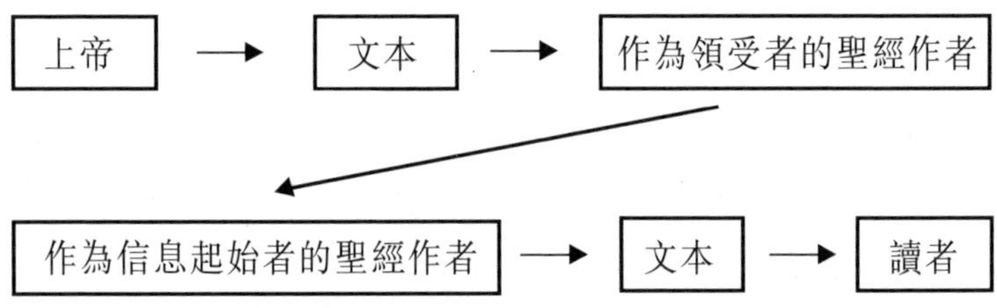


### 15.2.1. 神－人的交際

在第一個層面，「上帝」既是聖經文本的起始者，卻與一般的信息起始者不同，祂可不受處境條件所限制；然而，對於領受信息的聖經作者而言，他們對上帝信息的領悟，卻仍可能受限於其自身的經驗。

不受處境條件所限制的上帝，祂啟示出來的文本會是怎樣的？所採用的方式如何？我們不妨從成形後的聖經文本中尋找一些迹象。就舊約聖經（如五經）而言，上帝的文本可以是祂向聖經作者親口所說的話。傳統的拉比文獻都認為，全部五經都是上帝親口向摩西講述的，就連申命記三十四章 5~12 節談及摩西去世的事也是上帝口述、摩西記錄的；如此，上帝的文本便跟第二個層面的文本完全相同，而聖經作者（如摩西）的角色就只是代筆記錄而已，根本算不上「撰寫」。若就智慧文學的書卷（如詩篇、箴言或傳道書等）而言，上帝的文本又可以是聖經作者很主觀的宗教經驗，是上帝給予祂僕人的經歷，也是他們看透萬事的心路歷程。例如，傳道書一章 12 節：「我傳道者在耶路撒冷作過以色列的王。我專心用智慧尋求查究天下所作的一切事，乃知上帝叫世人所經練的，是極重的勞苦。」在書中，作者經常用的字眼如「我見……」、「我觀看……」，正正要強調作者的經歷。如此，這文本所包涵的內容可以是義人受苦、壞人得逞等等的人生百態。

至於在新約聖經裏，我們又看到另一情況，例如，路加福音一章 1~4 節清楚指出，作者在撰寫時，參考過很多資料，又到處明查暗訪，加以分析、整理，才編寫下來，如此看來，上帝的文本又可以透過許多見證人和史料的方式來呈現和存留。若再以帖撒羅尼迦後書為例，上帝給保羅的文本，就至少包括帖城信徒在念完前書後的反應；保羅因得聞他們誤會前書的講論而閒懶不作工，才不得不寫下後書加以澄清[124]。

124 仔細想想，這裏其實已展示兩個交際案例。第一、帖城的信徒是信息起始者，文本就是他們的反應，如停止作工或閒暇的生活，領受者則是保羅；第二、保羅是信息起始者，文本就是帖撒羅尼迦後書，領受者則是帖城的信徒。

因此，要具體指出上帝啟示聖經作者的文本是不可能的，然而，我們可以肯定地說，上帝的文本是多元化的：有時是直接向作者說出來，但在大多數的情況下，是藉著作者周圍的人和事向作者說話。如此說來，研究聖經作者所接觸的和所經歷的，包括他所使用的材料、個人的宗教經驗等，便顯得很重要了，因為這些正是聖經賴以成形的基礎。

上帝既可不受自身處境條件所限而向聖經作者啟示信息；但聖經作者對這「圓滿的」啟示所領受的印象意思又是甚麼？當我們談及「領受」的時候，很容易誤把這交際歷程化為單向的傳遞，領受者只是被動地接受；但事實上，正如上文論及，信息得以傳遞成功，實有賴信息起始者與領受者雙方的合作，而其中，領受者加以「澄清」的意向既是語言交際中很自然的事，亦是達致圓滿交際所必要的過程。因此，若就上帝不受自身處境條件限制的特性而言，我們固然可以堅稱聖經作者所領受的印象意思，就是上帝藉著某種文本一次而完整地傳達的；然而，若我們就聖經作者作為一個凡人，且按人的自然歷程來領受這信息而言，便得容許，上帝對聖經作者的啟示也是一個過程，在當中也可以有往來復返的對話。換言之，倘若聖經作者在理解文本上出現問題，上帝可藉著另一些文本，再次與聖經作者交際。

此外，一般信徒對聖經的神學都有一個假設，認為這第一個層面的交際必然是圓滿的，即是說，信息起始者（上帝）所表達的作者意思正等同領受者（聖經作者）的印象意思。從基督教的信仰來說，這假設固然非常重要，但從考證的角度來看，這個層面的交際既不能證實、也不能否定。因此，在討論鑑別法時，我們的焦點還是集中在第二個層面上。

### 15.2.2. 人－人的交際

領受了上帝啟示的聖經作者透過聖經文本將信息傳遞給讀者，這就展示第二個層面的交際，這層面的交際同樣涉及澄清的過程，我們從帖撒羅尼迦前後書就可見一斑。保羅（「信息起始者」）原有一個信息要告訴帖撒羅尼迦的信徒（「領受者」），故寫了帖撒羅尼迦前書（「文本」）給他們。但這一回的交際並不算圓滿成功；我們從帖撒羅尼迦後書得知，帖撒羅尼迦信徒似乎曲解了保羅在前書所論及有關主耶穌快要回來的事。這大概由於保羅在前書提及在那日子，「那在基督裏死了的人必先復活。以後『我們』這活著還存留的人必和他們一同被提到雲裏，在空中與主相遇。」（帖前四 16~17）而帖城的信徒則把這「活著還存留的我們」理解為他們自己，以為保羅的教導正意味主耶穌便要在短短幾年間回來，因而就極為熱切地期待基督的再臨，甚至紛紛停了手上的工作，一心等候主（四 10~11，五 14；參 5.10）。為要澄清此種誤解，保羅便寫了帖撒羅尼迦後書，當中尤其強調主來的攔阻（帖後二 7）和信眾謹守作工的必要（三 10~12）。由此可見，儘管是聖經文本（帖前），在最原初的交際過程裏，也並非毫無障礙的；且正因有澄清的必要，才導致文本續篇（帖後）的出現。這樣看來，語言交際的模式與聖經文本的形成實在是密切相關的。

既然聖經文本的形成也是基於語言交際的自然模式，則聖經的文本就應該按語言交際的常理來研讀和理解，換言之，我們可以「用理解其他文學作品的方法來理解聖經」（understanding the Bible as literature）；這句話可謂成為任何企圖應用聖經鑑別法的人一個首要的前設。這前設並無意貶低聖經的本質，正如我們在 14.2 已經申明，這話只是就理解的過程而言：聖經的語言既屬「人的語言」，理應按照「語言交際的常理」來理解，與理解其他文學作品應該沒有分別。正因為學者們強調聖經文本的文學性（即一般文學作品的共性），有些學者就統稱以下兩節所介紹的鑑別法為「文學鑑別法」(Literary Criticism)。時至今天，這名稱可謂相當含糊，故在以下的討論中，我們便有必要區分傳統「文學鑑別法」為「歷史鑑別法」(Historical-critical Method)和「現代文學鑑別法」(Modern Literary Criticism)；後者更可包羅別名，如「新鑑別法」(New Criticism)、「新詮釋學」(New Hermeneutics)，或很時髦的「(後)現代詮釋學」([Post]modern Hermeneutics)。由於後者所涉及的範圍相當廣泛而複雜，筆者亦只能作一簡述。

## 15.3. 歷史鑑別法

顧名思義，屬這一類的鑑別法是非常重視「文本的歷史」；其實，一些基本的歷史鑑別法是信徒經常都會運用的，亦是在閱讀任何歷史文獻時都會使用的，例如：書卷的作者、成書日期、寫作地點等等。不過，在歷史鑑別法裏，學者會更進深探索一些問題，例如：這書卷是如何寫成的？作者採用過甚麼材料來寫成這書卷？這些材料的來源又是甚麼？它們又怎樣形成？這些材料原來的用途與作者實際的用途又有甚麼不同？這些不同又如何反映作者的寫作動機和其神學思想呢？由此可見，這一類鑑別法的焦點則純粹放在作者和文本這兩部分裏。最早期應用歷史鑑別法的聖經研究學者，幾乎全都是德國的學者；某程度上，這也成為聖經研究的傳統了。

作者 ⟶ 文本

### 15.3.1. 來源鑑別學

我們先談聖經作者的取材問題，研究這問題的鑑別法稱為「來源鑑別學」（Source Criticism）。

我們試以保羅的羅馬書來作一個測想：在一個清晨，保羅起牀，靈修禱告後，吃過早餐，悠悠然深呼吸，突然間從呼吸中得到上帝的啟示，來了一個念頭，要寫一封長達七千多字（原文字數）的信給一間素未謀面的教會；於是他就提筆寫作，定意要一口氣把它寫完，只是間中停下來嘗點小吃，到午餐的時候就來個小休，一天就把這信寫完啦！以上的構想也不見得太過誇張，事實上，這可能是一般人下意識的觀念，只是說出來又會惹來不少微笑。再來一個例子，看路加福音，雖然我們知道作者一定是一位很有學識的醫生，但難道他就可以一口氣，在毫無準備和初稿之下，寫成一本接近二萬字之多的書卷？若我們仔細研究，就會發覺聖經的撰寫過程必定比我們想像中複雜和「自然」得多（或許會缺少一點浪漫），因為我們發現，大部分的內容並非直接出自作者的腦袋，而上帝啟示的方式亦大概不是直接「口授」的。在撰寫的過程中，既然無論是古代或今天的作者都要經過一番資料搜集和整理的工夫，則倘若聖經作者也必須經過這種種過程，那又有甚麼奇怪呢？在新約聖經中，我們可以發現不少這樣的例子。

在使徒行傳中，我們就發現作者在編寫時明顯運用了不同的記述方式，作者一般多以第三人稱來記述這段早期教會史，但卻又在多處地方（十六 10~17，二十 5~ 二十一 18，二十七 1~ 二十八 16）轉以第一人稱的角度來描述，及後又再恢復以第三人稱的角度來記錄。我們也許可推斷這情形是基於作者的寫作技巧，但很多學者均認為作者是一邊記憶、一邊搜羅別人的記錄來彙編成書。最清楚的明證不過於路加福音一章 1~4 節：

> ……已經有好些人從事寫作，報導在我們當中所發生的事。他們的報導是根據那些從開始就親眼看見這些事，並且曾經傳佈這信息的人所敍述的。這一切我都從頭仔細查考過了，所以我想按照次序向你報告，目的是讓你知道你所學的道是正確的。《現代中文譯本》

這段經文有如現代作品的序言一般，在這裏，作者不但交代了寫作的對象，更解釋其寫作的動機和方法。作者指出當時「已經有好些人從事寫作，報導在我們當中所發生的事」，他們的報導都是有根有據的，態度嚴謹和仔細。作者就明言在這基礎上，從頭仔細審查過這些資料，並重新加以整理，編錄成書，可見在其寫作裏，一定摻雜了不少這些資料。此外，其他的例子如保羅在哥林多前書十一章 23~25 節：「我當日傳給你們的，原是從主領受的……」和十五章 3~8 節：「我當日所領受又傳給你的……」所引用的說話，便清楚地說明其出處乃是「從主領受」，換言之，所講論的是源自有關主耶穌言論的口傳實錄，或是某福音書的記錄。而腓立比書二章 5~11 節那如詩歌一般的經文，就可能是引自早期的口授資料；還有那著名的「尊主頌」（路一 46~55）和「撒迦利亞之歌」（路一 67~79）等，大概也不是路加可以親耳得聞而筆錄的！那亦應該是引用了不同來源的資料。

上述的例子清楚地表明一個實況：當上帝使用某位作者寫下新約聖經時，祂同時會給他們智慧，先做足資料搜集的工夫，才根據這些資料落筆寫下該要寫的。既然最後成書的文本含有不同來源的資料，我們便有需要加以分辨，並了解各來源的來歷，好更深入了解經文的信息、作者徵用的動機和各來源所反映的歷史背景，這正是「來源鑑別學」的研究範疇。自十九世紀，來源鑑別法已開始應用在舊約五經的研究裏，及後更延伸到歷史書的研究（如列王紀與歷代志的記載）。至於新約聖經，由於首三本福音書明顯展示有資料互相參照的情況，一般稱為符類福音問題，在這方面，來源鑑別法的應用是至為明顯的。我們在 3.5 已略為介紹福音書的幾個來源：馬可福音最先寫成，亦成為馬太和路加福音的主要來源；馬可福音沒有記載、但又見於這兩本福音書的，則可能來自另一參考—— Q 來源；而馬太和路加福音也個別採用獨立的來源，記載了馬可福音和 Q 來源均沒有的資料。把來源鑑別學應用在福音書裏的早期的學者，有格里斯巴赫（Johann Jacob Griesbach， 1745~1812 年）、卡爾・拉赫曼（Karl K.F.W. Lachmann， 1793~1851 年）和霍爾茨曼（Heinrich J. Holtzmann， 1832~1910 年）等，而較近代的學者則有斯特理特（B.H. Streeter， 1874~1937 年）、法默（William R. Farmer， 1921年~）和鄧根（D.L. Dungan， 1939 年~）等。

### 15.3.2. 形式鑑別學

來源鑑別的貢獻是肯定的，它讓我們更意識聖經文本形成的種種來源。這些來源，有些是聖經的經卷，有些則是較早期的文獻，經過上帝所揀選的僕人加以編輯、修改和加添後，便成了新約聖經。

在探討三卷符類福音的形成歷史之餘，學者發現每一份來源都有其形成的歷史，例如一些片段式的單元選段或口傳載錄，尤其是那些有明確分界、可獨立出來的段落；這種研究取向稱為「形式鑑別學」(Form Criticism)。相對於「來源鑑別學」只辨別不同來源的經文，「形式鑑別學」則深入分辨每一來源的不同成分；此外，這學問亦探討這些成分原初所發揮的功能和其輾轉流傳的過程。由「來源鑑別學」推展到「形式鑑別學」，即由追溯聖經文本的來源，再追溯個別來源的成分的研究方向，充分體現了歷史鑑別法的信念和精神：對文本形成的歷史掌握得愈仔細，就愈能掌握文本的信息。

事實上，形式鑑別學在新約研究中主要是應用於福音書的研究上。福音書的生活片段式記錄顯然呈現出許多單元選段，由福音書作者加上一些歷史資料和表達過渡的經文，如珠子串成珠鍊一樣把所採用的選段串起來；珠子就是選段，把珠子與珠子串連在一起的線，便是選段與選段之間的過渡的經文，是作者配上的。形式鑑別學主要研究那些單元選段，即從珠鍊中拆分個別的珠子，作進深的分類和研究。「選段」(pericope)是源自希臘語，有「切分」的意思(參 3.2.2 的討論)，德國學者把它繙成 *Form*，意指展示某些架構獨特、體裁不同、功能各異的段落[125]。

「選段」的內容可有不同的主題，包括主耶穌生平的事迹(包括神蹟)和言論等，而每一種主題的形式均反映某種獨特架構，就如不同表格展示不同格式，以便記憶和流傳。例如在任何神蹟的記載裏，主要的架構有三點：患者的病情和現況、耶穌所施行的神蹟和耶穌所施行神蹟的果效。根據選段的功能和體裁，學者可有不同的分類，以下是形式鑑別學最早倡導者

125 這字的意思很接近「體裁」或「架構」，故有些德國學者稱「形式鑑別學」為 *Gattungsforschung*，即「體裁鑑別學」。漢語和英語所採用的名稱(Form 和「形式」)，確實很難令人領會原來德語的意思。

之一，迪布利厄斯（M. Dibelius， 1883~1947年）的分類：1.「範例」（paradigm），指一些結局特別出人意表的故事（例如可三31~35）；2.「故事」（tale），主要是記載耶穌所行的神蹟；3.「傳說」（legend），特別指一些為滿足早期信徒的好奇心而寫成的故事（例如太二十七3~8有關猶大結局的描述）；4.「神話」（myth），並非指虛構的故事，而是透過一些記敘的文體，來表達超自然力量如何介入大自然，影響它的正常運作；至於所記載的事件究竟是真有其事，抑或只是以訛傳訛，則不是這研究所關懷的重點；5.「道德勸戒」（paraenesis），包括比喻、誡命和智慧的言語；6.「耶穌受難的紀錄」（passion narrative）。

一般而言，形式鑑別學的研究可分為兩大路線。一、就福音書中所有的選段加以分類和探討。雖然每一個選段都是一個獨立、自成一體的單元，但它們的存在都是應教會羣體的需要，各自有其功能的，因此，選段往往反映當時教會羣體的生活處境（德語：*Sitz im Leben*），於早期教會一般可發揮談論信仰生活、護教，或解決基督徒之間的糾紛等功能；當然，亦可以純為說故事而已。著名的德國新約學者布特曼（Rudolf Bultmann， 1884~1976年）便是主要研究這方面的。二、專門研究某選段的流傳歷史。每個選段既是獨立並自成一體的，便各自有一套傳遞過程。學者認為，在正式以文字記錄以前，這些選段是靠「口傳」的方式來傳遞的，為期可達十、二十、三十年。不難想像，在這漫長自由的傳遞歷程中，選段有可能被後人（例如福音書作者）加以修改（增加或刪除篇幅），或跟其他選段結合，成為一個更大的單元選段[126]。前一段提及的

126 因此，在原來的德語裏，「形式鑑別學」實則稱為「形式歷史的研究」（*Formgeschichte* 或 *Traditionsgeschichte*）。

德國學者迪布利厄斯便是以研究選段歷史為主的。

正如上文提及，學者認為這些選段的源起和流傳往往是因應當時信徒的需要，發揮特定的功能，例如醫病趕鬼的選段可能正適切於當時的宗教風尚，且對於身患頑疾而顯得無助的信徒帶來一點的慰藉和希望。此外，這些選段最重要的特徵是其「獨立性」，往往缺乏具體的歷史資料；如此獨立的選段自然方便流傳。換言之，當福音書作者或某來源的作者選錄這些選段時，他們便可較為隨意地加以編排（參 3.5 所提及的例子）。基於這些選段的「處境性」和「獨立性」，這方面的學者經常會貶低聖經的歷史性。他們的理解是：既然選段的起源乃基於某信徒羣體的需要，則所記載的事件可能根本沒有發生，只是因應需要而虛構出來的；此外，由於選段的獨立性，後期的來源和聖經作者在收錄這些選段時，根本無從追溯其歷史真相。

從今日史學研究的角度看來，這「處境性」和「獨立性」的特徵確實會有損選段的歷史價值，不過這並非必然的：為甚麼「選段的源起和流傳是因應當時信徒的需要」就必會產生「虛構」呢？在這點上，聖經成書的時間與所載事件的時間距離之近也許是我們更要注意的：主耶穌是在公元 27~28 年左右去世，而第一本成書的福音書馬可福音，大概在公元 60 年期間寫成，當時同時代的見證人大有人在，難道早期教會的聖賢會容許某些來源的作者或聖經作者任意虛構，把整個福音的信息建基在一些虛構的故事上？

儘管我們不必認同那貶低聖經歷史性的言論，但這些選段的「處境性」和「獨立性」則讓我們更明白能夠辨認出某選段的體裁和功能，實較建構其歷史真相更為重要。試以路加福音十六章 19~31 節為例。很多人都引用此段經文來描述死後的生命，然而，學者指出，這一類故事在猶太人的民間故事中是頗為普遍的；因此，我們不能排除耶穌引用當時流行的故事來作比喻的可能性，並藉此説明在今世悔改的重要。從經文所展示的格式來看，這可能是一個比喻，留意故事的引言部分：「有一個財主……」便是一句説故事時常用的典型引言（參路十四 16，十五 11，十六 1），表明其後所言，只是故事而已，並不一定是甚麼真人真事。因此，若單從這段經文來推測耶穌或聖經對死後生命的看法，結論當然不甚準確。

此外，由於這門學問強調辨認各選段的功能，並從而反映當時的生活處境，這有助讀聖經的人有效地應用於自己的處境中。試以馬太福音五章 3~12 節所載的「八福」為例，按其結構，這段經文仿似舊約的智慧之言（如箴言），勸勉生活於今世的人當如何待人處事，然而，其內容重點卻又是指向將來，以來世新天新地的福祉為目標。因此，我們一方面明白耶穌在這裏所列舉出的福祉並不是指今生而言，乃是指向來世的、屬天上的，但另一方面，若我們意識這選段與當時信徒的生活處境有何相關時，就更能明白作者要透過這置於登山寶訓裏的選段來鼓勵信徒，當持著對末世福祉的盼望而活於今世。

### 15.3.3. 編修鑑別學

聖經的文本好比一座建築物，來源鑑別學便是研究建築物的一塊塊「牆壁」，形式鑑別學所關懷的就好比建造牆壁的「磚塊」，而文本的作者就是建築師。按此，編修鑑別學者就是研究建築師如何把所有材料堆砌成一座建築物。既然磚塊已被挑選出來，他會如何處理運用它呢？磚塊會如何被鋪排堆砌起來？用甚麼混凝土？問題的重點在於作者如何利用手上的資料，編寫成自己要表達的文本，所以，編修鑑別學所關懷的，不是福音書提供了甚麼有關耶穌的事迹，而是集中探討作者鋪排這些事迹的手法，並從而揭示作者對事件的獨特理解。

編修鑑別學主要應用於敍述文體，特別是那些選錄了不同來源（記錄或口傳）的文本，因此，在舊約聖經中，編修鑑別學是研究歷史書如撒母耳記上下、列王紀上下和歷代志上下的主要方法之一，而在新約聖經裏，福音書和使徒行傳明顯是這方面最主要的研究對象。編修鑑別學的興起，事實上代表著學者們對形式鑑別學的失望。由於形式鑑別學者過分強調選段的獨立性，忽略了把文本整編起來的聖經作者所扮演的角色。向來在形式鑑別學的範疇裏，聖經作者所扮演的角色只不過如一位編輯人員而已，但自五十年代以來，許多本來受訓於來源和形式鑑別學的年輕德國學者卻認為，福音書作者在編寫其文本時，所採用的方式確實反映各自的神學立場，是不容忽視的。例如，博恩卡姆（Güther Bornkamm， 1905~1990年）對馬太福音的研究、康哲曼（Hans Conzelmann， 1915~1989年）對路加福音和使徒行傳的研究，以及馬克森（Willi Marxsen， 1919~1993年）對馬可福音的研究。

聖經作者對經文來源的編修，大致可以分為七種方式。第一種，作者可以完全不作任何修改，將經文來源直接抄錄出來。第二種，經文來源資料可加以合併，就如在耶穌受試探的故事（太四1~11；可一12~13；路四1~13）中，馬太和路加就把馬可福音和Q來源的內容合併一起。第三種，在經文來源的基礎上增添細節，如馬太福音就在馬可福音記載耶穌履海故事的基礎上增添枝節（太十四 22~23；可六 45~52）。第四種，故事的背景可被修改，就如馬太福音和路加福音記載有關耶穌為耶路撒冷哭泣的地方，就有不同的記載（太二十三 37~39；路十三 34~35）。第五種，部分經文來源可被刪去，如馬太福音就將馬可福音中有關耶穌為孩童驅魔過程的細節刪去（太十七 14~21；可九 14~29）。第六種，作者可以為經文來源附加解釋，而所解釋的背景資料，對經文來源的作者而言，大概是眾所周知的。例如馬可福音解釋洗手的意義（比較太十五 1~9 和可七 1~8）。最後一種，是經文來源在用語表達上的更動（也可以是在次序上），以防誤會，就如馬太福音將馬可福音記載的那句「你為甚麼稱我為良善的？」（可十 18）改為「你為甚麼以善事問我呢？」（太十九 17）

很多人對這方面研究所持的態度都是偏於消極的，以為聖經作者一旦在上帝對他們所啟示的內容上加添了些屬於自己的意見，聖經便摻雜了人的說話，而上帝的啟示便失真了。這問題實質反映了我們對「上帝的話」和「聖經作者的話」之間的關係的一種誤解。我們必須認清，在我們的「正典」聖經裏（即指那 66 卷書），「上帝的話」和所謂「作者的話」是不可以分開的。由於聖經的絕大部分[127]不是來自上帝的手筆，因此，聖經裏的每一點、每一畫都是人的文筆；但作為「正典」的聖經，它也就是上帝的話——說得完整一點，是上帝藉著人來表達的話。既是藉著人來表達，聖經作者在編寫的過程中也必然帶著自己的神學理解（或宗教經驗），

127 也許在舊約聖經裡，有些經文是暗示直接由上帝而來的，例如，「十誡」或造會幕的方式（來八 5）。

或甚至反映自己的脾性，這又有何希奇呢？豈不是應當的嗎？試舉一個例子，約翰福音十二章6節記載了作者對出賣耶穌的猶大的一番評語：「他……並不是掛念窮人，乃因他是個賊，又帶著錢囊，常取其中所存的。」也許我們都不會介意約翰的評論，更何況我們都不會說猶大是個好人罷！但究竟這句評語是上帝原來啟示的文本，還是只屬聖經作者個人的表達呢？事實上，根本無必要分辨二者，總言之，那是上帝藉著人所表達的話。在這方面，市面上的「紅字版」聖經（red-letter edition），明顯是對信徒有誤導之嫌：以為以紅色展示的耶穌說話（應該是：按某聖經作者所記錄的耶穌說話）就較黑色的文字為重要（參 11.5.2「正典中的正典」）。

以下嘗試列舉兩個例子，展示編修鑑別學如何應用在福音書的研究上。

在福音書的研究裏，編修鑑別學強調透過比較不同福音書在記載同一事件上的出入，從而得知各自強調的重點。較為人熟悉的例子是在馬太和路加福音所載的兩個登山寶訓版本，馬太福音五章3節所載的是「虛心的人有福了，因為天國是他們的」，而路加福音六章20節所載的卻是「你們貧窮的人有福了，因為上帝的國是你們的」。馬太的重點是我們靈裏的價值，而路加所強調的，卻是經濟上的缺乏；事實上，這兩個強調點均可見於各卷福音書有關耶穌言訓的記載裏。可見，「不同」不等於「這方對——那方錯」的對立關係，而是兩位作者均借耶穌的口，帶出自己所要強調的、有關耶穌的言訓；具體的字眼可能與耶穌實際所說的有別，但總與耶穌的教訓轅出一轍。再比較馬太和馬可福音對「要防備法利賽人的酵」這事件上的不同記載（太十六 5~12 和可八 14~21）。從馬可福音的記載看來，這是一件描述門徒愚頑不堪的事情。首先，作者在其中很詳細記述耶穌責備門徒的話，其次，在面對馬可福音八章19~20節主耶穌的兩個質問時，門徒如實作答的反應更令人不禁覺得：「為甚麼門徒好像笨笨的呢？」甚至到最後，仍是以「你們還是不明白麼」作結，好像即使是耶穌如此直斥後，門徒仍是冥頑不靈似的。馬可福音這表達手法，明顯與全書所強調的有關「門徒的失敗」這主題相應，他甚至以婦女門徒的退縮害怕來結束全書的記述（可十六8；有關馬可福音的結尾，參3.7.3）。至於馬太福音，作者卻把這事件轉化為突顯耶穌如何勝過溝通的障礙，以致幫助門徒明白更重要的道理，在這段記載結束之前（十六12），作者還加了一附註，表明門徒先前如何誤會了耶穌的意思，現在終得明白祂真正的用意。由此可見，對同一件事件的載錄往往可有不同的表達重點，而這亦與福音書作者的寫作重點密切相應。

雖說編修鑑別學頗能補形式鑑別學的不足，然而，其本身也不是沒有弱點的。首先，提到「編修」，很多人會以為在編纂的過程中，福音書的作者一定會任意創作部分資料來自圓其說，這無疑會貶低福音書的歷史可靠性。對於這點，我們在15.3.2也曾作回應，一方面，聖經成書的時間與所載事件的時間距離之近是防止人篡改史實的最有力條件，大量同時代的見證人實在可確保所流傳下來的文獻的歷史性；況且，聖經正典是包括聖經作者隨己意所加插的部分，因為那既是出於上帝的揀選，也就當視同上帝的話（參11.5.2）。此外，編修鑑別學也不是一門自足的學科，事實上，它非常依賴來源鑑別學的研究結果。以福音書為例，「馬可福音這來源為先」（參3.5.2）的觀點便是編修鑑別學普遍認同的基礎；因此，若馬可福音不是先寫，而馬太福音也沒有參照過馬可福音的話，則上文對馬可和馬太福音記載「要防備法利賽人的酵」這事件上有所出入的理解，恐怕就要重新解釋了。

## 15.4. 現代文學鑑別法

以上提及的幾個鑑別方法可以說是主導過去一百五十年來的新約研究，這類方法有助我們了解，聖經作者在上帝的啟示之下，並非完全被動的領受者，而是有著相當程度的參與。

有些保守的學者或教會人士對歷史鑑別法持相當保留的態度。這態度也許正反映著一種錯誤的期望，認為上帝啟示聖經的作為必須是靜止、是剎那間的（即由祂單方面一次而完整地達成）；但事實上，上帝啟示聖經的作為其實是一個過程：從聖經作者有一個意念要寫出來開始，經過資料搜集、過濾、消化、融合個人的宗教經驗，以至加以整理表達，直至成書為止，甚至連早期信徒對該經卷神聖權威的印證，全都是上帝的作為。我們必須記住：原創性並不是啟示的必要條件。

不過，在使用這些歷史鑑別方法的同時，我們仍必須提醒自己：儘管整個聖經著成的過程都是上帝的作為（說完整點，是上帝藉著人的作為），而其間所涉及的許多資料來源或經文選段甚至可說是聖經的「前身」，但這些資料來源仍不能與成為正典的聖經一同分享作為上帝啟示的地位，我們必須重申，成為正典的聖經才是上帝啟示的惟一憑據。著名神學家巴特（Karl Barth， 1886~1968 年）在這方面亦有相同的見解，他認為，上帝的啟示並不是在文本的背後，而是在其中（參 *Church Dogmatics IV/2*，頁 674）。也許是這一點的認同，近代的學者漸漸對這種「文本前的歷史」（pre-text history）的研究失去興趣。

然而，在過去二、三十年間，聖經研究面對一個很重大的轉變。正如前述，歷史鑑別法的焦點主要放在作者和文本這兩部分裏，但現代文學鑑別法的焦點則是在文本和領受者之間的關係。新典範的興起，除了是基於一些新的因素外（15.4.1），最重要的，還是因為現代詮釋學的影響（15.4.2）。在本節的最後兩部分，筆者將簡單地介紹兩個現代文學鑑別法（15.4.3~4）。

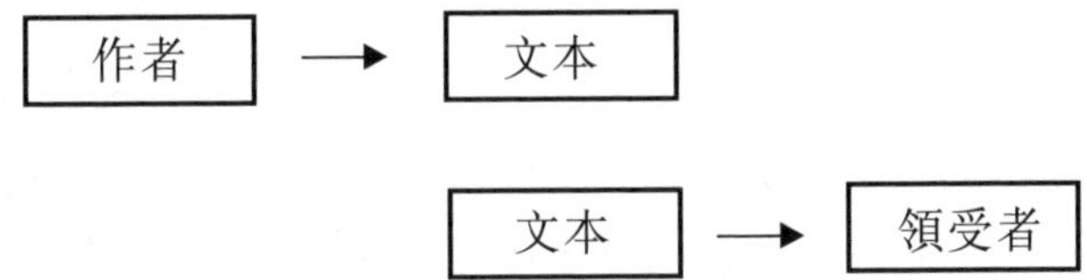


15.4.1. 兩個觀念的改觀

歷史鑑別法的確開闊了我們對聖經文本形成過程的視野，然而，其集中於「文本前歷史」的研究，卻又暴露了根本的限制，任何有志於認識聖經文本信息的人都不會滿足於這範疇的研究。隨著後現代思潮的興起，歷史鑑別法這種著重探求「歷史意思」為本的研究方法本身更根本地受到質疑。以下試就兩方面新興的觀念說起：

第一是對「理性辯證」和「歷史意思」的改觀。在「歷史鑑別法」冒起前的千多年教會歷史裏，聖經的解釋全以教會（羅馬天主教）的主張為依歸，十六世紀的宗教改革運動固然把這思想上的枷鎖鬆開了一點，但換來的，卻是正統新教那種護教情操，在釋經上，始終未脫離以教會為主導的傳統。但自十八世紀啟蒙時代開始以來，無論是科學或神學上的研究，知識分子都要求以理性和辯證的方法來主導，這可謂是現代紀元（Modern Era）的精神；事實上，早於兩個世紀前，這理性辯證的精神已由法籍哲學家笛卡兒（René Descartes， 1596~1650年）首先倡導。在聖經研究上，講求客觀分析和事實鑑證的「歷史鑑別法」的興起，正標誌著這理性辯證文化的抬頭，而這講求客觀理性的研究方法亦正反映人在詮釋上要求民主的意向，企圖突破傳統以來獨權壟斷的局面。總言之，相對於「前現代」那種以教會為主導的釋經，「現代」的釋經則轉以人的理性為主導。

自十八世紀至近代，歷史鑑別法確實成為聖經研究的主導方法，然而，進入二十世紀，不少學者對這種講求客觀理性、集中於「文本前的歷史」的研究方法開始表示質疑：一方面，由於這種文本前的歷史研究對理解文本本身的信息不一定有直接的貢獻；另方面，學者對歷史鑑證法所應許的客觀性多少已感覺幻滅，儘管歷史的證據是客觀的，但證據的解釋卻反映分析者的主觀前設和個人取向。明顯的，倘若所有歷史性的分析真如歷史鑑證學者所強調的客觀，各學者的研究成果便不會有那麼多差異了。

除此之外，傳統以來把文本意思定為作者原意，也可算是反映以「歷史意思」為本的研究取向；按此取向，不同時代的讀者對文本的解釋，亦只能限於文本的歷史意思或原來作者的意思，如此，文本對讀者當前所身處的處境，又有何具體意義呢？詮釋者（即讀者）在這方面所感受到的壓力和被約束的感覺，確實與十八世紀前，知識分子受教會所控制和支配的思想模式很相似。從這角度看來，在文本詮釋上，「現代」與「前現代」均展示權力壟斷的局面，只是主導的勢力不同而已，由以往的教會主導轉而為以理性分析的「歷史意思」為主導。由此而推展出的「後現代」釋經，或有稱為「新詮釋學」，便是要脱離啟蒙時代以來（現代）那以「歷史意思」為本的理解模式。

第二是對語言功能的改觀。這方面的改觀可謂經過以下兩方面的發展。一、由上述的以「歷史主義」為本的方法論帶動下，傳統語言學的研究亦相當強調語言的歷史發展，因此，在字詞的語意分析中，該字詞在歷史上的不同用法便成為主要的根據。但想一想，在實際的語言交際裏，我們的用字理應按照該字當時的意思，即所謂「共時意義」（synchronic meaning），卻絕不會根據該字詞在某歷史時段的「歷時意義」（diachronic meaning）。這觀念是源自現代語言學之父索熱爾（Ferdinand de Saussure， 1857~1913年），這亦成為現代語言學語意研究的基礎[128]。索熱爾又強調，字詞的共時意義乃建基於文本的處境（context）和當時羣體的語用意義（pragmatism）。按此，語言所傳遞的資訊，便不是穩定靜止的，而是會隨説話者和領受者的語用意義而不斷轉移。二、著名的英國語言哲學家威特根斯坦（Ludwig J. J. Wittgenstein，1889~1951年）和較後期的美國學者奧斯汀（John Austin，1911~1960年）在這方面對文本分析的人（包括聖經學者）也有很深遠的啟迪。一直以來，學者都過分強調語言傳遞資訊的功能，卻忽略了語言具有「行事功能」（performative

128 索熱爾以國際象棋為例，闡述語意分析與共時意義的關係：當我們要了解在某一刻棋賽的情況，我們只需根據該時刻棋盤上的棋子，留意當時棋子與棋子之間的關係，而不是棋子的歷史（或每位對手移動棋子的歷史）。然而，這類比的破綻是：下棋的人都會知道，掌握對方移動棋子的歷史也是一重要招數（所謂「捕捉心理」），所以，對對方下棋歷史的認識，便非常重要了。因此，很多語言學家都認為，索熱爾把「歷時意義」與「共時意義」過分分割。

functions）。正如筆者在 15.1 所列出的一個例子，一位老闆與其祕書在辦公室一起工作時說的一句話「好像有點涼」，其功能就不是要傳遞信息，而是「要求」聽的人作出適當的行為。這一種語言交際範例，反映所謂「言語行為」(Speech Act) 的現象。這理論特別針對一般人對直述句子的理解，認為這種句子只是陳述式語意內容；反之，在日常的交際活動中，我們經常用直述句子來表達請求（如上文的例子）或警告；例如，寫在村莊門外的一句陳述句：「內有惡犬」，實質表達一警告，意思是：「村莊內有惡犬，進入者要小心！」

語言這種「行事功能」本來就是我們日常生活經常經驗的語言現象，但這卻為詮釋學學者提供一條出路，可藉以進深理解詮釋的本質。應用新詮釋學於聖經解釋的先鋒埃伯林 (Gerhard Ebeling， 1912 年 ~），就曾這樣說：「對於語言字詞的本質，我們的關注，不是它們所包含的，而是它們所引發的影響、所驅使的後果。」[129] 表面上，語言似乎只為要表達某種資訊，但實質上，語言乃要驅使行為。應用這觀念於聖經上，埃伯林指出，上帝的話語其實展現「一件事情，在當中上帝自己便成為交際的內容……在上帝來說，語言和行動是一體的：祂的說話是祂行動的方法。」(頁 87、 90) 因此，每當我們閱讀聖經的時候，要明白上帝的話語並非要傳遞資訊，而是要表明上帝向讀者所作出的邀請、應許、挑戰、宣布等信息。當然，不是每一句話都具有等同的行事功能，但整體的文本實質上就構成一「語言事件」(language

129 "We do not get at the nature of words by asking what they contain, but by asking what they effect, what they set going", *The Nature of Faith* (London: SCM, 1961), p.187.

event）。埃伯林對這種語言功能在釋經上的運用，明顯是受當時興起的存在主義所影響，這亦成為日後布特曼很重要的借鏡（參附錄「歷史耶穌探索」之1的討論）。

### 15.4.2. 現代詮釋學的開始

在一般人的用法裏，「詮釋」大概等同「理解」（前者似乎帶有較重的學術味道），因此，「詮釋」與「釋經」基本上沒有太大分別。但在近年的學術著作裏，二者便有顯著的不同：「釋經」是指對某文本的分析，而「詮釋」則是指對「分析」本身的分析。傳統對文本的基本分析方法稱為「歷史文法釋經法」（Grammatical-historical Method），這方法所涉及的分析範疇可包括文本的語法結構和文本背景；15.3所提及的幾種歷史鑑別法雖不是直接涉及處理文本本身（只是探討文本形成的歷史），但也算是釋經的方法。至於「詮釋」方面，很多人認為詮釋學是研究釋經的方法論，但對於現代詮釋學的學者，詮釋是研究人的理解進程，某程度上即「認識論」（epistemology），因此，詮釋學學者所討論的問題，往往是較哲理化和抽象的。

現代詮釋學很多的觀念皆可追溯至這學問的鼻祖，著名十九世紀神學家施萊馬赫（Friedrich E.D. Schleiermacher，1768~1834年）。從詮釋學的發展來說，施萊馬赫最重要的貢獻是為現代詮釋學定位：對在他之前的學者來說，詮釋學與聖經釋經學並沒有具體的分別，因為在十八世紀的歐洲社會裏，釋經／詮釋的最重要工作就是處理聖經；但施萊馬赫卻認為詮釋學所研究的是「人的理解」本身，而不是「文本」，意思是：倘若我們把在研究《聖經》、《金剛經》、《紅樓夢》等著作的過程中所遇到的共同問題和現象歸納起來，便能找出在「人的理解」上，一些很根本的問題——這正正是詮釋學所探討的範疇；如此說來，詮釋學便與「認識論」分割不開了。

詮釋學研究帶來的成果就是「一般詮釋原則」的發現和歸納，既說是「一般」，則個別著作（如《聖經》或《金剛經》）的詮釋便必須符合這些一般的原則了。這樣，施萊馬赫把詮釋學的原則應用於聖經的解釋上，就等於視聖經如其他的文學作品一般，這種「用理解其他文學作品的方法來理解聖經」（understanding the Bible as literature）的做法顯然要把聖經的詮釋從所有的教制壟斷中釋放出來；這是要復還聖經的「自主性」，讓聖經的文本與個別讀者的關係重新被建立。

詮釋學所歸納的「一般詮釋原則」到底是甚麼？「詮釋」究竟又涉及甚麼內容呢？在這方面，不同學者對施萊馬赫的見解或有不同的理解，而一般是以他的手記為根據：

> 理解常常有兩個階段：按文本的語文處境去理解所有可能的解釋，按說話者的思考去理解文本為一個個體。……這兩個階段的詮釋具同等的重要性；要把語法理解視為較低的層次，而心理理解視為較高的層次，是一錯誤的做法。[130]

130 "Understanding always involves two moments: to understand what is said in the context of the language with its possibilities and to understand it as a fact in the thinking of the speaker ... these two hermeneutical tasks are completely equal, and it would be incorrect to label grammatical interpretation the ‘lower’ and psychological interpretation as the ‘higher’ task.", F.D.E. Schleiermacher, *Hermeneutics: The Handwritten Manuscripts,* edited by H. Kimmerle (Missoula: Scholars, 1977), pp.97~99

所謂「語法理解」（grammatical interpretation），是指讀者／詮釋者對文本的語言特徵的分析，特別是指語句層面的理解；而「心理理解」（psychological interpretation）則是指詮釋者對文本整體的創作特徵的理解。值得我們注意的是，施萊馬赫在強調「心理理解」的同時，仍然非常重視基本的語言分析及文本背景的探討，他對這兩種理解同等重視，且認為二者有著極為密切的關係。施萊馬赫更由此而提出他那著名的「詮釋循環」（hermeneutical circle）理論。

「詮釋循環」是指人在詮釋過程中所進入的「部分」與「整全」的循環式的對話歷程：詮釋者一方面必須從整全的角度來細察文本每一部分的意思，但同時，對文本整全的掌握又不得不建基於對其中每一部分的理解，因此，「部分」與「整全」的對話亦構成一互動循環的現象[131]。然而，如此循環的詮釋並不是原地兜圈，而是不斷推進，呈現螺線形狀，層層進深。由於施萊馬赫始終認為作者原意是首先的依據，因此，當我們對作者的了解愈多，我們對文本的了解亦會愈深；他甚至指出，理解文本的目標是「要如作者般的理解，並要較作者理解得更深」[132]，換言之，詮釋的起始點仍然是以作者原意為依據，但詮釋的最高境界則要超越作者的理解。

在十九世紀，施萊馬赫對詮釋的理解並未能立時為聖經研究帶來突破（大概可能因為歷史鑑別法仍是當時的主導方法），但在哲學和其他的文學研究裏，詮釋學的觀念卻是繼

131 在我們日常生活中，我們經常經歷這個詮釋循環，例如：要知道某菜市場裏哪一所水果店最便宜（「部分」），便先要知道該菜市場裏所有水果店（「整全」），其中亦包括這所最便宜的水果店。

132 "To understand the text ... as well as and then even better than its author," Hermeneutics, pp.112~113.

續發展，並在隨後百多年的哲學家手上，發揮得淋漓盡致，其中一位非常突出的接棒人是德國存在主義學者海德格（Martin Heidegger， 1889~1976年）。他先提出，人生存最大的目的就是對自我意義的尋索，繼而應用施萊馬赫的詮釋學，特別強調「意義」乃在整個詮釋進程中，應該被探索的對象。他先在施萊馬赫所提出的「詮釋循環」上，加上另一個層次，然後再配合存在主義的思想成分。海德格的詮釋循環是指詮釋者的「前設」與「理解」的對話；他指出，在詮釋或閱讀一份文本時，每位詮釋者都是帶著自己一套前設進入理解過程中，這些前設可能是一些先入為主的觀念（如價值觀念和宗教立場），或者是一些既有的偏見，於是，每一次的閱讀過程都是修訂原來觀念和偏見的歷程，而詮譯者亦憑其不斷推進的觀念再進深閱讀，開展另一段修訂既有觀念的歷程，可見這互動的歷程就構成一個循環現象。如此，藉著詮釋的進程，詮釋者實質是進行自我對話、自我批判、自我認識。在詮釋學的發展，施萊馬赫把詮釋學提升至「認識論」，但海德格卻把詮釋學轉到「本體論」（ontology）方面。

海德格在詮釋循環方面，特別是對詮釋者在詮釋過程中的前設的闡述，有很深遠的影響。在聖經神學或聖經研究方面，海德格最明顯的貢獻是對布特曼的影響。前面提及布特曼對形式鑑別學的貢獻只屬他較早期的研究[133]，但在後期，布特曼結合海德格的存在主義[134]，然後創出著名「解神話學

133 例如，在形式鑑別學方面的著名經典*The History of the Synoptic Tradition*的原著德語版是1921年的作品。

134 參他的論文集 *Faith and Understanding*（德語見於1933年，而英譯本則於1969年出版），和晚年的著作 *The Beginnings of Dialectal Theology*（德語見於1967年，而英譯本則於1968年出版）。

說」（demythologization）的理論（參附錄「歷史耶穌探索」之1的討論）。

自海德格，詮釋學大致可分成兩大路線。一是以加達馬（Hans-Georg Gadamer，1900年~）為首，主力研究詮釋現象的進程，認為「真理」乃展示在詮釋的過程中：因為詮釋的目的，是要把讀者的境界和文本的境界結合（fusion of horizons）。理解就好比玩一個遊戲，讀者就是玩遊戲的人，玩的人把自己服在遊戲規則之下，他／她要讓這遊戲繼續進行，就要被這些遊戲規則所牽引；同樣，詮釋者／讀者也是把自己服在文本之下，被文本牽引。文本當然沒有自主的能力，但文本的文字會向讀者作出挑釁，引導讀者朝著某個方向前進，因為，在詮釋的過程裏，讀者和文本均互相主宰文本的意思。就如遊戲本身是不存在的，只有參與遊戲的人開始這個遊戲，它才會產生；同樣，文本本身沒有意義，只有藉著詮釋者的參與／詮釋，文本的意義才會產生（另參15.4.5）。按加達馬的詮釋理論，倘若理解的人願意把自己服在文本之下，理解便為之成功。這種對詮釋的理想主義和樂觀主義，除了對詮釋哲學提供一些空間以作反省外，可謂對文本理解並沒有太大的幫助；一方面，它沒有具體地提供詮釋原則，幫助詮釋者或讀者進深認識文本，另方面，它亦沒有對詮釋提供任何鑑察作用，因為這種文本和詮釋者的境界結合純是一種主觀的經驗，任何人都可以借這種經驗為名來支持自己的見解。

由於加達馬完全不看重文本的歷史意義（如作者原意），他不認為有任何「正確」方法可藉以處理文本。加達馬的詮釋理論，可能最能代表「後現代詮釋學」某方面的精神，即脫離以理性／方法為本的詮釋學。在前一節我們已經略為提及，現代理性辯證的興起，是因為反對「前現代」在詮釋上的權力壟斷勢力——無論那是中世紀的教會或改革之後的保守派教會；然而，這種以「人的理性」為本、講求客觀求證的「方法論」，卻又漸漸成為新的權力壟斷勢力。按此，「後現代詮釋學」便是要拯救這種以方法為本的詮釋心態。如此看來，後現代詮釋學與前現代時期，盛行於早期教會的「寓意解經法」（allegorical interpretation）頗有相似的地方：大家都是提倡某程度的「個人主義」，回到以「詮釋者／讀者」為本的釋經模式。

有別於加達馬的，是由法籍哲學家里科爾（Paul Ricoeur，1913年~）倡導的另一詮釋學路線。兩大路線的分歧主要在於對文本的語言持不同的立場：加達馬從哲學的層面來理解文本的語言，因此，文本所承載的，並非具體的語意，而是語意的潛在性（semantic potentiality），但里科爾卻從符號學的角度來看文本的語言，認為文本確實具有語言特徵（linguistic features），文本的信息並非潛在的而是具體的（雖然不是單元的）。這點對文本／語言理解的分歧導致二者對詮釋學的使命持不同的看法。按里科爾，文本與讀者之間的距離是屬歷史的因素（例如語言、社會、文化的問題），而詮釋學的任務，除了要作出哲學上的詮釋反省外，更要提供跨越這歷史距離的方法，因此，與加達馬不同，里科爾強調在詮釋工序上，應該綜合不同的釋經理論；所以，他一方面並不反對加達馬主張詮釋者在詮釋時往往會有先入為主的偏見，但另一方面，他亦強調，這先入為主的起始理解是可以經過不斷修訂，最終達至更有「自省性」的理解。加達馬認為「方法」是詮釋的敵人，但里科爾則認為「方法」乃是詮釋的助手；與其單單強調詮釋者在理解過程中的自我尋索，里科爾則企圖探討如何能改進人的理解，盡量減少因既有的意識形態而導致的偏差和誤解。

里科爾的詮釋理論，正正與施萊馬赫的「語法理解」和「心理理解」相應：一方面強調詮釋「客觀」的一面，即研究文本的語言特徵，另方面則強調詮釋「主觀」的一面，即詮釋者個人的體會；這二者均是相輔相成的。不過，里科爾仍頗受海德格存在主義的影響，因此，他把詮釋的焦點放在後者：要了解一份文本，詮釋者必須從文本的意思（大概這是指文本的語言本質）轉到文本的所指：「從文本所說的，到文本所指（或描述）的[135]」；而這所謂「文本所指的」實質就是文本對讀者的存在意義。從文本的詮釋來看，里科爾的貢獻較加達馬更為具體和直接，他主張的詮釋學可以與傳統的釋經方法或理論共存，只是詮釋學可以提供更深層的反省。

在隨後的兩部分，筆者只能在眾多現代文學鑑別法中討論兩個較為普遍的方法。有興趣了解其他現代文學鑑別法的讀者，可參考本部分很簡單的書目表。

### 15.4.3. 讀者領受鑑別學

「讀者領受鑑別學」(Reader-response Criticism）又稱為「接受理論」（Reception Theory）。持這理論的學者，如巴特斯(Roland Barthes， 1915~1980年）和艾薩爾（Wolfgang Iser，1942年~）等認為，文本的意義是由文本和讀者結合而成；按此，文本的意義就並非一具體既定的意涵，而是當讀者閱讀文本後才有所謂「意義」的產生。由於文本的符號（即文

135 "(To understand a text is to follow its movements from sense to reference:) from what it says to what it talks about." *Interpretation Theory: Discourse and the Surplus of Meaning* (Fort Worth, TX: Texas Christian University, 1976), pp.87~88.

字）、概念上的空隙和一些沒有提及的資料，都會使不同讀者在詮釋上有不同的參與，再加上讀者本身的宗教背景、價值觀念和社會因素的影響，同一份文本對不同讀者所產生的反應都不盡相同，因此，文本的意義就更難有一致穩定的理解。可見，對文本意義的掌握很在乎對讀者理解的掌握，在此觀點的帶動下，「讀者領受鑑別學」自然會對導致讀者理解不同的種種因素加以深入探討。

以下試以使徒行傳五章1~6節記載亞拿尼亞的事件為例，展示不同讀者在閱讀一段經文的過程中，所引發的問題，並不同讀者所有的不同期望[136]：

> 另外有一個人，叫亞拿尼亞；他和他的妻子撒非喇賣了一些田產。他留下一部分錢，把剩下的交給使徒；這事他的妻子也同意。彼得對他說：「亞拿尼亞，為甚麼讓撒但控制了你的心，使你欺騙聖靈，把賣田產所得來的錢留下一部分呢？田產沒有賣出，是你的，賣了以後，錢也是你的；你為甚麼存心這樣做呢？你不是欺騙人，是欺騙上帝！」亞拿尼亞一聽見這話，就倒下去，死了；聽見這事的人都非常害怕。有些年輕人進來，把他的屍體裹起來，抬出去埋葬了。《現代中文譯本》

經文的上文提及耶路撒冷的信徒凡物公用，不分彼此。作者先以巴拿巴為典範，他把田地賣了，把價銀放在使徒腳前（四32~37），然後帶出亞拿尼亞的事件。在原文聖經裏，這段聖經的開始有一個很普通的連接詞 *de*，這連接詞可以表達對比，

136 這例子是取自 M. Davies, "Reader-Response Criticism," *A Dictionary of Biblical Interpretation*, 頁 578，但在分析和鋪排上有不同。

但亦可表達一般而不帶具體意義的連續性。亞拿尼亞和撒非喇未曾在之前的經文中出現，讀者並不認識他們，而上文亦沒有任何伏線暗示他們將要做出不誠實的行徑。因此，讀者（所孕育的讀者）在毫無心理準備的情況之下，讀到這裏時，也許會以為，作者要提出另一個與巴拿巴相似的個案。

此外，彼得在故事中出現時，讀者已經知道他作為使徒領袖的身分，因為前文（一至四章）已清楚表明這點。不過，在這裏，他所說的話卻令讀者驚訝。他套用了神學性的字眼，指控亞拿尼亞「讓撒但控制」了他的心，又說他犯了「欺騙聖靈」這嚴重的罪。這些神學性的用語對當時的讀者固然並不陌生，但讀者會問：彼得何以能提出這樣嚴厲的指控？難道彼得可以看透人心？在這裏，最關鍵的是，原來讀者羣對彼得這人的信任，和因其於教會的領導位置而對其判斷的認受，以致大多數讀者都可能會接納彼得對亞拿尼亞的指控，儘管不明白他何以如此作。如此，為要填補作者沒有提及的資料，讀者又會設想：亞拿尼亞將銀子帶到使徒面前時，假裝它就是賣田地的全部價銀，企圖為自己建立最慷慨的形象——大概這也是路加的資源來源所給予的印象罷！但這樣的解釋仍遺留另一問題：彼得從何得知亞拿尼亞說謊？讀者可有兩個選擇：亞拿尼亞的神色令彼得察覺當中有不誠之嫌，或彼得得到上帝特別的啟示，能看透人的心思。

故事的結束也留給讀者一些疑惑。那些「聽見」又甚懼怕的人是誰？他們懼怕上帝的震怒抑或懼怕猝死？他們的恐懼有否影響他們日後的行為？那些「少年人」是誰？為何他們會把屍體包裹和埋葬？那些少年人何時埋葬屍體，即時抑或稍後？——讀者再讀下去時可能會猜想多數是即時就被抬出去埋葬，因為當撒非喇在三小時後到達現場時屍體已被清理。在埋葬的禮儀上要跟隨甚麼習俗？他們是否在耶路撒冷埋葬？埋葬死人時為何沒有通知死者的親屬？這些資料作者都沒有交代清楚，目的是要更特出焦點：彼得的話要給讀者帶來戰抖。作者沒有記載亞拿尼亞的反應是羞愧抑或震驚，只讓讀者留心他的死是上帝對他不誠實的審判。至於記載那些聽見這事之人的反應大概要鼓勵讀者作出同樣的反應，即「非常害怕」；而記載埋葬一事則印證死亡的事實。總言之，對於那些沒有記載的細節，讀者就要加以聯想，才可令故事更為完整合理，而枝節的省略是要令神學的重點更為突顯，避免讀者被無關痛癢的細節所分心。

以上的分析，是要強調文本原來／所孕育的讀者在閱讀時對文本的要求和自然反應，並企圖不斷為所閱讀的情節作合理解釋，為求塑造一個對讀者來說有意義的圖畫；作者沒有為每一個問題提出答案，是因為作者明顯要對讀者營造驚訝和恐懼的效果。此外，不同讀者的反應亦會不同。例如，現今的讀者的反應可能完全不一樣，或會在道德上不認同故事的發生和結果，甚或認為有違神學立場。明顯是：今天的讀者不一定會如早期教會的信徒般信任彼得，更不一定認為在教會中有權柄的人，其判斷都是正確的，特別是今天一般知識分子對教會領袖都不存好感。此外，我們對彼得從何得知亞拿尼亞說謊這問題的了解，也能反映我們的宗教背景或對「啟示」的看法。此外，連接詞 *de* 的繙譯也是值得一提的。按前面的分析，這連接詞的含糊確實會令讀者在毫無心理準備之下閱讀這故事，但如此的效果能否保留在譯本裏呢？要繙出這個連接詞，就很視乎繙譯的人要強調這段經文與上文（顯出巴拿巴的忠誠）對比的意義，抑或要順應原來讀者的漸進式感受。明顯的，《呂》的「但是」（《現》的「另外」）就把這對比意思繙譯出來；這樣的繙譯不是錯的，但卻提早給讀者暗示，使他們作好心理準備來讀接下來的對比事件，這無疑便把讀者原來的心理效果，如驚奇和恐懼，大大地打了折扣。

有很多人對「讀者領受鑑別學」有種誤解，以為這種方法可讓不同讀者對經文作出隨意的解釋。也許這確實是這種方法潛在的危機；極端的「讀者領受鑑別學」強調任何讀者都可以對文本的意思有主控權，正如在這方面的倡導學者菲甚（Stanley Fish）的一名句：「讀者的回應並非『朝向』意義，它本身『就是』意義」[137]。在後期，菲甚把這讀者，取代為讀者羣或所代表的體制，這就正如筆者在前面所提「詮釋的政治」了（參 14.2.2）。在聖經研究上，「讀者領受鑑別學」確實會帶來某程度上的反傳統意識，例如，英國的錫菲大學（Sheffield University）學者克萊茵斯（David J.A. Clines）就按此理論，認為雅歌是為滿足當時男性主義社會和市場的需要之下而寫的一本「軟性色情文學」[138]。雖然這結論無疑不會得到多少人的認同，但這種強調讀者理解的理論，有時確實會為一些耳熟能詳的經文帶來新的刺激。

### 15.4.4. 修辭鑑別學

古希臘社會對語言運用和修辭特別重視，「修辭者」的希臘語字 *rhētōr* 的意思是「公開說話／演說者」。一位善於公

---

137 "the reader's response is not to the meaning; it is the meaning." *Is There a Text in This Class? The Authority of Interpretive Communities* (Cambridge: Harvard University, 1980), p.3.

138 David J.A. Clines, "Why is there a Song of Songs?" 《建道學刊》第 1 期 (1994)頁 1~27。

開演說的人，代表著具有操控他人、影響他人的能力，例如游說和鼓動羣眾，因此，修辭的技巧往往是有權位人士所必備的涵養。早於公元前六世紀，希臘一般的教育就已相當著重語言和傳理的訓練；教導孩童有效的交際技巧始於小學階段，且著重培養孩童基本的閱讀、寫作和分析文體的技巧，並往往以誦讀古典文學作品為最基本的方法。在希臘化運動時期和羅馬時期，修辭學的應用範圍已漸漸縮窄，主要只在法庭內應用。雖然這種公開演說的技巧在政治活動中的應用逐漸式微，但對於要晉身權貴的人來說，這還是不可或缺的工具；至於在教育上，修辭依然佔極重要的一環。

古希羅社會之所以強調修辭，是因為古代社會主要是「講和聽」的文化，而不是「寫和看」的文化；因此，雖然古希臘有很多經典文學（如詩人荷馬的作品），但這些文學的原意是「講」給人家聽的。在這種文化氣氛之下，修辭學就不是單單教授一些修飾文詞的技巧，而是根本涉及整體的語言表達技巧，這包括集中會眾的注意力、引發興趣、幫助他們掌握主題和領悟所隱含的信息，並達致游說等目的。因此，孩童所受的語言教育，最重要的是學習如何有效地表達自己，如何把論題的主旨、語境、明顯和隱含的意思展示出來，而不少古代的修辭大師，如早期的亞里斯多德（Aristotle，公元前 384~322 年）和後期的昆蒂里亞（Quintilian，公元 35~95 年）就編寫了一些修辭手冊，講解這方面的技巧。正由於這些修辭架構均源自希羅大師，修辭鑑別學（Rhetorical Criticism）所採用的術語，很多都是希臘語或拉丁語。

到新約時代，古希羅社會的「聽」的文化，基本上依然保留下來，很多學者認為馬可福音所展示的一事接續一事的記載方式，便反映一種講說故事的方式。在新約聖經中，最能反映這種「聽」的藝術效果的可算是保羅書信；我們在第五章的開首曾略為提及，大多數保羅的書信都應稱為「信函」，因為那些信通常都是為了某個特定的原因而寫給某些特定的羣體，好讓人們在聚集一起崇拜時可以朗讀出來；因此，應用古典修辭學於聖經研究上，這些為朗讀而寫成的書信明顯就成為最首要和最突出的研究對象。雖然古典修辭學並非甚麼新興的學問，但真正運用這門學問於聖經研究上，也只是近數十年來（自六十年代）的發展；在這方面，美國學者貝茨（H.D. Betz， 1931 年 ~）研究加拉太書的成就可謂最為出色。

貝茨把加拉太書的主要內容（即除信首的一 1~5 和信末的六 11~18 外）分為五大部分[139]：1.「引言」*exordium*（一 6~11），這引言的目的是要導出全篇講章的方向，亦以此引起讀者的注意；2.「陳述」*narratio*（一 12~ 二 14），作者以歷史事件陳述其主旨，例如他如何領受上帝（而非人）的啟示，他在耶路撒冷的遭遇和在安提阿發生的事；3.「主張」*propositio*（二 15~21），作者向讀者提出他的見解，但他並非單以命令的方式來陳述，而是有條理地陳明他的立場和理由，讓讀者隨之步向作者的結論；4.「證據」*probatio*（三 1~ 四 31），這部分的目的是要建立作者個人的可信性和論點的完整性；5.「勸勉」*exhortatio*（五 1~ 六 10）。在每一個層次裏，保羅明顯使用很多典型的修辭技巧，例如修辭比喻（figure of speech）、反語（irony）、含蓄陳述（understatement）、設問和反問（rhetorical question）等等。

一直以來，修辭鑑別學的研究完全專注於希羅的修辭傳

---

139 參 H.D. Betz, *Galatians*, (Philadelphia, PA: Fortress, 1979)。

統，對於猶太人的修辭傳統，似乎並不太重視，主要的原因是，後者未有如前者般給我們留下一些修辭手冊。然而，修辭既是植根於文化的深層，我們很難想像，一個如此重視聖典和語言流傳的猶太民族，竟然沒有自己的修辭傳統。同時深受希羅和猶太文化兩方面的薰陶的保羅，在其書卷中所展現的修辭方法，亦必然會源自這兩個傳統。據此，有些學者便認為，在哥林多前書第一、二章中，保羅所採用的一些對比法，如「上帝的愚拙」對「人的智慧」（一25）、「人的智慧」對「上帝的大能」（二5），以及「人智慧所指教的言語」對「聖靈所指教的言語」（二13），多不是反映希羅的修辭法，而是源自猶太人的傳統。此外，在新約時代，確實有不少拉比深受希羅文化和修辭所影響，因此，有學者認為，一位土生土長於巴勒斯坦的猶太人（如馬太）也可能會採用希羅的修辭方法來表達耶穌的登山寶訓（太五～八章）。

事實上，修辭鑑別學並非一門新興的學問，而是演變自古西方的修辭學，並套用其健全的修辭傳統（如希羅的傳統）於釋經上，這樣分析的結果其實與一般讀者仔細研讀同一段經文並沒有顯著的差別，只是其中多用了拉丁術語吧了。不過，近年有不少深受現代詮釋學影響的學者，在探討人類理解的過程中，為修辭學重新定位，認為修辭學並不是修飾性的，而是信息起始者成功傳達信息的關鍵要素。如此，與古代修辭學不同，現代修辭學（Modern Rhetorical Criticism）並不專注鑑賞古代希羅修辭學派的表達技術，而是探討語言交際。我們對修辭學功能的了解，便由「游說」轉為「講述」[140]：修

140 參 George A. Kennedy, *New Testament Interpretation through Rhetorical Criticism*. Chapel Hill, NC: University of North Carolina, 1984.

辭不單可肩負特殊的「游說」功能，更根本是一切以語言「講述」的基本法則。既說是「講述」，研究的對象就不是古代的人如何「講述」，而是整體的人類（包括不同文化、不同時代的人）如何講述。在這情況之下，現代修辭學便披上濃厚的文化和社會比較的色彩，而古代修辭學的指引便成為一些深層的原則和哲學概念。因此，我們可以說現代修辭學是研究一份文本，如何建立和整理其與讀者的關係，為要達致某種（或是作者期望的）果效。

在華人學者中，楊克勤博士在這方面有很突出的貢獻。在其博士論文裏，楊氏嘗試建立一種「跨越文化的修辭詮釋學」，企圖藉此方法來解釋哥林多前書第八、十兩章中，保羅有關「吃祭偶像之物」（林前八 1~13 ，十 23~ 十一 1）和「參與鬼神祭祀的飲宴」（林前十 1~22）兩方面的教導。楊氏運用修辭學的分析，指出保羅在這兩段表面上頗為相近的經文中，帶出兩個完全不同的情況；在後者（林前十 1~22），保羅運用猶太人的釋經方法，藉述說舊約的事迹，勸勉哥林多教會的信徒要遠離偶像，而前者（林前八 1~13 ，十 23~ 十一 1），其實是藉吃祭偶像之物的討論，來發揮保羅對哥林多教會中「強者」與「弱者」之間彼此相待的教導。作者認為，哥林多前書八章 1~13 節和十章 23 節 ~ 十一章 1 節這兩段經文，是指一些深受當時希羅文化和哲學影響的上層社會猶太裔信徒，而十章 1~22 節則指另一班受神祕主義／宗教所影響的下層社會外邦信徒。楊氏更在《祭祖迷思——修辭與跨文化詮釋的回應》（香港：基督教文藝出版社， 1997）一書中，運用他所建立的「跨越文化的修辭詮釋學」，配合其哥林多前書這兩段經文的詮釋，藉以處理中國人的祭祖問題，指出祭祖的問題就有如「吃祭偶像之物」一般，純屬信心強弱與否的問題。

楊氏將修辭學和詮釋學的結合，毫無疑問對聖經研究有很獨特的貢獻；然而，他引用哥林多前書這兩段經文的分析來處理祭祖這敏感問題——特別是將原本牽涉同一個問題的經文分割開來，確實引來了很大的回響[141]。

### 15.4.5. 總結

以上簡介的兩個現代文學鑑別法，其實只是眾多現代文學鑑別法中的兩個。正如 14.2.2 所言，在本質上，方法並非真理，但方法卻可以提供一個方向和角度進入真理。對華人教會的一般信徒而言，現代文學鑑別法確實是一門頗為專門的學問，特別是這學問的哲理味道，再加上後現代思潮的反詮釋壟斷的氣勢，往往會引來一些誤解。

然而，回顧最先應用現代文學鑑別法於聖經詮釋上的兩位鼻祖，埃伯林（Gerhard Ebeling， 1912 年 ~）和富克斯（Ernst Fuchs， 1903~1983 年），兩位都是從其教牧工作出發，非常強調牧者在教會教導聖經的角色，特別是聖經對信徒面對現實處境的應用。他們問：「倘若有朝我們要把某段聖經文本放在講

---

141 楊氏把這三段經文視為片段書信，主要是因為三段經文展示不同的修辭架構（如體裁、內容、結構、論證和風格）；這一點可謂是楊氏論文最基要的前設：既把三段經文分割，便有很大空間發揮個別經文的詮釋。然而很多學者都認為，古代修辭學是相當靈活的，同一段經文也可使用混合式的修辭架構；因此，單從作者修辭學研究來看，他的結論是很值得商榷的。參梁家麟頗為不留情面、但卻有理的評論，見《建道學刊》第 8 期（1997）頁 157~162；較從聖經研究嚴謹學術立場的，參張達民博士即將出版的鉅著中附錄部分：Alex Cheung, *Idol food in Corinth: Paul's approach in the light of its background in ancient Judaism and legacy in early Christianity*, JSNTSupp (Sheffield Academic Press, forthcoming)。雖然兩篇評論的出發點不同，但二者對楊氏的論證手法和資料運用的評論，卻有相同的看法。

壇上，我們應該做甚麼？」[142]因此，他們都非常關注，如何將聖經的話，直接透過信徒的理解，變成他的話？如何可以把耳熟能詳、僵化的聖經文本變成有生命的信息呢？不但如此，他們的焦點更放在福音的宣講上：既然上帝的話是要建立信徒對上帝的信念，我們對上帝的話的理解，就不能以這信念作前設；倘若傳道者在講台上宣講上帝的話時，必須假設讀者的認信，這宣講便變得毫無意義了。正如埃伯林強調：「測試講道的可理解性，準則並不在於信徒，乃在於非信徒，因為宣講的目的是要促成信心，而不是要把信心成為不可或缺的前設。」[143]

這些學者的心境，就好像今天一位資深牧者、聖經繙譯者的吶喊，大家都是從教牧的角度著眼，希望能踏實地幫助信徒明白聖經，而不須過分依賴當時盛行的歷史鑑別法。所不同的，只是這些學者乃從他們的學術背景入手，直接針對詮釋的本質。最後，筆者想就新詮釋學上的一些觀念與我們信仰的深層，提出至少兩方面的融合。

施萊馬赫和海德格所提出的「詮釋循環」，確實是一項很有力的證據，破滅純理性主義的神話：人既不能絕對、不能無私、無偏見地進入理解過程，人在任何理性的建構中都是受著本體（即人的本身）的限制。這確實回應聖經對人的看法——無論我們稱之為「前設」、「偏見」、「有限」或

---

142 "What do we have to do at our desks, if we want later to set the text in front of us in the pulpit?" E. Fuchs, *Studies of the Historical Jesus*, English translation (London: SCM, 1964), p.8.

143 "the criterion of the understandability of our preaching is not the believer but the non-believer. For the proclaimed word seeks to effect faith, but does not presuppose faith as a necessary preliminary.", F. Ebeling, *Word and Faith* (Philadelphia, PA: Fortress, 1963), p.125.

「罪」。就如在詮釋哲學裏，詮釋者無法跳出這「詮釋循環」，同樣，受造物亦妄想要為自己建造一個巴別塔，要達到上帝的寶座前。因此，信徒要開放、對話，不能固守、自封，讓上帝藉著不同的媒介向我們説話。對很多人來説，「詮釋循環」所帶來最大的不安是其隱含的「相對主義」（relativism），但這種不安，又正正是每一位從事聖經研究的學者或有志深入研究聖經的信徒所能見證的：符類福音的異同、福音書和使徒行傳的歷史觀、保羅神學的問題、正典神學的歷史性與神學性、古卷流傳中錯綜複雜的情況和聖經繙譯的問題。雖然我們對聖經，以至整個信仰的認識，都不是一清二楚，但上帝是真實的，祂的啟示是肯定的。要在信仰上成長，信徒就需要學習在「不肯定」和尋索的過程中靠著我們對主耶穌基督的信念站穩、成長，就如那曾為凡人的主耶穌，祂的「智慧和身量」同樣經歷這個成長過程，祂同樣經歷「不肯定」的苦楚（太二十四 36）。

除此以外，新詮釋學對文本意義的否定亦是一項很革命性的觀念，亦同樣帶來很多信徒的不安，特別是加達馬的立場：文本本身沒有意義，只有藉著詮釋者的參與／詮釋，文本的意義才會產生。儘管我們未必贊同加達馬把文本與其歷史處境完全脱鈎這看法，但他的文本觀念的確與教會所強調的「生命讀經」有一種不謀而合的連貫性。「字句是叫人死，精意是叫人活」是信徒所篤信的；某程度上，文本的字句是沒有信息的，聖經的文本也不例外，因此，對於無心尋求上帝的人，聖經的文本與其他文本沒有任何不同——雖然文本依然保留其固有、內在的信息，但對尋求真理的人，文本便可以產生很大的效應。文本的字句向讀者作出邀請和挑釁，最後，文本的信息改變讀者的生命，叫他／她更加認識自己、

(更) 認識上帝。筆者想要指出，儘管我們對新詮釋學的文本觀念不完全認同，但哲學家所提出的見解，確實能與傳統教會的教導匯合。

現代詮釋學最重要的精神是對「人的理解」帶來徹底的反省；這些對詮釋反省的目的，不是要取替實際文本的研讀和分析（雖然確實有些人是這樣看），而是幫助詮釋者考慮多種可能性，在明白一般人的理解的限制和偏見後，更加改進其釋經的工夫。

# 附錄：歷史耶穌的探索

以「探索」來形容對歷史耶穌生平的研究（The Quest of the historical Jesus），也許已經能顯示這課題的複雜性[144]。基督信仰的中心是在於耶穌本身和祂的言行，因此，研究耶穌的生平事迹確實是理所當然的。但我們所有的資料，卻又有諸多限制和問題：一、福音書給我們有關主耶穌生平事迹的記載，主要是在祂公開傳道之後的日子（若按約翰福音的記載，這階段為期約三年半），因此，要編寫耶穌的生平歷史（特別是公開傳道前），幾乎是不可能的（參3.3）；二、在福音書所提供的資料裏，我們又發現有不少似乎互不吻合的記載，因此，就連僅有的材料，其可靠性也惹起一些學者的質疑，這正是符類福音問題的癥結（參3.5）；三、儘管在福音書裏仍有很多共同的記載，但當中所提及的神蹟確實又與現代人的世界觀有直接衝突。

以上所提及的三個限制，似乎對耶穌離世後的一千五百多年的教會沒有構成太大的問題——也許信徒們真的沒有問題，因為大家都是單憑信心接受一切，也許有些信徒曾提出這些問題，但卻被壓制和禁止。自十六世紀，教會改革確實為啟蒙時期掀起序幕：若說改革運動所提倡的「惟獨聖經」能將人們從教會那些非理性、不合理的傳統中解放出來，那麼，啟蒙運動就更孕育出知識分子學術思想的自由

144 對這課題的詳細討論，可參筆者即將出版《福音書總論與馬可福音導論》（香港：國際聖經協會、基道出版社）的「歷史耶穌探索」部分。

風尚。就如英國的霍布斯（Thomas Hobbes， 1588~1679年）和荷蘭的斯平魯沙（Baruch Spinoza， 1632~1677年）這類理性主義的表表者，皆認為人的智慧足以判斷真假，分辨對錯。此外，自培根（Francis Bacon， 1561~1626年）對科學鑑證的推動，主張要利用物理定律來解釋物質世界的事情，不少知識分子和神學家也開始認真思考福音書的記載是否屬實、所作的前設是否正確，同時鼓勵學者對系統神學和教理神學中有關耶穌的討論作一反思。正如其他學科一樣，耶穌也必須跟其他的歷史人物一樣，需要經過歷史的考證。

讀者不一定需要以一般教會慣常用的「新派」、「自由派」來標籤這些倡導理性和科學鑑證的知識分子，反之，他們都是以誠實的態度來尋求信仰的真相。任何革命的起始都是極端的，因為只有極端的呼喊才可以驚醒沈睡的人。一般學者把過去兩個世紀有關「歷史耶穌的探索」的研究分為三個階段。雖然不同的階段代表著不同時代的學者對同一個課題的不同處理方法和前設，但各個「探索」之間並非絲毫沒有關係的，相反，它們有不少共通點，彼此有連貫性。筆者討論的焦點主要放在第一和第三個階段的探索上。

## 1. 第一次探索

「第一次探索」（Old Quest）是從啟蒙時期一直到二十世紀，其重點是：呈現在福音書的耶穌，其主要的意義乃在於其道德、倫理的教導。這次探索的學者認為，「只要將福音書內的神蹟和教義部分挪開，耶穌所教導的倫理，便成為一幅建立天國的藍圖」[145]。最能反映這階段探索的學術氣候，

145 孫寶玲，「從『無問』到『三問』——歷史耶穌之研究及其意義」，《耶穌，你是誰？》，頁100~111。

要算是英國哲學家休謨（David Hume， 1711~1776年）在其著作 *Enquiry Concerning Human Understanding*（1748）中的一番名句：

> 奇迹是違反自然定律；由於確立這些自然定律的經驗既實在又不能改變，所以要提出奇迹的證據，從根本的事實看來，就比任何由經驗衍生出的結論更全面，無容質疑。

因此，當時有些神學家和聖經學者便企圖用種種方法來推翻傳統教會所認為的「神蹟」，而把福音書裏所謂的「神蹟」記載，斷言為聖經作者和那些接觸「神蹟」者的無知，只因當事人不明白大自然的規律所致。所以，對於那些死後復生的事情，他們認為只是人在死後不久的復甦現象（如拿因城婦人的兒子；路七 11~17），甚至是根本未死，就如耶穌的復活，其實祂在十字架上只是昏迷，後來因為墳墓裏的空氣較清涼，再加上馬利亞等人帶來的香料，所以祂很快便甦醒過來。總之，在以自然定律為大前題的理性主義下，福音書所載的所謂「神蹟」，全只因蒙騙、假象和誤解所致。時至今天，在我們周圍，仍有不少人持這種強把神蹟理性化的論調。

既然歷史研究的結論是，理性框架與福音書的神蹟是格格不入的，惟一的出路便是要過濾出一個沒有行神蹟、但依然有其獨特性的耶穌。這觀點正反映在著名神學家、又曾是非洲作了四十年宣教士的史懷哲（Albert Schweitzer，1875~1965年）的一句名言裏：「對於我們的時代，成為我們的幫助的，不是在歷史上可以知道的耶穌，而是在每一個人心裏復活的那位。」在第一次探索中，最觸目的可謂是布特曼（Rudolf Bultmann， 1884~1976年）的貢獻，尤其是他的「解釋神話法」。

對一般人來說，「神話」是指一些虛構、不能發生的傳奇故事，但布特曼對「神話」的理解是，從古代民族的研究和信仰的角度出發；從這方面來看，「神話」通常是建基於一些歷史事迹或人物，目的是要解釋某些民族或宗教的習俗、體制和信念。因此，故事的內容是否真實，根本不重要。最重要的，是「神話」背後所要傳遞的信息。換言之，「神話」其實是把抽象觀念具體化的一種語言（objective language），以最容易為人理解的方式（如藉著故事），使一些原本與人類無關痛癢的事情，與人類產生關係。或許可以這樣說，神話就如一個符號，本身並無任何意義，但若將之放入人類的現實處境中，就能發揮其導引意義。「解釋神話法」其實是一個意識形態上的轉移，從集中於某事件的歷史事實上，轉而強調該事件背後向某人或人類所宣講的信息。舉例來說，解釋創世的神話，並不是要推翻其可信性，只是要將之化為具體的信息，是人對自身作自發的理解，例如，人既為受造物，便應確認自己的依賴性和有限性。所以，解釋神話法是解讀神祕語言的一種方法，從而將其與人類存在的關係傳遞出來。布特曼的「解釋神話法」的功能是要與他的「存在主義」一併理解，才能發揮出來的（參 15.4.2）。

布特曼有一句名言，可以總結在這一階段的探索中，學者對福音書內容的不信：「如今，我們差不多不能夠知道任何有關耶穌的生平和性格。究其原因，不是由於早期的基督徒對這兩方面均沒有興趣，而是僅有的資料皆過於零碎，或只是傳說而已。」[146]

146 *Jesus and the Word*, translated by L.P. Smith and E.H. Lantero from Jesu und Das Wort (New York: Charles Scribner's Sons, 1934),p.8.

## 2. 第二次探索

第二次探索（傳統稱為「新探索」）的起始，就是要回應布特曼那種對歷史耶穌記載的消極態度，而這些回應是來自他的學生，其中以祈士曼（Ernest Käsemann，1906~1998年）為主要代表。祈士曼指出：第一、倘若這位所謂「復活的主」和歷史上的耶穌二者毫無關係，基督教豈不是變成一個沒有歷史的宗教神話，若然如此，基督教與千多年前被判為異端的「幻影學派」（Docetism）[147]有又甚麼分別呢？第二、倘若早期教會真的對耶穌的歷史漠不關心，那麼，為何會有四本福音書的存在呢？毫無疑問，他們各自寫自己的福音書，正是因為他們深信所傳的基督，就是歷史上的耶穌。第三、雖然所有福音書都是基督復活後的作品，寫作時期與所記載事件的發生時間相距亦有幾十年，但我們的信仰必須堅持，信徒們一直所宣講的基督就是那位歷史上的耶穌：我們只可以通過傳統得知歷史，也只可透過詮釋明白歷史。

於是，祈士曼和一些原本是布特曼學派的學者便嘗試制定一些原則，來測試哪些事迹是主耶穌的事迹，哪些是屬福音書作者的添加。在這次探索中，我們確實見到一幅較為積極的圖畫，至少對於福音書所記載的耶穌言訓，一般認為都是可信的，但對於耶穌的事迹，學者依然存懷疑的態度。說

147 「幻影學派」是早期教會的一種異端。這學派主要認為，基督的身軀只是當時人的幻覺，而基督根本沒有受苦；這教訓的延伸是，從來沒有耶穌這位歷史人物，只有祂的靈魂。按照祈士曼自己的說話，「我們不能撇除那既超然、但亦屬世的主的身分，而不致跌落幻影說的框框內，遂令我們不能把社羣的復活信仰與神話劃清界線。」

到底，學者們始終難以容納上帝介入的事迹，因此，一般學者依然接納布特曼解神話學說的理論。在某程度上，解釋神話法是一種護教的練習，目的是要分辨出基督教信仰與那些已經「過時」的超自然世界觀的分別；所謂「過時」，因為古代的人對這些超自然的表達方式會予以極度的震撼和懾服，但對現代人而言，這種表達已失去效用。事實上，神蹟的存在與否，並非理性可以解答的問題，而是需要經驗的經歷；對於一位未曾經驗過超自然力量介入的學者，自然很難接受神蹟的存在。

## 3. 第三次探索

「歷史耶穌的探索」這問題進入七十年代之後，情況變得複雜得多。學者們對耶穌的興趣，不單是祂的「真」與「假」的問題（就如從歷史鑑別的角度），而是直接了解祂是怎樣的人，因此，不少研究都屬跨科際層面來研究，例如社會學、女性研究等。筆者在這節的討論主要集中在新文獻對耶穌研究的影響，特別是「耶穌研討會」的工作。

過去二、三十年的考古學、歷史學和古代文獻的發現，一直在催逼新約學者對歷史耶穌的研究重新定位，由過去集中在神學前設（如存在主義），轉而專注於歷史證據（指聖經以外的文獻對歷史耶穌的生活處境的見證）的研究；其中最為觸目的古卷是發現於 1947 年的死海古卷。這約九百份的文獻不單幫助我們了解耶穌時代的處境，亦證明了很多福音書的記載的可信性。死海古卷和可能是愛色尼人（參 9.3）居住的昆蘭廢墟的發現，的確提供了很多證據，證實耶穌和新約教會以至昆蘭羣體（或愛色尼人）之間有著相當接近的神學觀念，諸如人類的罪性、末世觀、「新」約的觀念（耶三十一 31~34）、撒但觀、洗禮（雖然新約教會和昆蘭羣體對此禮儀的意義略有出入），甚至是羣體生活的守則（如凡物公用）等。雖然這些新發現仍未能直接幫助我們塑造歷史耶穌，但卻肯定加強了我們對福音書所描繪事迹的信心。

但另一方面，有一些新文獻的發現和研究卻帶來某程度上的爭議，這主要是於 1945 年發現的「拿克瑪地文庫」（Nag Hammadi Library）。這文庫中的文獻，有不少深受諾斯底派所影響，其中尤以《多馬福音》（Gospel of Thomas）為甚。

《多馬福音》的主題內容可從其首節得知：「有很多奧祕的說話，是耶穌還活著時說的，而低土馬．猶大．多馬也記下來」。「低土馬．猶大．多馬」（Didymus Judas Thomas）這稱號可能是結合兩個名字：低土馬．多馬（見於新約福音書和教父的著作）和猶大．多馬（見於東教會傳統的著作），兩個名字同指使徒多馬；可能是因為在新約聖經中，多馬常被描繪為非常猜疑、但又得主耶穌特別啟蒙（參約二十 24、 26~28），且又常說出一些表面上無知、但卻是言中有物的話（參約十一 16，十四 5），因此在新約的偽經中，這位使徒多馬往往被視為上帝奧祕話語的受託者。「奧祕的說話」正說明《多馬福音》的特質：那是一些不為一般人知道、但卻會令人得著真生命的語錄。《多馬福音》實質是一份沒有條理架構、只包括 114 句被認為是出於耶穌的語錄；語句像格言或金句，之間完全沒有具體的連貫關係，大多數語句均以「耶穌說」開首。在這 114 句語句中，有 63 句與新約福音書展示出直接（22 句）或間接（41 句）的平行關係，而其他則與福音書沒有明顯的關係，其中有些更顯然受諾斯底派的影響，例如：語句 114「……耶穌說：我會自己帶領她（指馬利亞），直至她變成男性，好叫她——就如你，也能成為一個有生命的靈；因為每一個願意使自己成為男人的女人，都能夠進入天國。」就如很多諾斯底派的文獻，「男性」指「屬靈」的基督徒，而「女性」則指另一類「不成熟、屬血氣」的信徒。

雖然這文獻的古卷乃屬第三世紀，而一般新約偽經的學者均認為其原稿約為公元140年的作品，不過，由於此文獻與符類福音的「Q來源」（參3.5.2）有相似的地方——因為兩份文獻均沒有敘事骨幹，並只載錄耶穌的言論，近年有些較前衛的新約學者認為《多馬福音》理應與這「Q來源」同屬一時期，約為公元50~60年的作品。既屬「福音書前」時代的來源，其可靠性亦理應較福音書高，如此，這些學者亦認為這應該是基督教的第五本福音書。

持這種見解的學者雖不算多，很多研究新約和福音書的主要學者都不表贊同，但近年由這些學者所組成的「耶穌研討會」（Jesus Seminar）卻又帶來不少震撼性的結論。這研討會原由新約希臘語大師馮克（Robert W. Funk）所領導，於1985年創立於美國加州，花了十二年的時間，分別研究耶穌的語句（1985~1991年）和耶穌的事迹（1991~1997年）。在這期間，大會每年平均有兩次工作會議，在當中，每位學者分別就聖經中的500段話語共1,500種記載，以及176件事迹共387種記載（因為有些話語和事迹可見於兩本或以上的福音書）逐一進行暗票式的投票：共有四個選擇，以四種顏色代表，每一種顏色均可代表投票者對建立歷史耶穌的資料檔案的立場，試以下圖顯示：

| 顏色 | 不同可靠程度 | 建立歷史耶穌的資料檔案 |
|---|---|---|
| 紅 | 耶穌確曾說過／做過這些或類似的話／事迹 | 毫不猶疑地接納此資料為決定耶穌是誰的資料檔案 |
| 粉紅 | 耶穌可能說過／做過類此的話／事迹（但在流傳的過程中有被修改） | 投票者對此資料存保留態度 |
| 灰 | 耶穌沒有說過這話／做過這事，但其內容跟耶穌的一貫思想相近 | 不應完全接納，但可接納其中一些內容 |
| 黑 | 耶穌沒有說過這些話／做過這些事，這些記錄可能是屬較後期的傳統 | 不應該接納入基本的資料檔案 |

為方便統計，大會又為每一種顏色分配評分級數，由紅色到黑色，分別為「3」、「2」、「1」和「0」，把每一項的總分數除以總投票人數，計出其百分比；按此計算，新約福音書記載有關耶穌的言論中，被認為出自耶穌的（即以紅色和粉紅色顯示），只有百分之十八；而有關耶穌的事迹中，則只有百分之十六。當然，這結果只是整體投票的結果，並不代表每一位成員都贊同。

由於耶穌研討會在研究期間，美國傳媒大事宣傳，故引來不少的討論。雖然研究的結果算頗消極，但不少教會內以至教會外人士都對此有很多回響。

## 4. 回應

所有學術發展均有其歷史的因素，聖經研究更是。在探討過去二百多年來，聖經學者對歷史耶穌這課題的研究，我們也不難察看到某些固有因素的演變和新因素的注入。筆者嘗試在這裏作出若干整合。

1. 福音書對神蹟方面的記載，一直以來都是某些學者們最難攀越的障礙。正如前述，對於一位未曾經驗過超自然介入的學者，自然很難接受神蹟的存在；故此，我們應該以較同情的心態來看這點，因為就連那些相信聖經神蹟記載的人，對發生於今天的神蹟仍會存懷疑態度。試想：不少時候，每當我們聽到見證，説在某地方發生了一件「神蹟」，我們當中的知識分子（信徒）都或會對這報道予以懷疑！事實上，對於任何沒有經歷過神蹟的人來説，相信神蹟的存在反而是頗為希奇的[148]。也許，我們可以希望，有一天他們真的經歷到神蹟後，他們可以在其理性框架裏容納神蹟的存在。

2. 第三階段的探索帶來的新因素就是有關正典的問題。我們首先要弄清楚問題的所在：正如當要徹底了解使徒教會的狀況時，我們不能單看使徒行傳和保羅的書信，也要參考聖經以外的文獻；同樣，要徹底探索那位歷史上的耶穌，採用正典以外的文獻也是很自然的事，因為新約聖經並不旨在描繪一位「純歷史」的耶穌，而是呈現「聖經作者」眼中的耶穌，但這並不與我們對聖經權威的認信有任何牴觸。然而，要把《多馬福音》視為第五本的福音書，這才是問題的所在，這牽涉正典完結與否的問題，根本地動搖了「正典已完結」（參11.5.1）的信念。在某程度上，對一羣沒有認信或只把正典視

148 有一位華人教會很資深的教會歷史學家曾與筆者強調，從史學探索的角度來説，「神蹟」是不能證實、只能認信的。

為歷史遺骸的學術研究者來說，正典的分界線只是教會歷史中教權的決定，於今天看來，當然不是理所當然的。儘管不提這點，研討會的學者對《多馬福音》日期的鑑定又多偏離主流學者的意見；學者們強要把這福音書視為公元 50~60 年間之作，實在反映他們學術研究的偏見。

3. 儘管同情這些學者們在整個探索的過程中所遇到的難題，但對於某些前設，筆者卻非常不贊同，特別是耶穌研討會強調要以一個「無」神學（atheological）的角度來研究一份宗教文獻。事實上，研討會所採用的那套歷史鑑證方法，若用以研究其他文獻和人物，不但連馮克在書中所提到的歷史人物，如希臘詩人荷馬（Homer）、史學家希羅多特（Herodotus）和瑟西狄斯（Thucydides），或在書中所提到的歷史對話都難以證實，恐怕就連我們先祖曾向我們說的話，都會被否決。當我們面對研討會的結論和研究方法時，很重要的是要明瞭其背後所反映的意識形態，就是那種「非教會」、「非正統神學」和「非聖經」趨勢的（美國）世俗化主義（secularization）。耶穌研討會之創立是要把歷史耶穌的探索從「教會、神學院和孤立的神學世外桃園中抽離出來」，並放進一個世俗體系的處境中；這種反建制的世俗主義在知識分子（尤其是在大學的環境）中更為普遍。著名的新約學者皮爾遜（Birger A. Pearson）對此有以下一番精警的判語[149]：

---

149 B.A. Pearson, "The Gospel According to the Jesus Seminar," No. 35, *Occasional Papers series of the Institute for Antiquity and Christianity* (the Claremont Graduate School of Theology, 1996), 筆者認為這是對 *Five Gospels* 和 *The Complete Gospels* 二書最好、最中肯的回應。作者並非一位福音派學者，但卻從學術理論的角度來評鑑；文中包括很多仔細的討論是本文未能探討的。

> 是一套受著世俗意識形態所驅使的方法，是一個要把歷史證據塗上顏色、為要配合一種世俗理想的進程。結果，耶穌研討會既把耶穌的「猶太性」搶去，最後它就連耶穌的宗教信仰也要奪去。……一羣世俗的神學家和世俗的學者要尋找耶穌，他們找到祂了！他們以為找到祂，但事實上，他們創造了祂。150

4. 在這二百多年的探索歷程中，我們確實見證學者的研究逐漸地印證信徒單純的信心。過去二、三十年的考古學和新文獻的發現，的確帶來很多可喜的現象。在這方面，最好的一本書是查爾斯天思（J.H. Charlesworth）所著的*Jesus within Judaism: New Light from Exciting Archaeological Discoveries* (New York: Doubleday, 1988)。在研究歷史耶穌這課題上，此書雖不算為最新的著作（亦沒提及耶穌研討會），但卻是最能代表第三階段探索中較為中肯和正面的言論。查爾斯天思的結論是，我們可以確信歷史上的耶穌和新約教會對那位復活的主（或基督）的連貫性，遠較布特曼所認為的更緊密，同時，新約聖經中的信息和宣講是建基於歷史的事實：「我們的信心好像船錨，牢牢地繫於人類歷史、有血有肉的人、事情和地方。」這一番話帶給我們的安慰並不是說我們今天「已經得著了，已經完全了」，而是儘管學者對聖經的期望（即那種純歷史的載錄方式）與聖經本身實際所展示的「以信仰為中

150 "What we have, instead, is an approach driven by an ideology of secularization, and a process of coloring the historical evidence to fit a secular ideal. Thus, in robbing Jesus of his Jewishness, the Jesus Seminar has finally robbed him of his religion. ... A group of secularized theologians and secular academics went seeking a secular Jesus, and they found him! They think they found him, but, in fact, they created him."

心的耶穌歷史」（參 3.3）有所不同，但信仰羣體不必存過分擔憂的心態來看學術研究，反而應以一個開放的心對之，讓學術圈子自己作出調校，深信上帝會為那些誠實敬畏祂的人一路引領。

# 索引

## 四畫

## 五畫

## 六畫

## 八畫

## 九畫

## 十一畫

## 十二畫

## 十四畫

## 十五畫



## 十六畫

## 十七畫



## 十八畫



## 十九畫



## 二十畫

## 二十一畫



## 二十二畫